내가 만났던 100명의
개혁주의 학자들

내가 만났던 100명의 개혁주의 학자들

발행일   2011년 4월 19일

지은이   정성구
발행인   윤상문
발행처   킹덤북스

출판등록   제2009-29호(2009년 10월 19일)
주 소   경기도 용인시 기흥구 동백동 백현마을 코아루 아파트 2204동 203호
문 의   대표전화 031-275-0196
          팩스 031-275-0296

ISBN   978-89-94157-17-7 (03230)

Copyright@2011 정성구
· 이 책은 저작권법에 따라 보호받는 저작물이므로 무단전재와 복제를 금지하며,
· 이 책의 내용의 전부 또는 일부를 이용하려면 반드시 저작권자와 킹덤북스의 서면 동의를 받아야 합니다.

※ 잘못된 책은 구입하신 곳에서 교환하여 드립니다.
※ 책 가격은 표지 뒷면에 있습니다.

킹덤북스 Kingdom Books 킹덤북스(Kingdom Books)는 문서사역을 통해 하나님의 나라를 확장하고, 한국 교회와 세계 교회를 섬기고자 설립된 출판사입니다.

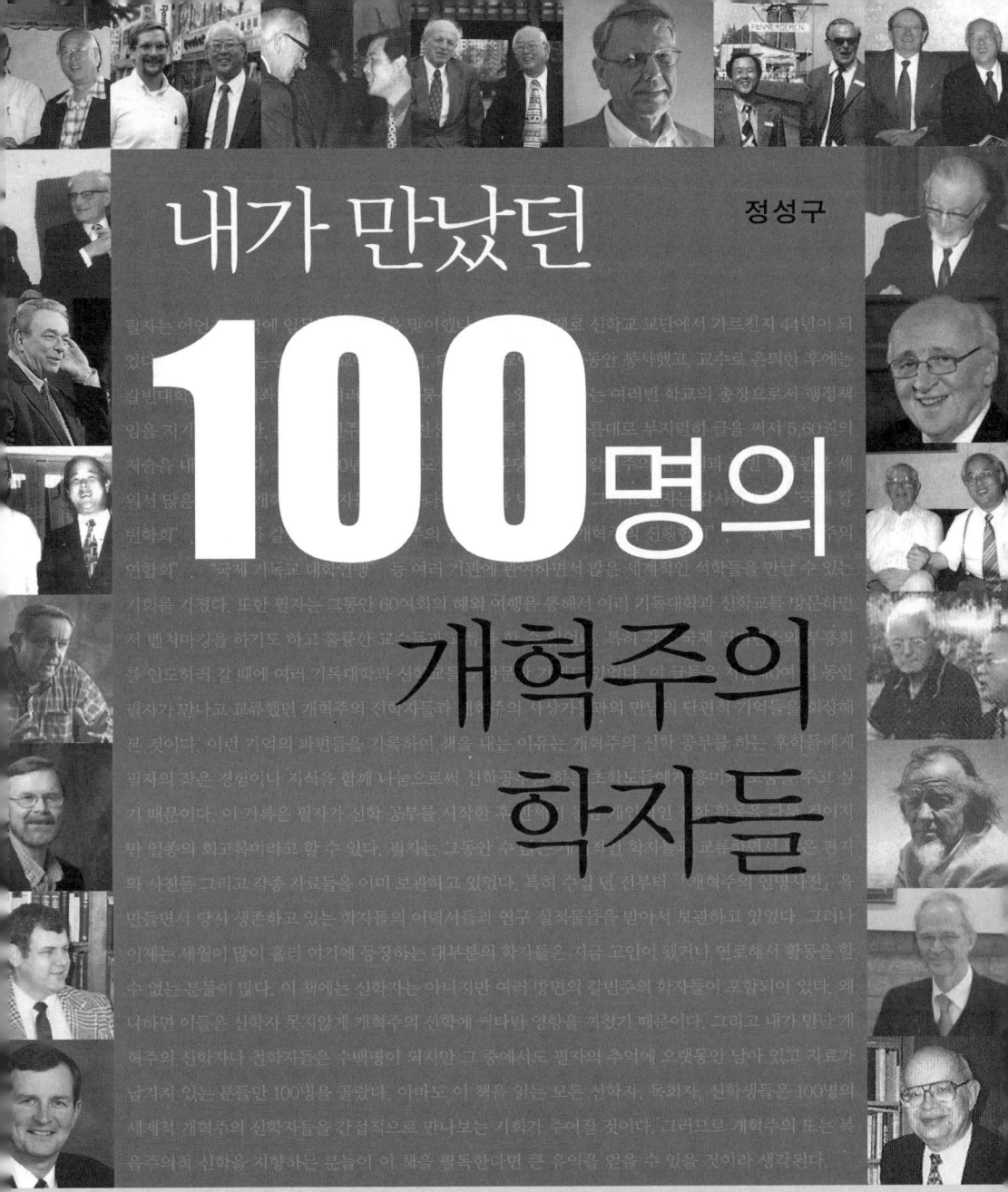

내가 만났던
100명의
개혁주의 학자들

정성구

100 Reformed Scholars who I had met

킹덤북스
Kingdom Books

머리말

필자는 이제 신학에 입문한지 50년을 맞이했다. 그리고 실제로 신학교 교단에서 가르친지 44년이 되었다. 그동안 필자는 총신대학교에서 35년, 대신대학교에서 6년 동안 봉사했고, 교수로 은퇴한 후에는 칼빈대학교에서 석좌교수로 여러해 동안 봉사해 오고 있다. 여러 번 학교의 총장으로서 행정책임을 지기도 했지만, 주로 칼빈주의와 실천신학을 가르치면서 나름대로 부지런히 글을 써서 5,60권의 저술을 내기도 했다. 특히 1980년에 경기도 성남시 분당에 한국 칼빈주의 연구원과 칼빈 박물관을 세워서 많은 국제적 개혁주의 학자들과 아름다운 교제를 나누었다. 그리고 필자는 감사하게도 "국제 칼빈학회", "아시아 칼빈학회", "칼빈주의 철학회", "국제 개혁주의 신행협회", "국제 복음주의 연합회", "국제 기독교 대학연맹" 등 여러 기관에 관여하면서 많은 세계적인 석학들을 만날 수 있는 기회를 가졌다. 또한 필자는 그동안 60여회의 해외 여행을 통해서 여러 기독대학과 신학교를 방문하면서 벤치마킹을 하기도 하고 훌륭한 교수들과 교류를 할 수 있었다. 특히 각종 국제 컨퍼런스와 부흥회를 인도하러 갈 때에 여러 기독대학과 신학교들을 방문할 기회도 있었다.

이 글들은 지난 40여 년 동안 필자가 만나고 교류했던 개혁주의 신학자들과 개혁주의 사상가들과의 만남의 단편적 기억들을 회상해 본 것이다. 이런 기억의 파편들을 기록하여 책을 내는 이유는 개혁주의 신학 공부를 하는 후학들에게 필자의 작은 경험이나 지식을 함께 나눔으로써 신학을 공부하는 초학도들에게 흥미와 도움을 주고 싶기 때문이다. 이 기록은 필자가 신학 공부를 시작한 후 반세기 동안 개인적인 신학 활동을 다룬 것이지만 일종의 회고록이라고 할 수 있다.

필자는 그동안 수 많은 세계적인 학자들과 교류하면서 많은 편지와 사진들 그리고 각종 자료들을 보관하고 있다. 특히 수십 년 전부터「개혁주의 인명사전」을 만들면서 당시 생존하고 있는 학자들의 이력서들과 연구 실적물들을 받아서 보관하고 있다. 그러나 이제는 세월이 많이 흘러 여기에 등장하는 대부분의 학자들은 지금 고인이 됐거나 연로해서 활동을 할 수 없는 분들이 많다. 이 책에는 신학자는 아니지만 여러 방면의 칼빈주의 학자들이 포함되어 있다. 왜냐하면 이들은 신학자 못지않게 개혁주의 신학에 커다란 영향을 끼쳤기 때문이다. 그리고 내가 만난 개혁주의 신학자나 철학자들은 수백명이 되지만 그 중에서도 필자의 추억에 가장 오랫동안 남아 있고 자료가 남겨져 있는 분들만 100명을 골랐다.

아마도 이 책을 읽는 모든 신학자, 목회자, 신학생들은 100명의 세계적 개혁주의 신학자들을 간접적으로 만나보는 기회가 주어질 것이다. 그러므로 개혁주의 또는 복음주의적 신학을 지향하는 분들이 이 책을 필독한다면 큰 유익을 얻을 수 있을 것이라 생각된다.

마지막으로 이 책이 출간될 수 있도록 자료수집과 워드작업에 온 힘을 다 기울인 나의 조교 김진웅 전도사에게 감사를 표한다. 그리고 이 책의 원고를 검토해주시고 도움을 주신 동아일보 교열부 박재역 기자님께 감사를 드린다. 특히 본서의 내용을 독수리의 눈을 가지고 정밀히 교열해주신 킹덤북스(Kingdom Books)대표 윤상문 목사님께 깊은 감사를 드린다.

이 책을 읽는 독자들에게 주님의 은혜와 평강이 넘치시기를 기원하는 바이다.

2011. 3. 1
필자 정성구

목차

머리말 _ 4

01 · 보톤드 가알(Botond Gaál) _ 13
02 · 리챠드 겜블(Richard Gamble) _ 21
03 · S. 그레이다누스(Sydney Greidanus) _ 25
04 · 헤리 까이텔트(Harry M. Kuitert) _ 28
05 · 빌헬름 노이져(Wilhelm Neuser) _ 31
06 · 로버트 D. 눗슨(Robert Donald Knudsen) _ 36
07 · 제임스 더용(James de Jong) _ 39
08 · 피터 Y. 더용(Peter Ymen De Jong) _ 43
09 · 헬만 도예베르트(Herman Dooyeweerd) _ 46
10 · 얀 뎅거링크(Jan D. Dengerink) _ 59

11 · 안토니 디크마(Antony Diekma) _ 65
12 · 에번 라너(H. Evan Runner) _ 70
13 · 닉 란팅가(Nicholas S. Lantinga) _ 73
14 · 데이비드 L. 랄센(David L. Larsen) _ 76
15 · 사무엘 H. 랄센(Samuel H. Larsen) _ 79
16 · 존 H. 레이쓰(John Haddon Leith) _ 82
17 · 오야마 레이지 (尾山 슈仁 Oyama Reizie) _ 85
18 · 로버트 렉커(Robert Richard Recker) _ 89
19 · 한스 로끄마꺼(Hans Rookmaaker) _ 92

20 • 끄라스 루니아(Klaas Runia) _ 96
21 • W.C. 루쯔(Waldys Carvalho Luz) _ 99
22 • 헬만 리델보스(Herman N. Ridderbos) _ 102
23 • 닉. H. 리델보스(Nicolaas Herman Ridderbos) _ 106
24 • 헨드릭 반 리쎈(Hendrik van Riessen) _ 109
25 • 삐에르 마르셀(Pierre Ch. Marcel) _ 113
26 • 리챠드 마우(Richard Mouw) _ 116
27 • 사무엘 H. 마펫(Samuel H. Moffett : 한국명 마포삼락(馬布三樂) _ 120
28 • 이안 머레이(Iain H. Murray) _ 124
29 • 얀 메이스터(Jan Meester) _ 127
30 • 목은 명신홍(牧恩 明信弘) _ 131

31 • 바르다(Tj. Baarda) _ 137
32 • 프랭크 바커 (Frank M. Barker Jr) _ 140
33 • 정암 박윤선(正岩 朴允善 Y.S Park) _ 144
34 • 죽산 박형룡(竹山 朴亨龍 H.N Park) _ 152
35 • B.J. 반델 발트(Barend Johannes Van der Walt) _ 159
36 • 조엘 비끼(Joel R. Beeke) _ 162
37 • 얀 베인호프 (Jan Veenhof) _ 165
38 • 코넬리우스 베인호프(Cornelius Veenhof) _ 168
39 • 지.시. 벨까우어(Gerrit Cornelius Berkouwer) _ 172
40 • 요하네스 벨까일 (Johannes Verkuyl) _ 176

- 41 · 똔 볼란트(Ton Bolland) _ 180
- 42 · 볼렌호번(D. H. Th. Vollenhoven) _ 184
- 43 · 알란 A 부삭(Alan Aubrey Boesak) _ 188
- 44 · 얀 더 브라인(Jan De Bruijn) _ 191
- 45 · 미첼 비하리(Michal Bihary) _ 194
- 46 · 프란시스 쉐퍼(Francis. A. Schaeffer) _ 197
- 47 · 폴 슈로텐부르(Paul G. Schrotenboer) _ 201
- 48 · 하루나 슈미토(春名純人) _ 204
- 49 · 알빈 스넬러(Alvin Roy Sneller : 한국명 신내리) _ 208
- 50 · 로버트 B. 스트림플(Robert B. Strimple) _ 211

- 51 · 판 스페이커(W. Van't Spijker) _ 214
- 52 · 고든 스페이크만(Gordon J. Spykman) _ 217
- 53 · R. C. 스프롤 (R. C. Sproul) _ 220
- 54 · 웨인 스피어(Wayne R. Spear) _ 223
- 55 · 예지 T. 시기아이즈(Yeozy T. Siciaiz) _ 226
- 56 · 도날드 신네마(Donald Sinnema W.) _ 229
- 57 · 칼빈 G. 씨어벨트(Calvin Seerveld) _ 232
- 58 · 제이 아담스(Jay E. Adams) _ 235
- 59 · 빔 얀세(Wim Janse) _ 238
- 60 · 야마모도 에이이치(山本榮一) _ 241

61 • 해이코 오버만(Heiko A. Oberman) _ 244
62 • M. E. 오스터하번(Maurice Eugene Osterhaven) _ 247
63 • 노부오 와타나베(Nobuo Watanabe 渡辺信夫) _ 250
64 • D. 윌리스 왓킨스(David Willis-Watkins) _ 2253
65 • 마키다 요시카즈(牧田吉和) _ 256
66 • 헹크 더 용(Henk de Jong) _ 259
67 • 루더 위트락(Luder G. Whitlock) _ 262
68 • 폴 웰즈(Paul Wells) _ 265
69 • 이상현(Sang Hyun Lee) _ 269
70 • 넬슨 제닝스(Nelson Jennings) _ 272

71 • 야마구찌 준치(山崎順治) _ 275
72 • 버나드 질스트라(Bernard Zylstra) _ 278
73 • 조나단 차오(Jonathan Chao, 趙天恩) _ 281
74 • 하비 콘(Harvie M. Conn : 간하배) _ 285
75 • 에드문드 클라우니(Edmund P. Clowney) _ 292
76 • 고든 클라크(Gorden Haddm Clark) _ 295
77 • 야곱 클랍베이크(Jacob Klapwijk) _ 298
78 • 피터 더 클럭(Peter de Klerk) _ 301
79 • 프레드 클로스터(Fred H. Klooster) _ 304

80 · 넬슨 클로스텔만(Nelson D. Kloosterman) _ 307
81 · 시몬 키스트마커(Simon Kiestmaker) _ 310
82 · 토마스 F. 토렌스(Thomas Forstyh Torrance) _ 313
83 · 피터 통(Peter P. C. Tong, 唐崇平) _ 316
84 · 코넬리우스 반 틸(Cornelius Van Til) _ 319
85 · 스티브 팀머만스(Steve Timmermans) _ 324
86 · T. H. 루이스 파커(T. H. Louis Parker) _ 328
87 · 게리트 푸칭거(Gerrit Puchinger) _ 331
88 · 플렌팅가 Jr(Cornelius Plantinga Jr) _ 334
89 · 류조 하시모토(矯本龍三 Ryuzo Hashimoto) _ 338
90 · 데이비드 한슨(David Hansen) _ 342

91 · 반 할세마(Dick L. Van Halsema) _ 345
92 · 존 해가이(John Haggai) _ 349
93 · 존 화이트(John H. White) _ 353
94 · 부르스 헌트(Bruce F Hunt : 한국명 韓富善) _ 356
95 · 헹크 헤르츠마(Hendrik G. Geertsema) _ 360
96 · 존 헷셀링크(John. I. Hesselink) _ 363
97 · 제리 호르트(Jerry Gort) _ 367
98 · 존 B. 홀스트(John B. Hulst) _ 370
99 · 프란시스 M. 히그만(Francis Montgomery Higman) _ 374
100 · W. H. 히스펜(Willem Hendrik Gispen) _ 377

후기 _ 380

01. 보톤드 가알
Botond Gaál

　보톤드 가알 박사는 헝가리의 개혁교회의 대표적 신학자이다. 그는 한 평생을 데브레첸 개혁신학대학교에 교의학을 가르쳐 왔던 헝가리 개혁교회의 걸출한 지도자였다. 사실 한국 교회에서는 헝가리와 헝가리 개혁교회에 대해서 별로 아는 바가 없을 뿐 아니라 더욱이 데브레첸 개혁신학대학교에 대해서 매우 생소하다. 그것은 내 자신도 마찬가지였다. 왜냐하면 헝가리는 1990년대 초까지만 해도 정치적으로 공산주의 나라였고 우리나라와는 전혀 관계가 없었기 때문이다. 우리나라는 그때까지만 해도 동구라파나 러시아나 중국에 대한 정보가 별로 없었을 뿐 아니라 여행이 허가되지도 않았다. 공산권 국가와는 외교관계가 없었기 때문에 혹시 그런 나라를 여행하려면 반드시 안전 기획부에 허락을 얻고 철저한 교육을 받고 가던 시절이 있었다.
　1980년대 초였던 것으로 기억된다. 나는 화란에서 국제 개혁주의 신행협회(IARFA) 세계대회가 있어서 참가했다. 저녁 집회를 마치고 자유 시간에 여러 나라 대표들과 그룹별로 모여서 환담하는 시간을 가졌다. 내 기억으로는 우리 그룹 가운데 체코슬로바키아 신학자가 한분 있었고 또 다른 분은 헝가리 개혁교회에서 왔다는 보톤드 가알 박사였다.

보톤드 가알 박사는 키가 헌칠하고 대머리에 아주 잘 생긴대다 굉장히 친절하고 시원시원했다. 사실 나는 그때까지 공산권에서 온 학자들을 만나 본 일도 없고 대화를 해본일도 전혀 없었다. 그런 까닭에 나는 당연히 관심이 있을 수밖에 없었고 한 마디라도 더 말을 붙여보고 싶었고 그 나라와 교회에 대해서 알고 싶었다. 그날 우리는 밤이 깊도록 이런저런 이야기를 나누는 동안 금방 친구가 되었다. 우리가 선입관념을 가졌던 것과는 달리 사실 그들은 우리보다는 훨씬 더 개혁주의적 신학과 신앙을 가지고 있었다. 특히 그들이 성경적이며 복음적인 사고를 가진 것에 놀랐다. 보톤드 가알 박사를 설명하기 위해서 그간의 이야기를 좀 더 해야겠다.

그로부터 몇 년이 지나서 1986년 헝가리 데브레첸(Debrecen)에서 국제 칼빈대회(International Calvin Congress)가 열리게 되었다. 그때 나는 미국 그랜드 래피드의 칼빈신학교에 초빙교수로 연구 중이었다. 당시 내 친구였던 칼빈신학교 학장인 제임스 더용 박사가 국제 칼빈학회의 중앙위원으로 있었기 때문에 그 행사에 나를 설교 강사로 발탁해 주었다. 실제로 이 사건은 내 생애의 중요한 전환점이 되었다. 물론 한국을 출발하기 전 안전기획부로부터 교육도 받고, 교수 신분이었음으로 교육부의 지시도 받고 사전 사후 보고서를 제출할 것을 서약했다. 그런데 막상 미국에 머물다가 화란으로 가서 헝가리로 가는 비자를 받으려고 헤그의 헝가리 영사관으로 갔으나 허가를 받지 못했다. 한국과 헝가리는 국교가 없음으로 비자를 줄 수 없다고 했다. 헝가리는 북한과는 수교를 맺고 친하게 지내는 나라였으나 한국은 적대관계였다. 가슴이 덜컹 내려 앉았다. 당시 세계 칼빈학회 사무총장이며 뮨스터대학 교수였던 노이져(Wilhelm Neuser)박사에게 전화로 이 사실을 알렸다. 그러나 그의 대답은 걱정 말고 비자 없이 비행기를 타고 부다페스트로 오면 공항에서 여행 비자를 받을 수 있다고 했다. 사실 그것은 독일 사람이나 할 수 있는 말이지, 남북이 대치하고 있는 한국의 실정을 모르는 말이었다. 그러면서 하는 말이 아세아연합신학대학교의 한철하 총장도 제네바에 머물고 있을 터이니 같이 오라고 했다. 나는 기가 막혔지만 할 수 없이 제네바로 가서 여장을 풀었다. 도대체 이 넓은 천지에서 어떻게 한 박사를 만날 수 있단 말인가라고 생각하는 중에, 나는 제네바 시내의 중요한 호텔로 무조건 다이알을 돌리고 질문하기를 혹시 그 호텔에 한국에서 온 닥터 한이 있는가라고 계속 물어갔다. 그러자 어느 호텔에서 답이 왔고 한 박사님과 연결이 되었다. 그래서 너무 반가워서 나는 한철하 박사가 묵고 있는 호텔을 방문했고, 우리 둘은 레만 호숫가의 벤치에 앉아서 오랫동안 한국의 칼빈신학 발전에 대한 의견을 나누었다. 그리고 나는 이미 1980년에 한국 칼빈주의 연구원과 칼빈 박물관을 세웠다는 것을 말했을 때 그는 매우 놀랐다. 사실 그날 제네바의 레만 호숫가에서 한철하 박사와의 깊은 대화를 통해 한국 칼빈학회가 탄생이 된 것이다. 물론 그전에 이종성 박사가 한국 칼빈학회를 만든 적이 있었으나 유명무실 했다.

우리는 스위스 취리히에서 비행기로 헝가리의 수도 부다페스트까지 갔다. 거기서 이종성 박사와 합류하고 미국의 더용 박사, 겜블 박사도 함께 했다. 그러나 한국 대표들은 걱정이 앞섰다. 그래서 미국 대표들에게 명함을 건네주고 혹시 우리가 체포 되거나 억류 되는 일이 생기면 미국 쪽에서 힘을 써달라는 부탁을 진심으로 했다. 생전 처음 와본 공산국가인 헝가리의 부다페스트 공항은 기관총을 든 군인으로 우리를 겁주었다. 더구나 공항도 미국이나 유럽의 공항에 비해서 시골역 같은 분위기였다. 그런데 설상가상이라고 할까! 여권 심사 중에 우리 셋은 딱 걸리고 말았다. 비자도 없이 어떻게 남한 사람이 헝가리에 올 수 있는가라고 하면서 여권을 뺏어 버렸다. 우리는 기가 막히고 겁에 잔뜩 질려 있었다. 우리의 의사를 충분히 말했지만 그들은 우리들에게 막무가내였고 싸늘했다. 그들의 말은 중앙당의 지시가 없어서 통과시킬 수 없다는 것이었다. 바로 그때 북한의 조선 민항 비행기가 도착하고 사람들이 밀려 내려왔다. 그것을 보는 순간 나는 머리끝이 쮸빗하게 서는 공포감을 느꼈다.

바로 전해이던가, 신상옥, 최은희 부부가 북한을 탈출한 이후였는지라, 우리는 더욱 초조했다. 한 시간 동안 붙잡혀 있던 우리에게 상부의 지시가 있었던지 임시 비자를 찍어주고 나가라고 했다. 마중 나온 헝가리 목사가 우리를 반가이 맞았다. 그중에 스티븐이란 목사는 화란의 우트레흐트에서 유학했으므로 화란말로 나와 의사소통이 되었다. 우리는 부다페스트 YMCA호텔에서 일박하고 버스로 데브레첸(Debrecen)까지 가는데 5시간은 더 걸린 듯하다. 한국으로 치면 서울에서 대구까지의 거리인데 당시는 도로사정이 엉망이었다.

드디어 우리는 데브레첸에 도착했고 데브레첸 개혁신학대학교와 회의 장소인 데브레첸 중앙교회의 웅장한 위용을 보았다. 사실 데브레첸 개혁신학대학교는 칼빈이 기독교 강요를 쓴지 2년 후인 1538년에 세워진 학교다. 제네바 아카데미 보다 21년이나 앞선 세계 최초의 개혁주의 신학대학교다. 이 학교는 16세기 요한 칼빈의 작품을 고스란히 간직한 칼빈 연구 센터였다. 그리고 데브레첸 개혁주의 신학대학교의 도서관은 장서가 무려 60만권으로 빼곡히 차 있었다. 학교가 있는 거리 이름도 칼빈거리(Calvin Street)이고 곳곳에 역사적 개혁주의 판화와 그림이 붙어 있었다. 바로 이 학교에 내 친구 보톤드 가알 박사가 총장으로 있었다. 나는 너무너무 반갑고 감사했다. 개회 예배 시에 예배당에는 입추의 여지가 없이 사람들로 가득 채워졌고 찬송은 너무나 우렁찼고 은혜가 넘쳤다. 당시 서방나라는 자유가 있었지만 세속주의가 들어와서 신학도 자유화되고 교회도 세속화되었다. 그러나 하나님께서 공산권 안에 있는 교회들은 세속주의에 물들지 않고 1900년대초 그 순수한 복음적 신앙을 그대로 보존하고 역사적 개혁주의 신앙을 지키도록 역사하신 사실을 목격하고 놀랐다.

국제 칼빈대회 3일째 되는 날 아침, 예배인도와 설교는 내가 맡았다. 솔직히 나는 영어로 예배를 인도하거나 설교를 해본일이 없었다. 더구나 세계적인 석학 100명과 헝가리의 많은 지도자들이 모인 자리에서 설교한다는 것은 나로서 상상할 수 없는 일이었다. 뿐만 아니라 국제 경험이 많고 영어를 더 잘하는 한철하, 이종성 박사 앞에서 설교 하는 것은 부담도 되었다. 또한 그 때 설교자는 기도, 찬송인도, 성경봉독, 설교, 축도까지 전 과정을 다해야 했다. 사실 나는 이런식의 예배 경험은 한 번도 없었다. 그리고 예배 장소인 데브레첸대학교의 강단은 옛날 한때 헝가리 국회의 사당으로 썼다고 했다. 나는 전날 기도와 묵상으로 예배 준비를 하고 "너희는 저의 말을 들으라"(Liesten To Him)는 제목으로 설교했다. 궁하면 통한다고 했던가? 인간의 힘으로 할 수 없을 때 하나님의 성령께서 역사하신다는 말씀처럼, 준비된 영어 설교라지만 나는 꼭 한국 교회에서 하던 것처럼 확신을 갖고 불같이 외쳤다.

즉 우리가 칼빈의 신학을 학문적으로 연구하는 것만이 능사가 아니라 칼빈이 그랬던 것처럼, 오늘날에도 하나님의 말씀을 들어야 한다고 일갈했다. 그리고 자유주의를 사정없이 비판하면서 개혁주의 신앙으로 돌아갈 것을 힘 있게 고함치며 부르짖었다. 그리고 나는 기도할 때, 오른손에 일곱별을 잡으시고 일곱 금 촛대 사이에 운행하시는 하나님께서 헝가리 교회를 붙드시고 이 땅에 속히 자유를 달라고 기도했다. 그리고 축도도 한국말과 영어로 두 번했다. 드디어 예배를 마쳤다. 나는 내 설교를 전 세계 백여 명의 칼빈 학자들과 헝가리 교회의 지도자들이 잘 알아들었는지 그것이 궁금했다. 강단에 내려오자 보톤드 가알 박사를 비롯한 헝가리 신학자들, 감독들, 교회지도자들이 나를 포옹하면서 교회가 자유를 잃은지 반세기만에 처음 듣는 놀라운 메시지라고 하면서 감격했다. 나는 그때부터 헝가리 개혁교회에 강력한 인상을 남겼고 세계 칼빈학회가 나를 주목하게 됐다. 그 후 미국 친구들이 달려오면서 정 박사의 영어 설교는 너무나 확실하고 알아듣기 쉬웠고 가슴에 와 닿았다고 했다. 물론 그것은 성령께서 하신 일이었다. 그때 그 일로 보톤드 가알 박사와 나는 더욱 가까워졌을뿐 아니라 세계 칼빈학회의 모든 회원들에게 한국의 정성구 교수가 누구인지를 인각시키는 기회가 되었다.

1987년 그 이듬해 나는 또 다시 보톤드 가알 박사의 초청으로 헝가리를 방문했고 데브레첸 개혁주의 신학대학교를 방문했다. 여러날 동안 학교 게스트룸에 머물면서 깊은 교제를 나누었다. 그 과정을 통해서 헝가리 개혁교회를 깊이 알게 되었고 여러 감독들을 만날 기회도 있었다. 종교개혁시대에 세워진 싸로스파탁 신학교를 방문하고 교회사 박물관 특히 칼빈주의 대설교가이자, 교육학자인 코메니우스의 흔적을 살폈다. 왜냐하면 코메니우스는 한때 싸로스파탁 신학교의 교수를 지낸바 있기 때문이다. 이 학교는 공산정권이 들어오자 폐쇄되었다가 약 반세기만에 자유화되면서 복원되었다. 그 후 나는 보톤드 가알 박사를 한국 칼빈주의 연구원에 두 번이나 초청했고 특강을 하도록 했다. 그는 내가 한국에서 칼빈연구와 칼빈주의 연구에 최선을 다하고 있음을 익히 잘 알고 있었다. 그 후에도 우리는 서로가 형제처럼 가까이 지냈다. 보튼드 가알 박사의 내외가 1년 동안 프린스턴신학교에서 연구 교수로 있을 때, 그는 내게 편지를 보내기를 책을 꼭 사볼 것이 있는데 돈이 부족하다고 했다. 나는 얼른 수표를 끊어 보내기도 했다. 또한 보톤드 가알 박사 때문에 헝가리 개혁교회를 돕고 싶은 마음이 간절하던 차에 이런 일도 있었다.

암스텔담 공항에서 부다페스트로 들어가는 비행기를 기다리고 있었다. 십여 명의 학생들이 유니폼을 입고 우르르 몰려왔다. 물어보니 세계 주니어 탁구 시합이 부다페스트에 있는데 공산권에는 처음이라고 했다. 그래서 내가 학생들에게 일일이 예수를 믿는가라고 물었는데 열 명중 아홉 명이 교회에 출석하고 나머지 한명은 가톨릭 교인이라고 했다. 조금 후에 코치와 감독이 왔다. 코치와 감독에게도 똑같이 물었다. 통성명을 하고 예수를 믿는가 했더니 두분 모두가 예수를 잘 믿는다고 했다. 그런데 감독이 머뭇머뭇하더니, "목사님 저희는 공산권에 처음 들어가니 두렵기도 합니다. 실은 제 동생이 총신을 나왔습니다. 혹시 목사님이 시간이 나시면 부다페스트 실내체육관에 있을 탁구 대회 시작 전에 기도를 해줄 수 있습니까?" 라고 했다. 나는 열일을 그만 두고라도 거기 가겠다고 했다. 그날 우리는 부다페스트 실내 체육관에서 오프닝 세리머니를 끝내고 계단에 둘러 앉아 기도를 했다. 나와 감독과 코치 그리고 선수 열 명, 나까지 합해서 13명이 기도회를 갖었다. 나는 기도하기 전에 다윗의 시편을 암송했다. "여호와는 내편이시니 내가 누구를 두려워 하리요"라고 암송한 뒤에 기도를 하기 시작했다. 그런데 조금 지나서 감독과 코치 어린 선수들은 모두 뒤엉켜 감격해서 울기 시작했다. 공산권 나라에서 그것도 체육관 안에서 기도회를 한 것은 내가 처음이지 싶다.

당시 헝가리에는 한국의 대사관도 영사관도 기업도 없었다. 내가 유일한 응원단장이었다. 그러니 하나님의 은혜를 감사해서도 울고, 외로워서도 울었다. 나는 그날 일을 총신 목회대학원 목사님들에게 간증했다. 그것이 동기가 되어 헝가리 선교회가 만들어지고 매월 1000불 이상씩, 데브레첸 개혁신학대학교, 부다페스트 신학교, 시골교회 그리고 신학생 장학금으로 도왔다. 헝가리가 개방된 직후에는 경제 사정이 너무나 나빠서 10불 100불이 귀하던 때라 약 7년 동안 헝가리 교회를 도왔다. 그래서 나는 보톤드 가알 박사와 더욱 가깝게 지냈다.

2002년 보톤드 가알 박사는 기쁜 편지 한 장을 보냈다. 데브레첸 개혁신학대학교 박사 학위 위원회는 나에게 명예신학박사 학위를 주기로 결정했다는 통보였다. 그 이유는 필자가 한 평생 칼빈주의 신학을 위해서 애썼을 뿐 아니라 1985년에 한국 칼빈주의 연구원과 박물관을 세워서 한국 교회는 물론이고 세계 신학계에 이바지한 공로가 크다는 것이었다. 몇 달 후에 학위 수여식에 참석했고 성대한 예식을 가졌다. 때마침 나의 저서「한국교회 설교사」가 헝가리 말로 번역되어 학위수여식 후에는 출판기념회도 겸했다.

모든 것은 보톤드 가알 박사의 인도로 되어진 것이었다. 사실 이 학교에서의 명예 학위는 학교 설립 464년 동안 열손가락에 꼽을 정도로 이례적이고 희귀했다. 보톤드 가알 박사(Botond Gaál)박사는 1946년 헝가리의 바모사티아(Vamosatya)에서 태어났다. 본래 그는 데브레첸대학교에서 수학과 물리학을 공부했다. 그는 1971-1976에 데브레첸 개혁신학대학교를 졸업하고, 헝가리 개혁교회의 목사 안수를 받고 목회를 했다. 그 후 그는 스코틀랜드의 에딘버러 뉴칼리지에서 유학을 했다. 그리고 미국의 프린스턴에서 연구했다. 또한 데브레첸 개혁신학대학교로부터 신학박사 학위를 받은 후 헝가리 학술원 회원 겸 총무로 일했을 뿐 아니라 데브레첸에서 신학과 과학 연구소를 설립하여 원장으로 섬겼다. 특히 그는 맥스웰(James Clerk Maxwell)의 사상 연구에도 주력했다. 그는 교의신학자로 데브레첸 개혁신학대학교 교수와 총장을 역임하면서 유럽에 개혁주의 신학을 전파하는데 큰 영향을 끼치고 있다.

02. 리챠드 겜블
Richard Gamble : 1955-

　1986년 6월 나는 총신대학교의 그 복잡한 정치적 소용돌이에서 벗어났다. 학장직도 벗어 던지고, 그 후 몇 개월 동안의 대학원장직도 사임하고 6개월간 미국 칼빈신학교로 교환 교수로 가기로 했다. 말하자면 안식년을 요청해서 거기서 쉬면서 연구하기로 했다. 그 당시 칼빈신학교 학장이었던 제임스 더용(James De Jong)박사와는 절친한 친구였음으로, 칼빈대학교 기숙사에 딸려있는 게스트 룸 하나를 주었고, 식권도 주어서 연구교수로서 일하게 해주었다. 그런데 내가 연구할 수 있는 곳은 칼빈대학교와 칼빈신학교가 공유하는 도서관 건물 내에 속한 헨리미터센터(H. Henry Meeter Center for Calvin Studies)였다. 이미 그전에도 거의 일 년에 한 두 번씩은 그랜드 래피드의 칼빈신학교와 칼빈대학교를 방문했고, 학교를 방문할 때마다 나는 빠짐없이 미터센터에 들려, 칼빈과 칼빈주의에 관한 자료를 열람하거나 자료를 수집하곤 했다. 특히 칼빈대학교와 칼빈신학교 교수들 중에 상당수가 화란 2세 3세 들인 대다가 상당한 학자들이 나와 함께 암스텔담 쁘라야 대학교 동문들이어서, 나는 비교적 편하게 자주 방문했다.
　그런데 내가 미터센터에서 연구교수로 있는 동안 또 한분의 연구 교수가 그곳에 있었다. 그분이 바로 아주 젊은 칼빈학자인 겜블 박사였다. 그는 화란계도 아닐뿐더러, 칼빈이나 웨스트민스터신학교 출신도 아니었다. 겜블 박사는 피츠버그의 미국의 저명한 칼빈학자였고 칼빈의 기독교 강요를 번역한 베틀레즈(Battles)박사 아래서 공부했을 뿐 아니라 스위스 바젤대학에서 신학박사가 된 천재적 학자였다. 그래서 우리 둘은 뜻이 같고, 분야가 비슷해서 함께 어울리며 친구가 되었다. 그 후 겜블 박사는 헨리미터 연구소에서의 활동을 인정받아 칼빈신학교의 교회사 교수가 되었다. 그는 영어, 독일어, 불어, 라틴어를 유창하게 구사하는 어학의 천재이기도 했다. 그 후 그는 칼빈신학교에서 플로리다 올란도에 있는 리폼드신학교의 교의학 교수로 재직했다. 지금은 미국의 가장 정통적이고 복음적인 개혁장로교회(Refomed Presbyterian Church) 소속의 작은 피츠버그 신학교의 교의학 교수로 있다.

그는 미국 사람으로는 다소 왜소한 편이지만 정확한 논리, 칼빈신학에 대한 해박한 지식, 정확한 영어 발음, 그리고 뜨거운 열정적 강의 때문에 세계 칼빈학회에 거의 단골강사로 초빙된다. 물론 아시아 칼빈학회에도 독일의 노이져(Neuser)박사와 함께 가장 많이 초청되었다.

나는 1986년부터 시작해서 근 20여 년 동안 세계 칼빈학회, 아시아 칼빈학회에 참여하면서 늘 그와 만나면서 교제를 했다. 또 약 20년 동안 한국 칼빈학회의 임원을 하면서 번번히 그와 만났다. 나는 한국 칼빈학회 부회장 4년, 회장으로 4년을 하면서 국제적인 모임에서 일할 때마다 겜블 박사와는 항상 의논의 대상이었다. 나는 겜블 박사를 총신대학교에 초청해서 강의하도록 하기도 했다. 그의 강의는 지나간 30년 동안 칼빈 신학의 흐름과 문제점 그리고 학문적인 논쟁을 정확히 짚어 내는 명강의였다. 그는 나의 절친한 칼빈주의 신학의 동지였기에 그가 한국에 올때면 함께 관광도 하면서 깊은 우정을 나누었다.

내가 미국에서 그를 만날 때도 그는 내게 대해서 한결같이 대하곤 했다. 내가 오랫동안 세계 칼빈학회에 참여하고, 세 번에 걸쳐서 설교도 해봤지만, 칼빈연구를 한다는 학자들이라고 해서 모두가 칼빈주의자는 아니었던 것을 알았다. 그런데 겜블 박사는 지성적으로 잘 준비된 칼빈학자이면서 가슴이 뜨거운 칼빈주의자라는 사실을 알았다. 그의 칼빈연구는 계속될 것이고 당분간 세계에서 그만한 학자가 나오기는 쉽지 않다고 본다. 말하자면 겜블 박사는 칼빈신학 연구분야에 떠오르는 별이며 차세대 지도자라고 할 수 있다.

겜블은 1955년 미국 펜실베니아주 피츠버그의 공익사업 업체의 근로자의 아들로 태어났다. 1976년에 웨스트민스터 대학에서 B.A 학위를 받고 스코틀랜드 장로교의 오래된 칼빈주의적이며 보수적인 교단인 개혁장로교회가 세운 피츠버그신학교에 진학하며 최고의 점수로 M.A학위를 받았다. 그 후 스위스로 유학길에 올라 당시에 세계적 대학자들과 공부를 했다. 1980년 바젤대학교에서 박사 과정을 마친 후 필라델피아 웨스트민스터신학교의 조교수로 임명되고 1983년에 부교수로 승진되었다. 같은 해에 "막시무스를 반박한 어거스틴: 어거스틴의 반 아리안주의적인 작품들에 대한 분석"으로 신학박사(Th.D) 학위를 수득했다. 그 후 그는 칼빈신학교 역사신학 교수겸 칼빈 연구를 위한 헨리미터센터의 원장으로 있다가 1998년에 다시 올란도의 개혁신학교 교수로 부임한 후 지금은 모교인 피츠버그신학교에서 교의학 교수를 하고 있다.

겜블은 교수일 외에도 "미국 교회사 학회"의 회원, "북미주 교부신학회 회원" 등으로 활동하고 있다. 그는 북미주 뿐 아니라, 제네바, 에딘버러,

암스텔담, 서울, 동경 등지에 칼빈과 칼빈주의에 대한 강의를 해왔다. 저술가이면서도 편집자였던 겜블은 「웨스트민스터 신학져널(Westminster Theological Journal)」과 「신학잡지(Theologische Zeitschrift)」등 75개의 잡지와 출판물에 논문을 기고했다. 특히 라틴어판 칼빈의 창세기 주석을 번역하는 일을 감당해서 영문판을 내기도 했다. 그 외에도 그가 편집한 「칼빈, 칼빈주의 논문집」14권은 칼빈 연구의 절대적인 참고서가 되고 있다.

칼빈신학교 헨리미터센터에서
좌: 칼빈연구의 대가인 Bettles 박사 부인, 가운데 필자
우: 리챠드 겜블 박사

03. S. 그레이다누스
Sydney Greidanus : 1935-

내가 1976년에 화란에서 귀국한 후 총신대학교 신학대학원에서 실천 신학 특히 개혁주의 설교학과 칼빈주의를 강의했다. 개혁주의 설교학을 가르치는 나에게 특히 영향을 끼친 몇 권의 책이 있다. 즉 훅스트라(T. Hoekrstra)의 「개혁주의 설교학」(Gereformeerd Homiletiek)과 시드니 그레이다누스(Sydney Greidanus)의 「오직성경」(Sola Scriptura)이란 구속사적 설교 원리를 제시한 책이다. 사실 개혁주의 입장에서의 모든 설교는 결국 구속사적 강해설교(Redemptive Historical Expository Preaching)를 할 때 나타난다. 이것은 일찍이 요한 칼빈이 했던 방법이요 또한 아브라함 카이퍼의 설교 원리이기도 했다. 그레이다누스의 책은 1970년 뿌라야 대학의 박사 학위 논문으로 제출되었던 책이었다. 나는 그때까지 그레이다누스가 누군지 몰랐으며 개인적인 만남도 없었고 서신 연락도 없었다. 다만 나와 같은 학교에 한참 선배라는 사실만 알았다. 내가 집필한 「改革主義 說敎學 - 救贖史的 講解說敎를 中心으로」란 책이 1981년 총신대학교 출판부에서 나오기까지, 아니 그 후로 지금까지 나의 신학적, 학문적 바탕을 이룬 것은 성경을 해석해서 설교할 때 최고 최선의 방법은 구속사적 방법이며, 그 구속사적 터 위에서 강해 설교를 해야 한다고 줄기차게 주장했다. 또한 이 논리가 가장 성경적이고 개혁주의적인 것인 줄 인식하고 각종 팜플렛, 각종잡지 특히「月刊牧會」를 통해서 수십 년 동안 줄기차게 설파했다. 우리가 역사적 칼빈주의 신학과 신앙을 가장 바른 신학으로 받는다면, 구체적으로 강단의 현장에서도 개혁주의적 설교 방법인 구속사적 설교 방법을 써야 한다는 것이 한결같은 지론이었다. 이런 내 입장은 언제나 변함없이 고수되었다. 각종 세미나 각 신학대학의 학생들, 특히 목회자들의 세미나와 컨퍼런스에서 한 번도 빠지지 않고 이 주제에 대해서 강연했다. 왜냐하면 칼빈주의자들은 항상 성경을 하나님의 말씀으로 받을 뿐 아니라 역사의 배후에 하나님의 주권과 섭리가 있음을 확실히 믿고 있었기 때문이다. 성경의 역사는 단순히 일반역사와 같은 것이 아니다. 그러면 성경의 역사는 무엇인가? 하나님의 구속사이다. 즉 하나님께서 천지 만물을 창조 하신 후 인간의 타락이 있자, 인간 스스로의 힘으로 구속함을 받을 수 없음을 아시고, 하나님께서 구속주인 메시아를 보내주시기로 작정하셨다. 그리고 그 메시야를 오게 하시기 위해 아브라함을 택하시고 그의 후손의 혈통을 통해 메시아이신 예수 그리스도께서 성육신 하시도록 이스라엘 역사를 섭리하시고 간섭하신 구속의 역사이다. 그런 까닭에 이런 구속사적 시각에서 성경을 봐야 성경이 옳게 보이고 바른 설교를 할 수 있는 것이다. 이는 특히 1930년대 화란 칼빈주의자들에 의해서 부활되고 발전되었다. 그레이다누스 박사는 이런 내용을 잘 정리하여 책을 출간했다.

전술한 바와 같이 나는 그레이다누스의「Sola Scriptura」에서 아이디어와 영감을 받았다. 내가 그를 직접 만나 대화한 때는 1990년 그가 막 미국 칼빈신학교 설교학 교수로 부임하던 그해였다. 나는 시드니 그레이다누스 박사가 칼빈신학교로 부임했다는 소식을 듣고 캠퍼스에 도착하자마자 그를 방문하고 대담을 가졌다. 그는 나에게 자신의 책과 강의안을 주었고, 나와 같은 대학에서 공부한 학자로서 신학과 신앙이 서로 같음으로 마음 놓고 이야기 하는 중에 서로 많이 배우는 유익한 시간을 갖게 되었다.

시드니 그레이다누스는 1935년 4월 13일에 출생했다. 1961년에 칼빈대학교에서 B.A, 1964년에 칼빈신학교에서 M.Div를 그 후 1970년에 화란 뿌라야 대학교에서 신학박사 학위를 수득했다. 또한 그는 1970년에 기독교 개혁파 교회(C.R.C)목사로 안수 받고 캐나다 온타리오에서 목회했고, 5년 후에 브리티시 콜롬비아에서 목회했다. 이론과 실제의 경험을 쌓은 그는 칼빈대학교의 종교학 및 신학을 강의하다가 캐나다 에드몽톤(Edmonton)의 킹스대학(Kings University College)에서 1990년까지 조교수, 부교수, 교수로 일했다. 그 후 다시 칼빈신학교 실천신학 교수로 부임해서 설교학과 예배학을 강의했다. 그는 교수로서 활동 외에도 "설교학회", "복음주의 신학협회", "성서문학 학회" 등에도 참여하여 적극적으로 사역했다. 그의 저서들은 「현대 설교자와 고대 본문 : 성서문학의 해석과 설교」(1988), 「오직 성경 : 역사적 본문을 설교함에 있어서 문제점과 원리들」(1970), 「구약으로부터 그리스도 설교하기」(1999) 등이 있고 여러 신학 잡지에 다수의 논문들을 발표했다.

04. 헤리 까이텔트
Harry M. Kuitert : 1924-

  헤리 까이텔트 교수는 아브라함 카이퍼와 헬만 바빙크 같은 역사적 칼빈주의 자들이 세운 뿌라야대학교 신학부에 독일 자유주의 신학을 퍼트린 장본인이었다. 1968년 그가 기독교 윤리학 교수로 취임하자 뿌라야 대학교의 분위기는 묘하게 돌아가고 있었다. 까이텔트 교수를 동정하는 젊은 교수들은 주로 바르다 교수와 어거스틴 교수 등이었다. 까이텔트 교수가 미국에서 강연한 자료가 한국에 알려지면서 박윤선 박사는 「화란 개혁교회와 그 신학 : 헤리 카이텔트의 신학」이란 주제로 기독신문에 논설을 실었다.

  필자가 유학을 가기 전 박윤선 박사로부터 까이텔트 박사의 신학의 문제점에 관해서 오리엔테이션을 통해 몇 차례 받았다. 물론 나는 까이텔트 교수의 강의를 들은 일도 없고 그의 책을 읽을 기회도 없었다. 그러나 이미 까이텔트 교수는 창세기의 창조기사에 대해서 의의를 제기하고, 성경의 무오성에 회의를 나타내고 새로움에 대한 지나친 모험을 시도하고 있었다. 윤리학의 근거로서 그의 성경해석은 독일의 자유주의 사상과 유사해서, 그는 성경을 우리가 믿는 계시의 역사 혹은 하나님의 구속사로 보지 않았다. 그는 성경에는 신화적인 것이 있다고 했다. 그럼에도 불구하고 화란교회는 학문의 자유라는 이유 때문에 까이텔트의 새로운 실험적인 자유주의 운동을 막지 않았다. 바로 이것이 화란 뿌라야 대학교의 신학부가 개혁주의 신학의 중심을 잃게 된 동기가 된다.

1977년 나는 암스텔담에서 암스텔벤(Amstelveen)으로 이사를 갔는데 그 거리의 이름은 Mr. Troelstralaan이었다. 나는 13번지에 살았고 3번지에는 까이델트 교수가, 5번지에는 구약학자 히스펜 교수가, 7번지에는 칼빈주의 철학자 볼렌호번 박사가 살았다. 나는 자주 그와 얼굴을 마주치기는 했지만 가까이서 대화를 나누지는 못했다. 학교에서도 커피숍에서 자주 만났지만 깊은 대화를 나누지는 못했다. 참으로 사람의 선입견이란 묘해서 그가 자유주의 신학을 제창한다는 소리를 듣고는 같은 동네, 같은 거리에 살면서도 사귈수가 없었다.

물론 화란에서도 또는 뿌라야 대학교 안에서도 그에 대한 평가는 당연히 두 가지였다. 첫째는 그를 자유주의자로 낙인 찍어 배척하는 사람이 많았다. 한마디로 그의 신학은 독일신학에 영향을 많이 받아 개혁주의 신학에 도전한다는 것이다. 그런가 하면 다른 한쪽에서는 까이텔트의 신학에 매료되어 그를 추종하는 젊은이들도 많았다. 무엇보다 그는 기독교 윤리학자로서 새롭고 신선한 발상을 내어놓는 교수로 인기를 누렸다. 신학자들을 보면 대체로 보수주의자들은 인간미가 별로없고, 독선적이고 자기 주장만 하는 분들이 많다. 그러나 까이텔트 교수는 다른 교수들에게나 학생들에게도 열린마음으로 대화를 하고, 학생들과 함께 먹고 함께 춤추며 노래하는 멋진 사람으로 인각되어 있었다.

까이텔트 교수는 1924년 11월 11일 화란의 프리스렌드 드라흐텐에서 출생했다. 1937-1943에는 헤이그의 기독교 김나지움에서 공부했고, 1945-1950년에는 뿌라야 대학교에서 신학을 공부했다. 그 후 15년간은 목회자로서 목회에 주력했다. 1962년에 G. C. 벨까우어 아래서 "하나님의 성육신"(De Mensvormingheid Gods)이란 논문으로 신학박사(Dr. Theol)학위를 수득했다. 그 후 1965년부터 1967년까지 뿌라야 대학교 신학부에서 전임강사(Wetenschappelijk Hoofdambtennaar)로 일하다가 1967년에 교의학 서론과 윤리학 담당교수로 임용되자 꾸준히 문제작을 내어 놓고 기독교 윤리학자로서 면모를 새롭게 해나갔다.

그의 대표작 몇 권을 소개하면 다음과 같다. 「신앙의 실제성」(De Realiteit Van het Geloof, 1966), 「사회윤리와 예수 그리스도 안에 있는 신앙」(Social Ethiek en Geloof in Jeus Christus, 1967: 교수 취임연설문, 「읽는 것을 깨닫느뇨?」(Verstaat gij wat gij leest?, 1977), 「볼프강 판넨벽 교수의 신학서설」(Inleiding in Prof. Der, Wolfhart Pannenberg: De Geloofsbelijdenis, 1976)등이다. 그 외에도 그는 「Trouw」지와 「개혁주의 신학잡지」, 「화란 신학잡지」, 「신학계간지」, 「교회와 신학」 등의 잡지에 수없이 많은 논문을 발표했다.

이런 글들을 통해서 까이텔트 교수는 그의 스승 G. C. 벨까우어를 참 스승으로 생각했지만, 영향력과 흡인력에 있어서 뿐 아니라 사회 정의에 대한 대가로는 칼 바르트를 손꼽았다. 그리고 가장 이상적이 윤리학자로는 우트레흐트 대학의 교수인 요한네스 더 흐라프(Johannes De Graaf)를 들었다. 그 외에도 그는 아브라함 카이퍼(Abraham Kuyper)를 주목하고 그의 개혁주의적인 전투적 삶을 높이 평가했다. 그러나 까이텔트는 독일 신학을 수용하여 자유주의자로서 자신의 입장을 굳혔다. 그로 말미암아 그는 개혁주의 진영으로부터 수많은 공격과 비판을 받았다. 그런데 사랑하는 딸이 갑자기 세상을 떠나자 말기에 그는 자유주의 신학을 버리고 복음주의로 선회했다. 그러나 그가 뿌린 씨앗은 되돌릴 수가 없었다. 그래서 그는 조기 은퇴하였다.

05. 빌헬름 노이져
Wilhelm Neuser : 1926-2009

노이져 박사는 독일 복음주의 교회의 대표적 칼빈학자다. 세계 칼빈학자들 치고 노이져 박사를 모르는 사람이 없다. 그는 전 세계에 개최되는 모든 칼빈학회에 단골 강사였고, 특히 아시아 칼빈학회에는 그가 빠진 적이 없었다. 독일 사람이지만 영어에 능통하고 개방적인데다 모든 사람에게 친절해서 국제 칼빈학회 사무총장으로 적격이었다. 그래서 그는 거의 30년 동안 국제 칼빈학회를 이끌어왔다.

내가 노이져 박사를 처음 만난 것은 1986년 헝가리 데브레첸 개혁주의 신학대학교에서 열린 국제 칼빈대회(International Calvin Congress)였다. 내가 그 대회에서 설교 순서를 맡았기 때문에 자연스럽게 그와 가깝게 지내게 되었다. 그런데 이듬해인 1987년 10월에 나는 야심찬 계획을 진행하고 있었다. 즉 그동안 내가 수집하고 정리한 칼빈의 자료를 최초로 서울에서 전시할 계획을 구상하고 있었다. 전에 나는 한번도 이런 행사를 치루어 본 일도 없거니와 누구하나 재정후원을 하는 이가 없었다. 1986년에 총신대학교 학장직을 물러날 때 이른바 70회 총회 후유증이 남아 있었다. 그래서 그런지 총신과 교단의 지원은 일전 한 푼 없었다.

평교수로 물러 앉은 후에 내 계획이 알려지자 학교에서는 도리어 부정적인 반응이 나왔다. 그런데 그 순간 아이디어가 하나 떠올랐다. 행사 카다로그를 만들고 그 뒤에 교회의 광고 협찬을 받으면, 적어도 팜플렛 값과 포스터 값은 나올 듯했다. 다행히도 당시 총신 60회 동창들이 주축이 되어 협력해주고 몇몇 아는 목회자들과 후배들이 광고 협찬을 해주었다. 또한 그때 통합측의 장로님으로서 기독교 문화협회 사장이셨던 김용덕 장로님이 전면 광고비를 주어서 상당한 도움을 입었다. 그런데 문제는 장소였다. 전시 공간으로서의 적절한 장소도 없거니와 있다고 해도 대관비가 엄청 비쌌다. 더구나 교회들의 이해는 턱없이 부족했다. 아무리 동분서주해도 도와줄 사람이 나타나지 않았다. 그런 중에 어떤 분이 귀띔하기를 선교100주년 기념 사업회 총무이신 김경래 장로님과 의논해보라고 했다. 김 장로님은 고려파의 장로로서 전 경향신문사 편집국장을 지내신 분이었기에 아이디어가 풍부했다. 그리고 그는 당시 한국 교회 100주년 사업을 맡아서 크게 일하고 있었다. 그를 찾아서 의논한 결과 해답이 나왔다. 당시 그는 양화진에 있는 선교 100주년 기념교회 지하 공간을 무료로 빌릴 수 있도록 도와주겠다고 했다. 실로 천군만마를 얻은 기분이었다. 그때 김경래 장로님의 도움이 없었으면 16세기 종교개혁자 요한 칼빈 자료전시회는 물거품이 될 뻔 했다. 나는 임시직원 두 사람을 데리고 서초동에 있는 칼빈주의 연구원에서 밤낮없이 작업을 하고 있었다. 그런데 어느 날 업무차 한국에 와있던 노이져 박사가 서초동의 사무실을 찾아왔다. 그때 그는 나에게 자신이 칼빈학자지만 이처럼 많은 칼빈자료를 처음 본다고 하면서 칭찬과 격려를 아끼지 않았다. 그리고 자료실을 둘러보던 노이져 박사는 미국의 위대한 칼빈학자인 베틀레스(Battles) 박사의「칼빈주석과 설교 비교 연구」초안을 보고 깜짝 놀랐다. 내게 다가와서 한부 복사를 해줄 수 있는 가라고 요청했다. 나는 두말 하지 않고 한부를 복사해 드렸다. 노이져 박사는 비행기 시간 때문에 칼빈전시회 개관예배에 참석 못하는 것을 아쉬워하면서 다음과 같은 메시지를 남겼다.

> "이번에 정성구 박사가 주최하는 16세기 요한 칼빈 자료전시회를 진심으로 축하합니다. 기독교 선진국인 유럽에도 없는 이 뜻 깊은 전시회를 통해서 한국 교회에 칼빈연구가 더 심화되기를 기대합니다. 세계 칼빈대회는 정성구 박사의 노력과 수고에 축하와 감사를 전하는 바입니다."
>
> 뮨스터대학 교의학 교수, 국제 칼빈대회 사무총장 노이져

이 메시지는 개원 예배시에 낭독 되었다. 전시회는 내외 귀빈들로 꽉 찼고 두주일 동안 수천 명의 신학생, 일반성도들, 목회자들, 신학자들이 다녀갔다. 5대 중앙지로 "동아일보", "조선일보", "한국일보", "중앙일보" "한국 경제신문" 등에서 대서특필했고, 영자신문인 "코리아 헤럴드"와 "코리아 타임지"와 방송에서도 16세기 요한 칼빈 자료전시회 행사 보도를 해주었다. 어쨌거나 노이져 박사의 직접 방문과 격려 그리고 칼빈 자료전시회 행사가 전 세계에 알려지므로서 한국 칼빈주의 연구원과 칼빈 박물관은 알만한 사람에게는 다 알려졌다.

그 후에 국제 칼빈대회나 아시아 칼빈대회가 개최될 때마다 나는 늘 노이져 박사를 만나 격려와 위로를 받았다. 1990년 10월에 노이져 박사는 또다시 한국 칼빈주의 연구원을 찾아주었다. 그때 우리는 큰 꿈을 가지고 연구원 빌딩을 지금의 성남시 분당구 분당동 121-9에 착공을 하고 있었다. 그런데 노이져 박사는 그 건물이 지어져가는 것을 꼭 보고 싶다면서 찾아왔다. 노이져 박사의 격려와 위로가 커다란 힘이 되었다. 그는 국제 대회나 아시아 대회가 있을 때마다 회원들에게 한국 칼빈주의 연구원을 소개했다. 1994년 미국의 그랜드 래피드의 칼빈대학교와 신학교 채

플에서 제6차 국제 칼빈대회를 개최할 때 나는 설교 순서를 맡아 메시지를 전했다. 그 후 4년이 지나자 제7차 국제 칼빈대회 서울대회 때 노이져 박사는 전 세계 칼빈학자들을 이끌고 한국 칼빈주의 연구원과 칼빈 박물관을 방문했다. 이를 계기로 한국 칼빈주의 연구원과 박물관이 전 세계에 알려지게 되었다. 언젠가 내가 독일 뮨스터대학교의 노이져 박사를 방문했을 때 그는 나에게 뮨스터대학교 도서관으로 안내하면서 칼빈자료를 소개시켜 주었다. 그런데 놀랍게도 도서관에 자료가 아주 빈약했다. 그는 이것이 독일 교회의 형편이라고 솔직히 말했다. 이 날 그는 저녁 식사를 대접하겠다고 제의했다. 그러자 나는 뮨스터에서 가장 오래되고 전통적인 독일식 음식점으로 나를 초대해 달라고 했다. 노이져 박사는 250년 된 식당으로 나를 안내했다. 모든 벽과 식탁은 낙서와 때로 얼룩져 있고 바닥은 움푹 파진대다 삐거덕 삐거덕 소리가 났다. 그러나 이때 노이져 박사와의 만찬은 오랫동안 추억이 되고 있다.

칼빈학자이자 교의학자인 노이져 박사는 1926년 베스트팔렌(Westfalen)의 지겐(Siegen)에서 태어났다. 그의 부친이 교수였음으로 데트몰트로 이사 간 후 노이져는 김나지움을 졸업하고 1945년 괴팅겐대학교에 입학해서 거장 오토 베버(Otto Weber)와 에른스트 볼프(Ernst Wolf)등의 학자들 밑에서 사사했다. 그 후 스위스의 바젤로가서 1년간 공부하는 동안 칼 바르트(Karl Barth), 투르나이젠(E. Thurneysen), 오스카 쿨만(Oscar Cullmanm)교수 아래서 가르침을 받았다. 1949년 베델교회신학교에서 연구하다가 다시 괴팅겐대학교로 와서 "필립 멜랑히톤 신학에 대한 평가"(Der Ansatag der Theologie Philipp Melanchthons)란 논문으로 박사 학위를 받고, 1968년에는 "멜랑히톤의 성만찬 교리 1519-1530"(Die Abendmahlslehre Melangchtones in ihrer Geschietlichen Entwinkluny 1519-1530)이란 논문으로 교수 자격증(Habilitation)학위를 얻었다. 칼빈연구가로서 노이져는 1972년 세계 칼빈대회를 조직하고 1998년까지 사무총장으로 섬겼다. 은퇴할 때 아세아연합신학대학교(ACTS)에서 명예신학박사 학위를 받았다. 저서로는 「칼빈」(1971), 「쯔윙글리에 의한 종교개혁의 변화」(1977), 「뮨스터의 칼 바르트」(1985) 등이 있고 칼빈에 관한 다수의 논문이 있다.

한국 칼빈주의 연구원과 칼빈 박물관을 찾아온 세계적 칼빈학자들

06. 로버트 D. 눗슨
Robert Donald Knudsen : 1924-2000

    1983년 가을에 총신대학교와 신학대학원에 특별 강좌를 위해서, 나는 웨스트민스터신학교 변증학 교수인 눗슨 박사를 초빙했다. 전에 몇 번 그를 만난 적은 있으나 가까이서 깊은 대화를 나누기는 처음이었다. 그는 실력 있는 큰 학자였으나 같은 과에 변증학의 대부인 코넬리우스 반 틸 박사가 버티고 있어서 한 평생 큰 빛을 발휘하지 못했다. 그는 그것이 늘 마음에 불만이었다. 더구나 로버트 눗슨 박사는 헬만 도예베르트 박사의 기독교 철학을 절대적으로 찬성했으나 반 틸 박사는 같은 기독교 철학을 하면서도 도예베르트의 방법론에는 비판적이었다. 그러므로 눗슨의 입장에서는 대선배인 반 틸을 대놓고 비판을 할 수도 없는 상황이었다. 이러한 상황에 있던 그는 우리 집에 하루를 유숙하면서 속에 있는 말을 다 꺼내어 놓았다. 그는 심지어 내게 말하기를 "왜 반 틸만 공중에 계속 띄우고 있는지 모르겠다."는 말까지 했다. 내게 이런 말까지 한 것은 내가 신학을 전공하기 위해 화란에 유학가서 암스텔담에 있을 때 도예베르트 박사를 직접 만나 교제한 적이 있을 뿐 아니라 그와 나는 같은 대학의 동문이었기 때문에 한국에 온김에 마음 놓고 속내를 털어 놓은 것 같다. 그의 생김새나 말씨를 보면 인기 있는 교수는 아닌 듯했다. 우선 작은 키에 통통한 얼굴에다 강의할 때 눈을 감았는지 떴는지 알 수 없을 정도였다. 하여간 그는 총신대학교에서 "기독교 세계관"이란 제목으로 특강을 했다.

기독교 세계관은 철학이 아니고 오히려 성경적 세계관이라고 할 수 있다. 기독교 세계관은 우리의 모든 삶과 세계를 포함하여 기독교적인 관점에서 체계화 한 것이다. 그에 의하면 기독교 세계관은 비록 신학으로부터 많은 것을 배울지라도 신학은 아니고 도리어 칼빈주의적 세계관으로서 삶의 체계라고 할 수 있다는 것이다.

1992년 10월 24일 한국 칼빈주의 연구원은 종교개혁 474주년 기념행사와 강좌를 위해 또 다시 눗슨 박사를 초청했다. 그의 강의 내용은 전과 비슷했다. 눗슨 박사의 강좌 때는 포스터를 크게 만들고 광고를 내어 각계 각층의 사람들이 참여하도록 했다. 강연은 대성황을 이루었다. 그 이듬해에 눗슨 박사의 초대를 받고 필라델피아로 가서 만찬을 함께 했다. 한번은 김인환 목사의 가정과 함께 눗슨 박사와 코넬리우스 반 틸박사와 함께 필라델피아 근교의 공원으로 가서 바베큐를 즐겼다. 반 틸박사는 노쇠해서 양념 갈비에 젓가락질을 잘 할 수가 없었다. 물론 미국사람들이 젓가락을 사용해본 경험도 별로 없는지라 젓가락으로 고기를 집을 수도 없거니와 손이 떨리는 수전증으로 번번이 실패를 했다. 그때 눗슨 박사는 코넬리우스 반 틸 박사를 향해 하는 말이 "선생님! 오늘은 Point of Contact가 되지 않는 군요!"라고 의미 있는 농담을 했다. 어찌 보면 반 틸 선생에 대한 여러 가지 뜻이 내포된 듯했다.

로버트 D. 눗슨 박사는 1924년 캘리포니아 오크랜드에서 출생했다. 1944년에 UC버클리에서 BA를 받은 후 웨스트민스터신학교에서 M.Div

와 Th.M학위를 받은 후 뉴욕의 유니온 신학교에서 공부하여 또다시 Th.M학위를 받았다. 그 후 락몬트 대학(RockMont College)의 강사로 3년 일하다가 1955년부터 웨스트민스터신학교 교수가 되어 교수직을 시작했다. 그러나 그는 더 큰 뜻을 품고 암스텔담 뿌라야대학교로 가서 헬만 도예베르트(Herman Dooyeweerd)지도하에 철학박사(Dr. Phil) 학위를 수득했다. 그는 거기에 그치지 않고 스위스의 바젤대학교와 독일의 괴팅겐의 틸리히 문서보관소 및 보쿰의 헤겔 문서 보관소에서 계속 연구했다. 1958년에 귀국한 그는 다시 웨스트민스터신학교에 변증학 교수가 되었다. 그러나 대선배요 스승인 코넬리우 반 틸 박사의 그늘에 가리워서 세계적인 학자로 명성을 날리지는 못했지만, 칼빈주의 세계관 정립에 평생을 바쳤다.

미국 정통장로교회(O.P.C)의 목사이기도 한 늣슨 박사는 "칼빈주의 철학회" 회원으로 활동을 했을 뿐 아니라 "미국 학술 동호회", "복음주의 신학협회", "미국 헤겔학회", "북미 폴틸리히 학회"에 가입했고, 칼빈주의 철학잡지인 「Philosophia Reformata」의 편집인으로 활동했다.

그의 저서로는 「칼 야스퍼스 철학의 초월적 개념」, 「세계속 학문과 기독교의 만남」, 「심리학」, 「사회학」, 「기독교 신앙과 현대신학」, 「현대신학의 창조적 지성들」, 「예루살렘과 아덴」, 「성경과 신앙고백」, 「성경과 백과사전」, 「존 칼빈 : 서구사회에 있어서 그의 영향」 등이 있다. 그 외에도 「Philosophia Reformata」와 「Westminster Theological Journal」에 150편에 이르는 다수의 논문들을 발표했다.

07. 제임스 더용
James de Jong : 1941-

전 칼빈신학교 명예 총장인 제임스 더용 박사는 나의 가장 가까운 친구다. 칼빈신학교 총장 취임부터 오늘까지 가장 허물없이 속마음을 주고받은 친구다.

흔히 외국의 학자들과 만날 때, 총장이니, 교수니, 박사니 하는 존칭어를 쓰지만 우리 둘은 그냥 이름을 부르는 사이다. 그는 나에게 늘 셈(Sam)이라고 불렀고 나는 그를 항상 짐(Jim)이라고 부른다. 즉 나를 셈이라고 부르는 이유는 내 이름이 S(Sung Kuh)로 시작하니 사무엘(Samuel)이라고 하다가 그냥 닉네임으로 불렀다. 그러니 나도 제임스 대신에 편하게 짐이라고 부른다.

내가 더용 박사를 만난 것은 1982년에 그가 미국 기독교 개혁파교회(CRC)소속 칼빈신학교 총장으로 부임하고서 부터다. 내가 총신대학교에 행정 총책임을 맡고 있을 때, 칼빈대학교의 안토니 디크마(Antoney Diekama)총장과 교류하고 있었다. 나는 거의 일 년에 한두 번씩 칼빈대학교와 칼빈신학교 캠퍼스를 방문하고 교수들과 교제했다. 그리고 디크마 총장을 총신대학교에 초청해서 일주일동안 특강을 하도록 했다. 그래서인가 나는 칼빈 캠퍼스를 방문할 때마다 최고의 예우를 받아 영빈관인 메너하우스에 여장을 풀고 그곳에 사람들을 만나곤 했다. 그런데 어느 날 저녁에는 옆방에도 영빈관에 머무는 손님이 있었다. 그때 서로 만나 통성명을 했는데 그가 바로 더용 박사였다. 그는 나와 나이는 동갑이었으나 화란 뿌라야 대학교는 나보다 3년 선배가 되었다. 그는 아이오아주의 돌트대학교(Dordt College)의 교수로 4년 봉사하던 중 때마침 칼빈신학교 총장 공모에 지원을 했는데 발탁되었다. 그 당시에 칼빈신학교는 교회사의 거물인 존 크로밍가(John Kromminga)박사가 총장으로 있던 때였다.

비록 더용 박사가 총장으로 선임되었으나 전임자와 일정한 기간 동안 같이 근무해야 함으로 영빈관에 머물게 됐다는 것이다. 그로부터 지금까지 우리 둘은 최소한 일 년에 한번씩은 서로 만나고 교제하는 사이가 되었다. 물론 그는 교회사를 전공했지만 역사적 칼빈주의 신앙을 지키는 대표적 신학자이다. 더구나 그의 부친인 피터 더용(Peter Ymen de Jong) 박사는 미국의 대표적 신학자였다. 칼빈의 총장으로 부임한 더용 박사는 탁월한 신학자로서 훌륭한 리더십과 폭넓은 인맥을 형성하고 있었을 뿐 아니라 신학 명문가의 후광도 받고 있었다. 그래서 쉽게 칼빈신학교 총장이 되지 않았나 생각된다. 더용 박사는 화란계이므로 거구에 속한다. 그러면서도 친절한 사람이었다. 그는 나를 공식, 비공식으로 많이 초청해 주었다. 특히 1986년 내가 총신대학교 사태로 인해 심신이 고통을 당하고 있을 때 더용 박사는 나를 기꺼이 칼빈신학교의 초빙교수로 초청해 주었다. 그리고 헨리미터센터 곧 칼빈연구소에서 6개월 동안 연구할 수 있도록 숙식을 제공해주기도 했다. 그 후 1988년에 내가 세운 한국 칼빈주의 연구원 주최로 "아브라함 카이퍼 자료 전시회"를 할 때 그는 다음과 같은 축하의 메시지를 보냈다. 그 내용은 다음과 같다.

"칼빈신학교는 귀원이 개최하는 카이퍼 자료 전시회를 중심으로 축하드립니다. 우리는 1985년 7월 10일에 한국에서 한국 칼빈주의 연구원을 설립한 사실을 알고, 정성구 박사에게 깊은 감사와 하나님께 영광을 돌렸습니다. 그곳에서 지난 3년 동안의 활동을 하나님께서 축복하셨다고 확신하고 앞으로도 크신 은혜로 함께 하실 줄 믿습니다. 내달에 있을 아브라함 카이퍼의 전시회를 통해서 그가 크리스챤 사회질서에 대한 개혁주의적 건설자로 한국에서 널리 알려지기를 기원합니다. 귀하의 성경 중심의 크리스챤적 사고를 일으키려는 노고에 감사를 드리며 귀하의 노력이 한국의 삶의 전 영역에 영향을 줄 수 있기를 기원합니다.

1988. 9. 2 칼빈신학교 총장 제임스 더용 박사

앞서도 말했지만 이런 우정은 근 30년을 이어 갔다. 나는 그를 총신대학교에 초청하기도 하고 한국 칼빈주의 연구원에 초대하기도 했다. 1999년에 그가 한국에 왔을 때 내 딸인 정신애를 칼빈신학교 기독교 교육학 석사(M.C.E)학위 과정에 보내고 싶다고 했더니 그는 기꺼이 허락하고 2년간 전액장학금(full scholarship)을 주었다.

최근 2010년 내가 오랜 각고 끝에 「아브라함 카이퍼의 사상과 삶」이란 저작을 내었을 때 그는 책 뒷표지에 다음과 같은 서평을 써주었다.

"정성구 박사의 한국어로 된 아브라함 카이퍼에 대한 책 출판을 환영합니다. 이 책은 기독교 신앙이 사회와 문화 등 삶의 전분야에 얼마나 폭넓게 영향을 미치는지를 잘 보여 주기에 큰 공헌을 할 것입니다. 예수 그리스도의 이름으로 문화변혁을 시도한 카이퍼의 프로그램은 그의 꿈이었을 뿐 아니라 그가 출판한 수백 권의 책들 속에 하나님 중심의 깊은 경건의 근거를 제공합니다.

President Emeritus, Calvin Seminary Dr. James De Jong

　미국 C.R.C소속의 개혁주의 신학자이자 칼빈신학교 역사신학 교수였던 더용 박사는 1941년 개혁주의의 위대한 신학자인 피터 더용(Peter Ymen De Jong)박사의 아들로 태어났다. 1963년에 칼빈대학교에서 M.A까지 마치고 칼빈신학교에서 M.Div학위를 받았다. 그 후 암스텔담 뿌라야 대학교에서 1970년 신학박사 학위를 수득했다. 귀국 후 일리노이주 트리니티 기독대학의 조교수가 되었고 그 후 4년 동안 돌트대학교(Dordt College)에 봉사했다. 1982년부터 칼빈신학교 총장으로 재직하면서 2000년 6월까지 18년 동안 섬겼다. 그리고 역사 신학자로서 전통적 개혁주의 신학과 신앙에 철저한 학자로서 다방면에 공헌을 했다. 그는 칼빈과 카이퍼 연구가로서 많은 논문을 썼고 국제 칼빈학회 중앙위원으로 칼빈과 칼빈주의 보급에 크게 이바지 했다. 그가 쓴 저술들로는「물이 바다를 덮음같이」(1640-1840),「앵글로 아메리카에 중대된 선교사업에 나타난 천년 왕국기대」(1970),「가정 세우기: 기독교육소론」(1981),「개혁주의 예배론」(1985)등 여러 논문과 저서들이 있다.

필자와 제임스 더용 박사

08. 피터 Y. 더용

Peter Ymen De Jong : 1915-2005

1983년 나는 돌트대학교의 총장 존 홀스트(John Hulst) 박사의 초청으로 이틀간 돌트대학교를 방문하게 되었다. 필자는 이 대학이 미국 C.R. C소속의 대학 중에 가장 카이퍼리안 칼빈주의(Kuyperian Calvinism)를 교육 목표로 힘차게 증진하는 학교라는 것을 진작부터 알고 있었다. 아이오아주의 숙스센터(Sioux Center)에 있는 돌트대학교까지는 인근 비행장에 내려서도 끝없이 펼쳐지는 옥수수 밭을 지나 한 시간도 넘게 가야했다. 그 당시 나는 이렇게 넓고 넓은 허허 벌판에 과연 누가 살고, 이런 곳에 과연 대학이 되겠나 싶었다. 그런데 과연 역사적 칼빈주의적 세계관을 가지고 철저히 교육하려는 돌트대학교가 나왔다. 그 학교에서 존 홀스트 총장과 존 반델 스텔트 신학과 과장을 만났다. 그리고 여러 분야의 교수들을 만났다. 그리고 나를 공항까지 픽업 나온분은 노교수인 닉 반 틸(Nick Van Til)교수였다. 그는 기독교 철학을 가르친다고 했다. 혹시 웨스트민스터신학교의 코넬리우스 반 틸 박사와 무슨 연관이 있느냐고 물었더니 삼촌이라고 했다. 하여간 나는 돌트대학교에서 많은 학자들을 만나 교제하면서 많은 것을 배웠다.

당시 내게 관심이 하나 더 있었다. 그것은 이 근방에 학자들을 CRC소속 목사이면서 CRC교회보다 더욱 보수주의적이고 더욱 칼빈주의적인 신학교를 세우겠다고 결심한 P.Y 더용 박사가 계신다고 들었기 때문에 그를 꼭 만나고 싶었다. 그 당시 그의 아들 제임스 더용 박사는 칼빈신학교 총장이었고, CRC교단에서는 교단적으로 적지 않은 논쟁들이 있었다. 피터 Y. 더용 박사는 CRC교단의 중진 지도자요 칼빈신학교 실천신학 교수를 역임했으면서도 왜 새롭게 신학교를 시작했는지 궁금했다. 돌트대학에서 옥수수밭이 끝도 한도 없이 늘어선 길을 30분 정도 다시 달려 새로 아담하게 지은 중미국개혁신학교 곧 Mid-America Reformed Theological Seminary가 나왔다. 그는 교장 겸 실천신학 교수였고 그와 뜻을 같이하는 몇몇 교수들이 있었다. 그는 화란계 미국 이민자로 헌칠한 키에 은발의 노학자로 역사적 개혁주의 신학과 신앙을 바로 가르쳐야 한다는 말부터 꺼냈다. 내가 그를 만났을 때는 이미 70전 후의 나이였으나 여전히 정정하고 패기가 넘쳤다.

1987년 나는 서울에서 "아브라함 카이퍼 전시회"를 대대적으로 열고 그에게 초청장과 영문으로 된 카다로그를 보냈다. 그때 피터 더용 박사는 나에게 다음과 같은 답신을 보내왔다.

> "우리는 개혁주의 신앙을 가진 후손입니다. 그러나 우리는 미국에 와서 아무것도 못했는데 귀하께서는 한국에서 우리의 선조인 화란의 아브라함 카이퍼에 대한 자료 전시회까지 연다니 부끄럽기도 하고 한편 부럽습니다. 부디 성공적인 카이퍼 전시회가 되기를 기원합니다."

몇 해 전에 그 학교를 다시 방문하자 시카고 근교에 새롭게 학교를 지어 이전했고 피터 Y. 더용 박사는 연로해서 별다른 활동을 하지 못하고 노년을 보내고 있었다.

피터 Y. 더용 박사는 1915년 미국 미시간주의 그랜드 래피드에서 출생했다. 1936년에 칼빈대학교를 졸업하고 칼빈신학교로 진학해서 M. Div학위를 받았다. 그 후 하트포드 신학교에서 "A. 리출의 하나님 나라의 개념"의 논문을 써서 Th. M학위를, 1942년에는 "1620년에서 19837년까지 뉴잉글랜드 신약에 나타난 언약 개념"으로 철학박사(Ph. D) 학위를 수득했다.

1940년에 CRC목사로 안수 받은 후 약 8년 동안 몇 교회를 옮겨 다니면서 목회에 전념했다. 1952년에는 잠시 인도에 선교사로 갔던 경력도 있지만 1964년까지 계속 목회자로서의 삶을 살았다. 칼빈신학교는 그의 학문과 목회 활동을 인정하여 실천신학교수로 발탁했다. 그 후에도 그의 목회사역은 계속되었다. 그는 앞서 말한 대로 CRC교단의 개혁을 부르짖고 좀 더 새롭고 역사적 개혁주의 신학과 신앙을 바로 지킨다는 목표하에 중미국개혁신학교를 세우고 교장에 취임했다.

그는 교수로서 또는 목회자로서의 활동은 말할 것도 없고 "칼빈주의 예배 재정립 위원회", "교회 질서 재정립 위원회", "해외선교 위원회", "교회의 질서와 성찬의 실행을 위한 위원회", "대회 임시위원회" 등 여러 분야에서 적극 활동했다. 그는 또한 여러 잡지의 편집장의 일을 감당하기도 했다. 예컨대, 「Christian School Herald」, 「Renewal」, 「Torch and Trumpet」 등이다.

피터 Y. 더용은 개혁주의와 종교개혁에 관한 많은 저술을 남겼다. 예컨대, 「기독교 개혁교회」(1947), 「회중에 유의하기: 가족심방 원리와 실제연구」(1948), 「기독교적 삶」(1950), 「현대를 위한 자비의 목회」(1952), 「대 위임명령에 대한 순종」(1959), 「벨직 신앙고백서의 세상에 대한 교회의 증언」(1960), 「개혁교회의 위기」(1968), 「개혁주의 교리의 초급과정」(1978), 「1834년의 종교개혁」(1984), 「그리스도가 당신의 마음에 머물지도 모른다는 것: 하이델베르크 교리문답 설교」(1993) 등이 있다.

09. 헬만 도예베르트
Herman Dooyeweerd : 1894-1977

　1972년 늦가을 화란 뿌라야 대학으로 유학 와서, 아직 말도 글도 잘 모르고 동서남북을 구별하지 못하고 있을 때였다. 총신에서 공부할 때 간하배 교수로부터 헬만 도예베르트 박사에 대해서 이미 들은 바가 있었다. 그 당시 우리는 영어 해석도 잘하지 못하고 기독교 철학에 관해서도 잘 모르면서 그의 책 「A New Critique of Theoretic Thought」(이론적 사유의 신비판) (1953-1958)을 옆에 끼고 다녔던 기억이 있다. 신학의 초학도에 불과한 우리는 학문의 허영과 시건방을 떨면서 폼만 내던 시절이 있었다. 그런데 필자가 처음 유학가서 암스텔담에서 생활 할 때는 매우 어려웠다. 누구하나 반기는 사람도 없었고 정붙일 사람도 없었다. 더구나 가족을 서울 도봉동의 남의 집 문간방에 남겨둔 채로 홀쩍 암스텔담으로 왔기 때문에 힘들었다. 그때 나는 참으로 무모하게 달랑 100불을 들고 암스텔담으로 왔다.

　1970년대 초에 암스텔담은 히피족들의 천국이어서 전 세계 장발족 히피족들이 다 모일뿐 아니라, 당시 6000명을 수용하는 뿌라야 대학교 기숙사촌은 한국의 목사가 있기에는 부적절하다고 판단 했던지, 나는 암스텔담 전철 2번 선에 있는 여왕가(Konninginneweg) 56번지 3층에 방을 주었다. 이 집은 전에 헬만 도예베르트 박사와 함께 기독교 철학운동의 쌍벽을 이루었던 볼렌호번 박사의 집이었다. 유학을 시작하면서 좌우 분별을 못하고 외로움을 타던 나는 기왕에 유학을 온 김에 칼빈주의 철학의 창시자인 헬만 도예베르트(Herman Dooyeweerd) 박사를 만나고 싶었다. 무식하면 용감하다는 말이 있듯이, 나는 집 앞에 있는 공중전화를 사용해서 서투른 콩글리쉬로 내 소개를 하고, 한번 방문해도 좋겠는가라고 물었다. 그런데 생각 밖에 그는 쾌히 승낙하고 만날 시간과 장소를 정해 주었다. 그런데 장소는 내가 묶고 있던 숙소에서 불과 5분 거리도 안 되는 다음 블록이었다.

처음 도예베르트 박사를 만났을 때의 인상은 참으로 무게 있는 인자한 학자였다. 서재에 나를 안내한 그는 매우 정중하면서도 친절했다. 그의 서재는 천정 꼭대기까지 완전히 책으로 둘러 싸여 있었다. 그래서 높은 사다리를 놓고 책을 뽑아보고 있었다. 그런데 하나 놀란 것은 도예베르트 박사의 키가 나와 거의 같았다는 점이다. 이 지구상에서 화란 사람이 가장 키가 큰 것을 감안하면 그는 아주 작은 축에 속했다. 그러나 나는 도예베르트 박사 앞에서 도리어 큰 위로를 얻었다. 세계적인 대학자이며 칼빈주의 철학의 창시자인 석학이 나와 비슷하다는데 위로를 얻었다. 그때 나는 화란어와 영어를 능통하게 하지 못했다. 그래서 그저 내 자신을 간단히 소개하고 나의 멘토인 박윤선 박사에 대하여 말했다. 왜냐하면 박윤선 박사님의 주석 책에는 상당 부분이 도예베르트의 사상을 인용하고 있었기 때문이다. 내가 도예베르트 박사를 만났을 때 그의 나이는 80을 넘겼다. 그는 말하기를 자기에 비하면 박윤선 박사는 아직도 젊다고 했다.

그날 나는 도예베르트 박사에게 참으로 순진한 질문을 했다. 선생님! 선생님은 칼빈주의 철학 곧 기독교 철학의 창시자로 알고 있는데, 선생님의 칼빈주의 철학의 근거는 도대체 어디서 출발하는 것입니까? 라고 물었다. 그는 씩 웃으면서, "철학은 무슨 철학? 나는 철학자도 아니고 신학자도 아닙니다. 내가 아는 것 한 가지가 있다면 시편 119편 105절 "주의 말씀은 내 발에 등이요 내 길에 빛이라"는 말씀을 알키미디안 포인트(Archimedian Point)로 해서 내 사상을 발전시킨것 뿐입니다. 그리고 "모든 사고와 삶의 법칙은 하나님의 말씀이 기초가 되는 것입니다. 변치 않는 하나님의 말씀만이 우리의 신앙과 삶, 그리고 만유와 만사의 원리가 된다는 확신입니다. 또한 그런 성경 중심의 세계관이 신학과 신앙은 말할 것도 없고 정치, 경제, 사회, 문화, 예술, 교육 등 삶의 전 영역을 지배해야 합니다. 이 세상에는 중립이란 것은 없습니다. 결국 세계관이 핵심인데, 내가 말하는 칼빈주의적 세계관은 바로 살아계신 하나님의 말씀인 성경에 기초한 것입니다"라고 했다. 이 말을 듣는 순간 나는 가슴이 뛰기 시작했고 이미 나는 화란 신학과 화란 칼빈주의 사상을 다 이해할 듯했다. 사실 도예베르트 박사는 철저한 카이퍼리안 칼빈주의자로서 아주 독특한 칼빈주의 철학을 개발했다. 어떤 이는 그를 가리켜 데카르트 이후에 나타난 가장 위대한 학자라고 말했다.

솔직히 나는 그날 도예베르트 박사가 들려준 말에 감전되어 오늘까지 칼빈주의 신학과 신앙의 원리를 확고히 지켜왔다고 말할 수 있다. 흔히 인생은 누구를 만나는가에 따라 그 인생의 삶이 결정된다고 한다. 나는 한국에서는 4반세기 동안 박윤선 박사님을 멘토로 모시면서 신학에 관하여 많은 것을 배웠다. 그리고 화란에 건너가서는 도예베르트 박사의 성경적인 세계관, 칼빈주의적 세계관을 배워 내 삶의 방향과 중심을 잡은 영광을 누리게 되었다. 필자가 칼빈과 아브라함 카이퍼를 연구한 후,

1985년부터 "한국 칼빈주의 연구원"과 "칼빈 박물관"을 세운것도 거슬러 올라가면 도예베르트 박사에게 깊은 감화를 받았기 때문이다. 도예베르트 박사는 아브라함 카이퍼(Abraham Kuyper)의 사상체계를 더욱 확고하게 철학화하고 조직화하고 사상적으로 정리한 사람이라고 할 수 있다. 아브라함 카이퍼 이후에 카이퍼의 사상을 따르던 끄라스 스킬더(Klaas Schilder)박사는 카이퍼 사상의 비판자로 돌아섰고, 후일 자유개혁파 교회(Vrijgemaking Kerk)를 세우고 캄펜신학교(Kampen Theologische Hoogeschool-후일 Universiteit로 바뀌었다)를 세웠다. 그러나 도예베르트 박사는 그의 동역자 볼렌호번(D.H. Th. Vollenhoven)과 함께 기독교 철학회 (De Vereniging Voor Calvinistishe Wijsbegeerte)를 조직하여 「개혁주의 철학(Philosophia Reformata)」잡지를 내면서 개혁주의 사상을 이끌어 왔다.

그는 1894년 10월 7일 화란의 암스텔담에서 출생하여 1977년에 타계했다. 그의 부모들은 칼빈주의를 신봉하는 자들이었다. 특히 그의 부친은 당시의 칼빈주의 운동의 지도자요, 교육가요, 국회의원이며, 언론인이며, 개혁교회의 복음운동의 대표인 아브라함 카이퍼와 친교를 갖고 그를 추종하였다. 한편 그의 모친은 당시 교계의 지도자인 콜부르흐(Kohlbrugg)를 추종하는 집안이었다.

도예베르트는 자신의 부모를 통해서 개혁주의 사상의 틀을 어릴 때부터 익혀왔다. 그의 학생생활은 모범적이었으며, 예능방면에도 두각을 나타냈다. 1912년 청년 도예베르트는 뿌라야 대학교 법학부에서 법을 공부했다. 특히 그가 칼빈주의 운동가들과 만나게 되었을 때는 이미 아브라함 카이퍼는 그의 생애의 마지막이 가까워 오던 시기였다. 필자가 도예베르트 박사에게 들은 바에 의하면 그는 여러 번 카이퍼를 만났다고 했다. 특히 카이퍼의 병상에서도 만났었다고 술회하였다. 특히 그는 박사 학위 프로모터인 파비우스(Fabius)를 위시하여 아네마(Anema), 바빙크(H. Bavinck)등과도 친밀한 교제를 하고 있었다. 또한 청년 도예베르트는 흐룬 반 프린스터 연구에 주력하였다. 그리고 그것은 그의 철학적 배경이 되었다. 청년 도예베르트는 5년간에 걸쳐서 완전히 자신의 연구를 마치고 1917년 7월 2일 파비우스(Prof. Mr. D.P.D. Fabius) 교수 아래서 "화란 헌법에 있어서 각료회의(De Ministerraad in het Nederlandsche Staatsrecht)"란 논문으로 약관 23세의 나이로 박사 학위를 수득했다.

그가 뿌라야 대학교의 교수로 취임하기 전 여러 가지 실제적인 경험을 쌓기도 하였다. 1916년에 화란 북부지방인 프리슬랜드의 조그마한 도시 할링겐이란 곳에서 세무관리의 일을 보기도 했다. 그리고 일년 후에는 라이덴 시청에서 일했으며, 1918년에는 헤이그의 중앙행정부인 노동부로 옮겨 근무했다. 거기서 그는 산업과 노동에 대한 법안을 기초하는 역할을 담당하였다. 그 후 1922년에는 헤이그에 있는 "아브라함 카이퍼 연구원"의 부원장으로 임명되었다. 여기는 흐룬과 카이퍼에 의해서 계승해 온 개혁파 정당인 ARP의 정책 연구도 겸하고 있던 곳이다. 사실 이와 같은 도예베르트의 위치는 기독교 정치에 대한 체계적인 연구를 할 수 있는 아주 좋은 기반이 되었다. 그 뿐만 아니라 그는 여전히 법철학에 대한 연구도 계속했다. 그 결과 그 해 4월 8일 헤이그에서 있었던 법철학회 대회에서 27세의 나이로 당시의 법철학계의 원로인 스콜던(Gerhert Scholten)박사와 격렬한 논쟁을 벌임으로 세인의 주목을 끌게 되었다. 특히 그는 앞서 말한 "아브라함 카이퍼 연구원"에서 정기간행물로 출간되고 있는 기독교 정치학(Staatkunde)의 편집인 책임을 맡았기에 정계와

언론계에 발돋움 할 수 있었다. 이 잡지는 월간지로 정치, 경제 분야에 있어서 이론적이고 매우 실제적인 것을 다양하게 취급하고 있었다. 이리하여 그는 영향력 있는 필봉을 휘두르기 시작하였다. 당시 그는 카이퍼의 후계자인 콜래인(Colijn)과도 밀접한 관계를 가졌으며, 국방장관인 반 다익은 1922년 5월 22일자로 도예베르트에게 보낸 편지에서 그의 능력과 영향력을 격찬하였다. 그리하여 1926년 10월 15일 약관 32세의 나이로 뿌라야 대학교의 법철학 및 법분류학과 중세 화란법을 담당하는 교수로 취임하였다. 그의 교수 취임 연설의 제목은 "법학 및 법철학에 있어서 우주론적 개념의 의미"(De Beteekenis der Wetsidee voor Rechtswe-tenchap Rechtsphilosophie)였다.

그가 뿌라야 대학교 교수로 취임한 후 1965년 정년으로 은퇴하기까지 한결같이 40년 동안을 같은 자리에서 일했다. 그가 마지막 임종을 한 암스텔담의 오란게 나사울란 13번지는 거의 40년간 살던 정든 집이었다. 그의 집 앞에는 화란의 음유시인 본델(Vondel)의 이름을 딴 본델공원이 위치하고 있다. 그는 9남매의 자녀를 낳았으며 많은 손자와 손녀들을 두었다. 그의 아내 얀티나 펜하우트 도예베르트(Jantiena Fernhout Dooy eweerd)는 1963년에 사별하였다.

그의 부인 얀티나는 평생의 친구요 동역자인, 칼빈주의 철학의 쌍벽을 이룬 볼렌호번(Vollenhoven) 박사의 여동생이었다. 그 후 그는 자녀들의 방문을 자주 받기는 했지만 말년에는 한 늙은 가정부가 그를 도와주는 것 외에는 혼자 있었다. 그는 임종할 때까지 펜을 놓지 않고, 원고 정리 및 저술 활동에 주력하였다. 1917년 23세부터 책과 논문들을 썼으니 꼭 60년간을 글을 쓴 셈이다. 그가 쓴 저서와 논문들은 줄잡아 200개는 훨씬 넘을 것이다. 그 중에도 세계적인 공헌을 한 책은 1935년에 쓴「법 개념의 철학」(De Wijsbegeerte der Wetsidee)인데 이것을 20년 후인

1954년에 영어로 「A New Critique of Theoretical Thought」(4 Vol)로 번역 출판했다.

특히 1936년부터 지금까지 출판되고 있는 칼빈주의 철학회의 기관지인 「개혁주의 철학」(Philosophia Reformata)은 세계 각국에 칼빈주의 철학을 심는데 결정적인 역할을 담당하였다.

헬만 도예베르트! 수년전 화란 국영 텔레비전에서 한 소개자는 도예베르트를 가리켜 데카르트(데카르트는 불란서 철학자이지만 화란에서 살았다) 이후에 가장 큰 거목의 철학자라고 극구 찬양하였다. 아무튼 도예베르트는 반세기 동안 개혁교회에 지대한 영향을 끼친 사람이다. 1970년대 코넬리우스 반 틸 박사를 위시해서 같은 노선을 걷던 개혁파 교회 내의 지도자들로부터 도전을 받기까지 거의 그는 기독교 철학에 있어서 왕적 존재로 군림했다. 이제 인간 도예베르트는 역사에 긴 포물선을 긋고 잠들었다. 그에게 대한 공과를 논하며 비평하는 일은 앞으로 본격화 될 줄 안다. 필자는 지면을 빌어 그의 사상적인 측면보다도 내가 만나고 교제하여 본 인간 도예베르트의 일면을 생각해 보고자 한다.

나는 앞서 언급한 바와 같이 도예베르트 박사를 처음 만났을 때의 이야기를 좀 더 하고 싶다. 내가 그를 처음 만났을 때 첫인상은 아주 다정하고 친절한 한국의 한 노인을 만나는 것 같았다. 그의 얼굴에 풍기는 인상은 서구적이라기 보다 동양적이었다. 우선 짤막한 키에 은발을 다정히 벗어 넘긴, 거기에다 잔잔한 미소와 확신에 넘치는 눈길은 참으로 아무 부담 없이 접근할 수 있게 만들었다. 그때만 해도 팔순 노인에 걸맞지 않게 정력적이었다. 서재로 나를 안내한 도예베르트 박사는 가정부가 출타중 이라면서 부엌에 내려가서 손수 커피를 끓여서 가져왔다. 넓은 서재에는 고서들로 가득차 있었으며, 책꽂이 옆에는 사닥다리가 놓여 있었다. 그것은 자신의 키의 두 배나 넘는 책꽂이에서 책을 뽑아서 쓰기 위해서 필요한 것이었다. 책상과 의자 그리고 응접셋트도 자세히 들여다 보니 지난 세기의 것이 틀림이 없었다.

그는 그 책상과 그 의자에서 한 평생을 쓰고 읽고 사색했던 것이다. 그는 우선 집안을 두루두루 소개도 해주었다. 서재 옆방에는 피아노 한 대가 있었다. 딸들의 피아노 실력도 빼지 않고 귀뜸해 주었다. 그리고는 계속해서 우리는 서로 커피를 마시며 이야기했다. 대뜸 나는 묻기를 교수님의 기독교 철학의 바탕이 되는 것은 무엇인가라고 물었을 때 그는 서슴없이, 나의 철학은 성경에서 나온 성경 철학이라고 대답하였다. 인생과 우주에 대한 진리의 판단 기준은 영원히 불변하는 하나님의 말씀만이 표준이 된다는 것이다. 그는 자기 자신은 신학자가 아님을 강조하면서 세계의 신학과 철학, 사회, 역사, 문명에 대해서 여지없이 비평을 가했다. 그 중에도 그가 한평생 몸담아 오고 있던 뿌라야 대학교에 대해서도 신랄한 비판을 가했다. 그는 기독교의 세속화를 걱정하면서 참된 기독교 철학의 정립을 외쳤다.

특히 그는 기독교 신학에 있어서 스콜라주의를 매우 강하게 공격하였으며, 한 평생을 스콜라주의에 대한 투쟁으로 점철되었다고 덧붙였다. 노석학의 열변은 끝날 줄 몰랐다. 나는 그분과 이야기하는 동안 나의 작은 그릇을 통감하기도 했다. 이야기 하고 싶을 때는 언제라도 방문해도 좋다는 허락까지 받고 그 날은 헤어지게 되었다. 도예베르트 박사께서는 서재를 더듬거리다가「Verenieuwing en bezinning」란 자신의 저서 한권을 꺼내어 친필로 싸인을 한 후에 내게 선물로 주었다. 그로부터 나는 도예베르트 교수와 인간적인 교제를 자주 갖게 되었다. 2년후에 나는 암스텔담에서 암스텔벤이란 곳으로 이사했다. 행정구역은 다르지만 차로 20분 정도의 거리였다. 그때 새로 이사간 곳은 뜨룰스트라란13번지였는데 공교롭게도 두 집 건너에는 볼렌호번(Vollenhoven) 박사가 살고 있었다. 그도 역시 늙은 가정부의 도움으로 그의 황혼기를 보내고 있었다. 이내 우리 가정은 친하게 되었다. 우리 아이들은 할아버지라 부르고 따랐다. 외로운 노인의 한 면을 볼 수가 있었다. 그의 응접실에는 그의 누이동생, 즉 도예베르트 박사의 부인의 초상화가 크게 걸려 있었다. 우리가 도예베르트를 생각할 때 볼렌호벤을 빼놓을 수 없다. 나이는 도예베르트보다 두 살 위이지만 그녀를 끔찍이 생각했다. 말끝마다 "나의 형제와 나"란 말을 빼놓지 않았다. 그 후 도예베르트와 볼렌호번을 좀 더 가까이 보게 됐다. 그러나 그때 이미 볼렌호번도 기억력이 많이 감퇴되어서 대화 중에 가끔 줄거리를 잊어버리고 있었다.

  그 후에 내가 가장 마지막으로 도예베르트를 본 것은 필자가 귀국하기 얼마 전이었다. 기독신보사에서 도예베르트 교수에게 부탁하여 논문 한편을 쓰도록 하여 번역해 달라는 전갈이 왔다. 허겁지겁 찾아갔더니, 말씀은 고마우나 자기는 이미 너무 늙어 또 다시 새로운 논문을 쓰는 것은 쉽지 않고 한국의 실정을 모르기에 무엇을 써야할지 잘 모르겠다고 하면서 정중히 사양했다. 그러나 나는 떼를 쓰듯 말하다가 갑자기 묘안이 하나 떠올라 제안을 했더니 허락해 주었다. 그것은 중요한 질문 몇 가지를 준비했다가 인터뷰로 하기로 함이 어떠냐고 제안 하였더니 쾌히 승낙하여 주었다.

  그로부터 며칠 후에 카메라와 녹음기 등을 가지고 뿌라야 대학교 철학부의 존 크라이 박사와 함께 집을 방문하였다. 그를 대동하게 된 것은 혹시 어려운 말이 나오면 도움말을 구하기 위함이었다. 나는 오후 늦게까지 인터뷰하여 녹음을 하고 사진촬영도 했다. 정원에서 도예베르트 박사와 담화를 나누는 동안 손녀가 무비 카메라를 가지고 와서 찍어주었다. 참으로 즐거운 시간들이었다. 그 후 다시는 도예베르트 박사를 만나지 못하고 말았다. 이제 그와의 인터뷰를 담은 녹음테이프와 사진 몇 장과 무비 필름만이 생전의 그의 따스한 정감을 느끼게 하고 있다. 물론 그 인터뷰 내용은 지금까지 필자의 원고 정리가 되지 않아 기사화 되지 못했다. 당시에 인터뷰한 내용을 간단히 몇 가지 요약하면 다음과 같다.

"교수님! 기독교 철학에 대하여 교수님과 말씀을 나눌 수 있게 된 것을 무척 기쁘게 생각합니다. 우리가 알기로는 교수님은 기독교 철학의 개척자이고 그 영향은 화란의 국경을 초월하여 전 세계 여러 나라에 미치고 있습니다. 문제는 어떻게 기독교 철학이 가능한가 라는 가능성의 문제입니다. 아마도 이 이야기를 시작할 수 있는 가장 좋은 방법 중의 하나는 교수님께서 자신의 배경에 대해서 설명하는 것이라고 생각하는데요."

"확실히 그렇습니다. 당신도 아시다시피 나는 암스텔담 뿌라야 대학교에서 수학하였습니다. 그 당시 우리 대학은 그리 오래되지 않았습니다. 당시 그 학교의 창설자로서 신학자이며, 정치가, 교회 개혁자이신 아브라함 카이퍼가 여전히 영향을 끼치고 있었습니다. 카이퍼의 사상에는 두 가지 조류가 흐르고 있었습니다. 하나는 개혁주의적인 것이고 다른 하나는 스콜라주의적인 요소입니다. 특히 신학자로서 카이퍼는 그의 거대한 신학 업적을 전통적인 스콜라주의 조류와 연결시켰습니다. 스콜라주의는 두 영역, 은혜의 영역과 자연의 영역 사이에 구별을 둡니다. 이런 것은 저 위대한 스콜라 철학자 토마스 아퀴나스에 의하여 인도된 것들입니다.

아퀴나스에 의하면 교회의 임무(당시 로마 가톨릭교회)는 계시의 "초자연적" 진리들을 지키고 해석하는 것이었습니다. 그러나 "자연"의 영역으로서의 국가와 학문들은 교회와 계시에 의존하지 않는 자율에 속해 있다는 것입니다. 이런 로마 가톨릭 견해를 신교가 인수 받았습니다. 16세기에는 화란 사람들이 신교측에서 강한 스콜라주의 사상을 받아들였습니다. 그 대표자가 부티우스(Voetius)란 학자입니다. 이중적인 자연과 은혜(초자연)의 아퀴나스적 견해가 인정되고 신교사상의 전체 체계를 이루는 동인이 되었습니다. 그러나 개혁주의자들 특히 요한 칼빈은 기독교의 진리는 이러한 이중적인 성질을 인정하지 않는다고 했습니다. 그것은 이중성을 요하지 않고 하나로 완전합니다(중략)." 그러나 카이퍼에게서 또한 개혁주의 사상을 발견합니다. 카이퍼는 계시의 완전성과 삶의 전체성을 인식하였습니다. 그의 유명한 다음의 말은 확실히 개혁적인 것입니다.

"만물의 주권자이신 그리스도에게 속한 인간존재의 전 영역에서 이것이 내 것이 아니라고 주장할 수 있는 땅은 한치도 없다"

"여기서 출발해서 그는 많은 사상을 발전시킬 수 있었습니다(중략). 카이퍼는 국가 절대주의(전체주의와 같음)에 반대하고 영역주권(Souvereiniteit in eigen Kring) 사상을 확립하였다(중략). 카이퍼의 영역 주권사상은 스콜라주의에서 발견할 수 없는 사상이며 예수 그리스도는 인생의 모든 영역에 있어서 주권자임을 확인하였습니다(중략). 내 철학을 위해서 나는 카이퍼의 사상을 취사 선택하고 있습니다. 나는 카이퍼 사상의 스콜라적인 경향을 반대하고, 개혁주의적인 것은 받아들여 그 정신을 계속 발전시켰습니다."……(중략) "나는 신학자가 아니고 법률가이며 법학자입니다. 나에게 있어서 모든 것의 중요성은 내가 성경 속에서 발견할 수 있는 개혁주의적인 원리를 추구함으로써 개혁적이고 성경적인

방법을 발견하고자 하는 것입니다."(중략)

나는 그에게 다시 묻기를 "그러면 교수님의 기독교 철학의 발전적 의미와 중요성을 가지고 오늘날 제기되고 있는 문제들을 신학적인 방법으로 대답해 주실 수 있습니까? 만약 교수님께서 우주론적인 입장에 대해서 설명해 주신다면 선생님의 대답은 더욱 명백할 것입니다." 도예베르트 교수는 말하기를 "성경적인 창조의 근본 동기는 인간의 타락과 죄로 말미암아 중단되는 듯했으나, 예수 그리스도의 구속과 성령의 교통으로 말미암아 우리의 과학사상을 지배할 수 있다는 것이 나의 의견입니다(중략). 나는 성경이 말하지 않는 과학적인 사상에 관하여 말할 위치에 서 있지 못합니다. 성경은 세상의 어떤 과학이론도 제시하지 않습니다(중략). 창조는 모든 문제 속에서 우리를 인도하는 원리입니다. 이것이 내 철학의 중심부입니다. 성경은 우리가 논리적인 방법으로 다른 견론들을 유도해야만 하는 과학원리의 그물이 아닙니다.

그러나 성경은 우리가 과학의 위험스런 영역을 밟을 때 환히 비쳐주는 "발의 빛"입니다. 과학은 언제나 모험과 위험이 가득차 있습니다. 이 오솔길을 따라 모험을 할 때 우리는 언제나 하나님의 말씀의 빛과 동행을 해야 합니다. "주의 말씀은 내 발의 등이요 내 길의 빛"인 사실을 언제나 확신 있게 믿어야 합니다(시 119:105)(중략). 카이퍼의 개혁사상 중에 가장 큰 공적 중 하나는 인간의 마음을 인생의 전체 문제의 출발점이요, 종교적 중심점으로 보는 성경적 견해를 재발견한 것입니다. 이것은 진실로 커다란 개혁주의 원리 중의 하나입니다. 내가 이것을 말했을 때 스콜라주의 신학자는 반문하기를 "당신은 인간의 마음이 무엇을 뜻하는지 모르겠다"고 했습니다(중략). 이러한 심령 속에 우리의 모든 사상과 행동은 우리에게 자신을 계시하신 창조주요 구속주이신 예수 그리스도를 중심에 두게 되는 것입니다(중략). 이것이야말로 스콜라주의적인 미신에서 우리를 자유롭게 하는 것입니다. 인생의 마음이 중요하다는 것은 나의 사상이 아니고 성경 전체의 중심사상입니다. 이것은 예수님, 바울, 베드로가 가장 강조하는 말씀입니다(중략). 옛 헬라 철학자들은 그것을 잘 몰랐습니다. 그들은 인생의 중심이 인간과 동물을 구별시키는 유일한 방법인 이성(理性)에 있다고 생각했습니다. 그러나 완전한 새로운 메시지가 하나님의 말씀 속에 나타났습니다. 그것은 인간의 심령을 귀히 여기는 것입니다(중략). 나의 전 인생은 이런 이원론적인 인생관과 반대하여 싸웠고 스콜라주의를 반대해서 투쟁했습니다. 심지어 지금도 나는 개혁주의 신앙에서 벗어난 탈선운동을 비난합니다(중략).

나의 처음 저서에는 종교적인 근본 동기를 발견할 수 있지만 나의 잠재의식 속에는 있었으므로 나를 한 방향으로 인도했습니다. 수 많은 비난이 개혁자들에게 들어왔을 때 두려워하지 않았습니다. 나는 그들이 문제의 근본을 모르고 있다는 것을 알기 때문입니다."라고 했다.

도예베르트는 신학자가 아니면서도 개혁주의 기독교 철학과 개혁주의 신학에 결정적인 역할을 했던 대석학이었다. 나는 그와의 만남이 내 인생의 방향을 결정하는 중요한 이정표가 됐다고 말할 수 있다.

1973년 도예베르트 박사가 필자에게 선물한 책에 친필싸인을 한것

10. 얀 뎅거링크

Jan D.Dengerink : 1921-2010

1973년 쯤으로 기억된다. 나는 어느 모임에서 당대의 칼빈주의 걸출한 철학자인 뎅거링크 박사를 만났다. 그는 외국 유학생들을 위해서 칼빈주의적 성경그룹을 지원하고 있었다.

그의 눈빛은 늘 살아있었지만 유난히 외국 유학생들에게 관심이 많았다. 무슨 이유에서인지 모르지만 뎅거링크 박사는 내게 대해서 지극한 관심을 가졌다. 국제 개혁주의 신행협회(IARFA)회장을 역임해서인지 국제감각이 뛰어나고 영어가 유창했다. 그는 성탄 때는 반드시 우리 온 식구들을 자기 집에 초대하고 하루를 쉬어 가도록 했다. 그가 초청하면 우리는 암스텔담에서 우트레흐트를 지나서 드리베르헌(Driebergen)까지 몇 번 차를 갈아타고 갔다. 아내와 모세와 신애 두 아이들은 그 가정에서 사랑을 독차지했다. 그 집에 갈 때마다 푸짐한 음식을 준비해 주었고 특히 뎅거링크 박사의 부인은 너무나 곱고 친절한 할머니였다. 식사를 마치고 부인들끼리 이야기를 나누는 동안 나와 뎅거링크 박사는 오랫동안 신학과 기독교철학, 미국과 화란, 한국 교회 등의 화제로 시간가는 줄 모르고 대화를 이어갔다. 뎅거링크 박사의 논리는 정확하고 핵심을 찌르는 것이었다. 내가 화란 암스텔벤(Amstelveen)에 살 때 뎅거링크 박사는 어느 날 우리집을 방문하면서 빈손으로 오지 않고 화란어로 된 G.C 벨까우어(Berkouwer)박사 교의학 전집을 선물로 가져왔다. 앞으로 신학 공부를 하는 동안 벨까우어 교수의 전집은 필수적으로 갖추어야 할 책이라면서 나를 격려해 주었다.

나는 지금도 그의 선물 한 세트를 소중히 간직하여 참고하고 있다. 내가 박사과정을 마칠 때 그는 또다시 내게 기념품을 선물했다. 그것은 팬화로 그려진 웨스턴교회(Werstern Kerk)의 옛 모습을 담은 그림이었다. 이 교회는 종교개혁 후 암스텔담에서 가장 오래된 개혁교회로서, 그 안에는 렘브란트의 무덤이 있다.

나와 뎅거링크 박사와 더욱 가까워진 것은, 1975년 10월 18일로부터 4주 동안 그의 작은 논문을 기독신보에 번역해서 게제 했기 때문이다. 나는 교단신문에 그의 논문 "하나님 나라의 보편성과 실제성"(De Actualiteit en Universaliteit van Koninkrijk Gods)을 한국 독자에 맞도록 번역하여 실었다. 당시 그의 논문 중 일부를 소개하면 다음과 같다.

"교회는 하나님께서 맡기신 그 시대적인 사명을 잘 감당해야 할 것이며 언제나 안이한 자세로 현상 유지에 급급해서는 안 됩니다. 기독교는 언제나 자신을 돌아보며 하나님께 회개하는 한편 그리스도의 명령에 순복하고, 그리고 복음 선포와 봉사로의 사명을 잘 감당해야 합니다. 그런데 기독교는 단순히 구령(救靈)사업을 위해 불리움을 받았을 뿐 아니라 모든 사고 방식은 물론이려니와 심지어 사회제도에 대한 기독교의 역할까지 소명을 받고 있습니다. 다시 말하자면 기독교는 영적인 것 뿐만아니라 구체적 삶의 현장에 문화적 활동에 대해서도 그의 역할을 감당해야 합니다."

"하나님의 말씀에 든든히 서지 않으면 어떤 개인이나 단체도 난공불락은 없습니다. 결국 하나님의 말씀을 바로 믿지 못하면 요한 1서에 말한대로 하나님을 거짓말 하는 자로 만드는 결론에 도달하게 됩니다(요 1:8-10). 사도 바울은 이스라엘의 역사를 설명하고 마지막에 이르러 "선줄로 생각하는 자는 넘어질까 조심하라"고 경고하였습니다(고전 10:12)."

"그러나 루터에게 있어서는 여전히 자연과 은혜 왕국 사이 인간의 삶의 외면적인 것과 내면적인 것 사이를 갈라 놓았습니다. 그래서 그는 지식과 복음이 서로 반대된다는 입장에서 주저 앉고 말았습니다. 그러나 칼빈에게 있어서 이 문제는 보다 근본적이고 철저하였습니다. 그의 사상과 삶의 중심은 모든 것을 포함하는 하나님의 주권에 대한 고백이었습니다. 즉 어떻게 우리는 우리의 전 존재와 모든 생의 걸음을 하나님께 봉사 할 수 있는가의 물음입니다. 칼빈은 그의 기독교 신앙의 한 과제로써 시민 정부를 세우는 것이었습니다. 그는 이른바 칼빈주의의 효시로부터 하나님의 주권 아래에 교회, 정부, 학교(교육), 가정, 모든 일반 문화를 두었습니다. 이리하여 화란, 스코틀랜드, 불란서 후에 미국과 같은 개혁주의 운동은(칼빈주의 운동) 교회나 순수한 개인생활에만 국한된 것이 아니라 학교 제도, 과학 및 기타 연구 활동의 문화, 전반에 걸쳐서 모든 것이 하나님의 영광과 주권을 위해 있기를 표방했습니다. 이런 사상에 근거하여 이들 나라에서는 정통 프로테스탄트 기구로서 많은 고등교육 기구를 세우게 된 것입니다. 그러나 종교개혁의 정신은 17세기에 이르러 이미 영적 세력의 중요한 부분이 침식당하고 있었습니다."

"그러나 예외도 있었습니다. 어떤 부흥운동은 광범한 개혁주의 운동으로 발전하였습니다. 나의 지론으로는 19세기 화란의 칼빈주의 운동이 바로 그것이었습니다. 특히 흐룬 반 프린스터(Groen Van Princeterer, 1801-

1887)와 아브라함 카이퍼(A. Kuyper, 1837-1920)는 하나님 나라의 전체를 보는 시각을 가졌을 뿐 아니라 우리의 생애 전체를 어떻게 하나님께 드릴 것인가를 생각했습니다."

"위에서 말씀드린데로 결국 인간의 타락이 저렇게 철저하고 전체적인만큼 예수 그리스도 안에 있는 하나님의 구속사역도 역시 철저하고 전체적이어야 합니다. 구속은 전인적(全人的)이기에 그를 둘러싼 세계와 더불어 지상에 사는 인간의 전 존재와 관련합니다. 그리스도는 하나님의 아들이며 구속주 중보자이며 새로운 인간상의 머리로서 둘째 아담입니다(롬 5, 고전 15:21-22). 그리스도는 모든 창조물 보다 먼저 나신자입니다. 그러므로 예수 그리스도의 구속사역은 개인적이며 공동적이며 우주적 범위에 속합니다. 복음은 우리 각 사람에게 어디까지나 인격적이며 개인적인 대답을 요구하고 있습니다."

"다시 한 번 우리는 이 세상에 대한 우리의 역할과 소명을 생각해 봅시다. 하나님께서 여전히 그의 피조물을 사랑하시고 관계하시기에 우리는 하나님이 우리에게 맡겨진 사명을 감당해야 합니다. 중요한 것은 주의 복음을 가지고 나 개인의 욕심에 머물러 하나님께 구원과 축복을 받고자 하는 이기적인 것으로 굳어지든가, 아니면 그리스도의 승천직전 말씀하신 대명(大命)으로써 선교적 차원까지 올라가느냐 하는 것입니다. "그러므로 너희는 가서 모든 족속으로 제자를 삼아 아버지와 아들과 성령의 이름으로 세례를 주고 내가 너희에게 분부한 것을 가르쳐 지키게 하라"하신 말씀을 간과해서는 안 됩니다(마 28:19)."

"그러나 복음은 문화를 새롭게 변화시킵니다. 복음의 빛 아래서 문화(文

化)는 새 역사를 이룩합니다. 우리는 어느 때까지 이원론적 사고방식 구조에 머물러 있을 것입니까? 창조주 하나님과 구속주로서의 하나님을 언제까지 대립시킬 것입니까? 아니면 어느 한쪽만을 믿고 나갈 것이냐 하는 것입니다. 우리는 앞서도 말했듯이 삼위일체의 하나님 속에 구속주로서의 창조주를 보며 창조와 재창조 사이에 깊은 연관을 봅니다. 사도 베드로에 의하면 하나님의 자녀로서 우리는 왕같은 제사장들이요 거룩한 나라요 그의 소유된 백성이요 기이한 빛 가운데 들어가도록 부름 받은 자들입니다(벧전 2:9). 이 기이한 하나님의 사역은 창조와 구속과 완성(Voleinding)의 사역입니다."

위의 논문 개요는 아마 뎅그링크 박사의 기독교 철학의 핵심을 잘 요약한 것 같다.

이런 논지들은 사실 아브라함 카이퍼(Abraham Kuyper) 박사의 영역주권 사상을 분명하게 보여준다. 실제로 뎅거링크 박사는 1948년에 헬만 도예베르트(H. Dooyeweerd) 박사 아래서 박사 학위(Dr. Phil)을 받으면서 영역주권 사상을 체계적으로 연구했다. 그의 박사 학위 논문은 "19세기와 20세기의 영역주권 사상의 원리에 따른 사회학적 발전에 대한 비판적 역사적 연구"(Critisch-Historisch Onderzoek naar de Sociologische Ontwinkkeling Van het Beginsel der 'Souvereiniteit in eigen Kring' in de 19c en 20c Eeuw)였다. 여기서 그는 흐룬 반 프린스터, 아브라함 카이퍼, 도예베르트에 이르는 하나님의 영역주권 사상에 대해서 자세히 논하고 있다. 결국 뎅그링크 박사는 칼빈주의적 철학에 이론적 체계를 완성한 분이다.

그래서 뎅거링크 박사는 박사 학위를 수득한 후 1972년까지 뿌라야 대학교의 이사회 총무로 오랫동안 일했고 복음주의 학생운동에 앞장섰다. 그리고 앞서 말한대로, 국제 개혁주의 신행협회를 창설하고 여러 번 회장을 역임했다. 1950년대에 이르러서는 이 기구를 박윤선 박사께서 한국으로 가져와 오병세, 신내리 교수들이 앞장서서 개혁주의 서적을 출판했다.

뎅거링크 박사는 칼빈주의 철학운동의 지도자로 도예베르트 박사를 도와 「개혁주의 철학」(Philosophia Reformata) 잡지에 편집을 하고 여러 글들을 기고했다. 특히 국제 개혁주의 신행협회(International Association for Reformed Faith and Action)의 잡지 「국제 개혁주의 잡지」(International Reformed Bulletin)을 내고 편집인으로서 좋은 글들을 발표했다.

뎅거링크 박사는 늦은 나이인 53세에 우트레흐트 대학과 호로닝겐 대학의 칼빈주의 철학교수로 부임해서 1986년까지 일했다. 뎅거링크 박사는 나에게 칼빈주의적 세계관에 눈뜨게 해준 길잡이 스승이었다. 2010년 6월 29일 89세를 일기로 하나님의 부르심을 받았다는 전갈을 받고 거장과의 만남을 회상하며 하나님의 은혜에 감사한다.

11. 안토니 디크마
Antony Diekma

    1980년 8월 15일, 총신대학교 이사회로부터 나는 총신대학교의 학장으로 선임되었다. 일년 넘게 전 김희보 학장이 이사회와 학생으로부터 심한 어려움을 당했고, 박정희 대통령의 시해 사건과 전두환 장군이 국보위 위원장으로 취임한 후 거리에는 최루탄 냄새와 곤봉 세례가 난무하던 시절에 나는 중책을 맡게 되었다. 실제로 나는 대 총신을 이끌만한 경험도 없었거니와 그런 훈련도 쌓지 못했다. 더구나 나는 정치력이 없었고 아무런 배경이 없었다.

    하지만 내가 총신대학교의 행정의 총 책임을 맡은 후 나는 여러 가지 구상을 세웠다. 첫째는 총신의 정체성 회복이었다. 즉 역사적 개혁주의 신학의 확립이었다. 둘째는 교수들과의 나누어진 마음을 하나로 만드는 일이었다. 셋째는 교수회와 이사회와 총회와의 관계를 재정립하는 일이었다. 그리고 넷째는 개혁주의적 대학과 신학교를 만들기 위해서 외국의 개혁주의 대학과 신학교와 관계를 수립하고 교수와 학생들의 상호방문, 상호교환 하는 프로그램을 만들어서 총신대학교가 명실 공히 세계 개혁주의 신학에 어깨를 나란히하는 명문 신학대학을 만드는 것이 나의 꿈이었다. 나는 그 목표를 향해서 교수들을 설득하고 직원들을 독려하며, 이사들의 협조를 구해갔다. 그 결과 그토록 혼란에 빠져 있던 학교는 안정을 되찾아 갔다. 그러나 내가 총신의 행정의 총 책임을 맡은 후에 불행하게도 일부 교수들이 학교를 분리해 나가는 불행한 사건이 일어났다. 이것은 한국 대학 역사에 한 번도 없었던 일이었다. 그럼에도 불구하고 학교를 지키려는 몇몇 교수들과 함께 총신은 제로에서 다시 시작했다.

나는 1981년 1월 단신으로 미국을 방문했고 첫 방문지가 미국 그랜드 래피드에 있는 칼빈대학교와 칼빈신학교였다. 처음 무릎을 맞댄 분이 바로 칼빈대학교의 총장인 디크마 박사였다. 미국은 College나 University를 박론하고 모두 President로 부르는데 당시 한국은 종합대학교는 총장으로 그냥 4년제 대학은 학장으로 불렀다. 그 후에 모두 총장으로 부르게 됐다. 그랜드 래피드는 눈이 많고 겨울이 추웠다. 그 당시 학교의 형편상 비서나 함께할 수행 교수도 없이 혼자 칼빈 캠퍼스를 방문했다. 총장실에 들어가니 창밖에 고드름이 주렁주렁 달려 있었다. 나는 안토니 디크마 총장을 처음 뵈었지만 참으로 친절했다. 부족한 영어지만 나와 총신대학교와 우리 교단을 소개하고, 총신대학교 본관을 완성할 당시에 많은 헌금을 해준 기독교 개혁파 교회(CRC)의 성도들에게 고마움을 표시했다. 사실 디크마 총장을 비롯해서 모든 교수들과 스텝들이 한국을 아는 사람은 아무도 없었다. 그저 동양의 조그마한 나라 6.25 한국전쟁으로 고아를 수출하고 찌들게 가난하고 정변으로 문제가 많은 나라 쯤으로 생각했다.

그리고 한국 교회는 부흥을 좀 했다는 정도의 정보 밖에는 아는 것이 아무것도 없었다. 사실 그때 우리도 미국과 미국 교회에 관하여 아는 것이 없었다. 왜냐하면 나의 전임자인 김희보 전 학장은 10년 동안 학교 행정을 하는 동안 단 한 번도 외국에 간 일이 없었기 때문이다. 그리고 박형룡, 박윤선 박사도 외교에는 어두운 분들이었다. 다만 명신홍 박사께서는 몇 번 국제대회에 다녀오기도 했고 총신의 본관 준공을 위해서 CRC 친구들을 찾아다니면서 모금을 했었다. 그러나 그 후에는 모든 것이 단절 되었다.

나는 그때 39세의 젊은 나이였고 총신이 세계적인 학교가 되기 위해서 우리와 신학과 신앙의 입장이 같은 학교와 자매 관계를 맺으며 상호 교류해야 된다고 생각했다. 당시 교단의 형편으로 보면 W.C.C를 탈퇴하고, I.C.C.C를 탈퇴하는 동시에 R.E.S도 단절했다. 즉 모든 외국과 관계를 단절해야 보수 신학을 지킬 수 있다는 것이 교단의 정서였다. 그러나 나는 그때 이미 글로벌 마인드를 가지고 있었다. 그 첫 번 작업이 칼빈대학교와 칼빈신학교를 총신과 새롭게 관계를 맺는 일이었다. 일찍이 명신홍 박사나 김희보 박사 모두가 칼빈 출신이었으나 학교와 상호관계를 맺은 일은 전혀 없었다. 다만 1960년대 중반에 칼빈신학교 학장인 존 크로밍가(John Kromminga)박사가 한 차례 특강을 하러 왔었고 그 교단의 지도자인 붐스마(Bumsma)목사가 특강을 다녀간 것이 고작이었다. 그것은 내가 학생시절에 되어진 일이었다.

나는 디크마 총장에게 제안했다. 먼저 총신대학교를 방문해 달라고 했다. 그는 나의 제안에 굉장히 당황하면서 어떻게 갈 수 있는가라는 뜻으로 서양 사람의 특유한 제스처인 어깨를 으쓱하고 올렸다. 아마 그의 생각은 초청을 하면 엄청난 돈이 들 터인데 그것이 과연 가능한 거냐 또는 우리 칼빈대학교는 총장이 그런 일로 방문할 계획도 없고, 한국에서 과연 나를 초청할 수 있겠는가라는 식으로 이해되었던 모양이다. 나는 정색을 하고 그에게 확실히 말했다. 디크마 총장 내외분의 왕복 비행기표와 호텔 체류와 기타 일절을 책임 질 터이니 방문해 달라고 했다. 디크마 총장은 한국에서 온 젊은 총장이 자기에게 대담한 제안을 했을 때 놀랐던 모양이었다. 그는 그 자리에서 할 수 있다고 대답했다.

그로부터 1년 후 나는 모든 스케쥴 조정을 하고 비행기 표를 보내주었고 숙소는 학교와 가까운 팔레스 호텔로 정했다. 그래서 1983년 4월 1일부터 10일간 총신에 머물면서 한 주간은 설교와 특강으로 화, 수, 목, 금요일에 전 교직원과 전교생이 특강을 들으면서 깊은 지성을 가진 칼빈주의적 세계관에 입각한 학문세계를 맛보았다. 디크마 총장의 메시지, "보다 고상한 삶의 방법", "기독교인다운 고결함을 추구하라", "가장 중요한 판단기준", "목적의식", "지혜의 개발", "발견의 도상에서", "기독교적 공동체 형성을 위한 제언", "성장하는 총신의 영역" 등 여덟 가지 주제는 1년 동안 준비된 메시지로서 그의 설교와 강연은 총신대학교의 교수와 학생들에게 깊은 감동을 주었다. 그 다음 주간은 고난 주간이었고 주일은 바로 부활절이었다. 나는 디크마 총장 내외를 모시고 여의도 부활절 연합예배에 단상 앞자리에 앉혔다. KBS와 MBC 등에서는 두 분에게 초점을 맞추어 촬영했다. 100만 명 가까이 모인 대형 집회, 그리고 통성기도에 디크마 총장 내외는 전율을 느꼈고 한국 교회의 산 신앙의 모습을 확인하는 계기가 되었다. 그는 두고두고 그 장면을 잊을 수 없다고 했다.

주간 행사로는 당시 학교의 재단이사와 운영이사 신문사 등 20여명을 초대해서 팔레스 호텔에서 디크마 박사 초청 만찬회를 가졌다. 환영인사는 이영수 목사에게 맡기고 디크마 총장이 답사를 하고 나는 진행을 도우며 모두 발언을 했다. 총회와 총신이 비로소 글로벌 마인드를 갖도록 만들었다.

그 후부터 디크마 총장은 한국을 보는 시각이 완전히 바뀌었고 특히 한국 교회와 총신대학교를 보는 시각이 180도 변했다. 그래서 그는 칼빈 캠퍼스에 도착 하자마자 한국의 날을 선포하고, 한국 학생들을 총장

공관에 초청했다.

  6개월 후에 나는 또 다시 디크마 총장을 칼빈대학교에서 만났다. 그리고 나는 다시 제안했다. "이제는 디크마 총장이 내게 선물을 주시오 우리 교수들을 겨울 학기(1.2월)에 두 사람씩 보낼 터이니 숙식을 제공해 주시오 비행기 표는 우리가 책임지겠오."라고 했다. 나의 계획대로 디크마는 "YES"할 수밖에 없었다. 그래서 나는 우리 학교 교수들 특히 외국 유학 경험이 없는 교수들부터 차례로 미국 칼빈대학교로 보냈다. 비행기 값 절반은 학교가 부담해 주었다. 그래서 디크마 총장과 나와의 교우는 오랫동안 계속되었다.

  디크마(Antony Diekma)박사는 미국 기독교 개혁파 교회 직영인 칼빈대학교에서 1976년부터 총장의 일을 했다. 그는 칼빈대학교에서 심리학으로 B.A를, 그리고 미시간 주립대학에서 사회학과 인류학으로 M.S 학위를, 그리고 동 대학에서 철학박사(Ph.D)학위를 수득했다. 그 후 그는 1964년부터 1974년까지 일리노이 대학에 12년간 교육학과 사회학 교수로 봉직하다가 칼빈대학교 총장으로 부임했다. 그는 학문과 덕을 겸비한 학자이며 신앙의 사람이었다. 그는 신학을 공부하지는 않았지만 아브라함 카이퍼 신학과 헬만 도예베르트의 기독교 철학을 그대로 따르는 칼빈주의자였다. 그는 칼빈주의적 세계관으로 인간과 사회와 역사를 보는 눈을 가졌다. 그는 항상 칼빈주의 세계관에 입각한 기독교 대학 건설, 그리고 삶의 전 영역에 하나님의 주권을 인정하는 신앙을 가졌다. 그가 총신대학교에 와서 열정적으로 행했던 강의는 「基督敎大學의 知性과 使命」이란 제목으로 출판되었다.

12. 에번 라너
H. Evan Runner : 1916-2002

　북미주에 활동했던 최고 최대의 기독교 철학자를 말하라면 나는 서슴지 않고 에번 라너 박사를 말하겠다. 그는 내가 만난 학자들 중에 가장 따뜻하고 가장 인정이 많고 동양에 대한 이해가 많았다. 그는 신학자요 또한 기독교 철학자였다. 그는 그의 후학들로부터 여러 가지 별명을 들었다. 즉 '우리들의 아버지', '우리들의 멘토', '이 시대의 예언자', '진정한 기독교 철학의 선생님' 등이다. 그는 학자이기 전에 주 예수 그리스도를 사랑하고 하나님의 영광과 주권을 높이는 진정한 칼빈주의자였다. 제자들의 말처럼 그는 자상한 아버지처럼 젊은이들에게 갈 길을 제시 했을 뿐 아니라 참된 학문의 길이 무엇임을 보여주었다.

　에번 라너 박사는 1986년 7월에 한국 칼빈주의 연구원 해외 고문으로 추대되었을 때 기쁨으로 수락했다. 그는 나의 학문적인 배경을 잘 알았을 뿐 아니라 생애 목표와 여정을 잘 이해했다. 나는 그에게서 직접 배운 바는 없다. 그러나 그는 필자가 1986년 그 해에 칼빈과 칼빈주의 자료 전시회를 하고 이듬해에 아브라함 카이퍼의 전시회를 하는 등 한국에서 칼빈주의 운동에 힘쓰고 있음을 잘 알고 있었다. 더구나 나의 멘토인 박윤선 목사님이 웨스트민스터신학교에서 공부한 것과 에번 라너 박사가 공부한 시기가 비슷한데다 둘 다 코넬리우스 반 틸 박사 아래서 공부한 인연이 있다. 그뿐 아니라 내가 화란 유학을 할 때 에번 라너와 같이 흐룬 반 프린스터와 아브라함 카이퍼에 대한 연구를 했고 헬만 도예베르트와 볼렌호번 박사를 알게 된 것을 두고 나와 에번 러너는 유사한 길을 걷고 있음을 알았다.

나는 일 년에 한 두 번씩 그랜드 래피드를 방문할 때마다 반드시 에번 라너 박사를 만났다. 만남의 장소는 항상 자신의 집이었다. 그와 나는 생각도 화제도 비슷했기에 만나고 이야기하는 것 자체가 즐거웠다. 한번은 지하 서재로 나를 안내했다. 30여 평 규모의 지하 서재는 귀중한 장서와 자료들로 발 디딜 틈이 없었다. 거기서 그는 북아메리카의 대표적 칼빈주의자로서 자리를 굳건히 지키고 있었다. 내가 그를 만나기 시작한 때가 이미 은퇴한 후였기에 나 같은 손님이 반갑고 고마웠을 것이라고 추측한다. 개인주의가 발달한 나라에서 일 년에 한두 번씩 만나 서로 이야기 하는 것이 즐거웠을지도 모른다. 그는 과거에 뜨거운 설교자였다. 그가 내게 들려주기를 자기는 본래 중국 선교사의 소명을 받았다고 했다. 그러나 기회가 닿지 않아서 선교사로 못간 것이 늘 아쉽다고 말했다. 실로 그는 선교에 대한 열정이 대단했다.

그런데 한번은 좀 심각하고 무거운 이야기를 했다. 그것은 자기 아내와 심혈을 기울여 번역한 책이 자기의 허락도 없이 한국어로 번역되어 베스트셀러가 된다는 것에 대해서 아주 서운하게 생각했다. 즉 화란의 유명한 목사인 더 흐라프(S. G. De Graaf)의 탁월한 저서인 「언약사」(Verbondsgeschienis)를 자기 아내와 함께 수년을 걸쳐 영어로 Promis and Deliverence로 번역했는데, 우리말로 「약속과 구원 전 4권」으로 출간된 것이다. 라너는 앵글로색슨계이지만 부인 엘렌은 화란계였음으로 두 분이 공동으로 그것을 영어로 번역했던 것이다. 이 책에 대해서 일찍이 코넬리우스 반 틸 박사는 "내 서재에 3권의 책을 고르라고 한다면 이 책을 선택하겠노라"고 하던 책이었다.

그런데 자신들의 노력으로 번역된 이 책이 한국 교회의 목사들에게 읽혀져서 구속사적 설교의 원리를 잡아주는 것은 감사하지만, 적어도 자신들에게 한마디의 허락이라도 요청해 주었다면 좋았을 것이라고 아주 섭섭하게 생각했다. 그분의 말을 들었을 때 나는 얼굴이 달아올랐다. 참으로 민망하고 부끄러웠다.

에번 라너(Haward Evan Runner) 박사는 1916년에 펜실바니아주 옥스퍼드에서 출생한 후 칼빈주의 철학자로 크게 활약하다가 2002년에 작고했다. 그는 교수로서 30년간 칼빈대학교에서 기독교 철학을 가르쳤다. 일찍이 휘튼대학교(Wheaton Colloge)를 졸업한 후 필라델피아 웨스트민스터신학교에서 공부하는 동안 코넬리우스 반 틸 박사의 영향을 크게 받았다. 그 후 화란으로 건너가서 뿌라야 대학교에서 도예베르트와 볼렌호번 박사로부터 사사했다. 그는 일생동안 성경에 기초한 기독교 철학 수립을 위해 노력했다. 그리고 그가 배우고 깨달은 바를 북미주에 전파하는 사명을 충실히 수행했다. 또한 그는 하바드 대학교에서도 연구했고 펜실바니아 대학에서도 헬라어와 철학을 더 공부했다.

특히 그는 흐룬 반 프린스터(Groen Van Princeterer)회를 만들고 젊은이를 모아 가르쳤다. 그리고 그는 하나님의 말씀이 기독교 문화에 어떻게 적용되어야 하는지를 늘 묻고 연구했다. 그래서 그는 또다시 개혁주의 학문연구 협회(ARSS)를 조직했다. 결국 이것이 발전되어 후일 토론토의 기독교 학문 연구원(Institute of Christian Studies)이 탄생하게 되었다. 사실 이 연구원은 라너 박사가 설립자라고 할 수 있다.

그의 저서들은 「학문과 성경과의 관계」(1974), 「성경적 종교와 정치적 의무」(1974) 등 많은 논문들이 있다.

13. 닉 란팅가

Nicholas S. Lantinga

나는 1995년부터 국제 기독교 대학연맹, 즉 IAPCHE(International Association for the Promotion of Christian Higher Education)에 회원이 되었다. 이 운동은 미국의 아이오아주의 숙스 센터에 있는 돌트대학교의 존 홀스트(John Hulst) 총장과 반델 스텔트(Vander Stelt) 박사에 의해서 주도되고 있었다. 그들의 입장은 역사적 칼빈주의 신학과 신앙체계대로 고등교육을 시켜서 각 대학이 삶의 모든 영역에 하나님의 영광과 주권을 높이도록 도와주는 것이었다. 다시 말하자면 기독교 대학이나 신학교가 말 그대로 칼빈주의적 세계관으로 삶의 전 분야에서 교육을 해야 한다는 것이다. 또 이런 뜻을 가진 대학들이나 신학교들이 상호 교류하며 협력해 나가야 한다는 입장이었다. 여기에 속한 미국의 칼빈주의 대학들은 칼빈대학교, 돌트대학교, 트리니티대학교 등이며 캐나다의 리딤머대학교, 킹스대학교를 비롯해서 노스웨스턴대학교, 웨스트민스터신학교가 여기 속한다. 유럽에서는 암스텔담의 뿌라야대학교, 캄펜신학대학교 그리고 남아공화국에서는 포체스트롬대학교 등이 여기에 속했다. 무엇보다 한국 칼빈주의 연구원은 대학도 아니고 신학교도 아니면서 정회원이 되었다. 이는 앞서 말한 홀스트 총장과 반델 스텔트 박사가 연구원에 직접 와서 실사를 했고 이런 기관이라면 정회원이 될 수 있다고 해서 나와 우리 칼빈주의 연구원은 정회원이 되었다. 이러한 계기가 되어 나는 많은 개혁주의 학자들과 자주 만남을 갖게 되었다.

그런데 세월이 많이 흐르게 되자 국제 기독교 대학 연맹에서 실질적으로 활약하는 일군이 많이 바뀌었다. 2002년부터 국제 총무를 맡은 란팅가(Nic Lantinga) 박사가 그 대표적인 전환기 인물이다. 그는 칼빈주의적 세계관을 가진 정치학자다. 그가 국제 총무를 맡자마자 나를 찾아왔다. 키가 2m 가까이 되는 장신이지만 좋은 인상을 지닌 학자였다. 그는 처음으로 한국을 찾아와서 한국 칼빈주의 연구원과 박물관을 방문하고 놀라움을 금치 못했다. 그래서 그는 왜 전임자들이 한국 칼빈주의 연구원을 국제 멤버의 정회원으로 받아들였는지 이해할 만하다고 했다. 나는 그를 정중하게 최선을 다해 손님으로 대접했다. 사실 란팅가 박사는 국제 감각이 뛰어난데다 조직의 명수였기에 오대양 육대주를 순회하면 전 세계의 기독교 대학교 또는 신학교가 칼빈주의 세계관 운동에 동참하지 않을 수 없었다. 그가 활동할 때마다 각 대륙마다 컨퍼런스 또는 포럼을 만들어 냈고 상호 협력과 연구 시스템을 만들어 갔다. 그는 2년 후에 또 다시 나를 찾아왔다. 한국의 기독대학들의 참여를 독려하기 위함이었다. 사실 한국에서는 이른바 기독교 정신을 바탕으로 세워진 대학교라고 자타가 공인하는 학교는 많이 있었다. 그러나 그것은 선교사나 설립자의 정신일 뿐이고, 실제로 개혁주의 세계관 또는 칼빈주의 세계관을 갖고 있는 학교는 거의 없었다. 그러나 회원수 늘리기에 급급하는 것은 좋게 보이지 않았다. 그리고 정회원이 되는 기관이나 개인은 적은 액수이지만 부담금이 있었다. 그럼에도 불구하고 나는 십 수 년 동안 모범적으로 수행을 했을 뿐 아니라 가끔 특별한 행사 때는 재정적인 후원을 하기도 했다.

그리고 나는 란팅가 박사로부터 한 달에 한 두 번꼴로 메일과 뉴스레터를 교환했기에 세계 대학교의 흐름을 가장 빠르게 감지할 수 있었다.

란팅가(Nic Lantinga)박사는 미국의 그랜드 래피드의 칼빈대학교에서 정치학으로 B.A를, 그리고 로욜라대학교에서 정치학으로 M.A를 받았다. 그리고 시카고의 로욜라대학교로부터 정치학으로 철학박사(Ph.D)학위를 수득했다. 특히 그의 학위논문은 "Augustine and Hannah Arendt의 구속의 정치론"이었다. 그 후 그는 1993년부터 1995년까지 로욜라대학교 정치학과에서 "정치사상개론", "현대정치사상", "기독교와 정치"에 대한 강의를 했다. 그 후 「Journal of Medical Decision making」의 부 편집장으로 활동했고, 2002년부터 2003년까지 돌트대학교의 겸임교수로 재직했다.

그리고 2002년부터 현재까지 IAPCHE의 국제 총무로 활동 중이다. 2010년에는 에딘버러 신학교로부터 명예신학박사(D.D) 학위를 받기도 했다.

그의 저서로는 주로 기독교와 정치, 그리고 기독교 학문운동, 기독교 학교 운동과 아브라함 카이퍼 등이 있고 그밖에 라디오 출연, 정치 평론가로도 일하고 있으며 주로 세계여행을 많이 하면서 저개발 국가를 돕고 있다.

14. 데이비드 L. 랄센
David L. Larsen

    데이비드 랄센 박사는 미국 일리노이주에 있는 트리니티 복음주의 신학교 설교학 교수였다. 그는 대목회자이자 대설교가이며 트리니티 복음주의 교수로 있는 동안 17권의 무게 있는 저작을 낸 탁월한 학자이다. 한 번은 내가 총신대학교에서 가르칠 때 랄센의 제자 중 한 목사님이 찾아왔다. 그는 설교사를 랄센 아래서 공부했다고 했다. 그때 나는 그에게 내가 쓴 영어서적인 「Korean Church and Reformed Faith」를 주었고, 한권을 더 주면서 랄센 박사에게 기증해 달라고 했다. 그랬더니, 랄센 박사는 너무나 좋아하면서 그렇지 않아도 지금 세계 설교역사를 집필중인데 한국 교회의 자료가 전무하던 참인데 이런 귀중한 선물을 받아 너무나 고마워했다고 한다. 얼마 후 였을까! 그는 「설교자들의 역사」(The Company of Preachers, A History of Biblical Preaching from The Old Testament to the Modern Era)를 들고 한국으로 왔다. 랄센의 방문 목적은 횃불트리니티신학대학원대학교에 특강 차 왔었다. 강의를 다 마친 후 그는 분당에 있는 한국 칼빈주의 연구원과 박물관으로 찾아왔다. 그런데 감사한 것은 그의 책 789페이지 이하에는 "한국의 강단, 부흥과 설교"라는 제목 하에 내 책을 참고하면서 서술해 갔다.

우선 그는 자신의 책에 내가 쓴 박윤선 목사님의 설교관을 그대로 인용하고 있었다. 그 내용은 다음과 같다.

"성경은 하나님의 말씀이다. 그렇기 때문에 우리가 성령을 통해서 성경의 진리를 이해 할 때 성경에서 생명의 능력을 느낄 수 있다. 설교는 강의가 아니고 또는 변증적 논리가 아니다. 설교는 영적 생명을 전파하는 것이다. 설교는 성경 연구와 말씀의 순종을 통해서 성령의 열매로 이루어지는 것이다."

말하자면 부족한 나의 책을 통해서 박윤선 목사님의 설교관이 영어로 전달된 셈이다. 또한 그의 책에는 길선주 목사, 김익두 목사, 이성봉 목사, 주기철 목사, 손양원 목사의 설교의 방법과 설교의 내용, 그리고 설교와 순교 정신들도 기술되어 있다. 물론 그의 책에는 내 이름도 나와 있고 각주에 내 책의 내용과 출처도 잘 설명하고 있다. 김익두를 D.L. 무디에 비유하고, 김화식을 스펄전에 비교한 예도 그대로 실려 있었다. 그리고 일제의 신사참배에 반대하고 오직 하나님 중심, 성경 중심, 교회 중심, 오직 믿음, 오직 은혜, 오직 성경만을 강조한 주기철 목사의 설교의 요점도 그대로 기록 되어 있었다. 그리고 손양원 목사님의 삶은 바로 사랑의 원자탄이 되어 승리했다는 내용까지 기술되어 있었다.

부족한 내 책이 랄센 박사에게 전달되어 세계 교회에 알려지고 인용되었던 것은 참으로 기쁘고 감사한 일이었다.

특히 랄센 박사는 칼빈주의 연구원의 1만종의 칼빈의 자료를 보고 놀랐고, 한국 교회 사료 7000여종을 둘러보고 한국 교회 설교사라는 책이 나오게 된 배경을 이해하게 되었다고 했다. 내 책은 이미 영어, 일본어, 중국어, 대만어, 러시아, 루마니어, 헝가리어 등 10여 개국 언어로 번역 출판 된 바 있다.

　랄셴 박사는 개혁주의 학자라기보다는 그냥 복음주의적 신학자라고 말하는 편이 더 좋겠다. 그가 쓴 책 설교사는 가장 복음적으로 기록된 우수한 책이다. 그리고 프린스턴신학교 고등신학연구소의 위대한 학자인 올드(Hughes Oliphant Old) 박사가 쓴 설교사는 칼 바르트 신학의 입장을 띄고 있고, 에드워드(O. C. Edwards Jr)가 쓴 설교사는 성공회 신부가 썼지만 비교적 공정하게 다루었다. 그러나 내 생각에 이 책들 중에는 단연 랄셴의 책이 가장 뛰어나다고 판단된다.

　데이비드 랄셴은 스텐포드 대학에서 B. A학위, 풀러신학교에서 M. Div 학위를 그리고 트리니티 대학으로부터 명예신학박사(D. D) 학위를 수득했다. 그는 32년간을 여덟 교회에서 목회를 했고, 1981년부터 1996년 은퇴하기까지 트리니티 복음주의 신학교에서 실천신학 특히 설교학 교수로서 한 생애를 보냈다.

15. 사무엘 H. 랄센
Samuel H. Larsen

사무엘 랄센 박사는 미국의 리폼드신학교의 교수로서 한국에 가장 많이 다녀간 분이다. 특히 RTS의 목회학 박사 과정에 있는 사람들은 필수적으로 그의 강의를 들어야 했다. 그는 선천적으로 겸손하고 열린 사람으로서 그리스도에게 온전히 헌신된 분이다. 특이하게도 그는 미 해군사관학교를 졸업하고 해군 대령까지 지내신분이지만 어느 날 예수 그리스도의 은총의 포로가 되어 해군 장군으로서 앞길이 보장되어 있었음에도 불구하고 그는 모든 것을 분토처럼 버리고 그리스도의 복음을 땅 끝까지 증거하는 복음 전도사역에 몸 바치기로 작정했다. 그 결과 그의 메시지와 그의 삶은 언제나 진실하고 뜨거웠다. 그는 항상 밝은 미소로서 학생들을 대하고 친절해서 누가 그를 해군의 고급 장교였다는 것을 말하지 않으면 아무도 알 수 없었다. 그는 너무나 순박하고 진실한 목자 그 자체였다.

내가 그를 만나고 알기 시작한 것은 물론 총신에서 RTS 목회학 박사 과정에 강사로 올 때부터였지만, 사실 좀 더 가까이 함께 대화를 나누고, 몸으로 부딪히며 교제한 것은 내가 총신대학교에 명예교수가 되고 대신대학교 총장으로 간 이후였다. 랄센 박사는 몇 차례 대신대학교에 통역하는 김은수 교수와 함께 초대되었다. 또한 RTS의 모금과 동문 단합을 위해서 그리고 서울 뿐 아니라 각 지역의 특강을 위해서도 자주 한국에 왔다. 그가 한국에 올때마다 거의 빠지지 않고 나를 만났을 뿐 아니라 한국 칼빈주의 연구원과 칼빈 박물관을 방문했다.

대신대학교를 방문했을 때 그는 대신대학교의 사택인 우리 숙소에서 침식을 같이 했다. 그는 나에게 RTS의 객원교수처럼 도와 달라는 문건을 주었으나, 일이 구체화 되지는 않았다. 2009년 칼빈 탄생 500주년에 나는 미국의 3개 도시에 특별강연의 순서를 맡았다. 우선 시애틀과 시카고 지역에 특별집회와 강연을 하고 있었다. 때마침 RTS분교를 만드는 준비를 하는 중 애틀란타 제일 장로교회 서삼정 목사님의 특별 배려로 미국의 한인 목사들을 위한 RTS D.Min 졸업식과 특강이 있었다. 랄센 박사는 D.Min 프로그램의 원장으로 나를 강사로 지명했다. 나는 3개 도시 순방에 몸이 지쳐 있었지만, 이틀 동안 집중강의로 성공적으로 강의를 마쳤다. 랄센 박사는 그것을 무척 고맙게 생각했다.

랄센 박사는 한국과 일본, 대만 등 아시아 각 나라를 순방하면서도 모든 프로그램을 잘 소화했다. 그래서 그가 한국에 올때마다 나는 최대한 그를 융중히 대접하고 반가히 맞이해 주었다. 2009년에는 RTS의 총장과 칠리 교수와 함께 칼빈주의 박물관을 방문해 주어서 깊은 대화를 나눌 수 있었다. 그는 미국의 어느 교수보다 한국 목사들을 잘 이해하고 도와주려고 노력했다.

사무엘 랄센 교수는 앞서 말한 대로 미국 해군 사관학교를 졸업하고 B.S학위를 받았다. 그 후 군함을 타고 해군의 요직을 거치다가 소명을 받아 카버넌트신학교(Covenant Theological Seminary)에서 M.Div 학위를 받고, 잭슨에 있는 리폼드신학교에서 목회학 박사(D.Min)를 얻었다. 그 후 그는 트리니티 국제 대학교에서 철학 박사(Ph.D) 학위를 수득했다. 랄센 박사는 선교학 교수로 재직하다가 지금은 은퇴하고 명예 교수로 일하고 있다. 그는 선교적인 열정과 주님을 사랑하는 마음이 가득찬 사람이었다. 그는 리폼드신학교에서 목회학 박사 학위 프로그램을 만들었을 뿐 아니라 오랫동안 원장으로 있었다. 특히 총신대학교를 기반으로 D.Min 프로그램을 만든 후에 일 년에 한두 번씩을 특강차 방문했다. 지금은 관계가 끊어져 다른 채널로 한국에 오곤 한다.

그는 케냐와 오스트리아에서 선교 활동과 교회개척 사역도 감당했다. 랄센 교수의 관심은 복음의 세계화와 타문화와 타종교 지역에서 일어나는 선교의 상황화(Contextualization)연구에 집중하고 있다. 그의 저서는 많지 않지만 여러 잡지에 글을 기고하고 있다.

16. 존 H. 레이쓰
John Haddon Leith : 1919-

　1986년 헝가리의 데브레첸(Debrecen)대학교에서 세계 칼빈학회 대회가 열렸다. 세계 칼빈 대회는 4년마다 한 번씩 모이는데다 그 인원수를 아주 제한하고 있다. 그 대회는 누구나 참여하고 싶다고 가는 곳이 아니다. 그 모임은 전 세계 칼빈 학자로 인정된 약 100명의 학자들이 초청받아 논문을 발표하고 평론을 하며 그 주제에 대해서 토론을 벌인다. 공산권에는 처음 모이는 대회니 만큼 관심이 남달랐다. 그때 나는 막 총신대학교의 학장직에서 물러나와 미국 칼빈신학교에 초빙교수로 연구중이었다. 내 친구인 칼빈신학교의 학장 더 용 박사는 당시 세계 칼빈대회 임원이었기에 나를 그 대회에 설교자로 올려놓았다. 나는 그때 국제대회에서는 처음으로 예배를 인도하고 설교를 했다. 사실 그 모임에는 전 세계 톱 클라스의 칼빈 학자들이 모이는 곳이었다. 최소한 60대 전후한 학자들이 많았고 70대 80대의 노학자들이 많았다. 그때 나는 "너희는 저의 말을 들으라"는 제목으로 설교하면서 종교개혁자들이 그러했던 것처럼 이 시대에도 하나님의 말씀에 귀를 귀울어야 한다고 힘 있게 설교했다. 물론 나는 전 총신대학교의 학장이고 한국 칼빈주의 연구원장으로 소개되었다. 당시 한국 대표로는 장로회신학대학교 학장 이종성 박사 그리고 아세아연합신학대학교의 학장인 한철하 박사 등이 함께 참여했다.

그 대회에서 나는 평생 만나볼 수 없었던 대학자들을 만날 수 있었다. 나는 미국측 대표인 리챠드 겜블 박사를 제외하고 제일 젊은 사람이었다. 그때 거기 오신 학자들 중에는 에드워드 다위(Edword Dowey), 데이브드 윌리스(David Willis), 존 헷셀링크(John Hesselink), 호와드 헤거먼(Howard Hageman), 제임스 더용(James De Jong), 하이코 오버만(Heiko Oberman), 빌헬름 노이져(Wilhelm Neuser), 토마스 토렌스(Thomas Torrence)등 평생에 한번 만나 볼까 말까 하는 대석학들이 왔다. 그 당시 미국의 대표 한분으로 오신분이 바로 존 H. 레이쓰(John Haddon Leith) 박사였다. 존 레이쓰 박사는 그때 이미 은퇴를 몇 년 앞두고 있는 노학자였고 은발을 곱게 빗어 넘긴 깔끔한 신사였다. 한철하 박사는 그를 스승이라고 내게 소개했다. 몇 년 뒤에 그의 책 중에 「Introduction to the Reformed Tradition」이 「개혁주의란 무엇인가」(생명의 샘, 2006)로 번역되었다. 그러므로 존 레이쓰 박사는 한국에 더 잘 알려지게 되었다.

존 레이쓰는 1919년 미국 사우스 케롤라이나주의 듀웨스트에서 출생했다. 1940년에 얼스킨대학교(Erskine College)에서 B.A를 그리고 콜럼비아신학교에서 M.Div를 받고 목사 안수를 받은 후 내쉬빌 제2장로교회에서 목회를 했다. 원래 학구열이 대단해서 1946년에는 밴더빌트대학교에서 문학석사 학위를 받은 후 오번 제2장로교회로 옮겨 11년 동안 목회를 했다. 그 후 뉴헤이븐의 예일대학교 대학원에서 철학 박사(Ph.D) 학위를 수득했다. 존 레이쓰의 학문적인 경력을 보면 1949년 오번대학교 강사로 초빙되어 9년간 종교학을 강의하면서도 콜럼비아 신학교의 객원교수(Adjunct Professor)로 재직했다. 1959년에 존 레이쓰는 버지니아주의 유니온 신학교 교수로 초빙되어 1990년 은퇴할 때까지 31년 동안 가르쳤다. 그의 학문 활동은 점차 범위를 넓혀 버지니아 주립대학교, 영국의 에딘버러 대학교의 객원교수로도 활동했다. 1978년에는 그동안의 학적인 성취와 활동을 인정받아 데이빗슨 대학교로부터 명예신학박사 학위를 그리고 1990년에는 장로교 대학으로부터 명예문학박사 학위를 얻었다.

레이쓰 박사는 교수로서의 활동 못지않게 다양한 분야에서도 관계했다. 즉 "종교개혁 연구학회"에 활동했다. 1978년부터 1982년까지 4년 동안은 "미국 칼빈연구 학회" 회장으로 일했다. 그 외에도 「Presbyterian Outlook」와 「Presbyterian Survey」의 이사장으로 활약했다. 레이쓰 교수는 많은 저서들과 논문들을 발표했는데, 그 내용은 항상 칼빈과 개혁주의 전통을 바로 세우려는 것이었다. 주요 저술로는 「교회의 신경」(1963), 「웨스트민스터 총회 : 형성 중에 있는 개혁주의 신학」(1973), 「개혁주의 전통의 개론」(1977), 「교회-신앙의 연대의식」(1979), 「개혁주의적 요청」(1988), 「존 칼빈의 기독교적 삶에 대한 교리」(1989), 「대대로, 신학과 실천에 따른 부흥」(1990), 「기본적인 기독교 교리」(1992) 등이 있으며, 그가 편집한 책으로는 「기독교 적 삶, 존 칼빈」(1984), 「개혁주의 전통에 대한 입문서」(1992), 「개혁주의 독자 : 기독교 신학 사료집」(1992) 등이 있다. 그리고 그밖에 수많은 논문들이 있다.

17. 오야마 레이지

尾山 令仁 Oyama Reizie

　오야마 레이지 목사는 일본 복음 동맹 성서 그리스도교회 당회장으로서 지한파인데다 한국을 가장 많이 방문한 목사이다. 그는 개혁주의 신학과 신앙을 가졌지만 독립교회를 만들었고 일본 동경에 일본 교회로서는 가장 큰 교회를 목회하였다. 또한 그는 성경 신학자로서 일본어 성경을 히브리어와 헬라어에서 번역 출판했으며 100여권의 저서를 낸 참으로 특이한 학자이다. 더구나 그는 일제 침략시에 제암리 감리교회를 불태운 것을 사죄하는 뜻에서 일본 성도들의 헌금을 모아 제암리 감리교회를 재건하고 순교기념관을 건립하는 일을 했다.

　나는 오야마 목사를 오랫동안 사귀었다. 그와 내가 교제하기 시작했던 것은 내가 추천했던 김은수 목사가 고베신학교를 졸업하고, 오야마 레이지 목사가 시무하는 동경 성서 그리스도교회의 한국인 담당 목사로 협력 사역을 하면서, 동경 성서신학교를 돕고 있을 때였다. 나는 김 목사님의 소개와 오야마 레이지 목사의 초청으로 동경 성서 그리스도교회에 집회를 인도하는 것 뿐 아니라 신학교 강의를 하기 위해 일본으로 갔다. 우선 집회는 주일 낮과 주일 저녁으로 이루어졌다. 요나서 2:1-9을 읽고 은총의 포로라는 제목으로 설교했다. 하나님의 거져 주시는 은총에 대해서 그리고 하나님의 위대한 선교의 대명에 대해서 말씀을 증거하고 파차 은혜를 나누었다. 그리고 저녁 집회는 사도행전 6:1-7을 읽고 주로 교회의 부흥을 다루었으나 한국 교회의 성장의 경험을 나누었다. 사실 오야마 레이지 목사는 그동안 수차례 한국을 방문하면서 한국 교회의 부흥과 성장을 연구하고 참관했다. 예컨대, 제자훈련 프로그램을 비롯해서 각종 컨퍼런스에 온 가족을 대동하고 한국에 와서 한 주일 또는 그 이상 머물면서 한국 교회를 배웠다. 오야마 목사님의 생각은 일본 교회의 성장은 저들의 과거에 지은 죄를 회개하고 한국 교회의 부흥과 성장을 배우는 길 밖에 없다고 생각했다. 그래서 일본 교회로서는 극히 드물게 교회를 크게 짖고 교회의 성장과 부흥 프로그램을 도입하는 시점에 내가 그 교회 집회에 초빙을 받게 되었다. 그는 일본의 신학자로서 선비였다. 그리고 서예에 뛰어난 분이기도 했다. 그는 몇 차례에 걸쳐서 그의 친필을 액자에 넣어서 선물로 주곤했다. 나는 그 교회의 집회 중에 교제하면서 그와 가까이 지낼 수가 있었다.

그리고 낮 시간에는 동경 성서신학교 학생들에게 특강하기도 했다. 낮 시간 특강에는 실천신학개론 등을 강의했다. 말이 신학교이지 한국 신학교에 비하면 너무나 숫자가 적었다. 내 기억으로는 10명 안쪽의 신학생이 있었다. 하기는 전통적 고베개혁파신학교가 15명 안팎의 학생이었고 보면 10명 정도의 학생이라 할지라도 일본에는 그 수가 적다고 할 수 없었다.

오야마 레이지 목사가 하는 일은 참으로 다양했다. 우선 그는 목회자와 설교자로서 일본에서는 대형교회를 목회하고 있었다. 뿐만 아니라 그는 출판사를 가지고 있어서 자신의 저술을 끊임없이 쏟아내 놓고 있었다. 뿐만 아니라 잡지사를 가지고 있었는데 「요군(羊群)」이란 이름의 월간지였다. 우리의 한국으로 치면 「월간 목회」쯤으로 볼 수 있다. 잡지의 두께는 얇았지만 중요한 논재들이 게재되었다. 물론 발행인겸 주필 그리고 편집인은 오야마 레이지 목사였다. 특히 1985년에「韓國敎会說敎史」라는 책은 잘 판매되고 있었다. 그 책은 지금도 각 신학교에서 교제로 쓰이고 있다. 그런데 내가 그 책을 소개했을 때 오야마 목사는 굉장한 흥미를 가지고 내게 부탁하기를 이것을 일본어로 번역 할 수 없는가라고 제안했다. 이러한 시점에 1989년에 나는 총신대학교 교회를 개척했다. 그 결과 많은 사람들이 몰려왔다. 이때 전남일보 편집국장이며 시인이었던 조성원(趙聖源)씨가 새로 믿기로 작정하고 교회에 출석했다. 그는 글 제주가 뛰어난데다 일본어에 능통했음으로 그가 이 책을 번역할 수 있다면 좋겠다고 제안했다. 그것은 그분에게 신앙을 심어주기 위한 목적이었다. 그런데 그 원고를 오야마 레이지 목사에게 보내드렸더니 현대어로 고치고 말을 다듬고 하면 퍽 좋은 아티클로서 연재할 수 있을 것이라고 했다. 그래서 나의 책이 오야마 목사가 주관하는 「羊群」 잡지에 약 3년에 걸쳐서 실리게 되었다. 불과 몇 페이지는 아니지만 한국 지도를 컷으로 넣고 한국 교회의 부흥은 그냥된 것이 아니고 길선주 목사, 김익두 목사, 김화식 목사, 주기철 목사, 손양원 목사 등 한국 교회의 위대한 주의 종들의 하나님 중심, 성경 중심, 교회 중심의 메시지가 한국 교회를 이렇게 부흥케 했고, 순교자들의 설교가 한국 교회의 씨앗이 됐음을 주장한 글이 일본의 기독교 잡지에 연재되었다. 일본 교회의 관심은 단연 놀라웠다. 일이 이렇게 되자 오야마 목사는 내게 다시 제안하기를 단행본으로 출판하자고 했다.

　일본 교회는 책을 작게 내어야 잘 팔리므로 200페이지 내외로 하고 핵심만 책으로 만들자고 했다. 그래서 나의 책이 일본에서 「한국의 초기 목회자들과 그들의 설교」란 제목으로 출판되어 재판까지 나왔다. 더욱 흥미있는 것은 책의 표지 컷은 내가 그린 그림을 넣었다. 사실 내 책이 과거 영어로 나왔지만 일본어로 출판되자, 대만어, 중국어, 러시아어 등으로 번역되어 판매되고 있다. 지금은 10여국으로 번역되어 팔리고 있다. 이 책이 번역되어 출간 된 후 얼마 지나지 않아 총신대학교 신관 303호실에서 오야마 레이지 목사와 함께 초촐 하게나마 출판기념식을 가진 것은 오랫동안 기억에 남는다. 신학자이며, 설교자, 목회자, 그리고 출판인이었던 오야마 목사는 평생을 한국 교회를 향하여 36년간의 일본 제국주의자들의 만행에 대해서 속죄했다. 그래서 그는 끊임없이 한국 교회를 배워서 일본 교회를 부흥시키려고 노력했다. 뿐만 아니라 한일 관계의 회복을 위해 헌신적으로 일했다.

18. 로버트 렉커
Robert Richard Recker : 1923-

　로버트 렉커는 오랫동안 아프리카 나이지리아의 선교사였으며 미국 칼빈신학교의 선교학 교수였다. 특히 그는 개혁주의 시각에서 선교이론과 선교 정책을 세웠던 경건한 학자였다. 1973년 3월이었다. 벨까일 박사의 수업시간에 은발의 노신사가 들어왔다. 말하자면 렉커와 나는 클라스메이트가 된 셈이다. 그는 자기를 소개하면서 오랫동안 나이지리아의 선교사였고 지금은 모교인 칼빈신학교에 선교학 교수로 재직 중이라는 것과 안식년을 맞아 1년 동안 벨까일 박사 아래서 연구하러 왔다고 했다. 선교사 출신이어서 그런지 렉커 교수는 열린 마음으로 참으로 친절했다. 그는 내가 가족을 한국에 두고 외롭게 공부하고 있음을 알고 자주 그의 집에 초청해서 함께 저녁을 먹기도 했다. 하기는 그도 미국을 떠나서 암스텔담에서 유학중이므로 나와 신세가 비슷했다. 그러나 그는 부인이 함께 와서 공부에 뒷바라지를 했고 또 칼빈신학교 교수로서 봉급과 안식년 후원금을 받는 상황이었지만, 나는 처자식을 서울의 단칸방에 두고 장학금 180불을 쪼개어 그 일부를 집으로 송금하는 참으로 찌들게 가난한 유학생이었다. 하지만 렉커 교수와의 사귐이 내게는 큰 위안이 되었다. 왜냐하면 그는 아프리카 선교사였음으로 한국에서 공부하러 온 내게 대하여 매우 동정적이었다.

세월이 흘러 그는 칼빈신학교 교수로 복귀되었고 나도 1976년에 총신으로 다시 복귀되어 조 교수 겸 교목실장으로 임명된 후에 얼마 후에는 실천처장이 되었다. 그리고 1980년에 나는 39세의 나이로 총신대학교의 학장으로 취임했다. 학장이 된 후 미국 칼빈신학교를 방문하여 렉커 교수와 다시 만나는 기쁨을 가졌다. 나는 거의 일 년에 한 차례 이상 칼빈신학교를 방문했고 방문할 때마다 그의 가정에 초대되거나 그의 연구실에 초대되어 가장 친근하게 대화를 나누었다.

렉커 교수는 1923년 인디아나주 하이랜드에서 출생했다. 1947년에 칼빈대학교에서 B.A를, 그 후 칼빈신학교수에서 M.Div를 받은 후 CRC소속의 목사가 되었다. 1949년에 아프리카 나이지리아 선교사로 파송되어 1965년까지 16년 동안 복음을 증거하는데 사활을 걸었다. 인도선교를 끝내고 렉커 교수는 CRC교단의 외국 선교위원회 총무로 3년간 일했다. 1969년 그의 학문과 풍부한 선교 경험이 인정되어 칼빈신학교 선교학 교수로 발탁되었다. 그러나 그는 교수로 있으면서도 조직 신학을 공부해서 Th.M 학위를 받았고 화란 유학을 하여 선교학 박사 학위를 받았다. 그가 선교학 교수로 재임하는 동안 그는 약 100편의 논문을 발표했다. 그는 주로 「Calvin Theological Journal」, 「Mission Monthly」, 「Banner」 등의 잡지에 끊임없이 논문을 썼다. 1950년부터 임종까지 개혁주의 선교학 이론에 대한 무게 있는 글들을 발표했다. 그의 글들을 소개하면 다음과 같다.

「나이지리아의 선구적 사역」(1950), 「토착민 신자들의 지도력」(1958), 「선교의 대사명에 순종하기」(1960), 「추수의 주님께 기도하라」(1963), 「겸손한 선택」(1963), 「언약의 피」(1964), 「사랑 없는 희생」(1964), 「그리스도인의 기회」(1964), 「승리의 선물」(1964), 「신학교에서의 상징들」(1972), 「해외선교의 선결조건」(1972), 「국민운동이란 무엇인가」(1976), 「Missio Dei의 개념과 칼빈신학교에 있어서 선교 교육」(1976), 「하나님과 아프리카」(1977), 「오늘의 기독교 선교」(1977), 「개혁주의 전도」(1977), 「누가 가난한 사람인가」(1978), 「전도: 하나님과 복음」(1978), 「전도: 하나님의 백성과 복음」(1978), 「전도: 언약의 복음」(1978), 「전도: 그리스도의 주권과 복음」(1978), 「전도: 복음의 최종 목적」(1978), 「하나님의 왕국의 구속사적 초점」(1979) 등이다.

미국 칼빈대학교와 칼빈신학교 부설
헨리미터센터 전경

19. 한스 로끄마꺼
Hans Rookmaaker : 1922-1977

20세기 미술사의 대학자는 로끄마꺼 박사다. 그는 미술사를 칼빈주의적 시각에서 이해하고 이론화한 특이한 학자이다. 또한 프란시스 쉐퍼와 함께 라브리 운동(Labri Fellowship)의 선두주자로서, 방황하고 타락한 현대 지성인들에게 하나님 중심의 세계관으로 역사와 인생과 우주와 예술을 보는 눈을 뜨게 해준 분이다. 그는 북미주와 유럽의 많은 기독교 대학교와 단체에 잘 알려진 명강사였다. 화란 사람이지만 영어가 유창하고 하루에 다섯, 여섯 시간씩 강의를 쏟아내도 전혀 지칠 줄 모르는 정력적인 사람이었다.

1972년 늦가을, 나는 한스 로끄마꺼 박사를 만났다. 왜냐하면 그가 박사과정에서 지도하는 케파 셈팡기(Kefa Sempangi)목사와 나는 룸메이트였기 때문이다. 그는 당시 우간다의 캄팔라대학의 교수이면서 우간다에 대형교회 목회를 하다가 화란에 로끄마꺼 박사아래 공부하러 온 것이다. 그와 내가 룸메이트라고는 하나, 부엌을 같이 쓸 뿐이고 그는 부인과 3살 박이 딸과 함께 옆방에 살았다. 하도 피부 색깔이 별나게 검어서 가끔 부엌에서 만나면 흰 이빨만보여 무섭기도 했다. 그런데 참으로 신기한 것은, 신앙이 같고, 사상이 같으며 대화가 통하게 되니 피부 색갈이 검게 보이지 않게 되었다. 하루는 그가 내게 제안하기를 로끄마꺼 박사를 아는가? 라브리를 아는가? 하면서 함께 토요일마다 로끄마꺼 박사를 따라서 화란의 중부지역의 도시 우트레흐트(Utrecht)에서 변두리 촌인 엑 엔 빌(Eck en Wil)에 있는 화란 라브리로 가자고 했다. 그렇지 않아도 가족을 서울에 두고 온 상황이어서 주말은 유난히 외롭고 어려운 시간을 보내야 했는데 호기라 생각하고 기꺼이 가기로 했다. 그 다음 토요일 나는 로끄마꺼 박사를 만났다. 짧달막한 키에 동서고금을 관통하는 지식으로 약 1시간 반 정도 가는 동안 운전대를 잡고도 끊임없이 강의를 쏟아내곤 했다. 로끄마꺼 박사는 미술사학자이면서도 칼빈주의자였다. 예컨대, 평신도 신학자라고나 할까? 화란 라브리는 스위스 라브리와 비슷하게 농촌의 허름한 농가와 창고 등을 개조해서 숙소와 강의실 등을 만든 곳이었다. 강의실은 널찍한 거실에 벽로가 있는 곳이었다. 로끄마꺼는 거기 앉아서 두 시간이고 세 시간이고 사람들의 질문에 답하면서 당시 주된 현실적인 문제와 사상적인 혼돈에 관해 성경적인 세계관 즉 칼빈주의적 시각에서 대안을 제시했다. 토요일 오후가 되면 신학생, 교수, 목사, 예술인, 과학자, 정치가 등 다양한 사람들이 화란 각지에서 몰려들었다. 오후 내내 강의를 듣고 저녁 만찬을 같이하면서 교제를 나누었다. 이 교제의 시간을 통해서 나는 다양한 사람들과 아름다운 만남을 가지게 되었다. 가끔은 외부의 강사들이 초빙되기도 했는데 그때 만난분이 바로 20세기의 대전도자요 신학자요 설교가인 프란시스 쉐퍼 박사다.

나는 쉐퍼 박사와의 교제를 그의 임종 시까지 계속했다. 뿐만 아니라 토론토의 기독교 학문연구소 교수인 칼빈 시어벨트(Calvin Seerveld)와 화란 뿌라야 대학교의 경제학자요 상원의원이었던 카우쯔바르트

(Goudzwaard) 박사 등 당대의 걸출한 지도자들을 만나면서 칼빈주의 사상에 눈뜨게 되었다. 그것은 로끄마꺼 박사를 4년 가까이 따라다니면서 얻은 큰 소득이었다. 사실 나는 로끄마꺼 박사의 강의를 잘 알아들을 수 없었다. 그러나 그의 강의는 그 당시로는 첨단 방법인 2천년 기독교 역사에 나타난 온갖 미술 작품을 슬라이드로 비추면서 비교 해설하는 탁월한 강의였다. 결국 예술도 따지고 보면 종교적 신앙 고백의 형태라는 것이 그의 지론이었다. 이 세상에 그 어떤 것도 중립이란 성립할 수 없다는 것이다. 인간의 사상과 삶, 그리고 세계관은 고스란히 작품에 나타나기 마련이다. 그는 미술사의 흐름을 성경적 세계관 또는 칼빈주의적 세계관에 비추어 관찰하면 현대 문명에 대한 분명한 대답을 찾을 수 있다고 했다.

나는 그 후로 그가 장로로 있는 암스텔담 중앙 교회(Amsterdam Gereformeerde Centraal Kerk)에 출석했다. 말이 중앙교회이지 암스텔담 남부에 고등학교 강당을 빌려서 예배하는 우리식으로 하면 개척교회인 셈이었다. 당시 담임 목사님은 헹크 더용(Rev. Henk De Jong)목사로 나에게 장학금을 지원해주는 든든한 후원자이자 명쾌한 설교자였다. 그는 화란어로 설교한 후, 영어로 다시 요점을 정리해 주었음으로 미국과 캐나다의 유학생이 많이 출석했다. 로끄마꺼 박사는 뿌라야 대학교의 교수이면서 그 교회 시무 장로였고, 나의 장학위원회 위원중 한 사람이었다. 그는 나의 학문하는 길에 커다란 방향을 제공한 분이다. 그는 주로 예술이론, 미술사, 음악, 철학, 종교 등 다양한 분야를 강의하고 있었다.

1948년에 로끄마커는 위대한 신학자요, 전도자요, 사상가인 프란시스 쉐퍼 박사를 만난 후에 스위스 라브리 회원이 되었다. 화란에서도 스위스 라브리를 본따서 1971년 엑 엔 빌에 화란 라브리 분원이 설립되었다. 그의 주저는 1970년 출판된 「현대 예술과 문화의 죽음」(Modern Arts and the Death of Culture)이다. 이 책은 매우 뛰어난 걸작이다. 그 외에도 「예술은 정의가 필요없다」(1978), 「창조적 선물 : 예술과 기독교적 삶에 대한 에세이」(1981)가 있다. 2003년에는 그의 딸 마르레인이 쓴 「로끄마커 박사의 전집」이 출판되었다.

	van	
	1941-1952	kunstgeschiedenis gestudeerd aan de Gemeente Universiteit te Amsterdam
	1948-1958	Kunstrecensent voor ,,Trouw''
	1959	Gepromoveerd (Gauquin and 19th century art theories, 1973 2e druk)
	1958-1965	Wetenschappelijk medewerker Universiteit van Leiden
	1965	Hoogleraar aan de Vrije Universiteit

Schreef:

,,Jazz, Blues, Spirituals'', 1959
,,Kunst en Amusement'', 1962
,,Modern Art and the death of a culture'', 1970 (1973, 3e druk).

Voorts vele artikelen op kunsthistorisch gebied en rondom de problemen van christendom en cultuur.

Medebestuurslid van L'Abri en hoofd van L'Abri Nederland.

Professor Rookmaker is lid van de Vrijgemaakte Kerk (buiten verband).

Prof.dr. H.R. Rookmaker
geb. 27 februari 1922 te Den Haag
Na het behalen van het HBS-diploma

로끄마커의 약력

20. 끄라스 루니아
Klaas Runia : 1926-2006

끄라스 루니아 박사가 나의 머리에 떠오르는 것은, 그가 화란 캄펜신학대학교의 총장인 동시에 실천신학 교수였다는 사실이다. 뿐만 아니라 여러 번 국제 개혁주의 단체의 회장을 역임한 사실이다.

1981년 루니아 박사가 국제 고등교육을 위한 기독교 단체의 국제회의(IAPCHE)의 의장을 하고 있을 때, 나는 총신대학교 학장으로 여름 컨퍼런스에 참가했다. 장소는 화란의 부르크라인이었다. 그때 그는 개회설교를 했다. 그는 목회자였고, 신학대학교의 총장이었고, 설교학 교수였기 때문에 그의 메시지는 탁월했다. 교회와 하나님의 나라 확장을 위한 소명을 강조하면서 국제회의이니 만큼 영어로 설교했다. 그는 15년 이상을 오스트리아에서 사역을 했기 때문에 그의 영어는 우리 같은 동양 사람에게도 어느 정도 들리는 메시지였다. 그때 거기 모인 회원 백여 명은 모두 개혁주의 대학의 교수들이나 총장들이 대부분이었다. 그 당시 루니아는 국제맨으로서 전 세계 개혁주의 기구들과 학자들에게 상당한 영향력을 끼치고 있었다. 그는 서양 사람들 중에서도 아주 잘생긴 얼굴에다 호감이 가고 친절했다. 대게 그의 저서들은 화란어와 영어로 쓰여졌고 개혁주의 입장의 목사나 신학자들에게는 널리 읽히는 책이었다.

끄라스 루니아는 1926년 화란의 아우더스코트(Ouderschoot)에서 출생했다. 그는 김나지움을 마치고 1945년에 뿌라야 대학교에서 신학을 공부했고 이어서 박사과정에서 Drs. Theol을 받았다. 그 후 1952년까지 독꿈(Dokkum)에서 목회에 전념했다. 그러다가 1955년 G. C. 벨까우어 아래서 "칼 바르트의 교의학에 나타난 신학적 시간"이란 제목으로 신학박사(Dr. Theol) 학위를 수득했다. 그 후 오스트리아의 질롱(Zee-long)에 있는 개혁신학대학교의 조직신학 교수로서 15년을 봉사했다. 그 후 화란의 캄펜으로 돌아온 후 개혁신대학교의 실천신학 특히 설교학 교수가 되어 여러 차례 총장을 지내다가 1992년에 은퇴했다.

　끄라스 루니아는 교수로서의 사역 외에도 오랫동안 「Trowel and Sword」지의 편집장, 「Central Weekblad」의 편집장을 지냈다. 그리고 1968년과 1972년에 개혁주의 에큐메니칼대회(RES)의 회장, 1976, 1981년은 "기독교 고등교육을 위한 기독교 단체들의 국제회의"의 의장을 지냈다. 그리고 1976년과 1992년에는 "유럽 복음주의 신학자 협의회" 의장을 지냈다. 그는 탁월한 리더십을 발휘하면서 개혁주의 신학자들과 복음주의 신학자들을 함께 묶어가는 가교역할을 충실히 했다.

　끄라스 루니아 박사의 신학적 입장을 정리하면 다음과 같다.

　첫째, 학생시절의 루니아는, 성경을 토대로 한 교리전개와 역사적 관계 그리고 결론으로 이끌어가는 헬만 바빙크(Herman Bavinck) 박사의 방법에 매료됐지만, 신학교 시절에는 벨까우어의 영향을 많이 받았다. 그 후 박사 학위를 받으면서 칼 바르트의 영향도 받았다. 물론 그 자신은 결코 바르트주의자라고 말하지는 않았지만 바르트가 교회사의 쟁점이 될 수 있는 신학자 중에 한분으로 인정했다.

　둘째, 신학자로서 끄라스 루니아는 기독교의 메시지가 단순히 우리들의 설교로만 되는 것이 아니라 성령의 사역에 의해서 전달된다고 했다. 즉

2천 년 전에 쓰여진 하나님의 말씀과 오늘의 상황을 매꿀수 있는 것은 오직 성령의 사역만이 가능하다고 했다.

끄라스 루니아는 개혁주의 신학과 현대신학에 관한 많은 저서와 논문들을 발표했다. 예컨대, 「개혁주의 교의학, 그 본질과 방법」(1957), 「성경에 대한 칼 바르트의 교리」(1962), 「나는 하나님을 믿는다 : 현재의 문제와 신경」(1963), 「오늘의 종교개혁」(1968), 「오늘날의 칼빈의 의미」(1970), 「설교와 역사적 비평적 연구」(1972), 「우리 시대의 문제점들」(1976), 「세계 교회협의회와 논쟁」(1978), 「설교는 여전히 의미가 있는가?」(1981), 「오늘날 기독론 논쟁」(1984), 「복음주의적, 종교개혁적, 개혁주의적」(1984), 「성령의 활동 영역 안에서」(1992), 「예수 그리스도의 신비」(1992) 등 많은 글들을 개혁주의 잡지에 기고했다.

21. W. C. 루쯔
Waldys Carvalho Luz

1990년대에 나는 남미를 세 번이나 방문했다. 특히 브라질을 중심해서 아르헨티나와 파라과이 등을 돌아보았다. 당시 나의 여행 목적은 브라질의 신학교 강의와 한인교회 부흥회를 인도하기 위해서였다. 그곳에는 한인 선교사들이 세운 신학교가 막 태동하고 있었다. 전 외교관 출신의 이한우 선교사가 신학교를 만들었다. 그리고 브라질의 상파울로 시내는 여러 한인 교회들이 많았는데 그중에서도 합동측 선교사들이 제일 많았다. 나는 그곳의 형편을 따라 여러 번 교회에서 집회를 인도했고 피차 큰 은혜를 나누었다. 브라질은 총회 선교부에서 파송한 선교사들이 한인 교회 사역을 하는 이들도 있었지만, 신학교 사역에서 힘을 모으고 있었다. 특히 1960년대 총신의 도원동 기숙사의 4호실 룸메이트이면서 한참 연배가 되시는 김재영 목사님을 만나서 매우 반가웠다. 그는 나를 무척 좋아했을 뿐 아니라 지금의 내 아내를 중매했던 분이다. 그는 오래전에 브라질 이민을 갔었다. 그리고 그의 아들 김활수 목사는 내가 초청해서 총신에서 3년간 공부하도록 했는데, 지금도 브라질 현지인 신학교를 책임지고 있다.

그런데 교단 소속은 아니지만 앞서 말한 이한우 선교사가 착실히 신학교를 발전시키고 있었다. 나는 몇 차례 특강도 했고 학위 수여식 설교도 했다. 그런데 내 설교와 강의를 포르투갈어로 통역해 주시는 분이 있었는데 그분이 바로 강희동 목사다. 강희동 목사는 6.25전쟁 때 이승만 박사가 반공포로를 석방했을 때, 이른바 중립국 포로로서 인도에 머물다가 브라질로 와서 브라질 부인을 얻고 브라질의 유명한 상파울로의 깜비나스신학교를 졸업하고 목사가 되었다. 그는 한국어와 포르투갈어를 자유롭게 통역할 수 있는 유일한 분이었고 신학자였다. 그는 성품이 온유하고 신사였다. 그때 나는 강희동 목사에게 말하기를 브라질에도 개혁주의 신학을 하거나 칼빈주의 전문가가 있으면 만나고 싶다고 했다. 사실 브라질은 가톨릭 국가로서 온갖 미신과 특이한 종파가 섞여진 곳이었다. 이러한 상황에서 개혁주의자, 칼빈주의자를 찾는 것은 참으로 생소한 일이 아닐 수 없었다. 그러나 나는 칼빈이 최초로 선교사를 파송한 나라가 바로 브라질이라는 것을 익히 알고 있었다. 그러므로 분명히 브라질에도 하나님 중심의 칼빈주의 사상을 가진 학자들이 있을 것이라고 생각했다. 칼빈이 아메리카대륙에 최초로 유그노파의 리쳐(Richer)와 차티어(chartier)를 선교사로 파송하여 인디오들에게 복음을 증거한 것은 분명 사실이다. 이러한 증거는 브라질 장로교회사에도 나온다.

강희동 목사는 내 뜻을 알아차리고 브라질에서 위대한 칼빈학자를 소개해주겠다고 하면서 나를 깜비나스신학교로 데리고 갔다. 그리고 은퇴교수인 발디스 카르발호 루쯔 박사 집으로 나를 안내했다. 나는 루쯔 박사를 처음 만났지만 한눈에 철저하게 보수적이며 복음적인 신학자라는 것을 직감했다. 강희동 목사가 포르투갈어로 통역해서 서로 의사소통을 했다. 나는 그에게서 내가 총신대학교의 교수이며, 한국 칼빈주의 연구원과 칼빈 박물관을 운영하고 있다고 소개했다. 그리고 칼빈연구에 나름대로 평생을 이바지 했노라고 했다. 그리고 루쯔 박사도 브라질 장로교회의 형편을 소개했다. 그러자 루쯔 박사는 자료실에 들어가더니 자기가 라틴어에서 포르투갈어로 칼빈의 기독교 강요를 번역했던 원고 뭉치전부를 내놓았다. 그 원고는 갱지에다 연필로 깨알처럼 쓰여진 루쯔 박사의 육필원고였다. 그리고 그는 말하기를 내 필생의 사업이었던 칼빈의 기독교 강요가 포르투갈어로 출판되었으니 내 눈물과 땀이 배어 있는 모든 원고들을 정 박사에게 기증하겠다고 내밀었다. 나는 세계 여러 나라를 돌아보고 수많은 학자들을 만났지만 이런 감동은 처음이었다. 그는 칼빈의 기독교 강요를 최초로 포르투갈어로 번역한 학자이지만 국제무대에서는 한번도 만난 적이 없었다. 아직 브라질에 장로교회가 약한 것은 사실이지만, 브라질에 이런 숨은 칼빈학자를 발견한 것은 큰 소득이 아닐 수 없다.

최근에는 그와 칼빈의 기독교 강요 번역에 동역했던 분들이 수정판을 내기도 했다. 하지만 루쯔 박사의 필생의 번역이며 루쯔 박사의 섬세한 각주가 새겨진 기독교 강요가 단연 돋보인다. 루쯔 박사의 영향 때문인지 최근에는 정통신학자들의 책이 포르투갈어로 속속 번역되고 있다. 예컨대, 아브라함 카이퍼의 「칼빈주의 강의」나 조엘 비끼(Joel Beeke)의 여러 책들이 포르투갈어로 번역되고 있다. 이런 현상은 모두가 발디스 카르발호 루쯔 박사와 같은 위대한 칼빈연구가의 영향 때문이라고 확신한다. 물론 나의 저서 「한국교회 설교사」도 15년 전에 이미 포르투갈어로 번역된 바 있다. 루쯔 박사의 신상을 좀 더 자세히 알아보려고 백방으로 노력했으나 한계가 있어서 상세히 언급하지 못해 아쉽다.

22. 헬만 리델보스

Herman N. Ridderbos : 1909-2007

1973년 여름 나는 국제 개혁주의 신행협회(IARFA)가 주최하는 여름 컨퍼런스에 참석했다. 화란 우트레흐트 근방의 드리베르헨이란 곳에 컨퍼런스가 열렸다. 거기는 개혁주의 신행협회 창시자겸 초대회장이었던 불란서 개혁주의 신학자 삐에르 마르셀(Pierre Marcel) 박사를 위시해서 칼빈주의 신약학자인 헬만 리델보스(Herman Ridderbos) 등이 강사로 참여했다. 그때 리델보스 박사의 강의 주제는 "교회와 하나님 왕국과의 관계"였다. 그때 나는 처음으로 대석학인 리델보스를 만날 수 있었다.

그와 만남이 있기 전 필자는 이미 1967년부터 리델보스와 서신교환을 하고 있었다. 나는 총신대학교 대학원(Th.M) 재학시절에 박윤선 박사와 간하배 박사 아래서 신약학을 전공했다. 그리고 석사학위 논문은 "바울 신학에 나타난 Dikaiossune Tou Deu(하나님의 의)개념"이란 제목이었다. 그리고 필자는 간하배 교수의 추천으로 1967년부터 총신대학교에서 헬라어를 가르치기 시작했다. 그리고 그때는 이미 「화란어 문법의 연구」란 책을 써서 화란어에 대한 관심도 많았다. 그래서 나는 덮어 놓고 리델보스 박사에게 편지를 보냈다. 리델보스 박사님께 내 소개를 하고 그의 책 중에 「바울과 예수」(Paulus en Jezus)란 책을 번역하고 싶다고 했다.

물론 그 당시 그의 책은 이미 영어로 Paul and Jesus로 번역되어 있었다. 그렇게 편지를 보냈더니 리델보스 박사께서 친절하게 그의 화란어로 된 책을 보내 주었고 한국말로 번역해보라고 했다. 솔직히 내 실력으로는 어림도 없는 일이지만 세계적인 신약학자가 책 한권을 보내준 것이 그 당시 나에게는 큰 격려와 도전이 되었다. 그래서 억지로 화란어 사전을 뒤적이면서 영어와 대조하면서 겨우 제1장 (Chapter One)을 번역해서 「교육 자료집」이란 잡지에 게제했다. 그것이 처음이요 마지막이었다.

물론 나는 뿌라야 대학교에서 공부했음으로 켐펜신학대학교에서 신약학을 가르치는 리델보스 박사에게 직접 배울 기회는 없었다. 하지만 처음 내가 뿌라야 대학교에 유학 갔을 때는 신약학을 전공하고 싶었다. 왜냐하면 박윤선 박사의 조수로 특별한 총애를 받던 나로서는 꼭 신약을 하고 싶었기 때문이다. 그러나 출국 인사차 상도동 자택을 방문하고 대문을 나서는 순간, 박윤선 박사는 내게 말하기를 정 목사는 뿌라야 대학교에서 신약학을 공부하기는 어려울 것 같다고 했다. 그 이유는 박 박사님의 스승이었던 스킵퍼(Schipper) 박사는 전형적인 화란 사람으로 동양 사람에 대한 이해가 적을 뿐 아니라 매우 냉정하고 차가운 사람이니 그 사람한테는 학위가 어려울 것이라고 했다. 그리고 신약학부의 젊은 교수 바르다(T.J. Baarda)는 이미 개혁주의 신학에서 멀어져 가고 있고 고등비평을 수용하는 사람이니 어려울 것이라고 귀띔했다. 리델보스 박사 아래서 공부한다면 모를까? 하면서 걱정을 했다. 나는 갑자기 혼란이 되었다. 그래서 그 대학으로 급히 전문을 보냈다. 신약학을 전공하지 않고 실천신학으로 바꾸려고 한다고 했다. 화란은 개인의 자유와 학문을 존중하는 나라이므로 학과를 바꾸는 것은 별 문제가 없었다. 그래도 나는 신약학에 미련을 버리지 못하고, 부전공으로 신약학을 선택했다. 물론 바르다 박사 아래였다.

교수실로 찾아간 나에게 바르다 교수는 뜻밖의 제안을 했다. "정 목사님, 이번에 읽고 시험을 치러야할 책은 제 저서가 아닌 헬만 리델보스 박사가 쓴 「왕국의 오심」(The Coming of Kingdom)입니다. 이 책을 읽고 시험을 봅시다. 내 책 보다는 리델보스 박사의 책이 한국에는 더 유익할 것입니다"라고 했다. 나는 바르다의 신학은 따르지 않았지만 그는 신사였고 한국 사람을 배려하는 그의 마음을 오랫동안 잊을 수가 없다.

사실 나는 총신대학원 Th.M과정을 공부할 때 이미 리델보스 박사의 「왕국의 오심」이란 두꺼운 영어 책으로 시험을 본 적이 있다. 이번에 그의 책으로 시험을 보면 두 번째 독파한 셈이 된다. 이 기회를 이용하여 나는 좀 더 공관복음을 깊이 있게 연구할 수 있게 되었다. 어쨌든 나는 신약학 분야에는 리델보스의 입장을 철저히 따르고 있다.

1973년 리델보스와 첫 만남 이후에 여러 번 편지 교환을 했다. 리델보스는 철저한 카이퍼리안 칼빈주의자로서 화란은 말할 것도 없고 미국과 캐나다 개혁주의신학교에 많은 강의를 했다. 그는 중후하면서도 천상 학자로서의 삶을 살았다.

화란의 대표적인 개혁주의 신약학자인 리델보스는 1909년에 태어났다. 그의 부친 얀 리델보스는 구약학자였고, 아브라함 카이퍼와 헬만 바빙크의 제자였으며 19세기 후반과 20세기 초엽까지 개혁교회의 대지도자였다. 헬만 리델보스는 1927년 캄펜신학대학교에서 공부했고 쁘라야 대학교에서 박사 과정을 마친 후 1936년 "마태복음에 나타난 산상보훈"이란 제목으로 신학박사(Dr. Theol) 학위를 수득했다. 한편 목사로서 리델보스는 1934-1942년까지 에프데-호르셀과 루터르담 등지에서 목회에 전념했다. 그러다가 1942년에 캄펜신학대학교의 신약교수로 취임하여 1978년까지 약 36년간 봉사했다. 리델보스는 교수생활 외에도 "국립 정신치료소"의 소장으로서 일했고 특히 "국제 개혁주의 신행협회"(IARFA)의 지도자로 적극적으로 참여하여 이론적 뒷받침을 했다. 또한 「개혁주의 회보」(Reformed Bulletin)를 통해서 칼빈주의 신학과 신앙의 방향을 제시하는 공을 세웠다. 1991년에는 그간의 신학적 업적을 인정받아 남아공의 스텔렌보쉬 대학교로부터 명예신학박사(D.D) 학위를 수득했다.

리델보스의 박사의 저서 중 가장 주목할 만한 책은 역시 「왕국의 오심」(De Komest Van het Koninklijk)이다. 여기서는 하나님의 나라 연구사에 나타난 일면만 강조하여 극단에 치우친 입장들을 반발하고 구속사(Redemptive History)적인 관점에서 하나님의 나라를 3단계로 구분했다. 즉 ①예수의 초림으로 실현된 천국 ②참된 교회로 실현되어가는 천국 ③예수님의 재림으로 실현될 미래의 천국으로 구분했다. 그 외에도 그의 명작은 「바울」, 「바울과 예수」, 「구속사와 성경 신학」, 「갈라디아서 연구」, 「때가 이르매: 신약 신학연구」, 「로마서 주석」, 「골로새서 주석」, 「요한복음 : 신학적인 주석」 등이 있다. 그의 작품속에 나타난 신학적 전제는 기록된 신약성경이 하나님의 말씀이기 때문에 권위를 갖는다는 강한 확신을 그 출발점으로 삼고 있다. 따라서 그는 신약성경의 권위의 출처가 바로 사도성과 성령의 증거에 있다고 보았다. 다시 말하면 신약성경은 예수 그리스도를 직접 목도한 사도들로부터 주어졌을 뿐 아니라 성령께서 그 사도들의 배후의 영감을 주시므로 성령께서 말하고자 하시는 내용을 기록했다는 것이다. 그런 면에서 성경은 유기적 통일성을 갖고 있으며, 구약도 같은 맥락에서 이해할 수 있다고 한다. 특히 그는 이와 같은 개혁주의적인 성경관의 기반 위에서 확고하게 서야 자유주의자와 맞서 싸울수가 있다고 했다. 전술한 바와 같이 리델보스 박사가 보는 성경의 틀은 항상 구속사적이다.

23. N. H. 리델보스

Nicolaas Herman Ridderbos :
1910-1981

　일반적으로 우리는 리델보스라 하면 캄펜신학대학교의 위대한 개혁주의 신약신학자 H.N. 리델보스를 떠올린다. 그는 「왕국의 오심」, 「바울」, 「바울과 예수」 등 엄청난 양의 책들을 썼다. 그러나 N.H. 리델보스 즉 니콜라스 헬만 리델보스를 아는 사람은 그리 많지 않다. N.H. 리델보스는 뿌라야 대학교의 구약학 교수로서 같은 시대에 위대한 학자였다. 그럼에도 불구하고 N.H. 리델보스 아래서 구약학을 전공한 한국 학자들은 한 사람도 없기 때문에 그의 이름은 박윤선 박사의 구약 주석에나 가끔 나오는 정도다. 그리고 또 한분의 리델보스 박사가 있는데 그는 S.J.리델보스 박사이다. 그는 교수는 아니었지만 문화신학자로서 "아브라함 카이퍼의 문화에 대한 개념"으로 박사 학위를 받고 주로 목회하던 학자였다. 나는 S.J.리델보스가 살아 있을 때 특히 그의 집을 방문하고 대화를 나누는 중 많은 것을 배울 수가 있었다. 그리고 그의 책을 선물로 받은 적도 있다.

　그런데 H.N.리델보스, N.H.리델보스, S.J.리델보스는 모두가 가족관계로 얼굴 생김새도 아주 비슷해서 처음 보는 사람도 형제라고 생각할 정도이다. 나는 이 세분을 모두 만났다. 특히 N.H. 리델보스 박사는 내가 뿌라야 대학교에 유학 갔을 때 여전히 가르치고 있었다. 그는 당시 60세를 조금 넘긴 정도의 나이였지만, 신약학자 헬만 리델보스에 비하면 다소 둔하고 활동적이거나 외교적이지 못했다. 그는 오직 성경 주해하는 일과 구약신학에 대한 책을 쓰고 가르치는 일을 할 뿐이었다. 반면 캄펜의 헬만 리델보스는 동년배이면서 학문하는 일과 국제 관계에 적극 참여하셨다.

N.H. 리델보스 박사는 1910년 암스텔담에서 태어나서 1981년에 세상을 떠났다. 그의 부친 얀 리델보스 박사는 구약학자로서 화란의 최고의 명성을 날렸다. 그리고 얀 리델보스는 나중에는 뿌라야 대학교의 교수로 생을 마감했다. 이런 배경에서 자란 N.H. 리델보스는 1928년에 게지나 벨트하이스 문법학교를 거쳐 화란 캄펜신학대학교를 졸업했다. 그 후 그는 뿌라야 대학교에서 신학박사 과정을 이수하고 1939년에 구약학 교수 알더스(G.CH. Aalders)지도하에 신학박사(D.Theol) 학위를 수득했다. 그 후 포르부르그와 암스폴트에 두 교회를 섬기며 목회를 했다. 얼마후 1950년에 모교인 뿌라야 대학교의 교수로 초빙받아 1975년까지 구약해석학, 구약의 정경과 계시사를 가르쳤다. N.H. 리델보스는 캄펜에서 신학 공부를 하고 있을 때 그의 아버지 얀(Jan) 리델보스에게 영감을 받았다. 워낙 학문에 뛰어난 수제인데다 성경언어, 일반언어에 뛰어났을 뿐 아니라, 특히 셈족어(Semitischetalen)에 천재적 실력을 발휘했다. N.H. 리델보스가 알더스 박사의 후임 교수로 오자마자 뿌라야 대학교의 학문적 분위기는 일신되었다. 특히 그의 역작인 「창세기 1장의 개념」(Beschouiwingen over Genesis 1(1954)의 출판으로 말미암아 창세기 1장의 칠일간의 천지 창조는 문자적으로 일치하다고 했다. 그 뿐 아니라 N.H. 리델보스 박사는 구약신학의 변증가로서의 사명도 충실히 감

당했다. 「이스라엘 안의 선지자와 이스라엘 밖의 선지자」(1955)라는 책으로 독일 비평주의를 비판했다. 그래서 그는 자신의 대선배요 스승격인 노르드찌(Arie Noordzie, 1871-1944)의 신학을 계속 이어갔다.

특히 N.H. 리델보스는 시편연구의 전문가였다. 그의 학위 논문도 시편연구에 대한 자유주의 신학자인 스웨덴의 모빙켈(Mowinkel)의 학설을 비판했다. 특히 스칸드나비아 학자들이 근동종교와 구약관계를 이어 가려는 태도를 인식하고 이를 논리적이고 역사적으로 비판했다. 그 외에도 N.H. 리델보스 박사는 뿌라야 대학교 내의 개혁주의 신학잡지인 「Gereformeerd Theologische Tijdscrift」에 수없이 많은 논문을 써냈다. 특히 「구약의 새 번역에 대한 비판적 언급」 등은 매우 뛰어나다.

N.H. 리델보스 박사는 성경 주석 시리즈에 시편을 썼고, 또 성경 소강해 시리즈(Korte Verklaring)에서 시편 주해를 했다. 그는 25년 동안 뿌라야 대학교의 구약학 교수로서 개혁주의적인 구약해석에 전력투구를 했으며 자유주의적 신학의 도전에 직면했을 때 개혁주의 신앙을 지켜내는 수문장 역할을 했다. 위대한 구약학자인 얀 리델보스의 아들인 N.H. 리델보스는 구약으로, 그의 사촌인 H.N. 리델보스는 캄펜에서 신약으로, S.J. 리델보스는 아브라함 카이퍼의 칼빈주의적 세계관을 지켜낸 3총사라고 보아도 좋을 듯싶다.

24. 헨드릭 반 리센

Hendrik van Rissen : 1911-2000

    1964년 나는 총신대학교 신학대학원 일학년 때 기독교 철학의 과제물을 받았다. 그것은 반 리센의 「미래의 사회」(The Society of Future)였다. 그때 우리는 반 리센에 대한 정확한 정보를 교수로부터 별로 듣지 못했다. 다만 그 교제를 중심으로 강의만을 듣는 형편이었다. 그때는 세계의 개혁주의 사상의 흐름에 대한 이해도 별로 없었고 또 내용자체가 매우 어려운 철학적 사고를 요하는 것이었음으로 강의 자체가 다소 버거웠다. 그런데 지금도 분명하게 기억되는 것은 반 리센은 이 책에서 주장하기를 "참된 유토피아가 있다면 그것은 나사렛 예수 그리스도의 골고다를 통해서만 가능하다"는 것이었다. 그리스도의 십자가 없이 유토피아를 추구하는 것은 한낱 낙관주의 사상에 불과하다는 것이 그의 주된 메시지다. 그는 신학자도 아니고 목사도 아닐뿐더러 공학을 공부했고 명문 델프트대학교 공대 교수로 있다가 기독교 철학을 다시 공부했다. 그는 항상 불변의 하나님의 말씀을 기초해서 2000년 기독교 역사와 문화와 과학과 사회를 꿰뚫어보는 혜안을 가져야 한다고 주장했다. 이 책이 화란어 원문으로 나온 것이 1952년이고 이것이 영어로 번역된 것이 1957년이니 벌써 반세기 전에 쓰인 책이다. 그럼에도 불구하고 오늘날의 기술 사회, 기술 문명에 대해 과학자로서 또는 기독교 철학자로 그의 예민한 관찰과 현대사회에 대한 그의 방향제시와 복음적 메시지를 반세기가 지난 후에야 이해하게 되니 감회가 새로웠다. 내가 처음 화란 유학을 갔을 때 1973년 어느 여름 컨퍼런스에서 그분을 처음 만났다. 그는 뿌라야 대학교의 기독교 철학교수일 뿐 아니라 당시는 세계 개혁주의 신행협회 회장이기도 했다. 그는 참으로 소탈했고 철학자의 냄새가 전혀 나지 않았다. 그때 나는 반 리센 박사의 강의는 듣지 않았지만 매일같이 학교에서 만났고 특별한 집회가 있을 때마다 많은 관심을 가져 주었다.

당시 반 리센 박사 아들 얀도 신학부에서 공부하고 있었다. 나는 얀과 가까이 지냈다. 그런데 얼마후 얀은 캄펜신학대학교로 옮겼고 후일 진실한 목회자가 되었다.

헨드릭 반 리센 박사는 1911년 화란의 블루 멘달에서 출생했다. 그의 학문적인 순례는 매우 특이하게 공학자가 된 후에 다시 기독교 철학자가 되었다. 그는 젊은 날에 벌써 아브라함 카이퍼의 사상을 배우고 칼빈주의 세계관에 심취해 있었다. 무엇보다 그는 하나님의 나라 건설을 위해서 어떤 전공분야에서 일하던지 하나님의 영광과 주권을 위해서 일할 수 있다는 것을 깨닫기 시작했다. 하지만 그 당시는 이원론적인 세계관이 판을 치고 있던 시기였다. 즉 종교는 개인적인 것이면서 철저히 주관적인 것이기에 학문이나 자연과학 특히 공학과는 무관하다는 사상이 지배했다.

그러나 헨드릭 반 리센은 반델흐라프, 헬만 도예베르트, 볼렌호번 박사의 작품들을 통해서 칼빈주의적 세계관과 가치관을 가지면서, 하나님의 주권은 모든 학문, 심지어 자연과학에도 역사하신다는 확신을 갖게 되었다.

1936년 델프트 공과대학교를 졸업하고 미국 전력회사 화란지사에 기술자로 7년의 세월을 보냈다. 그 후 독일군이 화란을 침략하자 반 리센은 1943년에서 1945년 나치 저항운동에 가담했다. 그래서 두 차례 걸쳐서 투옥되었다. 옥중에서 그는 끄라스 스킬더, S.G.흐라프, 볼렌호벤, 도예베르트의 저서를 탐독했다. 그 결과 예수 그리스도의 선교적 대명을 깨닫게 되었다. 뿐만 아니라 하나님이 역사의 주인이시며, 만물을 다스리시는 왕이신 것을 깨달았다. 그래서 반 리센은 다시 뿌라야 대학교의 철학부에 입학해서 볼렌호번 박사로부터 기독교 철학을, 시조(Sizoo)교수로부터 물리학을 연구하다가 1949 "철학과 기술"이란 방대한 논문으로 철학박사(Dr. Phil) 학위를 수득했다. 이 논문에서 그는 철학과 공학의 역사적 발전과 연관성을 구체적으로 정리해서 대안을 제시했다. 이런 그의 학문적 여정이 인정되어 헨드릭 반 리센은 델프트 공과 대학교의 교수로 초청되어 기독교 철학을 가르쳤다. 교수로 있으면서 그는 칼빈주의 철학을 다듬었다. 7년 후에는 아인트호벤 공학기술 대학교로 자리를 옮겨 기독교 철학을 강의했다.

그 후 1964년 반 리센 박사는 그의 스승 볼렌호번 박사가 은퇴하자 후임 교수가 되었다. 그는 기독교 철학의 교수이면서 대내외적으로 많은 활동을 했다. 우선 여러 차례 칼빈주의 철학회 회장직을 역임했으며, 일찍이 흐룬 반 프린스터가 세우고 아브라함 카이퍼가 발전시킨 기독교 정당인 반혁명당(ARP)의 총무로 사역했다. 뿐만 아니라 반 리센은 기독교 노동운동과 YMCA운동에도 적극 참가하면서 여왕의 행정도 도맡아 했다. 그는 기독교 철학자이지만 정치, 행정, 기독교 단체장 등 아주 다양한 일을 아주 능숙하게 해냈다.

반 리센 박사는 뿌라야 대학교의 기독교 철학의 1세대 학자인 도예베르트와 볼렌호번의 뒤를 이은 제2세대 학자인, 포프마(K.J. Popma), 자이드마(S.U. Zuidma), 멕케스(J.P.A.Mekkes)와 같이 일했다. 그러나 반 리쎈 박사의 삶은 그의 동료들 보다는 훨씬 더 역동적이었다.

그의 저서로는 「미래의 사회」(De Maatschappij der Toekomst)(1952)가 있다. 뿐만 아니라 그는 「개혁주의 철학」(Philosophia Reformata)의 편집장을 역임하면서 수많은 논문을 발표했다.

젊은 날의 반 리쎈 박사

25. 삐에르 마르셀
Pierre Ch. Marcel : 1910-1992

삐에르 마르셀 박사는 20세기 불란서가 낳은 위대한 칼빈주의 신학자이며 철학자이다. 1973년 국제 개혁주의 신행협회 대회가 모였을 때 마르셀 박사는 회장이었다. 나는 그 국제 개혁주의 신행협회 여름 대회에 참석했다. 그때는 알만한 개혁주의 신학자들과 철학자들이 대거 함께 참여했다. 내 기억으로는 그때 신약신학의 거장 헬만 리델보스 박사, 칼빈주의 철학자 얀 뎅그링크 박사, 영국의 이비인후과 의사로서 칼빈주의 학자인 데이비드 헨센 박사 등 유럽 각국의 대표들이 참가했다. 그리고 당시 한국에는 나 외에도 또 다른 한분이 참여했는데 그가 발제를 했다. 바로 그것이 문제였다. 여기서 그분의 이름을 밝힐수는 없지만 그의 논리는 칼 바르트 주의 입장에서 한국 교회의 신앙을 설명하고 있었다. 말하자면 그는 개혁주의 신행협회의 칼빈주의적 세계관에 대해서 잘 모르기 때문에 엉뚱한 발언을 하고 있었다. 내 기억으로는 그 회의장의 분위기는 썰렁하다 못해 싸늘하기까지 했다. 그는 애써 분위기를 띄우려고 한국 교회는 예수와 그리스도가 싸움을 한다는 등의 유모어를 시도했으나 반응이 없었다. 쉬는 시간에 삐에르 마르셀 박사가 내게 다가와서 진지하게 물었다. 나는 그때까지만 해도 삐에르 마르셀 박사가 그토록 명망이

높은 불란서 출신의 칼빈주의 신학자와 철학자라는 것을 몰랐다. 그는 이미 70세를 넘긴 노학자였다. 그는 은발을 단정히 빗어 올린 노신사였다. 나는 불어를 몰랐지만 그는 내가 알아들을 수 있는 영어를 했기 때문에 대화가 가능했다. 삐에르 마르셀 박사와 나는 칼빈을 논하거나 칼빈을 인용한다고 하여 모두 칼빈주의는 아니라는 것을 깨닫게 되었다. 그 후 나는 미국에 갔을 때 서점에서 삐에르 마르셀 박사의 「The Relevance of Preaching」(설교의 적절성)을 사가지고 와서 학생들에게 소개했다. 왜냐하면 마르셀 박사는 말씀을 증거할 때 항상 성경 신학적 입장 즉 구속사적인 안목에서 성경을 보도록 했기 때문이다. 그의 책은 1952년 불란서 개혁교회 총회 때 강의하기 위해서 만들어진 것이다.

1910년에 출생한 삐에르 마르셀은 1929-1936에 파리의 개신교 자유신학대학(Facult Libre de Theologie Protestante)에서 수학했다. 여기서 그는 그의 영적인 멘토인 아우구스테 르세프(Auguste Lecerf)의 지도로 헬만 도예베르트와 볼렌호번의 칼빈주의 철학에 심취했다. 이로 말미암아 프랑스의 데카르트 연구소의 후원으로 직접 암스텔담으로 가서 칼빈주의 철학자들과 만나 연구에 박차를 가했다. 1942년 개혁교회의 목사로 안수받은 마르셀은 생제르멩 앙 레이에네아에서 1967년까지 목회했다. 마르셀은 교수로서의 실력을 인정받아 목회하면서 파리의 개신교 자유신학교에서 교의학을 가르치기도 했다. 그는 한순간도 연구를 게을리지 않고 줄기차게 논문을 써냈다. 그 결과 1960년에 몽벨리에의 개신교 신학대학교(Faculte de Theologie Protestante)에서 "헬만 도예베르트의 칼빈주의 철학"에 대한 논문으로 철학박사(Dr. Phil)를 수득했다. 1967년에는 프랑스 성서공회의 회장이 되었고, 1975년에는 보-시르-세느의 복음주의 신학대학교의 교수로서 9년을 일했다. 그리고 그는 국제 개혁주의 신행협회를 창설하고 초대 회장이 되어 25년간 회장으로 일했다. 또한 악상프로방스(Aix-en-Provence)의 개혁주의 자유신학대학(Faculte Libre de Theologie Reformee)의 설립이사가 되었다.

그는 목회자와 교수로서의 활동 외에도 프랑스에 칼빈주의 사상 보급에 앞장섰으며 40년 동안 프랑스 칼빈주의 학회의 회장으로 있었다. 뿐만 아니라 그는 1950년에는 "신자들과 장로들 그리고 목사들을 위한 신학적이고 실천적 저널"이란 긴 부재를 단「개혁주의 잡지」(La Revue Reformee)를 만들었다.

개혁주의 신학에 대한 그의 최대의 공헌은 존 칼빈(John Calvin)의 기독교 강요를 비롯한 주석과 설교집 등을 현대 불어로 편집했다는 사실이다. 그리고 다른 분야에도 많은 저서와 논문을 남겼다.

「은혜의 연합으로서의 세례」,「설교의 현실성」,「하나님의 학교: 개혁주의 교리문답」,「둔스 스코투스」,「칼빈과 코페르니쿠스」등의 저서가 있다. 중요 논문으로는 "사유이론의 초월적 비판, 헤르만 도예베르트의 법 개념 철학의 서문"(1956), "실제의 구조: 헤르만 도예 베르트의 철학의 범위 내에서의 법의 순환이론"(1960) 등이 있다.

26. 리챠드 마우
Richard Mouw

　1998년 한국의 웨스트민스터대학원대학교의 교수였던 민종기 박사가 자기의 스승인 마우 박사가 내한하는데 한국 칼빈주의 연구원에서 특별 강좌를 열었으면 좋겠다고 했다. 그래서 나는 그 제안을 기꺼이 환영했고, 마우 박사를 한국 칼빈주의 연구원에 초청하여 특별강좌를 했다. 거기 모인 사람들은 주로 신학교 교수들과 목회자들이었다. 강의에 앞서 칼빈주의 연구원 안에 있는 칼빈 박물관을 소개하면서 16세기 요한 칼빈의 자료를 비롯해서 교부들의 자료, 그리고 19세기 아브라함 카이퍼의 자료들을 보여 주었다. 그는 칼빈주의 연구원과 박물관의 자료를 보고 난 후 충격과 놀라움을 표시했다.

　강의를 시작하면서 마우 박사는 한국에 칼빈주의 운동의 메카를 발견했다고 하면서, 한국 칼빈주의 연구원과 박물관을 보게 된 것이 그의 특권이며 영광이고 한국 교회의 새로운 비전을 보았다고 서론을 꺼냈다. 그리고 한국 교회의 성장의 배후에 이런 칼빈주의 운동이 뒷받침 되고 있다는 사실에 새삼 놀랐다고 했다. 그날 강의는 "칼빈주의 세계관"에 대한 것이 핵심 주제였다. 그후 나와 마우 박사는 편지와 메일을 통해서 수시로 교제할 수 있는 기회를 가졌다.

　2008년 여름 나는 L.A에 부흥회 일정이 잡혀 있었음으로 마우 박사에게 메일을 보냈다. L.A공항에 도착 하자마자 파사데나 풀러신학교 총장실로 방문하겠다고 전갈을 보냈다. 비서실을 통해서 즉시 답장이 왔다. 그는 열일을 제쳐놓고 나를 만나겠다고 했다. 약속 시간보다 30분 전에 도착해서 총신에서 가르치던 제자들 대여섯분을 만나 환담하다가 마우 총장을 만났다. 그런데 그는 대뜸 풀러신학교 학위 과정에 있는 10여명의 학생들을 모아 놓고, 화란 뿌라야 대학교의 경험과 칼빈주의 세계관에 대해서 짧게나마 강의를 하라고 했다. 물론 마우 박사도 한때 뿌라야 대학교의 교환 교수였다. 나는 별로 준비한 것은 없었지만, 내 경험과 칼빈주의적 입장을 나누었다. 사실 그날 내가 마우 박사를 만나려는 목적은 다른데 있었다. 여러 해 전에 마우 총장이 총신대학교 양지 캠퍼스 채플에 왔을 때 나는 시카고 트리니티 기독대학 교수인 신네마(Sinnema)박사와 함께 참여했다. 그때 나는 대신대학교 총장으로 있었고 마침 신네마 박사가 초청강연을 마친 후였다. 나는 그날 몇몇 교수들과 함께 양식당에서 점심을 하면서 마우 박사에게 자랑을 한 것이 있다. 그것은 100년 전 아브라함 카이퍼의 육성 녹음이 내게 있다고 하자, 마우 총장은 즉시 큰 관심을 가지면서 그 테이프를 자신도 복사판을 가질 수 없는가라고 했다. 그때 나는 웃으면서 대답하기를 다시 한 번 한국 칼빈주의 연구원에 특강차 방문하면 그것을 C.D로 만들어 주겠다고 했다.
　그런데 이번에 L.A를 방문하는 김에 그것을 드리기로 하고 개혁주의 신학에 대한 그와 의견 교환도 할 참이었다. 드디어 나는 총장실에서 그와 마주 앉아 아브라함 카이퍼의 100년 전 육성 설교와 강의를 담은 C.D를 건네 주었다. 카이퍼는 1901-1905년 사이에 화란 수상을 역임했지만 그 당시의 설교와 강연의 기록물을 찾기란 쉽지 않았다. 하지만 뜻이 있다면 길이 있다고 했듯이 나는 수소문 끝에 기록 영화 스크린 녹음실에서 그의 기록물을 찾아냈다. 어렵게 구입한 터라 C.D를 넘겨주면서 나는 단서를 달았다. 그 C.D를 가진 사람은 세계에서 나밖에 없는데, 특히 마우 박사에게만 복사해 주는 것이니 절대로 다른 사람에게는 재복사 하지 말아 달라고 간곡히 부탁했다. 이 C.D는 내가 20여 년 전에 화란의 복음 방송(EO)의 피디(P.D)이며 설교가인 페이커 떠 펠트(Feike Ter Velde)씨의 주선으로 아주 힘겹게 입수한 것이었기 때문이다. 내가 카이퍼의 육성 연설과 설교를 선물로 준 이유는 마우 박사가 2007년에 아브라함 카이퍼 대상을 받았음으로 그를 축하를 하고 싶었기 때문이다. 내가 준 선물을 받고 마우 박사는 말하기를 왜 카이퍼 상은 유럽과 미국의 학자들이 독식하는가? 한국의 정 박사 같은 사람에게 상을 주어야 되지 않는가라고 힘주어 말하길래 위로를 받았다. 립 서비스가 아니고 진심으로 말하는 줄 알았기에 그의 호의에 감사했다.

2010년 6월, 나는 오랜 준비와 수고 끝에 드디어 470여 페이지의 「아브라함 카이퍼의 사상과 삶」(킹덤북스, 2010)이란 대작을 출판했다. 물론 서평의 첫 번째는 마우 박사가 써주었다. 그 내용은 다음과 같다.

> "정성구 박사의 한국어로 된 아브라함 카이퍼에 대한 책을 출판하게 됨을 환영합니다. 우리는 오랫동안 칼빈주의자 아브라함 카이퍼의 사상을 한국 독자들에게 알리고 싶었습니다. 그런데 때마침 정성구 박사께서 인간의 삶의 모든 영역에 하나님의 주권과 예수 그리스도의 통치를 깊이 있게 다룬 역작을 썼습니다. 우리 모두에게 커다란 선물이 되었습니다"

그래서 나는 「아브라함 카이퍼의 사상과 삶」을 빠른 우편으로 마우 박사에게 보내드렸다. 내 책을 보고 마우 박사는 너무나 흥분하고 감동한 나머지 미국의 프린스턴신학교 부설 "아브라함 카이퍼 연구소"의 이사장인 림머 더 브리스(Rimmer de Vries)박사에게 책을 보냈다. 림머 더 브리스 박사는 내 책의 목차를 보고 이 책이야 말로 영문으로 번역해서 미국의 모든 개혁주의 대학과 신학교, 그리고 장로교대학과 신학교에 교과서로 썼으면 좋겠다고 회신을 했다(실은 내 책의 뒤에는 영문 목차와 개요가 들어 있었다).

일이 이렇게 진행되자 마우 총장은 내 딸인 트리니티 기독대학 겸임교수인 정신애 박사에게 번역을 의뢰하였다. 드디어 내 책이 영어로 번역되어 출판을 기다리는 기회를 갖게 되었다.

물론 마우 박사는 신학과 철학을 전공하고 17년 동안 그랜드 래피드의 칼빈대학교에서 철학을 강의하다가 풀러신학교의 교수가 되었고 1986년 이후로 지금까지 총장으로 일하고 있다. 마우는 다작가이자 명강의 명연설자로 칼빈주의적 세계관 운동의 최선봉에 서 있다. 말하자면 그는 카이퍼리안 칼빈주의자이다. 특히 그는 정치에 있어서 카이퍼적인 이상과 꿈을 가지고 미국 대통령의 자문에 응하기도 했다.

그는 현재 미국의 개혁주의 대학교나 신학교에 단골강사이다. 특히 그는 사상적으로 화란의 대 칼빈주의 신학자이자 정치가였던 아브라함 카이퍼(Abraham Kuyper)의 영향을 가장 많이 받았다. 칼빈주의 사상을 이어 받은 카이퍼는 교회, 신학, 정치, 경제, 예술, 교육, 가정 등 삶의 전 영역에 하나님의 주권이 미친다고 역설했다. 이러한 카이퍼의 사상이 마우박사에게 흡수되어 칼빈주의적 정치 윤리와 사회윤리 사상 체계를 형성하는 기본 틀이 되었다. 하지만 마우는 카이퍼의 신학을 뛰어넘어 창조 중심의 신학에 기독론을 추가했다. 그의 초기 관심은 기독교 정치윤리였으나 후에는 현대 문화에 대한 칼빈주의적 대처 방안을 제시하려고 했다.

27. 사무엘 H. 마펫

Samuel H. Moffett : 1916-
, 한국명 마포삼락, 馬布三樂

　사무엘 H. 마펫 박사는 프린스턴신학교의 선교학과 에큐메닉스 교수를 지냈다. 또한 그는 한국의 장로회신학대학교 교수와 명예학장을 역임했다. 그리고 1974년에는 아세아연합신학대학(ACTS)의 학장으로 봉사했기 때문에 한국에서는 익히 잘 알려진 분이다. 더구나 그는 평양신학교 설립자인 마포삼열 박사의 아들로서 더욱 유명하다. 그러나 나는 평생을 합동측 장로교 목사로서 주로 총신대학교, 대신대학교, 칼빈대학교 등 교단 학교에만 교수로 또는 총장으로 있었기 때문에 그에 대해서 아무런 정보가 없었다. 그런데 아들 모세가 2000년부터 7년 동안 프린스턴대학교에 핵물리학으로 Ph.D과정에서 공부하고 있었고, 그 비슷한 시기에 딸 신애도 프린스턴신학교에서 2년간 기독교 교육학을 공부하기 위해서 프린스턴으로 왔기 때문에 일 년에 한두 번씩 꼭 프린스턴을 방문하게 되었다. 그곳에 갈 때마다 나는 어드만 홀(Eerdman Hall)에 여장을 풀곤했다. 여기는 세계 각처에서 오는 목회자와 신학자들이 묵어가는 교역자 재교육 훈련 프로그램이 있는 곳이다. 숙박비도 저렴하거니와 무엇보다 프린스턴신학교와 대학교 캠퍼스안에 있었기에 아이들에게 부담을 주지 않고 편히 쉴수 있었다. 그리고 바로 길 건너편에는 세계 최고의 프린스턴신학교 도서관이 있었기 때문에 내가 머물수 있는 최적의 장소였다. 나는 전 세계 수백 개의 신학교나 대학의 도서관을 방문해 봤지만 프린스턴 도서관 만큼 좋은 곳은 없다고 생각한다. 이곳은 역시 최고의 컬랙션(collection)을 소장하고 있다. 더구나 지금은 아브라함 카이퍼의 모든 자료들이 프린스턴으로 옮겨져 와 있다. 그리고 그 옛날 올드 프린스턴의 위대한 학자들 예컨대, 윌필드, 핫지, 알렉산더 등의 자료들은 서신과 낙서까지도 산더미처럼 쌓여 있다.

나는 어드만 홀에서 사무엘 H 마펫을 만났다. 이 후 나는 그를 적어도 일 년에 한 두 번씩 만났다. 그는 한국에서 태어나서 사역하여서 그런지 한국을 너무 사랑하였다. 내가 총신대학교 교수와 학장을 역임한 줄 알고 더 관심 있게 이야기했다. 그는 1959년 총신과 장신의 분리를 잘 알고 있었다. 사실 그는 에큐메니칼 운동의 선봉장이었다. 나는 그런 이야기를 화제로 꺼내지는 않았다. 다만 우리는 그리스도 안에서 말씀 안에서 같은 뿌리이며 하나라는 것만 말했을 뿐이다. 나는 아직도 장로회신학대학교와 관계하느냐고 물었더니, "나는 명예학장인데 그냥 명예뿐이요" 라고 웃으며 말했다. 어드만 홀 뒤쪽에 VIP룸에서 가끔 환담을 하면서 미국 교회와 한국 교회에 관해서 대화를 나누었다. 내가 그를 만났을 때 70대 후반이었지만 아직도 건강했고 학문에 대한 열정도 대단했다. 그가 소장하고 있던 한국 교회의 초창기 자료들은 전부 프린스턴신학교에 기증했다. 그래서 학교는 그것을 소중히 받아 특별 자료실을 만들고 마펫 박사를 연구소장으로 앉혔다.

한번은 나를 불러 자료 구경을 하라고 초청했다. 그가 고이 간직했던 선친 마포삼열 박사가 소장했던 원판 사진과 각종 문서와 자료들, 그리고 희귀한 책을 보고 나는 내심 욕심이 많이 생겼다. 나도 한국 교회의 자료를 모으는 일에 둘째가라면 서러울 정도인데, 사무엘 H 마펫박사의 자료를 보자 갑자기 내가 더욱 왜소해 보였고, 나는 별것 아니라는 생각이 들었다. 또 한편 이런 자료들은 실로 미국 프린스턴신학교에서 소장하기 보다는 한국 교회가 소장해야 된다고 생각했다. 그러나 한국 교회 사람들은 역사적 자료에 대해서 너무나 둔감하고 어둡기 때문에 귀한 것을 귀한 줄 모르는 것을 어찌겠는가! 내가 그를 마지막 만났을 때가 그의 나이 82세였지만 그는 한결같이 캠퍼스를 산책하면서 자신의 연구실에서 끊임없이 글을 쓰고 있었다.

사무엘 H. 마펫은 1916년 평양에서 평양신학교 설립자요 초대교장인 마포삼열(Samuel Austin Moffet)의 아들로 태어났다. 그는 평양의 외국인 학교에서 공부한 후 미국의 휘튼대학교에서 고전학을 공부하여 최우수 성적으로 졸업했다. 그 후 프린스턴신학교에서 M.Div학위를 받은 후 1945년까지 코네티컷에서 목회를 했다. 목회 중에도 연구를 계속하여 예일대학교(Yale University)에서 종교학과 교회사에 관한 논문을 쓰고 철학박사(Ph.D) 학위를 수득했다. 그는 1947에 중국 선교사가 되어 북경으로 파송받아 선교사로 활동했다.

그는 중국 난징신학교와 북경의 옌칭대학교의 교수로 활동하는 중 1951년에 공산군에게 체포되어 투옥되었다. 강제로 추방된 마펫은 프린스턴신학교의 강사로 활동했다. 그 후 마펫은 그의 부친이 그랬던 것처럼 한국의 선교사가 되어 경북 안동에서 농촌 복음화의 기치를 들고 선교활동을 했다. 그래서 그는 경안 고등성경학교 교장과 경안 고등학교 이사장을 역임했다. 경동과 안동지역에 에큐메니칼 운동의 중심 세력이 된 것도 사실은 마펫의 영향 때문이라고 볼 수 있다. 그는 1959년에 장로회 신대학교 교수가 되었고 미국 연합 장로교회의 한국 지부 총무로 봉사했다.

그는 연세대학교, 숭실대학교, 한국 성서공회, 대한 성서공회, 대한 예수교 장로회 총회(통합측)의 각종 위원으로 광범위 하게 활동했다. 1981년 미국으로 귀국한 후 프린스턴신학교 선교학 교수로 초빙 받아 일하다가 1986년에 은퇴했다.

그는 교수 외에도 "프린스턴 신학 연구 센터 위원", "미국 선교학회", "미국 선교학 교수회", "목회 연구센터" 등에서 활동했다.

저서로는 「태양은 어디에」(1953), 「한국의 그리스도인들」(1962), 「불안의 시대를 위한 기쁨」(1966), 「복음주의의 성경적 배경」(1968), 「아시아와 선교」(1976), 「아시아 기독교 역사」(1992) 등이 있다. 마펫은 선교지 한국에서 선교사의 아들로 태어나서 중국과 한국에서 헌신적으로 사역한 선교사이다. 또한 선교학의 이론과 실제를 겸비한 탁월한 학자다.

28. 이안 머레이
Iain H. Murray : 1931-

이안 H. 머레이는 스코틀랜드 에딘버러에 있는 「진리의 깃발」(The Banner of Truth)지의 편집장이다. 또한 그는 많은 청교도들의 전기를 쓴 전기 작가이기도 하다.

1996년 나는 화란과 유럽 여러 나라를 방문하는 중 에딘버러에 들러 몇 일간 이문장 목사집에서 머물고 있었다. 이문장 목사는 내가 1989년에 총신대학교 교회를 개척할 때부터 함께했던 목사다. 이문장 목사는 워낙 영어가 능통했기 때문에 영어 담당 전도사로 임명되어 봉사했다. 그는 3년 동안 나를 도와 일하다가 미국의 고든 콘웰신학교와 예일대학교에서 석사 학위를 마치고 에딘버러대학교에서 박사 학위를 하고 있었다. 그 당시 나는 꼭 두 곳을 가보고 싶었는데 한곳은 "진리의 깃발"이고 다른 한곳은 "루터포드 하우스"였다. 루터포드 하우스는 사무엘 루터포드의 정신으로 세워진 작은 연구소였다. 그러나 "진리의 깃발"은 잡지사이자 출판사였다. 거기서 나는 처음으로 이안 머레이 목사님을 만났다. 그는 깔끔한 신사에다 스코틀랜드식 발음으로 사람에게 평화와 기쁨을 주는 학자풍의 목사였다. 사실 「진리의 깃발」은 청교도 신학자들과 목회자들 그리고 성도들의 삶을 쉽고도 간결하게 에세이식으로 써나간 참으로 귀한 잡지였다. 이 책은 서창원 목사의 수고로 한국어로도 번역되어 나오는데 작지만 읽을 거리가 풍성하다. 특히 역사적 개혁주의 신학자들의 사상과 삶, 청교도들의 사상과 삶, 칼빈과 칼빈주의자들의 사상과 삶, 그리고 올드 프린스턴의 B. B. 월필드나, 찰스 핫지, 게르할더스 보스, 알렉산더, 화란의 아브라함 카이퍼, 헬만 바빙크, 끌라스 스킬더 등 서평을 곁들인 이슈도 있고, 경건한 개혁주의자들이며 청교도적인 복음주의 학자들을 다루고 있다. 지금은 인터넷만 들어가면 1권에서 현재까지 모든 아티클을 검색할 수 있어서 너무나 좋다. 이 잡지를 보면 편집장인 이안 머레이 목사의 사상과 삶을 엿볼 수 있다. 그가 한국에 오면 나는 그를 만났다. 그리고 그는 칼빈주의 연구원에 여러 번 방문했다.

당시 내가 이안 머레이 목사를 만나고자 한 이유는 한 가지 부탁이 있었기 때문이다. 그가 내게 준 책 가운데,「칼빈의 지혜」(Calvin's Wisdom)란 것이 있었는데 이는 칼빈의 어록들을 주제별로 그리고 알파벳식으로 엮어진 것이었다. 저자는 뉴질랜드의 그레이함 밀러(J. Graham Miller)였다. "진리의 깃발사"에서 그의 책을 발행했다. 나는 그 책을 한국어로 번역하고 싶다고 했다. 그러나 이안 머레이 목사는 즉답을 피하고 편지로 말하겠다고 했다. 사실 이것은 누구의 저작이 아니고 모두 칼빈 자신의 저작으로 그의 기독교 강요, 주석, 편지, 논문 등에서 뽑아서 엮은 것이므로 딱히 누구의 저작이라고 할 수는 없었다. 그러나 절반의 허락을 받고 그 책을 참고로 하고 주제나 순서는 어차피 한국어로 다시 해야 하므로 다른 유사한 책들을 참고해서「설교자를 위한 칼빈의 신학사전」이란 제목으로 펴냈다. 나는 그 후로 그의 테이프나 그가 한 강연이나 설교를 가끔 듣게 되었다. 아직도 스코틀랜드에 이토록 살아있는 청교도주의자가 있다는 그 자체가 감사할 뿐이다.

이안 머레이는 1931년 영국의 랭커셔(Lancashire)에서 출생했다. 그는 영국의 아이슬오프멘에서 교육을 받고 더럼대학교(Durham University)에서 계속 공부했다. 1955년에 목사 안수를 받은 후 웨스트민스트 교회 부목사로 초청받아 로이드 존스(Martin Lloyd-Jones)목사를 도왔다. 그 후 런던의 그로브 체플로 옮겨 8년간 목회하다가 1981년부터 3년 동안 오스트리아 시드니의 성자일스 장로교회 목사로 일했다. 한편 이안 메레이 목사는 1957년 잭 쿨럼(Jack Cullum)과 더불어 「진리의 깃발」을 창설하여 정열적으로 일했다. 그는 「진리의 깃발」의 편집장으로서 주옥같은 글을 쓰고 편집했다. 메레이 목사는 「조나단 에드워드의 전기」, 「존 머레이 교수의 생애」, 「아더A 핑크의 생애」, 「로이드 존스 목사의 생애」 등 주로 전기 작가로서 귀한 책들을 출간했다.

29. 얀 메이스터
Jan Meester : 1903-1984

얀 메이스터 목사는 화란 자유개혁파 교회 소속의 지도목사요 실천신학자요 문필가였다. 그리고 국제 관계의 지도자이기도 했다. 그보다도 메이스터 목사는 내 일생에 잊을 수 없는 나의 은인이었다. 그는 캄펜신학대학 출신 목사로서 실천신학자 베인호프(C. Veenhof) 교수의 친구이며, 위대한 칼빈주의 변증학자인 스킬더(Klaas Schilder) 박사 아래서 공부했다. 그는 암스텔담 남부 개혁교회(Gereformeerd Kerk van Amsterdam-Zuid)에서 일평생 목회하다가 은퇴했다. 그러면서 많은 강연과 집회를 인도하기도 했다. 그리고 그는 은퇴한 후에도 교회소식지 「Kerkbode」의 편집장이었고 또 「Opbouw」의 편집장이기도 했다. 특히 메이스터 목사는 아펠돈신학대학교와 기독교 개혁파 교단과도 밀접한 관계를 가지고 자유주의 신학에 대항해 싸웠다. 그는 I.C.C.C 운동에도 적극 참여하고 복음적 기독교의 연합을 주장하기도 했다. 그는 잡지에 많은 글을 남겼다. 그의 대표적 저서로는 「교회의 혼례에 대한 개념」(De Idee Van de Kerkelijke Huwelijksplechtigheid)(1957)등이 있다. 이 책은 매우 학문적인 저서로 교회의 결혼식에 대한 로마 가톨릭 주의를 비판하고 아브라함 카이퍼(A. Kuyper)부터 시작해서 A. A. 반룰러 (A. A. Van

Ruler)에 이르기까지 많은 개혁주의 신학자들의 입장을 정리한 역작이다.

내가 메이스터 목사를 만났을 때, 그는 이미 은퇴하여 70정도가 되었다. 유난히도 하얀 백발에 턱수염을 기르고 있었지만 붉은 얼굴과 잔잔한 미소를 머금고 있는 참으로 기품이 있는 노신사였다. 1973년 그해 여름, 만약 내가 그를 만나지 못했다면 내 인생은 엄청나게 달랐을 것이다. 나는 지금도 확신하는 것은 하나님께서 부족한 종의 간구를 들으시고 메이스터 목사를 만나게 하시고 나의 앞길을 열어주셨다고 믿고 있다. 그것은 거의 기적에 가까운 일이었다. 내가 화란 뿌라야 대학교에 처음 유학 갔을 때 그 대학의 외교부에서 주는 저개발 국가의 학생에게 주는 9개월짜리 장학금을 받고 갔다. 1970년대 외국 유학가기가 참으로 어렵고 드문 때에 나는 감사하게도 그 장학금을 따낼 수 있었다. 그것도 편지 한 장으로 입학허가를 받고 초청장을 받았다. 나는 무조건 떠나기로 했다. 나는 총신대학교 강사와 한국 외국어대학교 전임 대우 교수로 있었지만, 막 군종장교 대위로 예편한 후였기에 전혀 경제적 기반이 없었다. 그래서 홀트양자회 에스코터로 취직해서 단돈 95,000원의 티켓을 사서 돌아올 수도 없는 먼 길을 떠났다. 그때 아내도 나도 유학을 가면 무엇인가 금방 이루어지고, 금방 석·박사가 되는 줄 알았다. 그것은 하나의 꿈이었고 신기루에 불과했다. 유학을 가서 겨우 눈이 열리고, 입이 떨어지려는 순간에 귀국한다는 말이 있다. 나는 앞이 캄캄했다. 처자식을 단칸방에 두고 만리타향 이국땅에 올 때는 여간 독한 마음이 아니고서는 올 수 없었다. 빈손 들고 귀국할 수는 없었다. 학교 당국에다 요청했다. 내가 만일 재정 후원자를 구하기만 한다면 박사 과정에 들어갈 수 있느냐고 물었다. 그들의 생각은 내 의견이 그냥 소원사항이며 불가능하다는 사실을 알고 있었는지? 재정후원만 되면 박사 과정이 가능하다고 했다. 그래서 나는 실낱같은 희망을 가지고 만약 재정후원만 되면 모든 문제 해결이 될 줄 믿고 엎드려 기도하면서 만나는 사람마다 내 딱한 사정을 알리기로 했다. 그러던 어느 날 뿌라야 대학교 신학부 졸업반 얀 바우마(J. Bouma)를 만났다. 내 사정을 다 들은 그는 나를 얀 메이스터 목사님에게 소개해 주었고, 드디어 나는 메이스터 목사님과 인터뷰를 하게 되었다.

그때 나는 총신대학교에서 박윤선 박사의 사랑을 받던 제자라고 소개했다. 그리고 박윤선 박사는 과거 한국인 최초로 화란 뿌라야 대학교에서 공부했고, 그는 미국 웨스트민스터신학교의 코넬리우스 반 틸(Cornelius Van Til) 박사 아래서 공부했다고 했다. 그랬더니 메이스터 목사님은 만면의 웃음을 띠면서 하시는 말이 "나는 코넬리우스 반 틸 박사와는 죽마고우입니다. 반 틸 박사의 제자의 제자라면 틀림이 없겠습니다. 우리가 정 목사님의 박사과정 뒷바라지를 위한 재정을 책임지겠습니다." 라고 했다. 기적이 일어난 것이다. 그로부터 메이스터 목사님은 나의 멘토가 되어 재정 모금 운동을 위해 자기가 편집장으로 있는 「Kerkbode」에 호소해서 5길더 10길더 20길더 작은 돈을 모아서 집과 생활비 보험료 등을 대주었다. 또한 이때 여전도회가 들고 일어나기를 왜 정 목사의 사모와 자녀들을 데리고 오지 않는가라고 요구했다. 그리고 자기들이 돈을 더 헌금 할 터이니 가족을 데려오라고 요구했다. 그러나 아내와 모세, 신애 새 식구의 비행기 표가 문제였다. 그때 메이스터 목사님은 자기와 가장 가까운 친구이며 대기업의 회장인 께르크호프(Kerkhof) 장로에게 부탁해서 항공료를 지원받도록 해주었다. 그 결과 우리 온 식구들은 유학온지 일 년 만에 암스텔담으로 오게 되었다. 게르크호프 장로는 철저한 개혁주의 신앙가로서 고고학자인 동시에 스페인어로 칼빈의 기독교 강요를 번역 출판한 위대한 분이다.

　사실 메이스터 목사님과 께르끄호프 장로가 없었다면 오늘날 나는 없을 것이다. 그 분들은 나의 생애의 전환기에 예수 그리스도의 위대한 사랑을 보여주었다. 나는 매월 한 번씩 메스터 목사님을 만났고, 그와 대화하면서 역사적 개혁주의 신앙을 배울 수가 있었다. 특히 께르끄호프 장로의 국경을 초월한 그 사랑을 결코 잊을 수 없다.

　유학을 마치고 총신대학교 학장이 되자 화란으로 건너가서 메이스터 목사님을 만났다. 그때 그는 나에게 말하기를 "정 목사가 성공한 것이 아니고, 우리가 성공했소이다"라고 했다. 후일 「Kerkbode」에 글을 쓰기를 "나는 해외에 세 명의 친구가 있다. 미국에는 코넬리우스 반 틸 박사이고, 한국에는 정성구 박사, 그리고 일본에는 하시모토 교장이다"라고 썼다.

　여러 해 후에 내가 화란으로 갔더니 그분은 이미 요양원에 들어가 있었다. 그러나 나와 전화통화 중 너무도 반가웠던지 어서오라고 한마디하고 그 자리에서 의식을 잃고 말았다. 나는 메이스터 목사님의 장례이후 나를 끝까지 도왔던 끄루스(Kroes)씨의 도움으로 메이스터 목사님의 묘비 앞에 서서 오랫동안 고개를 떨구었다.

30. 목은 명신홍

牧恩 明信弘 : 1904-1975

　명신홍 박사는 명설교가이자 교회행정가이고, 개혁주의 신학자이자, 국제맨이었다. 사실 오늘의 합동측 교회가 있게 된 것은 바로 명신홍 박사의 신학과 신앙 그리고 그의 행정력과 정치력 때문이다. 그는 합동과 통합이 나누어지기 전인 제39회 대한 예수교 장로회 총회장으로서 한경직 목사보다 한해 위였다. 특히 그는 오늘의 총신대학교 발전의 기틀을 놓았지만 고작 1년간 총신대학교 학장을 하고 물러나왔고, 병든 몸으로 정신을 놓아버렸다. 그리고 쓸쓸히 세상을 떠났다. 그러니 교단도 총신대학도 명신홍 박사의 총회와 총신에 대한 공로도 알리가 없다. 섭섭하게도 그에 대한 모든 것을 지워버렸다. 명신홍 박사는 실천신학과 개혁파 윤리학의 대가로서 또한 그는 장서가였다. 명 박사님은 그 많은 장서 3000여권을 총신에 기증하고 "명신홍 박사 기념문고"를 만들었지만 얼마 후 모두 없애버렸다. 총신은 약속을 위반했다. 그리고 명신홍 박사가 대장암 수술을 받고 인조항문을 한 채로 미국에 가서 1년간 홀로 머물면서 CRC교단과 친구들로부터 10불 25불 100불 모아서 오늘의 총신대학교 본관(구관)을 완성했으나 종합관을 짓는다는 명분으로 완전히 부수고 새 건물을 지었다. 돌이켜 보면 역사의식이 전혀 없는 우리 교단 지도자들로 말미암아 나는 늘 마음이 아팠다.

그래서 1990년대부터 나는 명신홍 박사에 대한 전기나 문집이라도 한 권 만들고 싶었다. 그래서 동분서주 하면서 자료를 모았다. 그러나 모든 자료들은 이미 모두 소실되고 없었다. 나는 사위 되는 이은태 박사(이은태 외과의원)와 의논하고 명 박사님의 따님이신 명돈신 권사와 수차례 의논해 보았지만 자료라고는 사진 10여장이 전부였다. 그래서 나는 미국으로 건너가 L.A에 사는 명신홍 박사님의 맏아들 명돈홍 장로를 만났지만 별 소득이 없었다. 명신홍 박사는 워낙 교회 일과 신학교 일에만 관심을 두었기 때문에 자녀들을 제대로 보살피지 못했다는 말만 들었다. 그런데 혹시나 하는 마음에서 샌프란시스코에 가서 과거 1960년대 우리와 함께 명신홍 박사를 모시던 김충남 목사를 만났다. 혹시 김충남 목사에게 명신홍 목사님의 무슨 자료를 찾을 수 있는가 물었다. 그런데 나는 놀라운 사실을 알게 되었다. 당시 김충남 목사는 명신홍 목사님의 전기를 쓸 계획으로 여러 자료들 특히, 총신대학교 본관 마무리 공사를 위해서 미국에서 동분서주하면서, 고생했던 일기와 미국의 군용선을 타고 오면서 쓴 선상일기가 있는데 20년 전에 미국으로 건너올 때 고문길 목사에게 사과 상자에 넣어서 맡겨 놓았다는 것이다. 나는 놀라운 것을 알았으나 고문길 목사를 찾을 길이 없었다. 그래서 모든 교단의 목회자 주소를 다 뒤진 결과 목포에서 목회하고 있는 고문길 목사님을 찾았다. 참으로 하나님의 은혜였다. 성경에 문을 두드리는 자에게 열린다드니 수십년 동안 명 목사님에 대한 애틋한 사랑으로 그의 문집이라도 만들려고 동분서주했었는데 20년 만에 목포의 한 목사님이 그대로 보관했던 자료가 큰 도움이 되었다.

그리고 많은 분들이 "내가 본 명신홍 박사"란 코너에 동참해주었다. 김의환 박사, 김득룡 박사, 김진택 목사, 박종구 박사와 특히 L.A에 목회하는 황성수 박사가 글을 써 주었다. 당시 황성수 박사는 암수술로 거의 사경을 해매이면서도 글을 써 주었다. 그때 나는 직접 미국, L.A로 날아가서 황성수 목사를 위로하고 원고를 받았다. 황 박사는 그날 도리어 나를 위해 기도해 주었다. 가족들도 명신홍 박사의 추억을 써 주었다. 명신홍 박사의 아들 명돈홍 장로, 딸 명돈신 권사, 사위 이은태 장로, 그리고 사돈되는 이진태 박사가 동참해 주었다. 그리고 나는 명신홍 박사의 일기를 정리하고, 유년시절의 자서전을 다듬었다. 그리고 흩어진 그의 글들을 한데 모았다. 그래서 1997에 「신학교육과 목회-명신홍 박사의 전기」란 이름으로 439페이지의 책을 만들어 서울 팔레스 호텔에서 출판 감사예배를 드렸다. 그때도 총신대학교와 총회에서는 별다른 반응이 없었다. 출판사의 이름만 총신대학교 출판부에서 한 것 뿐이고 모든 비용은 사위 이은태 박사와 딸 명돈신 권사가 부담했다. 명신홍 박사가 세상 뜬지 22년 만에 그를 추모하는 문집이 나오던 해에 그가 생명을 드려 완성한 총신대학교 본관은 종합관을 짓는다는 명목으로 포크레인으로 무너지고 있었다.

내가 명신홍 박사에 대하여 그토록 지극한 사랑과 관심을 가진 것은 몇 가지 이유가 있기 때문이다. 첫째, 그가 철저한 개혁주의 신학과 신앙을 가진 신학자였기 때문이다. 사실 한국에서는 명신홍 박사와 같은 학력을 가진 학자는 거의 없었다. 명신홍 박사님은 1926년 평양 숭실학교를 졸업하고, 1929년에는 일본 동경 일본대학을 수료하고, 1931년에는 일본 동경 일본 신학교를 졸업했다. 그리고는 1936년에 평양 신학교를 졸업하고, 1937-1939년에 미국 웨스트민스터신학교를 졸업하고 M.Div 학위를 받았다. 다시 그는 1939-1941년에 미국 그랜드 래피드의 칼빈신학교에서 Th.M학위를 받았다. 그리고 1941-1943년에는 미국 뉴욕의 버블리칼신학교에서 다시 Th.M학위를 받았다. 그 뿐 아니라 1956년에는 미국 콜롬비아대학교 사범대학대학원에서 M.A학위를 받았다. 1959년에는 미주리주 타키오대학에서 명예신학박사(D.D)학위를 수득하고, 1968년에는 미국 홈스테드 성서대학교로부터 명예문학박사(D.Litt)학위를 받았다. 한국 교회에서 명신홍 박사만큼 학력이 화려하고 깊이 있게 공부한 학자는 없다. 그리고 그는 개혁주의 신학을 했지만 학문과 목회의 실제를 광범위하게 접목할 줄 아는 실천신학자였다.

또한 명신홍 박사는 한국 교회사의 위대한 획을 긋는 신학자요, 행정가요, 정치지도자요, 국제맨이었다. 그는 유창한 영어 때문에 미국 유학을 하고 귀국 할 때부터 1943-1945년까지 미 국무성 우편물 검열국 검열관 일도 보았으며, 1945-1947년까지 재한 미군정청 고문관으로 일하기도 했다. 그리고 1946-1957년까지 10년 동안 대구 서문교회 담임목사였고 1948-1971년까지 총회신학교 교수로 있었다. 그는 1953-1954년 대한 예수교 장로회 38회 총회장을 역임했다. 특히 명신홍 박사는 국제맨으로 항상 세계무대에서 한국 교회의 대표로 일했다. 그는 1953년에는 화란의 왓스코텐에 열린 개혁교회 동부대회에 대한 예수교 장로회 총회 대표로 참석하고 1954년에는 미국 프린스턴 개혁교회 세계대회 대표로 참석했다. 1955년에는 미국 에반스톤 세계 기독교 연합회에 한국 대표로 참석했고, 1963년에는 미국 그랜드 래피드시의 개혁주의 교회 세계대회에 대한 예수교 장로회 대표로 참석했다. 국내적으로는 연세대학교 이사, 총신대학교 교장 등 국내외적으로 종횡무진 활약한 살아있는 대한 예수 장로회 총회 합동측 교회의 대변인이기도 했다. 그는 국제정세에도 밝을 뿐 아니라 온화한 성품으로 모든 교회의 어려움을 원만히 해결하였고 신학과 교회를 아는 명설교가로서 유명했다.

둘째, 나는 개인적으로 명신홍 박사님의 사랑을 많이 받았다. 그 이유는 나는 박윤선 박사의 심부름으로 자주 명신홍 박사를 찾아갔기 때문이다. 알려진 대로 명신홍 박사님은 책에 대한 욕심이 많아서 당시에 희귀한 책을 많이 갖고 있는 장서가였다. 박윤선 박사는 항상 명 박사님의 책을 빌려 보곤 했다. 그는 화란어로 된 여러 주석들과 신학서적들을 모두 가지고 있었다. 나는 박윤선 박사의 심부름으로 명 박사님의 책을 빌리러 가기도 하고, 돌려주러 가기도 했다. 그러면서 명신홍 박사님의 사랑을 많이 받았다. 1971년에 내가 화란 암스텔담의 뿌라야 대학교로 유학을 떠나기로 결심하고 의논하러 갔더니, 명신홍 목사님은 오래전에 자신이 뿌라야 대학교에서 장학금을 받은 것이 있는데 그것을 정 목사에게 주고 싶다고 하면서 수북이 쌓인 서류뭉치를 다 뒤졌다. 그 일은 성사되지는 않았고 내 자력으로 장학금을 받았지만 명 박사님의 사랑을 결코 잊을 수가 없다.

1976년 내가 화란 유학에서 귀국하니 명 박사님은 일생동안 총신대학교와 총회를 위해서 생명 바쳐 일하시다가 1975년에 주님의 부르심을 받았다. 나는 명 박사님의 뒤를 이어 칼빈주의와 개혁주의 설교학을 가르치는 교수가 되었다. 그래서 나는 명신홍 박사님이 총신대학교를 위해 1964년 그 병든 몸을 가지고 미국 개혁파 교회 친구들과 성도들에게 총신대학교 본관을 짓다가 말았으니 도움이 필요하다고 영어로 설교하여 엄청난 돈을 모아 총신의 본관을 완성한 것을 잘 알고 있다. 그때는 대장암 수술을 받고 요양해야 함에도 불구하고 인조항문을 하고 필사의 노력으로 원조를 얻어내고, 그 돈이 아까워서 비행기를 타지 않고 미군 군용선을 타고 태평양을 건너 인천에 도착하신 명신홍 박사님의 총신사랑을 나는 결코 잊을 수 없다.

정통 칼빈주의 신학자, 대설교가, 행정가, 국제맨으로서 총신대학교와 총회를 지켜온 명신홍 박사는 오히려 박형룡 박사와 박윤선 박사의 그늘에 가려서 역사적으로 조명을 받지 못했다. 그러나 나는 박형룡, 박윤선, 명신홍 박사의 문하생이 된 것을 평생 자랑스럽게 생각해서, 그들에 관한 조그마한 책자를 낸적이 있다(부기: 사실 명신홍 박사님의 아호를 목은(牧恩)이라고 지은 것도 필자가 지은 것이다. 참으로 아이디어가 많은 김남식 박사는 총신의 사당동과 양지에 여러 건물이 있지만 본관이니, 별관이니 기숙사니라는 명칭보다 전임 학·총장의 아호를 기념관 이름으로 쓰자고 제안했다. 그러나 명신홍 목사님은 아호가 없었다. 사위인 이은태 박사가 어쩌면 좋으냐고 묻기에 내가 목사님의 전기문집을 만들었으니 그분의 삶을 볼 때 「牧恩」이라 하는 것이 좋겠다고 했더니 가족들이 매우 좋게 여겼다.).

명신홍 박사로부터 신학석사(Th. M)학위를
수여 받고 있는 필자

31. 바르다
Tj. Baarda

> Zeer geachte Dominee Chung,
>
> namens de NT vakgroep bericht ik U dat het ons goed toeleek om het volgende boek voor het bijvak Nieuwe Testament aan U voor te stellen:
>
> H.N.Ridderbos, The coming of the Kingdom, waarvan een exemplaar in de VU bibliotheek aanwezig is. Wanneer U het boek bestudeerd hebt, kunt U bij de Heer Baarda (kamer 14A33, telef.482629) een tentamen aanvragen.
>
> Met beste groet,

    1972년 10월 나는 화란 유학을 떠나기에 앞서 상도동에 계시던 은사인 박윤선 박사님께 하직 인사를 하러 갔다. 내가 뿌라야 대학교에 가서 신약학을 전공하려고 했을 때 목사님의 얼굴에는 근심이 가득했다. 그의 걱정은 이랬다. 지금 뿌라야 대학교에는 바르다(Tj Baarda)라는 젊은 교수가 들어왔는데 그 사람은 신약성경의 본문비평을 하는 사람이므로 영 마음이 내키지 않는다는 것이다. 그리고 신약학 선임 교수인 스키퍼(Schipper) 박사는 박 박사님이 겪어 보아서 아는데, 그는 전형적인 화란 사람으로서 동양사람에 대한 이해가 없고 학문적 콧대가 세어서 거기서 학위도 어렵거니와 고생을 할 것이라고 했다. 대문을 나서는 나에게 문밖까지 나오신 박 목사님의 말씀은 "정 목사 아무리 힘들고 어려워도 비굴하지는 말아라"고 하셨다. 이는 남의 나라에 가서 공부하다가 보면 자기도 모르게 비굴하기 쉽고 타협하기 쉬우니 신학과 신앙의 정조를 지키란 말로 이해되었다.

    박 목사님과 작별하고 나온 나는 마음이 너무 무거웠다. 그렇다면 내 전공을 바꾸어 버리면 되지 않을까라고 판단했다. 하기는 무슨 분야의 학문을 하던지 내가 이미 총신에서 공부했던 「신약성경 해석」이 기초가 됨으로 전공과목을 바꾸기로 하고 당장 학교로 전문을 보냈다. 나는 애초에 마음을 먹었던 신약신학을 포기하고 실천신학을 하겠다고 전보를 쳤다. 나는 총신대학교에서 Th.M 학위를 할 때 신약으로 박윤선 박사 주심에 간하배 박사 박형룡 박사 부심으로 「바울 신학에 나타난 하나님의 義개념-로마서 3:21-24의 해석학적 연구」를 쓰고 신학석사 학위를 받았다. 신약에 대한 아쉬움이 있었지만 박윤선 목사님의 걱정을 그대로 넘길 수는 없었다.

뿌라야 대학교에 도착해서 교과 과정을 다시 짜야 할 형편이었다. 그래서 교과 과정 담당인 꼬렌호프(Korenhof)씨가 와서 전공을 실천신학으로 한다면 부전공은 무엇으로 할 것인가라고 물었다. 나는 엉겁결에 그래도 신약학이 낫겠다고 생각해 신약이라고 했더니, 교수를 바르다 교수로 지정해 주었다. 마음이 덜컹했지만 일단 부딪쳐 보기로 했다.

바르다 교수는 듣던 것과는 달리 사람이 아주 젠틀했고 친절했다. 그가 나를 보더니 "도미네 정, 저의 책은 읽지 마세요 제가 쓴 책은 한국 교회에 아무런 도움이 되지 못합니다. 그 대신 헬만 리델보스 박사의 「왕국의 오심」이란 책을 드리겠습니다."라고 했다. 나는 바르다 교수의 그 신사적 배려, 한국 교회를 위해서 자기가 연구하는 본문비평적인 연구는 아무것에도 쓸데없으니 공관복음을 구속사적으로 연구한 리델보스의 책이 한국 교회에 유익할 것이라는 그 말을 평생 잊을 수가 없다. 드디어 3개월 후 구두시험(Tentamen)이 다가왔다. 나는 600여 페이지가 넘는 책을 독파했다. 사실 내가 한국에 있을 때 리델보스의 그 책을 대강 읽은적이 있기 때문에 낯설지 않았다. 학문에는 왕도가 없다지만, 마지막에는 미국의 N.B. Stonehouse박사, 영국의 F.F. Bruce 박사가 리델보스 박사의 「왕국의 오심」을 북 리뷰한 것을 다 조사하여 외우고 시험관인 바르다 박사 앞에 마주 앉아 60분동안 질의응답을 했는데 거뜬히 합격 할 수 있어서 기뻤다.

사실 바르다 교수는 아직도 구제도하에서 Drs로서 프로모치(박사 학위 변증)를 하지 않은 채로 교수 일을 하고 있었다. 나는 감사하게도 그가 대강당에서 프로모치 하는 것을 참관했다. 그는 마가복음의 해석에 있어서 콥틱어나 아카디아어 등 고대어를 자유자제로 연구했으므로 화란 내에서는 그를 지도할 사람도 평가할 사람도 없었다. 그래서 당대 영국의 최고의 신약학자인 마튜 블렉(Matthew Black)을 특별 초청했다. 뿌라야 대학교의 대 강단은 전국 각처에서 온 신학자들 그리고 기자단들이 진을 치고 있었다. 그날 신학박사 학위를 받은 바르다와 질문자들, 그리고 교수들의 날카로운 지적에 답하면서 공방이 이루어지는 중에 60분이 되자 "호라"(시간이요)하면서 마지막 판단을 기다리면서 숨을 죽이고 있다가 드디어 발표가 되고 신학박사 학위가 수여되었다.

나는 생각하기를 이것이 바로 학문의 메카다운 것이로구나 라고 생각했다. 비록 바르다의 신학 방법은 나와는 달랐지만 그의 신사적이고 따뜻한 배려는 그 후에도 계속되었다.

32. 프랭크 바커
Frank M. Barker Jr : 1932-

    1990년대초 나는 김은수 목사가 협동목사로 있는 미국 알라바마주 버밍햄(Birmingham)에 소재한 브라이우드 교회를 방문했다. 몇 일 동안 그 교회의 게스트 룸에 머물면서 담임목사인 프랭크 바커 목사의 초대를 받아 한식집에서 식사를 했다. 그는 나처럼 자그마한 키에 겸손한 목사였다. 대화를 이어가는 중에 그로부터 경건과 사랑의 향취를 느낄 수 있었다. 그 후 교회를 투어할 수 있는 기회가 있었는데 교회당을 한 바퀴 도는데 1마일이라고 했다. 본당에 들어서자 자칫 길을 잃기 쉬웠다. 평일인데도 방마다 각종 기도회, 성경공부, 그리고 그룹 활동이 이루어지고 있었다. 그런데 나중에 안 일이지만 이 교회는 주일 예배보다 평일에 더 많은 성도들이 모인다고 했다. 브라이우드 교회는 거의 모든 교회가 헌신된 사람이라고 할만큼 철저히 훈련된 사람들이었다. 이 교회 평신도들은 각자 자기의 일터에서 하나님께 영광을 돌리는 소명의 사람들이었다.

    그때 프랭크 바커 목사와 접촉을 통해 그 교회에서 우리 한국 칼빈주의 연구원에 평신도 선교사인 베리 모어헤드(Berry Morehead) 가족을 파송해서 2년간 함께 사역하였다. 그리고 부인 폴라와 두 아이들을 데리고 한국 칼빈주의 연구원 3층에 2년 동안 기거하면서 칼빈주의 사상을 배우고, 주변의 부인들을 모아 영어 성경 그룹을 만들었다. 그리고 주일에는 내가 사역하는 총신대학교회 영어 성경지도와 성가대를 도왔다. 그는 한국에 머무는 동안 한국 칼빈주의 연구원의 영문 잡지 「Calvinistic Viewpoints」를 내기도 했다. 후일 그와 가족들은 미국으로 가서 지금 은행에 간부로 일하고 있다. 이것 하나만 보아도 프랭크 박사가 시무하는 성도들의 영적 상태를 가늠할 수 있다.

이 일로 인해 프랭크 바커 박사가 한국에 올때는 반드시 한국 칼빈주의 연구원에 특강을 하기도 하고 주안에서 사귀게 되었다. 한번은 프랭크 바커 박사와 선교 담당 칠리 목사와 브라이우드 교회의 성도 일행들이 함께 와서 아름다운 교제를 나누기도 했다. 프랭크 바커 목사의 사모는 미국의 유명한 발레리나였다. 그래서 브라이우드 교회를 건축할 때 본당은 강단만 옮기면 바로 큰 무대가 되도록 꾸민 것을 보았다. 그리고 그 교회는 유치원, 초등학교, 중등학교, 고등학교, 신학교가 있는데 교회의 유급 직원만 120명이나 되는 대형 교회였다. 바커 목사의 사모가 유명 발레리나였음으로 거기서 많은 제자들이 양육되었다. 그래서 나는 그분들을 한국에 초청하기로 했다. 20명 정도의 단원을 초청해서 총신대학교 회당(구 강당)에 특설 무대를 꾸미고 발레를 통해서 어떻게 복음을 증거하는지를 보았다. 이 행사를 할 때 주변에서 이런저런 말도 있었지만 나는 강행했다. 그런데 그날 CTS가 와서 녹화를 했고 인근에서 많은 분들이 초청되어 왔다. 결과는 놀라운 것이었고 은혜가 넘쳐났다. 15세 정도의 소녀가 막간을 이용해서 간증하면서 "나는 발레를 통해서 하나님께 영광을 돌리는 소명을 받았습니다."라고 말했을 때 나와 모든 사람들이 전율을 느낄 정도로 강한 도전을 받았다. 그 후로도 나와 프랭크 바커 목사와의 관계는 계속되었다. 내가 대신대학교 총장으로 있을 때도 프랭크 바커 박사를 초청해서 특강을 가졌다. 그와 교제하는 중에 프랭크 바커 목사는 미국에서 가장 복음적이고 위대한 진실한 목회자요 성자라는 사실을 깨달았다. 물론 그는 버밍햄신학교 학장이요 학자이기는 하나 그는 설교자와 목회자로서 황무지를 일구어 위대한 사역을 한 미국의 전설적인 목회자이다

바커 목사는 미국의 보수주의 장로교회인 P.C.A교단의 설립자 중에 하나이자 그 교단에서 제임스 케네디 목사가 시무하는 교회 다음으로 큰 교회를 담임했다. 그는 미국 장로교회(P.C.A)의 아버지 중의 한분이다. 바커 목사는 미국의 C.C.C 창설자 빌 브라이트, 전도 폭발의 창시자 제임스 케네디와 더불어 미국의 남부에서 가장 영향력을 끼친 목사로 알려져 있다. 그는 28세의 나이로 허허 벌판에 교회를 개척해서 33년간 장년만 4000명이 넘는 대교회로 부흥시켰다. 미국 교회로는 수백 개의 셀 그룹이 모여서 새벽기도회를 하며 성경 공부를 하는 유일한 교회이다. 청년 시절 바커는 육신의 욕망과 쾌락과 모험심으로 살았으나 예수 그리스도의 은총의 포로가 된 후에 그는 완전히 변화되었고, 하나님은 그를 도구로 사용하셔서 온유와 겸손을 무기삼아 구령사업에만 평생을 바치게 했다. 나는 몇 년 전 그 교회에 다시 가서 선교위원회 모임에 참석했다. 그런데 그들은 전 세계에 흩어진 선교사들을 위해서 모두가 의자에 내려와서 무릎을 꿇고 하나님께 간절히 기도했다. 나도 함께 따라 하기는 했지만, 그들의 모습을 보고 부끄러워 얼굴을 들 수 없었다.

C.C.C총재인 빌브라이트 박사는 프랭크 바커 목사에 대해서 다음과 같이 말했다. "나는 지난 30년간 프랭크 바커 목사를 지켜보았는데 그는 미국 교회사에 있어서 가장 탁월한 목사 가운데 한분이라고 생각한다.

자신이 개척한 버밍햄에 소재한 브라이우드 장로교회를 섬기면서 그의 사역은 세계 곳곳에 영향을 끼쳤다"라고 했다. 또한 전 리폼드 신학교 학장인 루더 위트락 박사는 말하기를 "20세기의 위대한 미국 목사들 중의 한 사람인 프랭크 바커 박사의 극적인 중생체험과 사심 없는 봉사는 수많은 영혼을 구원하였고, 세계 선교에 뚜렷한 족적을 남기는 괄목할 만한 사역을 성취했다. 만약 나에게 모델적인 목사 한분을 선택하라고 한다면 프랭크 바커 목사가 될 것이다"라고 회상했다. 오랫동안 나는 프랭크 바커 목사를 알게 된 것은 커다란 은혜와 축복으로 생각한다. 그는 세계 여러 나라에 선교대회, 신학교, 목회자 훈련 프로그램, 전도 집회의 주강사로 일했다.

프랭크 바커 박사는 1932년 알라바마주 버밍햄에서 출생했고, 어빙대학교에서 B.S학위를, 콜럼비아신학교에서 B.A와 M.Div학위를 받았고 리폼드신학교에서 D.Min학위를 수득했다. 그는 33년 동안 브라이우드 교회를 개척 시무하다가 원로 목사가 되었으며, 미국 장로교회(P.C.A) 창립 멤버였고 총회장을 역임했다. 또한 그는 버밍햄 신학교 학장과 구약학 교수를 역임했고, 국제교회 활성화 선교회(C.R.I) 명예회장을 지냈다. 그의 저서로는 주로 모든 성경의 강해 설교집이 대부분이다. 또한 대표적 저서로는 「산 소망」 등이 있다.

33. 정암 박윤선

正岩 朴允善 Y.S Park :
1905-1988

    1961년 내가 총신대학교에 입학하게 됐다는 소식을 들은 우리교회 서복조 집사님이 내게 다음과 같은 조언을 했다. 그분은 말하기를 "정 선생! 앞으로 서울에 올라가면 반드시 박윤선 목사님을 만나세요. 박윤선 목사님의 신앙의 지도를 받으면 정 선생의 생애는 놀랍게 변화될 것입니다"라고 했다. 그때는 무슨 말인지는 잘 몰랐지만 서 집사님의 말만 믿고 나는 서울로 올라 오자마자 박윤선 목사님을 만나기로 했다. 내가 출석하고 있었던 포항 대흥교회는 고신측 교회로서 내가 주일학교 2학년 때부터 다니던 교회다. 나는 이 교회에서 학습과 세례를 받고 학생회 회장과 주일학교 교사를 하면서 성장했다. 나는 고려파교회 특유의 보수적이고 칼빈주의적인 세계관의 분위기에 젖어 있었을 뿐 아니라 어린 시절부터 목사가 되기로 헌신했다. 그래서 교회에서는 나를 그냥 작은 목사라고 부르기도 했다. 그래서인가 학생시절부터 한상동, 한명동, 한부선 목사님의 설교를 들을 기회가 많았고, 박윤선 목사님에 대해서도 익히 이름은 알고 있었다. 물론 내가 총신에 오게 된 것은 1961년에 고신측과 합동측이 합동이 되었기에 다른 선택의 여지가 없었다.

1962년 2월말 총신대학교에 입학하는 첫 주간 나는 서복조 집사님이 일러준 대로 서대문 월남 대사관 옆에 있는 가건물인 동산교회를 찾았다. 박윤선 목사님이 고려신학교 교장으로서 한부선 목사님의 귀국 환송예배를 주일날 가서 인도했다는 죄명으로 치리되고 모든 공직에서 물러났다. 박 목사님은 정치적 희생양이 되어 고통을 받으면서도 부산 금정산에 올라가 기도만 했다. 하나님은 기도하는 박 목사님을 그냥 두지 않았다. 때마침 새문안 교회에서 에큐메니칼 운동을 반대하는 움직임이 일어났다. 순수한 복음적 신앙을 지키려는 고응진, 김지호, 김익보 장로 등이 중심이 되어 또 하나의 교회를 세우고자 했다. 그때 고응진 장로부인 이능전 권사(당시는 집사)가 금정산에 기도하고 있는 박윤선 목사님을 모시고 와서 개척을 하자고 했다. 그래서 동산교회가 시작되었다.

   내가 동산교회를 갔을 때는 개척 후에 그리 오래지 않았지만 교회가 점차 부흥하고 있었다. 부속 건물이라고는 아무것도 없고 150여명 정도의 수용공간과 아주 조그마한 사무실이 전부였다. 당시 박윤선 목사님은 50대 중반이 못되었다. 그 당시 목사님은 성경주석 쓰시는 일과 주일 낮, 주일 밤, 수요일 저녁 세 번 설교하는 것 외에는 교회의 모든 행정은 고응보 목사님이 책임을 지고 목회를 했다.

   나는 얼마 후 동산교회 교육전도사가 되어 유초등부 전도사와 중고등부 전도사를 겸하여 섬겼다. 나는 중고등부 전도사이면서 한반을 맡아 주일공과를 가르쳤다. 그반에는 박윤선 목사님의 아들 다니엘이 있었는데, 중학교 1학년으로 보통 개구쟁이가 아니었다. 다니엘은 똑똑하고 영리했으나 산만했다. 박 목사님은 아들 다니엘의 팔을 양손으로 움켜쥐고 꼼짝못하게 하고 성경을 배우도록 했다. 그러나 소용없는 일이었다. 나는 그해 겨울 중고등부 학생을 데리고 부산의 부전교회 S.F.C 전국대회에 참석했다. 그때 다니엘이 갑자기 사라지고 없어졌다. 나는 당황해서 교회당 주변을 샅샅이 뒤져보니 만화가게에 가 있었다. 그래서 성경 공부시간에 데려다 놓았더니, 다니엘은 깜짝 놀랄 질문을 했다. 다니엘은 아버지 박윤선 목사님으로부터 들은 이야기가 있는지라 그 담당자 앞에서 말하기를 구약성경에서 하나님의 언약은 어떻게 이루어져갔는가 라고 했다. 중학교 일학년 학생의 입에서 갑자기 난해한 질문이 나오자 그 선생은 쩔쩔매고 있었다.

어쨌든 박윤선 목사님은 나의 은사요 나의 목사님이었지만 또한 나는 박윤선 목사님의 아들 다니엘의 선생이기도 했다. 한번은 박윤선 목사님은 나를 부르더니 "정조사! 어린 아이들에게는 어린이 찬송만 가르칠 것이 아니라 장년 찬송가를 많이 가르치라우, 그래야 장성한 후에 신앙을 잘 유지하며 낙심했을 때 믿음을 회복할 수 있어요"라고 했다. 나는 지금도 그 말씀을 오랫동안 잊지 않고 있다.

내가 박윤선 목사님을 모시고 있을 때, 예배 시작 전에 손목시계를 풀어서 꼭 내게 시간을 맞추어 달라고 하셨다. 박 목사님은 그때 50대였지만, 오직 성경주석 쓰시는 일에 정신을 집중하셨기에 다른 세상의 일상적인 일은 잘 처리할 수 없었다. 우산도 가지고 와서는 어디에 두신지도 모르고, 모자도 어느 것이 앞인지 뒤인지 구별을 안 하시고 그냥 머리에 얹는 수준이었다. 누가 옆에서 챙겨주지 않으면 물건을 어디두었는지도 모르는 건망중이 많은 어른이었다. 목사님의 댁이 북아현동이었을 때, 교통이라고는 미군 지프 자동차 엔진에다 드럼통을 두들겨 만든 승합차가 전부였다. 하지만 박 목사님은 그것을 타고 용산에 있는 작은 건물의 총신까지 왕래하셨다. 그러나 박 목사님은 차중에서도 계속 기도하고 말씀을 묵상하시고 성경 주석을 구상하다가 이사야 주석 원고가 든 가방을 통째로 두고 내려 버렸다. 얼마나 고통스럽고 힘들게 쓰신 원고인데 가방채로 다 잃어버렸으니 참으로 난감했다. 그러나 박 목사님은 그것을 놓고 기도하셨다. 마침 그 가방 안에 성경 찬송이 들어있었는데 그 안에 박 목사님에게 보내온 편지 봉투가 하나 있었다. 그래서 그 버스 회사에서 박 목사님의 주소를 발견하고 원고를 우편으로 보내주어서 다시 원고를 되찾게 되었다. 그때 박 목사님은 잃은 양을 다시 찾은 듯이 기뻐하셨다.

박 목사님과 건망증과 얽힌 이야기는 여러 번 있다. 한번은 예배 후에 박 목사님은 나를 불렀다. "정 조사! 대구 제일교회 목사 이름을 아는가"라고 했다. 그래서 내가 하는 말이 "예 이상근 목사님이 아니십니까?"라고 했더니 "알겠다"고 했다. 알고 봤더니 박 목사님의 사돈 이상근 목사님의 이름을 잊어버렸는데, 한 가지 아는 것은 사돈 이상근 목사님과 대구 제일교회 목사님의 이름이 꼭 같다는 것이다. 그래서 물어본 것이었다고 한다. 박 목사님은 자기와 함께 평생 같이 일한 고려신학교 교수요 사돈인 이상근 목사님의 이름까지 잊어버리신 분이다.

나는 박윤선 목사님의 사랑을 받아 자주 겸상을 할 기회가 있었다. 박 목사님은 식사 중에도 성경을 묵상하고 성경 주석을 계속 구상하고 있었다. 앞에 사람이 있는지 옆에서 사람이 밥을 먹는지 개의치 않고 혼자 중얼거리며 기도하고 묵상한다. 그러니 밥만 계속 드시든지 아니면 김치만 계속 드시든지 했다. 식사 때도 사모님의 지시와 지적이 없으면 제대로 식사를 하지 못했다. 박 목사님은 내가 동산교회 전도사였지만 동시에 목사님의 심부름을 전담하는 일꾼처럼 여기셨다. 박 목사님이 시키는 일이라면 무엇이던지 나는 순종했다. 강의할 때 강의를 필기해서 정리해주면 그것을 주석 보완작업에 넣기도 했다. 또한 나는 화란어 교정을 맡아서 박 목사님을 돕기도 했다. 그래서 나의 결혼식에 박 목사님이 주례를 서주셨다. 그리고 나는 결혼식에도 박 목사님이 사주신 구두를 신고 예식장에 들어갔다.

　나는 박 목사님의 추천으로 화란 뿌라야 대학교로 유학을 떠났다. 대문 밖까지 나와 눈물을 머금고 "정 목사 절대 비굴하지 말아라, 가난하면 비굴하기 쉽다"고 했다. "어려운 일이 있으면 내 친구 블라우(Blauw) 박사에게 찾아가보라"고 했다. 그러면서 블라우 박사에게 추천의 편지를 써주었다. 그 후 내가 화란 유학을 떠나자 박 목사님도 주석을 위해서 미국 L.A에 잠시 머물고 계셨다. 박 목사님은 내게 끊임없이 편지를 보내어 화란어 주석 참고서를 찾아서 보내라고 했다. 나는 열일을 제쳐놓고 목사님의 말씀에 순종했다. 박 목사님이 그때 내게 보낸 편지만 해도 40통이 넘는다. 이 40여 통의 편지는 지금 한국 칼빈주의 연구원 칼빈박물관에 전시되어 있다. 내가 공부를 거의 마칠 즈음에 박 목사님은 다음과 같은 편지를 보내주셨다. "정 목사님! 지금은 학문을 해도 영적으로 살아있어야 합니다. 어서 공부하고 와서 내가 하던 과목을 맡아 주십시요"라고 했다. 나는 박 목사님의 과목의 바톤을 이어받지 못했지만 21세 때부터 박윤선 목사님의 신학과 신앙 그리고 삶을 본받아 왔기에 그의 칼빈주의 사상은 그대로 받았다.

　참으로 애석하게도 내가 총신대학교의 학장이 되고 박 목사님이 대학원장이던 때, 학교가 나누어져서 박 목사님은 합동신학교로 떠났다. 그러나 우리는 서로 나누어지지는 않았다. 나는 박 목사님이 임종하던 그 전해까지 결혼기념일 때는 꼭 우리집에 모셔다가 식사를 대접하곤 했다. 세상 뜨기 전해인 11월 25일 우리 집에서 저녁을 함께하고 축복을 받았다. 나는 목사님께 지필묵을 준비하고 제게 남길 말씀이 없읍니까라고 물었다. 나는 무엇을 예견했는지 목사님이 살아 생전에 그의 마지막 글을 받고 싶었다. 그때 목사님은 "祈禱一貫 기도일관"이란 문구를 써 주셨다. 박 목사님의 삶은 기도의 삶이었다. 그는 밤이 새도록 기도하시고 뜨겁게 부르짖으며 기도하셨다. 박 목사님은 내게 일생동안 기도로 일관하라고 하시면서, 기도하면 나보다 더 큰일 할 수 있다고 하였다. 그러나 나는 아직도 박 목사님이 유언으로 남기신 기도일관의 삶을 살지 못한 것을 늘 부끄럽게 생각하고 있다.

박 목사님이 병들어서 임종이 곧 가까워오는 시간에 박 목사님은 내 손을 힘 있게 잡고 기도해 주셨다. "하나님이여 우리 정 목사를 힘 있게 붙드시고 앞으로 한국 교회를 위해 더 큰 일을 하도록 은혜를 주시옵소서, 믿음의 장부되고 하시고 바른 신학 바른 신앙을 지키게 하옵소서, 자녀들을 축복하시고 자자손손 복을 받게 하옵소서"라고 기도해주었다.

나는 반세기가 지난 지금도 1960년대 초 박 목사님의 그 힘 있고 능력 있는 이사야, 예레미아, 요한복음 등을 강해하실 때 그 감동을 잊을 수가 없다. 나는 그때 마치 세례요한, 이사야, 예레미아가 다시 나타난 듯한 착각을 할 정도였다. 위대한 칼빈주의 신학자요 신앙가요 설교가이고 주석가이신 박 목사님을 30년을 가장 가까이 모시게 된 것은 큰 축복이었다. 내가 지난 40년간 교수 생활을 하고 칼빈주의 운동을 한 것도 따지고 보면 박 목사님의 후광 때문이었다. 한국 교회에서 신학을 논하려 한다든지, 칼빈주의 사상을 말하려고 할 때 박윤선 박사를 제외하고 언급할 수 없다. 더구나 그의 진실한 하나님 중심의 삶과 뜨거운 진리에의 열정 그리고 그의 겸손과 깊은 감화력은 그 누구도 흉내조차 낼 수 없었다.

박 목사님의 일생은 한국 교회의 축소판인 동시에 한국 교회의 개혁주의 신학의 축소판이며 신학의 역사라고 할 수 있다. 노진현 목사님의 말처럼, 칼빈을 주석의 왕이라고 표현한다면 박윤선 목사는 칼빈 이후 한국이 낳은 성경주석의 왕이요 세계에서 신구약 66권의 주석을 완벽하게 주석한 유일한 분이라고 할 수 있다. 그의 주석은 기도로 쓰여졌고, 그의 설교도 말씀과 기도가 어우러진 대 합창이었다. 박윤선 목사님의 장례식 날 필자가 쓴 시 한수를 여기 싣는다.

고 박윤선 박사님을 愛慕함

철산에 솟은 태양 오산에서 빛나더니
신성한 숭실전문 기도제단 불사르고
술막골 평양신학 한권의 사람 되더니만
진리따라 반세기 한국의 일곱별 되고
그 별 홀로 지시니 어두움이여! 적막이여!

오가황, 경화동, 동산, 한성
어지신 목자되어 양떼를 품으시고
땀방울이 피되어 가삼에 적시옵고
눈물이 비되어 마른땅에 샘이어라

무릎으로 쓰신 주석 울부짖어 폐매시고
코람데오 코람데오 아바지께 영광찬송
말씀만 붙드시니 속사람은 천국이나
저러히도 홀로걷는 사람이었어라

선지학교 선지생 반세기의 열정 강의
바른바위 속에서 샘물이 터지고
오직말씀 오직 믿음 가슴마다 불지르고
바른진리 칼빈주의 정통신앙 진리운동
한세기의 한국 교회 반석 위에 세우시다.

경건이 날줄되고 학문이 씨줄되니
사랑으로 노래하고 겸손으로 덕을 쌓아
가슴에서 가슴으로 뜨겁게 달구어도
순진한 아해마냥 해맑은 미소이고
저토록 선한목자 어디서 찾아볼고
이기고 이기고 또이긴 사람이여
두고가신 말씀들은 육비에 새겨두고
가라치신 교훈들은 옥토에 뿌려두어
삼십육십 백배하며 꽃피우고 열매맺어
하나님께 영광찬송 뜨겁게 드리오리

1988년 7월 2일
사랑하는 박 목사님을 보내면서 제자 정성구

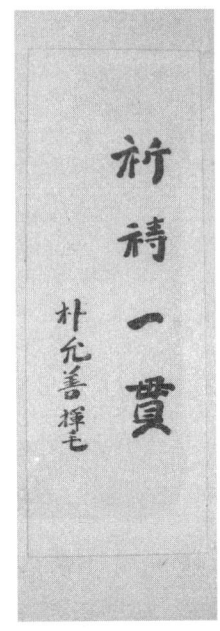

34. 죽산 박형룡

竹山 朴亨龍 : 1897-1978

나는 박형룡 박사 아래서 학부와 신학대학원과 대학원까지 장장 7년 동안 나는 그의 학문과 신앙과 덕을 배웠다. 박형룡 박사는 위대한 보수주의 학자이면서 대 칼빈주의 학자였다. 나는 20대 초반에 박형룡 박사의 문하생이 되어 그의 임종과 장례식까지 그 어른을 지켜보았다. 박형룡 박사는 박윤선 박사의 뜨거운 열정과는 대조적으로 참으로 조용한 성자형이며 그의 삶 자체가 경건의 모델이었다. 설교나 강의에는 높낮이가 거의 없으며, 잘 준비된 원고를 그냥 읽어 가는 수준이었다. 특히 강조될 부분이 있으면, 몸을 약간 앞으로 꾸부리는 수준이었고, 설교의 클라이막스에는 양팔을 수평으로 올리는 정도가 고작이었다. 그러다가 영적으로 뜨거움이 있을 때는 잠시 감정을 억제하면서 침묵을 하곤 했다. 박형룡 박사가 침묵할 때는 성령의 충만으로 가슴이 뜨거울 때였다. 그는 일생동안 아무리 작은 집회의 설교나 강의에도 반드시 위에서 아래로 쓰는 양면 괘지에 정갈하고 아름다운 명필로 완전원고를 만들어서 설교했다. 참으로 학자다운 기품이 넘쳤다. 그런데 그러한 글들이 모아져서 논문이 되고 설교가 되고 책이 되어 나왔다. 그리고 후일 그 원고에 더 보삽할 것이 있던지 참고서적을 읽는 중에 새로운 것이 발견되면 보완할 내용을 정갈하게 써서 마치 아카디온을 연상 하듯이 계속 증보해 나갔다.

나는 키도 작은 탓도 있지만 신학교에 다닐 때는 꼭 앞자리에 앉아서 교수들의 강의를 경청했다. 그리고 곧잘 질문도 하곤 했다. 한번은 나는 박형룡 박사의 강의가 마칠 때쯤 질문을 던졌다. 박형룡 박사는 학생들의 질문을 거의 받지 않았다. 질문하면, "다음 단으로 넘어갑니다"라던지 "차차 배우게 될 것입니다" 정도로 답하고 그냥 넘어갔다. 그런데 내 질문의 내용은 "그런 논리를 밝혀주는 학자들은 어떤 사람들이 있습니까"라는 것이었는데, 다음 단으로 넘어가자고 할 수도 없고, 차차 배우게 될 것이라는 말을 할 수도 없었다. 그럭저럭 시간이 지나고 나도 그때 한 질문의 내용에 관해서 잊어버렸다. 그런데 그로부터 몇 개월이 지난 후에 나는 노량진에 있던 박형룡 박사님 댁을 방문하게 되었다. 그런데 박 박사님은 그의 서제에 나를 안내하고는 흰 봉투를 하나 주셨다. 나는 무슨 영문인지 몰라 "박사님! 무엇입니까"라고 물었더니 3개월 전에 정 전도사가 질문했던 학자들의 이름과 저서들을 발견했다면서 정갈하게 써 주셨다. 나는 지금도 박형룡 박사의 신학자로서의 기풍과 섬세함을 잊을 수가 없다. 수업시간에 한 학생의 질문에 그렇게 성실히 자료를 찾아 주신 것이다. 나도 세월이 흘러 40년 이상 교수 노릇을 했지만 아직도 은사의 학문과 인격과 덕에 미치지 못함을 늘 부끄럽게 생각하고 있다.

박형룡 박사는 채플 시간에도 나에게 대표기도를 가끔 시켰다. 아마도 박 박사님의 기억에 늘 남아있는 학생이었던 것 같다. 그리고 대학원(Th. M)시절에는 내 논문의 부심으로 알뜰한 지도를 아끼지 않았다. 그리고 1968년 나에게는 해결해야 할 일생의 중요한 일이 세 가지 있었다. 즉 목사안수 받는 것과, 결혼하는 것, 그리고 석사학위논문을 쓰고 석사학위(Th. M)를 받는 것이었다. 그런데 나는 성격이 좀 특별해서, 다른 사람이 아는 것처럼 얌전하듯 보이지만 굉장히 저돌적이고 한번 마음 먹으면 기어이 뜻을 이루기 위해서 전부를 거는 승부근성을 지니고 있다. 다시 말하면 나는 보통 세 가지 네 가지를 한꺼번에 해치운다. 어떤 이들은 한 가지도 힘드는데 어떻게 한꺼번에 둘 셋을 그렇게 신속하게 처리하느냐라는 사람도 있다. 사실 일생에 가장 중요한 것은 결혼이고, 그보다 더 중요한 것은 목사 안수 받는 것이요, 현실적으로 발 앞에 떨어진 것은 신학석사 학위를 받는 것도 중요했다. 그런데 나는 인생일대의 가장 중요한 세 가지를 한 주일 단위로 다 처리했다. 일주일에 하나씩 해결해 나갔다. 결혼하고 목사 되고 학위 받고 한 것이 참으로 숨 가쁜 것이었다. 그때 박형룡 박사는 내게 말하기를 "열매가 주룽 주룽하외다. 축하하외다" 했다. 나는 그 말씀을 지금까지 잊지 않고 있다. 사실 내가 총신대학교에 강사로 시작하게 된 것은 당시 대학원장으로 계시던 박형룡 박사의 도움이 컸다. 1967년 2월 「화란어 문법의 연구」란 책을 내고 박 박사님께 드렸더니 "이제는 가르치시오"라고 했다. 그 후에 나는 헬라어와 화란어를 가르치는 강사로 시작해서 오늘까지 이르게 되었다.

나는 박 박사님의 사랑을 잊지 못했다. 그래서 박 박사님이 다시 봉천동으로 이사 왔을 때도 자주 찾아뵈었다. 그때는 이미 연로해서 모든 것을 다 그만 두고 고요히 쉬는 때였다. 그러나 나는 한번 스승은 영원한 스승이므로 자주 집으로 찾아뵈었다. 1978년 10월 25일 박 박사님은 고요히 주무시다가 주님의 부르심을 받았다. 빈소에 도착해서 여러 일을 돕고 있는데 상주인 박아론 박사는 지방에 강의 갔다가 오후에야 도착했다. 나는 장례위원으로서 장례식, 하관식까지 참여했다.

그로부터 3년 후인 1981년에 박형룡 박사의 전집 20권이 출판되었다. 당시 정문호 목사님과 임승원 목사님의 숨은 공이 컸다. 박 박사님의 전집 광고에 추천사로는 그 당시에 총신대학교의 학장인 나와, 고신대학교 학장 오병세 박사, 감리교 신학대학교 윤성범 박사, 장로회신학대학교 이종성 박사, 전 서울신학대학교장 조종남 박사가 추천했다. 그때 나는 추천자로서 다음과 같이 썼다.

"한국 교회의 교부이시고 정통신학의 기수이신 박형룡 박사의 저작 전집 20권이 완간된 것은 기쁜 일이 아닐 수 없다. 박 박사는 신학을 위해서 이 세상에 오셨다가 신학으로 세상을 마치신 어른이다. 나는 학문은 그 사람의 인격과 분리될 수 없다고 생각한다. 그런데 박 박사께서 그야말로 신학과 신앙, 학문과 경건의 조화를 이루었던 어른이시다. 나는 박 박사의 문하에서 7년간 공부하는 중에 그의 학문과 인격에 많은 감화를 받았다. 그는 진실한 신학자이며 늘 잔잔한 미소를 잃지 않는 선한 목자이며, 위대한 감화력을 가진 설교자이며, 누구도 범접할 수 없는 고결한 인격의 사람이었다. 그의 신학은 언제나 역사적 칼빈주의 신학과 신앙위에 굳게 서 있었다. 그의 신학 방법은 언제나 무오의 하나님의 말씀에 기초하고, 역사적으로는 어거스틴, 칼빈, 카이퍼, 바빙크, 핫지, 월필드 등의 개혁주의 노선을 따르고 있다. 그러므로 평소 박 박사님의 말씀과 같이 그는 역사적 정통 보수 신학을 한국 교회 소개하고 지켜 나아가는 것을 그의 필생의 사업으로 생각하셨다. 1935년 박 박사의 걸작인 「신학난제선평」이 출판 되었을 때 마포삼열 박사는 말하기를 '조선 예수교 장로회 신학교 교수 박형룡 박사는 본서로서 교회일반과 특히 목사 선생 재위에게 위대한 봉사를 하시는 것이다'라고 평했다. 이제 50년이 지난 오늘 박 박사님의 저작전집이 한국 교회와 후학들에게 위대한 봉사가 되기를 소원하는 바이다."

1981년 총신대학교 학장 정성구 박사

위의 추천서에서 언급된 바와 같이 나는 박 박사님에 대한 거의 모든 것을 핵심적으로 지적했다. 박 박사님이 돌아가신 후에는 1년에 한 번씩은 꼭 사모님을 찾아뵈었다. 나는 그것이 제자의 도리라고 생각했다. 그래서인가 사모님이 세상 뜨시고 얼마 후 박형룡 박사의 아들 모세가 세상을 떠나자 내가 장례식을 인도했다.

나는 박형룡 박사에 대한 바른 평가를 하기 위해서 1987년부터 그에 관한 자료를 모으기 시작했다. 작은 책이라도 내고 싶었기 때문이다. 그래서 쓴 것이 1989년에 총신대학교 출판부에서 나온 「총신의 맥과 뿌리-총신과 박형룡」이란 170페이지의 책을 내었다. 그 과정에서 나는 박 박사님께 대한 여러 자료를 찾는 중에 1988년으로 생각되는데, 김정걸 집사에게 묻기를 "혹시 박형룡 박사에 대한 무슨 자료가 없을까요"했다. 그때 김정걸 집사는 박형룡 박사님의 남은 책들과 유품은 모두 박아론 박사께서 가져갔고, 이것은 쓰레기로 버린 것인데 혹시 이런 것도 도움이 될런지 모르겠다고 했다. 사과 박스 한 상자 분량이었다. 그리고 그것은 한갓 쓰레기처럼 보였다. 그러나 나는 잘 알고 있었다. 그것은 박 박사님께서 만주 봉천(지금의 심양)신학교 교수 시절(1940년)에 작성하고 장신과 총신에서 가르치시던 육필로 된 조직신학 교안이었다. 박형룡 박사의 육필원고가 하마터면 쓰레기 소각장으로 갈뻔했지만 나는 그것을 소중히 간직하게 되었다. 박 박사의 손때 묻은 개혁신학의 원형을 가지고 있는 것은 내가 그에게서 7년을 배웠기 때문이다.

그리고 또 한 가지 잊지 못할 사건은 내가 세계 장로교회 선교사 신내리 목사님 집에 출입할 때였다. 그는 1960년대부터 박형룡 박사의 육성이 녹음된 교의신학 강의를 모두 가지고 있었다. 나는 그에게 부탁해서 비싼 값을 주고 구입했다. 그러므로 한국 칼빈연구원과 박물관에는 한국의 개혁주의 신학의 산파역을 했던 박형룡 박사의 원자료가 있는 셈이다.

내가 이런 부족한 글이나마 남기려는 것은 한국 보수주의 신학의 원조, 즉 칼빈주의 신학의 원조의 흐름이 어떻게 해서 여기까지 왔는가를 밝히기 위함이다. 일생동안 하나님께 감사하고 또 감사한 것이 있다면 그것은 이처럼 위대한 주의 종 박형룡 박사의 문하생이 되어 감히 그의 그림자라도 따라가 보려고 노력해온 점이다.

나는 박형룡 박사가 서거하던 날 다음과 같은 시를 써서 총신대보에 게제했다. 그것은 스승에 대한 사랑의 시였다. 그 내용은 다음과 같다.

큰 스승 박형룡 박사를 애도하면서

"가시고 난 후에사
 못나서 못난 제자들이
 이러히도 虛虛한 뜨락에 모였습니다.

校庭의 뒷동산에 불타는 丹楓은
主를 사랑하는 님의 忠節이
저러히도 붉게 불들게 했습니까?
돌아선 바위는
八旬을 眞理守護에 바친
님의 情熱이 속으로 굳어버린 것입니까?

아가페는
모두의 가삼마다에 심어두고
님은 저만치 가서 아브라함의 품에 안기고…

그 손길,
그 눈빛,
어머님 품처럼 따스하더니만…
하여서,

이 空虛는 메울 길 없습니다.

크고도 크신 스승님.
잔잔한 가라치심.
애절한 십자가의 證據들
두고 가신 따사한 말쌈들은
아린 가삼들에 밀물처럼 지미어 오고…

苦難의 半世紀
에클레시아의 아픔을 일흔 번에 일곱을 더 참으시더니.
못나서 못난 제자들로 인하여
벧엘의 이끼 낀 돌 사이로
목자의 땀방울이 촉촉이 베어들면

그 제사
열린 하늘을 향하여
목놓아 울었겠지요
歷史의 오메가는 主님의 것
그날을 기다리는 강단에 서서
오늘의 디모데가 되어야 할텐데…

「총신대보 1978년 10월 25일」

35. B.J. 반델 발트

Barend Johannes Van der Walt :
1939-

한국 사람으로서 남아프리카 공화국(남아공)이라고 하면 최근 아프리카에서 최초로 월드컵을 주최한 나라로 강한 인상을 갖고 있다. 또 다른 인상은 인종차별 정책(Apartheid)을 썼던 나라로서, 인권 투쟁을 위해서 오랜 세월 동안 감옥에 있다가 출옥해서 위대한 대통령이 된 만델라를 떠올릴 것이다. 그런가 하면 남아공은 화란의 개혁주의 신학과 철학이 가장 큰 영향을 끼친 나라이다. 그보다 차라리 남아공은 화란의 개혁주의 신학과 철학을 그대로 복사했다고도 볼 수 있다. 남아프리카 공화국에 화란 사람들이 가서 정치, 경제, 문화, 교육 전반을 지배했기 때문에 그들의 언어인 아프리칸스는 화란어 방언과 유사하다. 그래서 아프리칸스로 이야기를 해도 화란 사람이 알아듣고, 화란어로 해도 남아공 사람들은 잘 알아듣는다.

나는 화란 유학중에 남아공 친구들이 가장 많았다. 그중에서도 마타보케 목사는 40년이 지났어도 여전히 기억하고 있다. 피차 기도하고 서로 다투기도 했던 흑인 목사였다. 그런데 내가 화란 유학중 또 그 후에 국제회의에서 가장 많이 교제하고 서로가 서신 연락을 자주한 분은 반델 발트 교수였다. 우리는 그를 부를 때 그냥 "베니"라고 불렀다. 그는 백인과 흑인사이 혼혈족인 듯했다. 중간 정도의 키에 얼굴은 붉고 머리는 곱슬머리였고 우리와 잘 어울렸다. 그는 국제 개혁주의 신행협회나 기독교 철학회에 남아공 대표로 자주 나왔고 여러 가지 깊은 대화를 나누었다. 그는 남아공을 대표하는 칼빈주의 철학자요 칼빈연구가로서 당시 포체스트롬 대학교 부설 "종교개혁 연구원"(The Institute for Reformational Studies)의 원장이었다. 한번은 나와 반델 발트는 단단히 약속을 했다. 내가 운영하는 한국 칼빈주의 연구원과 포체스트롬 대학교 부설 "종교개혁 연구원"의 자매결연을 추진하자고 서로 약속을 했다.

그 후 반델 발트 교수는 계속해서 크고 작은 팜플렛과 책들을 부지런히 보내주었다. 책으로서의 인쇄는 그리 깔끔하지는 않았지만 내용면에서나 무게에 있어서는 상당했고 학문 활동이 매우 활발했다. 나도 반델 발트 교수에게 "칼빈전시 자료"와 "아브라함 카이퍼 자료전시회" 그리고 한때 우리 칼빈주의 연구원에서 나온 「Calvinistic Viewpoint」를 네 차례 보내주었다. 자매기관으로서 사명을 다하고자 함이었다. 사실 미국의 헨리미터센터, 남아공의 종교개혁 연구원, 한국 칼빈주의 연구원은 세계 3대 칼빈주의 연구기관으로 널리 알려져 있다. 또 세계 3대 기독교 철학자를 언급하라면 화란의 도예베르트 박사와 볼렌호번 박사, 그리고 남아공화국의 스토커 박사(Dr. H. G. Stoker)라고 할 수 있다. 아무래도 반델 발트 박사는 스토커의 영향을 많이 받은 것 같다. 사실 스토커는 한국 사람들에게는 생소하지만 구미에서는 잘 알려진 위대한 학자였다. 그는 위대한 칼빈주의 철학자이며 신학자였다. 반델 발트 교수는 스토커 박사의 제자였다.

반델 발트는 1939년 포체스트롬에서 출생했고 포체스트롬대학교에서 신학과 철학을 아울러 공부했다. 이 대학교는 화란의 뿌라야 대학교와 자매학교로서 아브라함 카이퍼의 사상과 삶을 본받고 삶의 모든 영역에 하나님의 주권을 인정하여, 어떤 학문을 하든지 칼빈주의적 세계관에 기초해서 학문을 발전시키고 있다. 그래서 반델 발트는 다시 화란 암스텔담의 뿌라야 대학교로 가서 철학을 더욱 깊이 연구했다. 1970년 이후 그는 포트헤어대학교에서 전임 강사로 일하다가 1974년에 기독교 고등 교육을 위한 포체스트롬대학교의 종교개혁 연구소 소장으로 임명되었다. 그런후 1980년에 같은 대학의 기독교 철학 교수가 되었다. 그는 연구소에 출판되는 모든 소책자의 저자이거나 편집자가 되었고 남아공을 비롯한 해외의 많은 잡지에 기고를 했다.

저서로는 「심장박동: 기독교 신학과 철학의 유산의 맥을 잡아라」(1978), (1982), 「노욘에서 제네바 까지: 요한 칼빈(1509-1564)의 순례자의 걸음」(1979), 「16세기 종교개혁에 대한 현대적 연구」(1979), 「종교개혁의 해부」(1981), 「현대 기독교 사상의 뿌리와 개요」(1978), 「우리의 종교 개혁의 전통」(1984)에 여러 논문이 실리고 그 외에도 아프리칸스(남아공어)로 된 책도 12권이나 출간되었다. 또한 「Orientation」 잡지에 많은 논문들을 기고했다.

36. 조엘 비끼
Joel R. Beeke

아마 미국의 학자들 가운데 조엘 비끼 만큼 철저한 칼빈주의 신학과 청교도적 신앙을 가지면서 대중들에게 감화력을 가진 사람은 없을 듯하다. 잘 생긴 외모에다 정확한 영어 그리고 영적 파워가 대단한 학자이다. 그래서 그는 미국의 복음주의 또는 개혁주의 진영에서 가장 인기 있는 강사다.

2002년 내가 대신대학교 총장으로 있을 때, 그는 한국 개혁주의 설교 연구원 초청으로 특강을 위해 내한했다. 여러 신학교를 방문하는 중에서도 내가 운영하고 있는 한국 칼빈주의 연구원에 오고 싶다는 연락이 왔다. 나는 대구에서 급히 올라와서 그를 만났다. 그는 실로 내가 만난 학자들 중에서 가장 매력 있는 사람이었고 신앙이 깊은 사람이었다. 대부분 학자들이 명설교자가 되기 어려운데, 그는 철저한 청교도적 칼빈주의 신학자이면서 능력 있는 목회를 하는 좀 특별한 경우였다.

조엘 비끼 박사도 한국 칼빈주의 연구원과 칼빈 박물관을 방문하고 놀라움을 금치 못했다. 그는 말하기를 여기를 오지 못했다면 한국 교회의 참 모습은 못 볼 뻔했다고 했다. 그러면서 그가 학장으로 있는 퓨리탄 리폼드신학교 안에는 미국에서 가장 많은 퓨리탄에 대한 자료가 있다고 자랑했다. 그러나 나는 칼빈자료에 관한 것은 칼빈주의 연구원이 최고라고 했다. 그런데 그때 조엘 비끼 박사에게 내가 쓴「개혁주의 인명사전」을 보여주었다. 그는 전 세계에 현재 생존하고 있는 많은 개혁주의 학자들의 이력서와 연구실적 보고서를 만들어 놓은 방대한 자료를 보고 깜짝 놀랐다. 내게 머뭇거리더니 그 연구실적 보고서 묶음 전 3권을 자기에게 한부 줄 수 없느냐고 물었다. 왜냐하면 그는 청교도와 칼빈주의자들을 역사적으로 연구하는 학자이므로 그 자료가 탐났던 모양이었다. 나는 한부 남은 그 자료를 그에게 선뜻 넘겨주었다. 사실 여러 해 전에 그 자료를 몇 부 만들어서 총신대학교 도서관, 칼빈대학교 도서관, 대신대학교 도서관에 기증했기 때문에 한부 남아있었다.

이것이 계기가 되어 조엘 비끼 박사와 나는 참으로 가까워졌다. 몇 년 후 그가 대신대학교를 방문했을 때 나는 지성으로 그를 영접했다. 그 후에 내가 그랜드 래피드를 방문했을 때 그와 만나기로 단단히 약속을 했다. 아내와 딸 정신애 박사와 함께 그가 학장으로 있는 Puritan Reformed Seminary를 방문했다. 학교의 규모는 매우 작았다. 그리고 그 학교 건물마저도 임대를 해서 쓰는 형편이었다. 그러나 그 학교의 크기는 작았지만 향학열은 매우 뜨거웠다. 정교수도 불과 5,6명 정도지만 모두가 쟁쟁한 실력파들이 앉아 있었다. 그러나 나의 관심사는 그가 한국에 왔을 때 내게 보여준다고 했던 옛날 청교도 자료들이었다. 드디어 그는 나를 안내하여 특수 서고인 청교도 자료센터의 문을 열었다. 주로 17세기와 18세기의 옛 문헌을 중심한 자료들이 5평 정도의 방에 가득 있었다. 옛날 서적의 독특한 냄새에 익숙한 나였음으로 나는 그 냄새가 향기로운 것이 되었다. 말하자면 청교도에 관한 연구로는 조엘 비끼 학장과 퓨리탄 리폼드 신학교가 단연 대표라고 해도 좋을 듯했다. 나는 일찍부터 종교개혁과 칼빈의 옛 문헌을 모아본 경험이 있기 때문에 그것이 예사로운 일이 아님을 잘 알고 있었다. 그런 까닭에 나는 그 학교를 통해서 깊은 인상을 받았다.

학교를 구경한 후 비끼 박사 내외는 자기 집에 우리를 특히 초대해서 오찬을 마련했다. 부인은 우리가 온다는 것을 알고 가급적이면 한국 사람이 좋아하는 반찬을 곁들였다. 예컨대, 김치 비슷한 것을 준비해 놓기도 했다. 그날 우리 두 가정은 깊은 신앙의 교제를 나누었다. 이일이 있은 후 나는 대 칼빈주의 신학자요 설교자인 비끼 박사의 육성 설교를 인터넷을 통해서 자주 듣는다. 그의 메시지는 항상 청교도적이고 칼빈주의적이며 건전했다. 그리고 그의 설교에는 항상 하나님의 영광과 주권이 중심에 있었다.

조엘 비끼 박사는 지금 퓨리탄 리폼드신학교 학장이자 조직신학을 가르치고 있다. 그는 1988년 필라델피아 웨스트민스터신학교에서 디 클레아 데이브스(D. Clair Davis)의 지도하에 "신앙의 개인적인 확신: 영국의 청교도 주의와 웨스트민스터부터 알렉산더 콤리(1640-1760)까지의 화란의 제2종교개혁"이란 논문을 써서 신학박사(Th. D) 학위를 수득했다. 그는 퓨리탄 리폼드신학교의 조교수로 활동하다가 그랜드 래피드의 제1화란 개혁회중교회 담임목사로 사역했다. 또한 그는 화란 개혁신학교 신학 강사로도 일했다.

지금 그는 「Reformation Heritage Books」와 「Inheritance Publishers」의 대표로 일하고 있다. 뿐만 아니라 "화란 개혁신학 번역회"의 부회장으로서 북아메리카 전 세계를 무대로 강의하고 있다. 그는 다작가로서 「타락 : 질병과 치료」(1982), 「그의 양을 치는 여호와」(1982), 「화란의 전기 문학에 나타난 경험적인 은총」(1985), 「진리의 깃발과 바울」(1985), 「청교도를 만나다」(2006) 등이 있다. 이 책은 그가 쓴 작품 가운데 가장 정성을 드린 작품이다.

37. 얀 베인호프

Jan Veenhof : 1934-

1973년 개혁주의 신학의 거장 G.C. 벨까우어 박사가 은퇴했다. 학생들 사이에는 과연 뿌라야 대학교의 조직신학의 왕좌로 28년 동안 군림하던 벨까우어 박사의 후임이 누가 될 것인지가 초미의 관심사였다. 그때 혜성처럼 나타난 분은 39세의 얀 베인호프 교수였다.

그는 스킬더 박사가 세운 이른바 31조파 교회에서 자랐고, 그의 부친은 전 캄펜신학대학교의 실천신학의 권위자 코넬리우스 베인호프 교수였다. 그는 헬만 바빙크의 계시관과 성경관에 관해 연구했던 분이었다. 첫 인상은 영화배우 같은 얼굴에다 균형 잡힌 몸매와 독일어와 영어도 화란어 못지않게 구사하는 인기 만점의 교수였다. 거기다가 그는 철저한 개혁주의 신학자와 독일의 당대의 걸출한 신학자들 아래서 공부했던 경력이 있었다. 더구나 그는 그때까지 총각이었다. 학생들이 커피숍에서 모일 때면 베인호프 교수에 대해 이야기 했다. 베인호프 교수는 아주 친절한데다 열린 교수였다. 나는 왠지 그에게 끌리었고 그와 깊이 사귀고 싶은 생각이 들었다. 왜냐하면 그 출신이 내가 속했던 자유개혁파 곧 31조파 우파에 소속되어 있었고, 그의 부친 코넬리우스 베인호프 교수와 나는 아주 가까이 지내는 분이었기 때문이다. 나는 그를 암스텔벤에 있는 우리 아파트로 초청해서 같이 식사를 나누며 여러 가지 신학적이며 신앙적인 이야기를 많이 나누었다. 후에는 그가 나를 그의 아파트에 초청해서 즐거운 한때를 보내기도 했다. 그런데 그때 그는 자기의 자료 중에 관심 있는 부분이 교수 취임 연설때 했던 "빠라클레트"라고 했다. 솔직히 나는 빠라클레트가 무슨 말인지 이해를 못했다. 몇 번이고 반복설명했어야 비로소 그 말이 요한복음에 나타난 "보혜사"라는 것을 알게 되었다. 왜 성령을 가르쳐서 보혜사라고 했는지 고전 헬라어와 해석학을 통해서 밝혀내는 것이 그의 주된 관심사였다. 그 원문은 물론 화란어였다. 때마침 한국의 기독신보에서 화란의 신학자들의 글을 몇 차례 게제하고 싶다는 연락이 왔다. 그때 베인호프 교수에게 자기의 교수 취임 강연문을 한국의 우리 교단 신문에 번역해서 4번 정도 내면 좋겠다고 했다. 베인호프 교수는 그 즉석에서 허락을 했다.

나는 그의 교수취임 강연을 우리말로 번역하면서 많은 것을 배우고 깨닫게 되었다. 이를 계기로 나는 베인호프 교수와 아주 가까이 지낼 수가 있었다. 세월이 많이 흘러 1996년에 내가 미국 칼빈신학교를 방문했을 때 다시 그를 만났다. 당시 그는 바젤에서 신학을 가르치고 있었는데 1년간 칼빈신학교 객원 교수로 와서 돕고 있는 중이라고 했다.

얀 베인호프 교수는 1934년 2월 18일 화란의 흐로닝겐에서 코넬리우스 베인호프의 아들로 태어났다. 그는 할렘, 우트레흐트, 캄펜 등지에서 교육을 받고 화란 자유 개혁파 소속의 캄펜신학대학교(Kampen Theologische Hoogeschool)에서 신학을 마쳤다. 1966년에는 스위스 성크리스코나에서 목회활동을 하면서 성경연구원에서 신학을 강의했다. 그 후 바젤대학교의 신학부에서 칼 바르트와 헨드릭 반 오웬, 하인리히 오토의 신학 강의를 들으면서 연구했다. 그 후 그는 독일의 괴팅겐대학교의 오토 베버(Otto Weber)아래서 "화란의 신학자 헬만 바빙크의 계시관과 성경관에 관한 연구"라는 논문으로 신학박사(Dr. Theol) 학위를 수득했다. 그는 1971년에 바젤의 개혁교회에서 목회했고 목사 안수 후에 스위스 개혁교회에서 계속 봉사했다. 1973년에 뿌라야 대학교의 부름을 받아 G.C. 벨까우어의 후계자가 되었다. 17년간 교수로 있다가 1990년에 뿌라야 대학교를 사임하고 스위스로 돌아갔다. 베인호프는 교리사와 신조학을 가르쳤으나 그의 관심은 성령론이었다. 그는 성령론을 교회학에 소속된 별개의 과목으로 간주하기 보다는 신학의 중심 과제로 보았다. 이는 칼빈과 카이퍼의 방법과 유사했다. 베인호프 교수는 1999년 75세로 모든 활동에서 은퇴하였다.

베인호프의 저술 중에는 「J. G. 볼더링크의 신학」(1975), 「하나님의 동역자 스킬더」(1986), 「스킬더의 삶과 사역」(1990), 「화란 교회사의 문헌에서 본 끄라스 스킬더 박사의 의미」(1992), 「보혜사: 요한복음에 있어서 그의 신학적 입장에서 본 보혜사 개념」(1974), 「성령과 삶」(1978), 「성령의 사역」(1980), 「카리스마는 초자연적인가 자연적인가?」(1984), 「성령과 성경」(1984), 「성령과 해석」(1986), 「성령론」(1989) 등이 있다. 그의 저서들은 크게 두 가지로 구별된다. 그 하나는 역사적 개혁주의자들의 신학의 맥을 잇는 것이고, 다른 하나는 성령론에 대한 다양한 접근이다.

38. 코넬리우스 베인호프
Cornelius Veenhof : 1902-1983

　나는 화란 유학시절, 학교는 뿌라야 대학교에서 공부했지만, 교단의 소속과 후원은 31조파 즉 자유개혁파 교회(Vrijgemaking Kerk), 그 중에서도 가장 정통 신앙을 지키면서 이웃과 세계를 향한 열린 교회 곧 바우턴 벨반트(Buiten Verbant) 교단에 속했다. 카이퍼가 세운 개혁교회(Gereformeerd Kerk)에서 다시 한번 개혁해나간 교회는 스킬더 박사가 세운 교회다. 그러나 이 교단은 흡사 한국의 재건파와 같이 신앙의 정통성을 지키는 것은 좋으나 자기 교파 이외의 교회는 모두다 참 교회로 생각하지 않았다. 이 세상에 유일한 참 교회는 자기 교회밖에 없다고 생각하고 다른 교회를 정죄하기에 이르렀다. 그러자 여기에서 반발하여 바른 전통신학과 신앙을 지키면서도 서로의 신앙에 대해서 열린 자세를 취하는 사람들끼리 새로운 교단을 만들었다. 여기에 핵심적 인물이 코넬리우스 베인호프 전 캄펜신학교 교수다. 그는 일찍이 스킬더(Klaas Schilder) 박사와 함께 교단을 세우고 캄펜신학교를 세웠으나 이제는 그들과 뜻을 같이 할 수 없어서 새로운 교단을 세우게 되었다. 베인호프 교수와 뜻을 같이 하는 분으로는 나의 재정 후원자였던 얀 메이스터(Jan Meester)목사와 헹크 더용(Henk de Jong) 목사가 있었다. 그 교단은 목사가 100

여명 정도 되었고, 가르칠 교수가 부족했음으로, 신학생들을 뿌라야 대학교, 캄펜신학대학교, 아펠돈신학대학교, 우트레흐트대학교 등에서 공부하도록 하고 두 달에 한번 정도 우트레흐트에 집합시켜 두 사람씩 설교를 시켜보고 신학의 문제점을 점검하였다. 당시 담당 교수는 헹크 더용 목사님이고 철저하고 예리하게 지도를 했다. 뿌라야 대학교에 다닌 나도 그들과 함께 신학훈련과 점검을 받았다.

나는 그 교단으로부터 장학금을 받으면서 뿌라야 대학교의 박사 학위 공부를 하고 있었다. 그런데 나의 장학위원 가운데 한분이 바로 베인호프 교수였다. 그는 나의 장학 위원회의 총책임자인 메이스터 목사님과는 단짝 친구였다. 한번은 베인호프 교수가 나를 자기 집으로 초대했다. 내가 그를 방문했을 때 그는 이미 캄펜신학교를 은퇴한 후였고 연로했다. 사실 베인호프 가문은 신학의 명가라고 할 수 있다. 그의 큰 아들 얀 베인호프(Jan Veenhof)는 뿌라야 대학교의 G.C 벨까우어의 후계자로 유명한 교의신학자가 되었고, 둘째 아들 끄라스 룰로프 베인호프는 문학 및 철학부 교수가 되었다. 내가 1973년 캄펜으로 올라가 연로한 코넬리우스 베인호프 교수를 방문하여 그와 이야기 하는 중에 여러 가지 새로운 사실을 많이 알게 되었다. 같은 신학교에서 평생을 같이 사역하던 교수들도 교단을 달리하자, 길가에서 얼굴을 돌려 버리고 일부러 골목길로 사라지는 것을 보고 참으로 인간의 비정함을 맛보았다고 한다. 우리는 모두가 하나님 앞에 죄인이기에 신학도 신앙도 겸손해야 할 것을 힘주어 말했다.

스킬더 박사가 세운 자유개혁파의 지도자이며, 캄펜신학교의 실천신학 교수였던 코넬리우스 베인호프는 1902년 3월 2일에 출생했고 신학교 입학 전에는 스파컨에서 공부했다. 그는 이른바 개혁교회 총회신학교였던 캄펜신학교를 졸업한 후 우트레흐트와 할렘 그리고 할크스테더 등지에서 신학을 더 많이 공부했다. 1945년에는 베이턴에서 천명이 넘는 교회를 일구어 크게 부흥시켰다. 그래서 자연히 목회 성공자로서 또는 신학의 전문가로서 교단의 발언권이 강화되었다. 그는 항상 총회의 개혁과 자유를 선언했다. 그 후 1945년 엔슈케더 총회에서 캄펜신학대학교의 교수로 임명되어 평생동안 실천신학 교수로서 후학들을 가르쳤다. 그가 가르친 과목은 실천신학 일반, 설교학, 목회학, 교리문답, 선교학, 봉사학, 기독교 철학 등 매우 다양했다. 그 당시 그는 캄펜신학대학교의 스킬더, 홀베르다(Holwerda)의 신학 노선을 그대로 따랐고 스킬더와는 절친한 친구로서 스킬더의 남은 유고들을 편집하고 정리해서 많은 책을 출판하기도 했다.

그는 신학자, 대목회자, 설교자로서 뿐 아니라 칼빈주의 철학자 헬만 도예베르트와 함께 기독교 철학운동에 앞장섰다. 그리고 일찍이 스킬더 박사가 창간했던 「종교개혁」(De Reformatie)의 편집장을 역임했고, 교단의 주간지 「오프보우」(Opbouw)의 주필과 편집장의 일도 보았다.

베인호프 교수는 다재다능한데다 저술가요 문필가로서 다음과 같은 많은 저서를 남겼다. 「설교와 구속사」, 「카이퍼 노선」, 「영역주권」, 「세계의 위기와 설교」, 「자유대학의 기초」, 「설교와 말씀」, 「칼빈주의 철학의 기초」, 「혼돈의 한가운데」, 「설교의 기적」, 「성경의 축제에 대해서」, 「정치와 권력」, 「가톨릭의 연합에 대해서」, 「끊임없는 교회개혁」, 「주님의 뜻이 이루어지기를」, 「칼빈주의 삶의 모델」, 「칼빈과 설교」, 「살아있는 교회」, 「하나님의 백성」, 「열 가지 개혁과제」, 「교회의 교제와 교회의 법」, 「공산주의와 종교」 등이 있다. 실천 신학자로서 베인호프는 교회와 세상 모두를 하나님의 주권 아래 놓고 생각하는 사람으로서 칼빈주의적 세계관으로 학문과 세계와 신학과 신앙과 우주를 보는 눈을 뜨게 해 주었다. 최근에 나는 그의 책 중에 「카이퍼 노선」, 「카이퍼의 설교연구」, 「영역주권 해설」 등을 보면서 학자와 칼빈주의자로서 그의 면모를 더욱 확실히 확인할 수 있었다.

베인호프교수 말씀과 설교
(아브라함 카이퍼의 설교 연구)

39. 지. 시. 벨까우어

Gerrit Cornelius Berkouwer :
1903-1996

　개혁주의 신학의 거장 G.C벨까우어를 만난 것은 내게는 큰 영광이 아닐수 없었다. 1972년 내가 화란 유학을 갔을 때 그는 이미 은퇴 일 년을 남겨둔 시점이었다. 그의 강의를 직접 강의실에서 들은 일은 없었다. 그러나 커피숍에서 그를 자주 볼 수 있었다. 뿌라야 대학교의 인문사회과학 건물은 마치 책을 펴서 세워 놓은 모습을 하고 있었다. 한편으로는 강의실과 교수실로 이루어졌고 다른 한쪽은 도서관이었다. 이 건물은 헬만 도예베르트 박사의 기독교 철학을 형상화했다. 지상 15층의 건물은 위에서 부터 신학, 철학, 역사… 경제학으로 내려온다. 강의동과 도서관으로 가는 코너에는 커피숍이 있다. 이곳은 쉬는 시간에 교수와 학생들이 한데 어우러져서 커피나 차를 마시거나 간단한 요기를 하며 서로 대화를 나누는 장소였다. 그때 내가 만난 교수들은 G.C벨까우어, N,H.리델보스, 까이텔트, 바르다, 어거스틴, 뮬더, 반덴 벅 교수 등 당대의 걸출한 교수들을 실컷 보고 교제할 수 있었다.

　그러나 나는 벨까우어 박사와는 가까이 할 수 없었다. 당시 벨까우어 박사 아래는 박사급의 연구관들이 수십 명이 하나의 팀이 되어서 연구하는 조직이 있음으로 감히 한국에서 온 작은 목사인 나는 접근하기가 어려웠다. 그때 내 처지가 더욱 작아보였다. 1973년 어느 날 벨까우어 박사는 70세가 되어 은퇴식을 했다. 은퇴식은 뿌라야 대학교 대강당인 아울라(Aula)에서 성대히 치러졌다. 나는 교수 은퇴식을 이렇게 크게 하는 것은 처음 보았다. 대강당에는 입추의 여지없이 전국에서 그의 제자들이 구름 떼처럼 몰려왔다. 단상의 왼쪽에는 신학부 교수들과 직원들이 자리를 차지하고 있었다. 드디어 벨까우어 박사의 마지막 강의가 시작되었다. 화란에는 교수 취임 때 공개강의를 하고 퇴임할 때도 반드시 은퇴 공개강좌를 하도록 되어 있다. 내가 벨까우어 박사의 강의를 들었을 때 그는 70세였는데 아직도 젊은이 못지않은 카랑카랑한 음성으로 속사포같이 쏟아냈다. 은발의 노교수의 강의는 화란어로 시작했는데 어느새 영어로 하고 그러다가 독일어로, 다시 라틴어로 또 다시 불어를 넘나들고 있었다.

학생들의 말에 의하면 그의 강의를 제대로 들으려면 적어도 6,7개국의 말을 동시에 이해하여야 된다고 했다. 왜냐하면 강의 중에 독일 신학자의 말을 인용할 때는 독일어로, 교부들의 책을 인용할 때는 라틴어로 종횡무진 고금을 넘나드는 그의 강연의 뜻은 잘 파악이 안됐지만 위대한 석학의 불같은 열정 강의를 마지막으로 들을 수 있었던 것은 큰 축복이 아닐 수 없었다. 강의가 끝나고 드디어 리셉션이 시작되었다. 벨까우어 박사의 부인은 다리가 약해서 오래 서 있을 수 없으니 의자에 앉아서 영접하는 것을 용서해 달라는 벨까우어 박사의 부탁이 있었다. 그의 마지막 강의를 축하하고 축복하려는 사람들이 끝없이 줄을 섰다. 나도 줄을 섰다. 그런데 당시 신학부의 졸업반이고 나에게 유별나게 친절하게 대해준 친구인 루크 반 로(Luuk Van loo)가 좋은 카메라를 가지고 내 곁에 다가와서 하는 말이 G.C벨까우어 박사의 마지막 은퇴 리셉션은 역사적인 사건이니 정 목사님이 악수하고 인사를 나눌 때 한 컷을 잘 찍어주겠다고 귓속말로 속삭였다. 나는 그렇지 않아도 이런 장면을 남겼으면 했는데 어떻게 내 마음을 알았는지 고마웠다. 그때까지 나는 카메라가 없었다. 드디어 나는 G.C벨까우어 박사의 손을 덥석 잡고는 한국에서 유학 온 정성구 목사입니다. 축하합니다라고 인사를 나누자 루크 반 로 군은 아주 멋지게 촬영해 주었다. 그래서 G.C벨까우어 박사와 함께한 마지막 사진을 간직하고 있다.

G.C벨까우어는 뿌라야 대학교에서 아브라함 카이퍼, 헬만 바빙크, V. 헤프의 뒤를 이은 개혁주의 교의신학의 왕좌에 앉은 학자다. 1903년에 태어나 1922년부터 1927년까지 뿌라야 대학교에서 공부하고 "현대 독일 신학에 나타난 신앙과 계시와의 관계"로 신학박사(D.Theol) 학위를 수득했다. 1945년부터 1973년 은퇴할 때까지 28년 동안 강의와 집필에 전념했다. 은퇴 후에도 한결같이 집필활동을 했는데, 1977년에는 「신학 반세기: 운동과 동기」(1977), 「추구와 발견: 기억과 경험」(1989) 등이 있다. 그러나 벨까우어의 가장 큰 걸작은 「교의학 연구」(1952-1975)시리즈다. 즉 「신앙과 성화」, 「신앙과 칭의」, 「신앙과 견인」 등 14권의 저서가 있다. 그의 교의학의 전개는 해석학적이고 성경신학적이다.

벨까우어는 두 가지 관심이 있었는데, 첫째, 바로 칼 바르트의 신학에 대한 관심을 가진 것이다. 1936년 초기에는 그의 작품 「칼 바르트」에서 바르트의 신학을 매우 비판적 입장을 보였다. 그러나 1954년에 내어 놓은 「칼 바르트의 신학에 나타난 은총의 승리」에서는 비록 예리한 비판을 하면서도 다소 동정적인 면모가 나타났다. 이 책은 조동진 박사에 의해서 우리말로 번역되어 있다. 그래서 비평가들은 이를 두고 초기 벨까우어와 후기 벨까우어를 나누기도 했다.

둘째, 벨까우어의 또 다른 관심은 로마 가톨릭 신학이었다. 로마 가톨릭의 교리에 대한 그의 첫 작품인 「바르트주의와 로마 가톨릭」(1940)에서는 철저히 비판적이었고, 그 후속작품인 「로마와의 갈등」(1948)에서도 비판적이었다. 그러나 이 작품 때문에 교황청으로부터 1961년 제2차 바티칸 회의에 입회인으로 초대받기도 했다. 그것을 계기로 「제2바티칸 회의와 신가톨릭주의」 등의 책에서 매우 통찰력 있게 가톨릭을 분석했다.

아무튼 벨까우어 박사는 자신의 교의학 시리즈를 통해 역사적이고 전통적인 개혁주의 신학을 잘 전수한 위대한 학자다. 그러나 그의 후기 작품에는 다소 폭넓게 시야를 돌린 것은 사실이다. 말하자면 역사적 개혁주의 신학을 유지하면서도 바르트의 신학에 동정적이었다.

1972년 쁘라야 대학에서의 필자

40. 요하네스 벨까일
Johannes Verkuyl : 1908-2001

요하네스 벨까일 박사는 나의 신학의 멘토이다. 그는 아브라함 카이퍼의 칼빈주의적 신학과 신앙 그리고 삶의 여정을 그대로 쏙 빼어 닮은 선교사, 신학자, 설교자, 목회자, 저술가, 평론가 등 실제로 삶의 전 영역에 간여하지 않는 것이 없다.

1972년 내가 처음 그를 만났을 때, 벨까일 박사는 지금까지 어느 학자들과는 차원이 다른 참으로 따뜻하고 인간적이었다. 그가 선천적으로 따뜻하면서도 역동적인 성격을 가진 것도 있지만, 아마 인도네시아의 선교사로서의 삶을 보냈기 때문에 아시아권 학생들에게 특별한 애정과 관심을 두었던 이유도 있을 것이다.

처음 화란으로 유학갈 때 신약학을 하고 싶었으나 박윤선 박사의 충고가 있었기 때문에 전공을 바꾸어야 했다. 박 박사님의 걱정은 내가 뿌라야 대학교에서 신약학을 공부해서 학업을 마치는 것이 쉽지 않을 것이라고 했다. 그 이유는 스키퍼(Schipper) 교수는 박윤선 박사의 멘토였는데 전형적인 화란 귀족 출신이어서 인간미가 없고 동양 사람을 이해하지 못한다는 것이다. 그것은 박윤선 목사님의 뼈져린 경험에서 나온 것이었다. 또 하나는 바르다(Baarda) 교수는 본문 비평을 수용하는 학자이니 별로 마음에 내키지 않는다는 것이다. 그래서 출국하기 전에 신약을 포기하고 실천신학으로 전공을 바꾸기로 했다. 화란에 도착한 후 어느 날 커피숍에서 미국 출신의 전임강사 제리 고르트(Jerry Gort) 교수를 만났다. 그가 내게 다가와서 벨까일 박사 아래서 공부하는 것이 좋겠다고 했다. 자기도 그분 아래서 공부했는데 열린 마음으로 학생들을 보살피는 오늘의 화란 교계와 학계에 가장 존경받는 어른이라고 했다. 나는 선뜻 그의 말을 따르기로 하고 벨까일 박사를 면담했다. 그는 거구였다. 그리고 이미 나이가 60대 후반이었다. 그래서 그런지 그는 보청기를 귀에 꽂고 있었다. 그러나 아이 같은 해맑은 웃음 그리고 친절함이 내게 마음에 평안으로 다가왔다. 그때부터 나는 과제물을 받고 공부에 들어갔는데, 한 과목씩 끝날 때마다 구두시험(Teneamen)을 치렀다. 그리고 질문사항이나 힘이 들 때도 그를 면담할 수 있었다. 보통 화란의 교수들은 학생과의 면담시간이 불과 2,3분이면 족했다. 그러나 나는 목사여서 그런지 내게는 비교적 충분한 대화의 시간을 할애해 주었다.

그 후 우리는 사제관계였지만 그는 나에게 이름을 부르지 않고 반드시 도미네 정(정 목사님)이라고 불렀다. 나는 유학 가기 전에 군목으로 또는 개척교회 목사로 그리고 총신대학교에서 강사로 일했기 때문이었는지 몰라도 나에게 깍듯이 예를 갖추어 대우해주었다.

아마 19세기말 아브라함 카이퍼라는 걸출한 대인이 교회와 신학과 정치를 이끄는 견인차였다면 20세기말 카이퍼의 사상과 삶을 그대로 본떠서 삶의 전 영역에 하나님의 영광과 주권을 드러내고 복음의 세계화를 위해서 그토록 열정적이고 부지런히 행동하는 칼빈주의자로 혹은 행동하는 양심으로 살았던 분은 아마도 요하네스 벨까일 박사일 것으로 본다. 무엇보다 그는 단 한순간도 집필을 멈추지 않는 열정적인 학자였다. 당시는 1970년대였음으로 컴퓨터도 발전되지 않았을 때였다. 설령 컴퓨터가 있다해도 이미 나이가 60대 후반인지라 할 수도 없었을 것이다. 그런데 벨까일 박사는 연구팀들이 제공해준 자료를 통해서 끊임없이 글을 써나갔다. 그래서인가 그는 일생동안 120권이 넘는 저서를 남겼다. 그는 신학자이기도 하지만 설득력 있는 대설교자였다. 그의 설교에서 아직도 내가 기억하는 단어는 "새 하늘과 새 땅", "모든 민족 모든 국가", "삶의 전 영역에", "교회와 하나님의 나라" 등이다. 그의 주된 강조점은 하나님의 영광과 주권이 삶의 전 영역과 오대양 육대주에 미치고 있으니 세계 선교의 사명을 감당하자는 것이었다. 그러기 위해서 카이퍼의 이상대로 신학, 교회, 정치, 경제, 문화, 사회, 예술, 교육 등 삶의 모든 영역에 하나님의 주권이 작용하도록 해야 하고, 복음이 그 모든 것을 변화시키는 누룩이 되어야 한다는 것이다.

나는 5년의 세월동안 그의 집에 여러 번 초대되기도 하고, 그를 우리 집에 초대하면서 많은 것을 배울 수가 있었다. 나는 그에게서 화란 개혁주의 신학의 이론과 실천을 배울 수가 있었다. 무엇보다 아브라함 카이퍼의 사상을 벨까일 박사를 통해서 체득했다고 할 수 있다. 귀국 후에 나는 화란을 방문할 기회가 여러 번 있었다. 그때마다 나는 은사를 방문하는 일은 빼놓지 않았다. 비록 갈 때마다 어쩔 수 없이 그는 노쇠해가고 있었으나 그 정신만은 여전히 살아있음을 확인했다.

벨까일 박사는 1908년 철저한 아브라함 카이퍼의 칼빈주의 신학과 신앙을 가진 쿤라드 마르텐 벨까일 목사의 아들로 태어났다. 그래서 벨까일은 어린 시절부터 교회에서나 가정에서나 카이퍼의 칼빈주의적 세계관과 인생관을 철저히 배웠기 때문에 그것이 일생동안 지배하게 되었다. 벨까일은 중고등학교 시절에 고전어를 철저히 배웠고 교리문답과 성경연구에 주력했기 때문에 주위로부터 많은 기대를 받았다. 김나지움에 공부할 때 화란의 대신학자와 대지도자들과 사귀었다. 위대한 교의학자 헨드릭 벌코프, W.C.C의 초대 총무 비셀호프트와 사귀기도 했지만, 당대 최고의 칼빈주의 교의학자 헬만 바빙크의 영향을 가장 많이 받았다. 그는 1927년에 암스텔담 뿌라야 대학교에서 공부를 시작한 후 여러 해 동안 명설교가로서 자리매김했다. 1940년에 인도네시아 선교사로 가서 1962년까지 22년을 선교지에서 교회를 세우고 신학을 발전시키고 저술을 하면서도 인도네시아 독립을 위해서 투쟁했다. 그래서 인도네시아와 화란 사이 화해의 사자로서 사명을 충실히 감당했다.

    1965년에는 뿌라야 대학교에서 신학박사(Dr. Theol) 학위를 받고 J.H. Bavinck의 뒤를 이어 실천신학 선교학 교수로 초빙되었다. 그는 실로 57세에 교수로 부름을 받은 셈이다. 벨까일 박사는 교수로 은퇴한 후에 도리어 더욱 왕성하게 개혁교회의 행동하는 양심으로 칼빈주의적 세계관 정립을 위해 앞장섰다. 벨까일은 헨드릭 크렘머, J.H. 바빙크와 함께 세계 3대 선교신학자이지만, 그는 삶의 전 영역에 하나님의 영광과 주권을 인정하고 하나님을 영화롭게 하는데 전 생애를 드렸다.

    그의 작품은 화란어, 인도네시아어로 영어로 출간되어 120여종이 있으나 방대한 책은 「전도학 개론」(1979), 「선교학 개론」(1972) 등이 있다.

41. 똔 볼란트
Ton Bolland : 2010

똔 볼란트는 철저한 개혁주의 교회사학자이다. 그러면서도 그는 평생을 가업인 신학고서점을 운영해왔다. 특히 칼빈과 종교개혁자의 자료와 화란 개혁주의 신학의 역사적 자료 수십 만종을 쌓아 놓고 전 세계 학자들에게 공급하고 관리하는 역할을 해 왔다.

내가 그를 만난 것은 1972년이었다. 그리고 2010년 그와 나는 임종 2주전까지 서로 E-mail을 주고받았으니 거의 38년 동안 교류를 해온 셈이다. 나는 그의 가장 중요한 고객의 일순위였지만, 고객 이전에 친구로 대했고 나도 그를 친구로 대했다. 그는 세계 개혁주의 신학의 정보통일 뿐 아니라 해박한 고전어 실력으로 칼빈과 칼빈주의 사상, 카이퍼와 바빙크, 흐룬 반프린스터는 물론이고, 영어, 불어, 독일어 등 16세기부터 19세기의 자료를 자유자제로 분류 정리하는 특이한 사명과 실력을 가졌다. 교회사 연구로 Drs. 학위를 가진 그는 어느 세계적 교회사 학자보다 실력 있는 사람으로서 한마디로 신학백과 사전이라고 할 수 있다.

지난 38년 동안 나는 그를 수없이 만나고 상담하고 또 거래를 했다. 내가 처음 그를 만나게 된 동기는 뿌라야 대학교의 교회사학자인 얀 반 덴벅(Jan Vanden Berg)교수가 내게 화란 근대사에 대한 숙제를 내주었기 때문이다. 그래서 아브라함 카이퍼에 대한 연구를 시작하면서 그의 고서점을 찾게 되었다. 젊은 시절에도 반대머리에 턱수염을 한 그는 참으로 친절한 사람이었다. 나는 거기서 우선 값이 싼 카이퍼의 팜플렛에서부터 책을 사기 시작했다. 학교 공부가 어렵고 힘들어지거나 가족이 생각이 나서 우울해질 때는 가난한 유학생이 갈곳은 아무데도 없었다. 그래서 전철로 쉽게 접근할 수 있는 프린센 흐라흐트 493번지 톤 볼란트 신학고서점으로 거의 매일 출근하다시피 했다. 고서점에 한 두시간 앉아서 이것저것 책을 뽑아도 말하는 사람이 없고 참으로 다양한 개혁주의 신학 서적이 산더미 같이 싸여 있었기 때문에 나는 뿌라야 대학교 도서관보다 더욱 편했다. 그리고 고서점 특유의 메케하고 퀴퀴한 냄새가 내게는 더욱 구수했다. 이 책 저책을 고르다가 참으로 중요하고 핵심적인 책을 한권 구하게 되면 호흡이 멈출 듯이 좋았다. 그것도 중독이라면 중독이었다. 거기서 책을 고르다가 참으로 희귀한 자료인 아브라함 카이퍼의 박사 학위 논문을 발견했다. 이 논문은 1862년에 나온 "요한 칼빈과 요한 라스코의 교회론 비교 연구"(Joannis Calvini et Joannes a Lasco de Ecclesia Sententiarum inter se compositio Academiach Proefschrift)이다. 좋은 책을 구했을 때는 너무 기뻐서 잠을 잘 이루지 못할 때가 있었다. 내가 암스텔담에 있을 때는 일 년에 한두 번 있는 책 경매장에도 참여했다. 돈이 없음으로 고가의 책을 입찰할 수가 없었지만 경우에 따라서는 희귀한 자료도 구할 수가 있었다.

귀국 후에도 평균 2,3년에 한 번씩은 이런 일 저런 일로 암스텔담으로 가면, 무슨 일이 있어도 톤 볼란트를 만나고 그 신학고서점을 들리는 것은 필수였다. 내가 수십 년 동안 거래하는 동안 확실한 신용이 있었던지 책을 구입하고도 3개월 또는 6개월 후에 지불해도 되도록 했다. 그대신약간의 이자를 얹혀주면 되었다. 내가 폰 볼란트 고서점에서 구입한 것이 많지만 그중에도 기억할 만한 책이 몇 가지 있다.

우선 지난 38년 동안 1600년대의 라틴어로 된 칼빈의 전집(Calvini Opera Omnia)을 모두 샀다. 또한 칼빈의 1553년의 기독교 강요, 1574년의 기독교 강요 등 기타 16세기의 여러 중요한 칼빈의 자료와 종교개혁자료, 19세기 카이퍼와 바빙크의 자료는 거의 다 구입했다. 무엇보다 내가 폰 볼란트 박사의 고서점 사무실에 있는 두 가지 작품이 꼭 마음에 들어 사고 싶었다. 그 하나는 16세기 말에 제작된 칼빈의 전신 판화 원본이다. 나는 그것이 갖고 싶어서 근 20년을 졸랐다. 돈은 달라는 대로 줄 터이니 그것을 한국 칼빈주의 연구원과 박물관에 가져 가야겠다고 졸랐다. 내가 그것을 달라고 조를 때마다 그는 보기 좋게 거절했다. 자기는 종교개혁사 연구가로서 그 그림은 보물이니 팔수도 없거니와 국외로 반출할 수 없다고 했다. 그러나 내가 20년을 계속 달라고 하니 한번은 자기가 그만 졌다고 했다. 그리고 이 그림은 당신이 임자라고 하면서 내게 팔았다. 그래서 지금 한국 칼빈주의 연구원 박물관에 가장 귀중한 보물로 간직되어 있다.

또 하나는 칼빈의 조그마한 반신 석고상인데 그것을 꼭 갖고 싶었다. 그러나 몇 년 동안 꿈쩍 안 하던 그가 그것도 내게 팔았다. 이것은 1909년 칼빈탄생 400주년을 기념해서 만든 것인데 세계에서 꼭 4점이 남아 있다고 했다. 어쨌든 그것을 비행기로 가져오는 동안 부주의로 코가 깨어졌다. 그러나 접착제로 다시 붙여 놓으니 새로운 보물이 되었다.

2008년 우리 내외는 영국의 런던신학교 졸업식 설교를 맡아 유럽에 갔다. 그때 영국과, 스코틀랜드, 독일과 벨기에, 그리고 화란 5개국을 순방했다. 화란에 들렀을 때 빠지지 않고 폰 볼란트 박사를 만났다. 이미 그는 은퇴해서 그 넓은 신학고서점은 팔고 암스텔벤으로 옮겼다. 그는 우리 내외를 전철역에서 픽업해서 자기 집까지 데리고 갔다. 그의 집에는 아직도 중요한 종교개혁사 자료가 많았다. 그런데 그가 내게 보여준 것은 라틴어로 된 종교개혁사였다. 그 책속에는 종교개혁자들의 모습이 판화로 찍혀 있었다. 값을 물어보니 3000불이라고 했다. 나는 좋은 책을 그냥 두고 나올 수 없어서 3개월 이후에 돈을 지불하기로 하고 발송하라고 했다. 아내는 놀라는 정도가 아니라, 갑자기 표정이 싹 달라졌다. 내가 지금까지 칼빈과 칼빈주의 자료를 모은다고 했지만 그 정도까지 비싼것인지 몰랐다고 했다. 나는 한 번도 아내에게 얼마의 돈이 들어 갔는지 이야기 한 적이 없었다. 그때 나는 아내에게 들키고 만 셈이다.

나는 지난 38년 동안 교회사학자이면서 서지학자이며 신학고서점 주인 돈 볼란트와의 사귐을 통해서 상당한 자료를 모을 수가 있었다. 때때로 사람들은 그 엄청난 자료는 어떻게 무슨 돈으로 구했는가라고 자주 묻는다. 그런데 지난 40년 동안 하나님이 은혜를 주셔서 나는 많은 부흥회와 특강 등을 통해 얻어진 수입으로 오직 칼빈과 칼빈주의 자료 구입에만 썼기에 그것이 가능했다. 물론 그간 아내의 인내와 협력에 대해서 무한히 감사할 따름이다.

지난 38년 동안 편지와 E-mail로 끊임없이 칼빈과 칼빈주의 자료에 대한 정보를 공유하던 돈 볼란트 박사는 마지막 혈액암을 앓으면서도 나와 교제는 계속했다. 그러나 그는 2010년 4월에 주님의 부름을 받아 고인이 되었다. 이제 나와 그와는 긴긴 관계의 연속은 끝나게 되었다.

42. 볼렌호번
D.H.Th. Vollenhoven : 1892-1977

    1972년 가을, 뿌라야 대학교에 유학 갔을 때 대학당국은 나를 기숙사에 살게 하지 않고 암스텔담의 콘세트흐바우에서 가까운 꼬닝인네베흐(Koninginneweg: 여왕가) 56번지 3층집을 마련해 주었다. 나를 안내한 해외 담당 보좌관격인 나니 메이스터(N. Meester)씨가 설명하기를 이집은 전에 볼렌호번 박사께서 살던 집이라고 했다. 그렇지 않아도 총신대학교에 다닐 때부터 간하배 교수께서 늘 말하던 생각이 났다. 당대 기독교 철학의 쌍벽을 이루던 도예베르트와 볼렌호번 박사는 익히 들어 잘 알고 있었다. 그래서 나는 그 어른이 아직도 생존해 계신다면 꼭 한번 만나고 싶었다. 그러나 일 년 동안의 유학 생활은 정신없이 바빴고, 또 학교 공부에 대한 미래가 불투명 했기에 그럴만한 시간적 여력도 없었다. 도예베르트 박사는 여러 번 만난 적이 있었으나, 볼렌호번 박사는 어디서 무엇을 하는지 아는 사람도 물어볼 사람도 없었고 접촉할 방법도 없었다.

    그런데 1년 후에 아주 중요한 소원 사항이 모두 기적같이 이루어졌다. 첫째는 박사 과정에 정식으로 공부하게 된 것이고 둘째는 그리운 가족들이 화란으로 건너오게 된 것이다. 참으로 감사한 일이었다. 과거의 선배들은 가족과 6,7년 동안 떨어져서 살았다는데 나는 1년 만에 아내와 두 아이들이 다 왔으니 이는 하나님의 은혜와 축복이었다. 그런데 문제는 살 집이 문제였다. 당시만 하더라도 화란에는 주택 문제가 심각했고 더구나 암스텔담과 그 근교에는 방을 구하기가 정말 어려웠다. 그런데 얼마 후에 암스텔담 외곽도시인 암스텔벤(Amstelveen)에 월세방이 하나 났다. 그것은 미스터 뚜룰스라란(Mr. Troelstralaan) 13번지 3층 꼭대기 집이었다. 거실 하나에 방둘 정도의 참으로 허술한 집이었다. 그나마 그 집을 얻게 된 것도 축복이었다. 서양 사람들은 13이란 숫자를 싫어하기 때문에 그 집은 그렇게 비어 있었다. 서양 사람이 생각하는 불행의 숫자가 우리에게는 행운의 숫자가 된 것이다. 마침 2층집 주인은 홀로 사는 할아버지로서 과거에는 오페라 가수였으나 지금은 정원에 풀을 깎으면서 살아가고 있었다.

얼마 후에 어떤 분이 중요한 정보를 알려주었다. 그는 내가 미스터 뚜룰스타라란 13번지에 산다고 하니까, 그분은 이사 한번 제대로 갔다고 했다. 화란 신학의 거목들은 모두 같은 거리에 있다고 귀띔해 주었기 때문이다. 3번지에는 그 당시 뿌라야 대학교에서 가장 뛰어난 윤리학 교수인 까이텔트 박사가, 5번지에는 구약학의 대부인 히스펜 박사가, 7번지에는 칼빈주의 철학의 대부인 볼렌호번 박사가 산다고 했다. 내가 볼렌호번 박사를 만난 것은 그의 나이 81세 때였다. 부인이 먼저 세상을 떠나고 홀로 살면서 파출부가 하루에 한 번씩 와서 식사와 청소를 해주고 있었다. 그리고 꼭 정한 시간에 우리 집 앞을 지나서 산책을 하곤 했다. 자그마한 키에 기력이 떨어졌지만 꾸준히 건강관리에 힘을 쓰면서 기독교 철학자답게 고요히 사색을 즐기곤 했다. 그로부터 우리 가정과 볼렌호번 박사는 오기도 하고 가기도 하면서 자주 접촉을 했다. 한때 화란 칼빈주의 철학의 거목인 그의 마지막 모습에 안스러웠고 측은하기도 했다. 볼렌호번 박사는 도예베르트 박사의 여동생과 결혼 했을 뿐 아니라, 기독교 철학 수립에 있어서 도예베르트와 쌍벽을 이루면서 뿌라야 대학교 뿐 아니라 화란 개혁 교회와 세계 교회에 위대한 공헌을 했다.

볼렌호번 박사는 1892에 출생했다. 그는 어린 시절부터 생각이 깊고 그의 부친과도 토론하기를 즐겨했다. 1905년에는 개혁파 김나지움에 입학해서 헬라어를 비롯한 고전 문학을 연구했다. 그리고 1911년에 뿌라야 대학교에 입학해서 1914년까지 개혁주의 신학을 공부했다. 그때는 뿌라야 대학교의 전성기이기도 하지만 아직도 아브라함 카이퍼 박사가 왕성하게 활동하던 때이라 그의 사상체계를 그대로 물려받았다. 그는 아브라함 카이퍼의 아들인 헬만 카이퍼 교수(Herman H. Kuyper) 교수와 헬만 바빙크(Herman Bavinck) 교수 그리고 반겔더(Van Gelder) 교수로부터 신학을 공부했다. 뿐만 아니라 얀 볼쳐(Jan Woltijer) 교수에게서 고전 문학을 배웠고, W 게싱크(W. Geesink) 교수에게서 철학을 배웠다. 볼렌호번은 신학을 공부했지만 후일에 전공을 철학으로 바꾸어 박사 학위를 공부했다. 그는 박사 학위가 끝나기도 전에 「유신론적 관점에서 본 수리철학」(1918)이란 탁월한 저서를 내었다. 그해 그는 철학박사 (Dr. Phil) 학위를 받고 도예베르트 박사의 여동생과 결혼했고 1921년에 목사가 되었다. 한 가족이 된 도예베르트와 볼렌호번은 항상 함께 하면서 카이퍼의 영역주권 사상과 그의 세계관 확산에 노력했다.

1926년에 볼렌호번은 뿌라야 대학교에서 그의 은사인 게싱크 교수의 후임으로 초빙을 받았다. 그는 카이퍼를 전적으로 수용하면서 스콜라적 견해를 비판하기도 했다. 볼렌호번 박사의 기독교 철학 과목은 신학과 학생들의 필수과목으로 지정되어 있었다. 그는 1932년에 「칼빈주의와 철학의 개혁」(Het Calvinisme en de Reformatie der Wijsbegeerte)을 썼다. 볼렌호번 박사는 수십 년을 고이 간직했던 이 책을 내가 그의 집을 방문했던 1975년 어느 날 그의 싸인과 함께 내게 선물로 주었다. 그 후 그는 2년 후에 세상을 떠났다.

1935년 볼렌호번은 도예베르트와 함께 "칼빈주의 철학회"(De Vereniging Voor Calvinistische Wijsbegeerte)를 설립하고 1935년부터 1965년까지 이 협회 회장을 지냈다. 그리고 1936년에 잡지 「개혁주의 철학」(Philosophia Reformata)를 공동으로 발간했다. 뿐만 아니라 그는 칼빈주의적 세계관에 대한 확산을 위해서 국립대학내에도 기독교 철학 교수 석좌제가 존재해야 한다고 생각하여 기금을 조성했다.

1950년에 볼렌호번 박사는 「철학사」(Geschiedenis der Wijsbegeerte)을 내면서도 칼빈주의적 접근 방법을 시도했다. 그의 논문들은 대부분 「개혁주의 철학」 잡지에 기고되었다.

43. 알란 A 부삭
Alan Aubrey Boesak : 1946-

1973년 봄 어느 날 뿌라야 대학교 안에 흑인 신학(Black Theology)에 대한 세미나가 열린다는 광고가 게제되었다. 더구나 함께 공부하던 학자 가운데 신약학을 전공하고 있던 미국에서 온 버질 크루즈(Cruz) 교수가 그날 발표를 한다기에 따라 갔었다. 크루즈 교수는 인디아나주에서 왔는데 아버지는 백인계이고 어머니는 흑인이었다고 한다. 말 그대로 그는 유색인종이요, 백인도 흑인도 아닌 그런 사람이었다. 1970년대만 해도 전 세계적으로 유행하던 신학중에 하나가 이른바 상황의 신학(Contextual Theology)이었다. 예컨대, 당시 한국에서는 윤성범 박사가 황색신학(Yellow Theology)을, 인디언들은 홍인신학(Red Theology)을, 남미는 해방신학을, 아프리카와 미국의 흑인들 사이에는 흑인신학이 유행이었다. 예수를 민족주의적 관점에서 이해하려고 했다. 지금 생각해보면 그것은 한 시대의 유행병처럼 지나가는 물결에 불과했다.

그날 발제 강의에 나선 버질 크루즈 교수는 미국의 흑인신학의 흐름을 잘 개요했다. 그런데 한 젊은 흑인 학자가 앞으로 뛰어나가면서 비판을 했다. 그는 남아프리카 공화국에서 와서 화란 캄펜신학대학교에서 공부하는 알란 부삭(Alan A. Boesak)목사였다. 그는 말하기를 "검둥이라고 다 같은 검둥이가 아니다 미국의 검둥이는 겉모양만 검둥이고 속은 모두 흰둥이다. 그러나 아프리카의 검둥이는 겉도 검지만 속도 검다. 그러므로 미국의 검둥이는 겉모양뿐이고 모두가 자본주의 사상에 물들어져 있고 부르주아의 사상을 갖고 있다. 그러므로 우리 아프리카와는 다르다"고 일격을 가했다. 세미나 회의장은 이 젊고 당돌한 남아공의 청년 신학자를 눈여겨 보았다. 나는 그가 하도 당돌하고 역사의식과 문제의식을 갖고 있기에 캄펜에 갈 일이 있어서 그의 집을 방문하고 대화를 나눈 적이 있다. 이 분이 바로 후일 「세계 개혁교회 연맹」(World Alliance of Reformed Churches)총재가 된 분이다.

알란 부삭은 1946년 남아프리카 케이프에 있는 카케마스에서 출생했다. 그는 흑인으로서 차별을 당하면서 성장했다. 그래서 그는 한이 많은 젊은이였다. 그러나 그는 머리가 비상해서 웨스턴 케이프대학교와 네데듀이즈 개혁신학교를 뛰어난 성적으로 졸업했다. 그는 더 큰 꿈을 가지고 있었기에 화란의 캄펜신학대학교와 뿌라야 대학교에서 공부했다. 뿐만 아니라 미국의 유니온신학교에서 연구 활동을 계속했다.

목사로 안수 받은 부삭은 벨빌에서 목회를 하는 가운데 그는 네데듀이즈 개혁교회의 총회장이 되었다. 그리고 남아프리카교회 협의회 부회장도 역임했다. 뿐만 아니라 부삭 목사는 남아프리카에서 저항 운동을 주도한 연합 민주전선을 창설했다. 이러한 공로를 인정을 받아 그는 많은 상과 명예박사 학위를 받았다. 특히 부삭 목사는 개혁주의 전통과 흑인신학 그리고 성경연구를 통해서 학문적인 성취로 개혁교회에 큰 영향을 끼쳤다. 또한 목회에 대한 그의 열정과 정의에 대한 열정과 헌신 등이 남달랐기에 남아공화국 안팎으로 정치와 사회의 투쟁사의 중요 인물이 되었다. 왜냐하면 그는 백인들의 인종 차별 정책을 비판하고 남아프리카

백인계 개혁교회 회원 자격 정지 운동도 서슴지 않았기 때문이다. 결국 그는 1982년 캐나다의 오타와에서 「세계 개혁교회 연맹」의 총재가 됐다. 그러나 부삭은 그로 말미암아 많은 협박과 공격을 받았고 수감되기도 했다. 부삭은 개혁주의 전통에 도전을 주었을 뿐 아니라 세상 권력자들에게도 커다란 도전이 되었다. 그의 단호한 입장을 정리한 다수의 책이 출간되었다. 대표적인 저서로는 「순수에 대한 작별」(1976), 「흑인과 개혁주의」(1984), 「만일 이것이 반역이라면 나는 유죄다」(1987), 「위로와 저항」(1987) 등이 있다. 이 책들은 9개 국어로 번역 출판될 정도로 파급 효과가 컸다. 그러나 그의 성장가도가 너무 빨랐는지? 아니면 그가 말한 순수가 잘못되었는지 얼마 후에 그는 스캔들로 세계 개혁교회 연맹 총재직을 사임했다. 그는 남아공화국에서 대통령감으로 추천될 정도로 인기 있고 의식 있는 지도자였다.

44. 얀 더 브라인
Jan De Bruijn : 1948-

나는 모교인 화란 암스텔담의 뿌라야 대학교를 방문할 때마다 꼭 들리는 곳이 몇 곳 있다. 그중에 하나는 화란의 위대한 교회사학자이자 최초로 아브라함 카이퍼 대상을 받은 푸칭거(G. Puchinger)박사가 소장으로 있던 「화란 개신교 역사 문헌 센터」(Historisch Documentaire Centroem Voor het Nederlands Protestantisme Van de Vrije Universiteit)이다. 거기는 1800년대 이후 화란 개혁 교회의 자료 특히 카이퍼, 바빙크, 스킬더, 흐룬 반 프린스터 등 다른 곳에서는 찾을 수 없는 희귀하고 진귀한 자료들을 볼 수 있다. 그래서 나는 거장 푸칭거 박사를 가끔 만났다. 이제 세월이 흘러 푸칭거 박사가 물러나고 새로운 연구소장으로 젊은 얀 더 브라인 박사가 취임했다. 나는 더 브라인 박사가 지도하는 뿌라야 대학교의 연구소와 내가 운영하는 한국 칼빈주의 연구원과 박물관과의 서로 협력체계를 구축하고 자매 관계를 맺었다. 그리고 앞으로 지속적으로 상호 협력하기로 했다. 말이 협력이라고 했지만 실제로는 우리가 그쪽의 도움을 얻기 위함이었다.

그 후 나는 여러 차례 학교를 방문하고 자매 관계를 확실히 하기 위해서 더 브라인 박사를 한국에 초대하기로 했다. 조건은 왕복 여비와 체재

비를 담당하기로 하고 치밀히 준비를 했다. 드디어 1997년 종교개혁 기념 주간을 맞이해서 "칼빈주의적 정치 모델로서의 아브라함 카이퍼"란 주제로 강연을 하기로 했다. 장소는 분당의 한국 칼빈주의 연구원과 종로 5가 100주년 기념관 소강당을 빌리고 포스터와 대대적인 광고를 내어서 강당을 가득 매웠다. 사실 이런 주제의 강연은 한국에서 처음 있는 일이었다. 칼빈주의에 관심 있는 분도 참석했지만 기독교 정치에 관심 있는 분들도 왔다. 국회에서는 황우여 의원과 박세직 의원도 참석했고 화란의 대사도 참여했다. 나는 이런 행사들을 통해서 칼빈주의는 신학뿐 아니라 삶의 전 영역에 하나님의 왕권을 세우고 하나님의 영광을 드러내야 한다고 했다. 그뿐 아니라 나는 더 브라인 박사를 모시고 서울대학교 교수 세미나실에서 기독교 교수들을 위한 간담회도 가졌다. 당시 손봉호 박사와 강신후 박사 등 여러분이 참가했다. 이 일로 말미암아 더 브라인 박사와 나는 참으로 형제처럼 가까이 지내게 되었고 내가 암스텔담을 방문할 때마다 그는 나의 좋은 파트너가 되었고, 그쪽에서 새로운 연구 자료가 있으면 즉각 나에게 우송되었다. 1978년 푸칭거 박사의 제1회 아브라함 카이퍼 대상 강연집 출판을 위해서 미국의 칼빈신학교와 한국 칼빈주의 연구원과 카이퍼 센터 후원회 회장인 더 브리스(Dr. Rimmer De Vries) 박사가 후원하였다.

더 브라인(Jan De Bruijn) 박사는 1948년 화란의 흐메르트에서 목사의 아들로 태어났다. 그는 류베르덴의 흐룬 반 프린스터 학교와 김나지움에서 공부하면서 이미 화란 근대사에 눈 뜨기 시작했다. 그 후에 그는 흐로닝겐 대학교(Groningen Universiteit)에서 법학을 전공하고 1970년에 졸업했다. 그러나 그는 박사과정에서는 법학에서 역사학으로 전공을 바꾸고 1977년에 박사시험(Doctoral Examen)에 합격해서 Drs. 학위를 받았다. 그리고 2년 후인 1979년에 문학박사 학위를 수득했다. 화란의 역사는 곧 교회사이므로 우리식으로 하면 교회사학자 또는 역사신학자라고 할 수 있다. 그가 박사 학위를 받자마자 모교인 흐로닝겐 대학교에서 역사 연구를 위한 연구원으로 임명된 후 곧바로 전임강사가 되었다. 1982년에는 암스텔담 뿌라야 대학교 소속 "화란 역사 자료 연구소"의 상임 연구원으로 초빙되어 일하다가 4년 후에 게리트 푸칭거 박사가 은퇴하자 연구소 소장이 되었다. 그리고 1993년에는 뿌라야 대학교 법학부의 석좌교수로 임명되었다.

더 브라인 박사의 연구주제는 19세기의 칼빈주의 운동의 기초를 놓은 기욤 흐룬 반 프린스터(Guillaume Groen Van Princetere)와 칼빈주의 운동의 꽃을 피운 아브라함 카이퍼(Abraham Kuyper)에 대한 것이다.

더 브라인 박사는 「돕는 손길」(Helpende Handen)이란 책을 저술했다. 이는 1932년부터 1997년까지 뿌라야 대학교를 도운 숨은 여성들의 손길을 정리한 것이다. 그리고 그의 야심작인 「아브라함 카이퍼, 자료를 통해서 본 일대기」(Abraham Kuyper, een Beeldbiografie)(2008) 등이 있다. 이것은 400여 페이지의 책으로 아브라함 카이퍼의 자료집으로는 최고의 가치가 있다. 그리고 Cornelias Vander Kooi와 공동으로 편집한 「아브라함 카이퍼의 생애와 작품에서 다시 살펴본 다양한 모습」(Kuyper Reconsidered Aspects of His Life and Work)(1999) 등이 있으며, 흐룬 반 프린스터와 아브라함 카이퍼 연구에 대한 많은 팜플렛과 논문들이 있다.

45. 미첼 비하리
Michal Bihary : 1926-

　미첼 비하리 교수는 체코슬로바키아의 칼빈 신학자이다. 아마 대부분의 한국 신학자들이나 목사들은 체코슬로바키아 같은 나라에 무슨 개혁주의 신학자가 있을까?라고 생각하기 쉽다. 물론 나도 이전에 그런 생각을 했다. 지금은 체코와 슬로바키아가 다른 나라로 분리되었지만 한때 이들은 언어가 유사했기에 같은 나라로 살았다. 내가 체코에 대한 선입견을 버린 몇 가지 이유가 있다. 첫째, 나의 책「한국 교회 설교사」가 체코어로 번역된 후 직접 체코의 수도 프라하를 방문하고서 부터다. 둘째, 세계 개혁주의 신행협회 세계대회나 국제 칼빈대회에 참석하면서 체코의 칼빈학자 미첼 비하리와 교제하면서 부터다. 셋째, 사실 체코는 위대한 종교 개혁자를 둘씩이나 배출해 낸 나라이기 때문이다.

　우선 종교개혁 이전의 개혁자인 얀 후스(Jan Huss, 1373-1415)를 살펴보면 다음과 같다. 보헤미아(현 체코)의 개혁자이며 순교자인 후스는 보헤미아 후스넥에서 가난한 농부의 아들로 태어났지만 프라하 대학에서 문학사, 문학 석사를 마치고 신학을 공부한 후 목사가 되었다. 그는 프라하 시내 있는 베들레헴 교구 목사 겸 설교자로 임명받고 동시에 프라하 대학의 총장이 되었다. 후스의 설교는 크게 두 가지였다. 하나는 오직 의인은 믿음으로 산다는 메시지였고, 다른 하나는 성경만이 신학과 신앙과 생활의 유일한 법칙임을 믿고 힘 있게 외쳤다. 로마 가톨릭과 정부 당국은 그를 체포해서 감옥에 가두었으나 끝까지 신앙의 정절을 지킴으로 1415년 불타는 장작더미에 매달려 장열하게 순교를 당했다. 그는 마지막 숨을 거두면서도 찬송을 부르고 그의 추종자인 지스카 장군에게 말하기를 "생명이 다하는 순간까지 진리를 지키라"는 유언을 남겼다. 그래서 지스카 장군은 후스당을 조직해서 로마 가톨릭에 조직적으로 저항했다. 이는 마틴루터가 종교개혁을 하기 100년 전의 일이었다. 만약 후스의 순교가 없었다면 루터의 종교개혁도 없었을 것이다. 그러므로 진정한 의미에서 종교 개혁의 시작은 프라하의 후스로부터 시작되었다고 볼 수 있다. 나는 이 사실을 알고부터 프라하 시내를 샅샅이 뒤졌다. 서점, 골동가게, 옛날 개혁교회의 창고를 뒤지면서 후스의 흔적을 찾아보았다.

체코가 낳은 또 한분의 위대한 지도자는 대 교육학자요, 칼빈주의 설교가였던 코메니우스(J. A. Comenius 1592-1670)였다. 보헤미아 모라비아 형제단 교회의 목회자, 신학자, 교육학자인 코메니우스는 위대한 학자였다. 천재적 라틴어 실력에다 독일의 나소(Nassau)의 헤어본(Herborn) 칼빈주의 대학교에서 신학과 철학을 공부했다. 여기서 그는 요한 칼빈의 신학 사상을 배우고 천년왕국설을 섭렵했다. 나는 코메니우스의 행적을 따라서 헝가리의 싸로스파탁신학교 박물관과 화란의 나르덴(Narden)의 코메니우스 박물관들을 섭렵하면서 자료수집에 정열을 쏟았다.

내가 위대한 체코의 두 인물을 위해서 소개한 것은 비하리 같은 위대한 신학자가 그냥 나온 것이 아니라는 것을 말하기 위함이었다. 비하리 교수는 전형적인 슬라브 민족 같은 인상을 받았는데 이마가 넓고 눈이 컸다. 국제 칼빈학회에 가면 때로는 밤에 그와 오랫동안 이야기를 나누었다. 왜냐하면 나는 체코의 교회와 신학의 분위기에 대해서 관심을 많이 가졌기 때문이다. 1998년에 그는 내가 운영하는 한국 칼빈주의 연구원을 방문했다. 그런데 나에게 귀한 선물로 책 한권을 주었다. 그것은 비하리가 쓴 1850년부터 1997년까지 전 세계 칼빈에 대한 저서와 논문들을 정리한 카다로그였다. 그는 한 평생 유럽과 미국을 드나들면서 칼빈의 자료를 섭렵하고 정리했다. 책 이름은 이러했다. 즉「Bibliographia Calviniana, Calvins Werke Und ihre Ubersetzungen, Calvins Works and Their Translation 1850-1997」이었다. 200페이지 분량의 이 책은 칼빈의 도서목록 가운데는 가장 잘 된 것이라고 본다.

그는 1926년 10월 21일 체코슬로바키아 남부의 코마노에서 출생했다. 1948년에 코메니우스 학부를 졸업하고, 1952년에는 슬로바키아 개혁교회에서 20년 동안 목회를 했다. 목회를 하면서도 스위스 쥐리히 대학에서 공부했으며, 훌륭한 논문들을 많이 써내었다. 그리고 나중에는 체코슬로바키아 교회일치운동 평화운동에 적극 참여했다.

한편 비하리는 1972년부터 1986년까지 코메니우스 학부에서 교목 겸 교수로 일했다. 그래서 그는 주로 칼빈의 신학을 강의하면서 교의학과 교회사를 가르쳤다. 1972년 이후에는 세계 칼빈대회에 줄곧 참석했다. 그의 노력이 인정받아 영국의 에딘버러대학교, 미국의 프린스턴신학교에서 강의도 했다. 비하리는 현재 프라하의 찰스대학교 코메니우스 학부(즉 개신교 신학부)교수를 역임하고 있다.

46. 프란시스 쉐퍼
Francis Schaeffer : 1912-1984

필자가 이 글을 쓰고 있는 이 순간에도 나는 카세트를 통해서 쉐퍼 박사의 명강의 "현대사상의 발전"이란 메시지를 듣고 있다. 그만큼 나는 그의 사상과 그의 강의를 좋아한다.

특히 나는 스위스 라브리, 화란 라브리, 영국 라브리 등에서 수집한 상당량의 쉐퍼의 강의와 설교 카세트들을 가지고 있다. 쉐퍼의 음성은 얼른 들으면 여자의 음성과 흡사하다. 거기다 빠른 말씨에 사상적으로 점프가 심해서 그러나 쉐퍼는 그의 임종 시까지 전 세계를 누비면서 자유주의 사상을 비판하고 다시 성경적으로 돌아갈 것을 힘 있게 외쳤다. 그가 가는 곳마다 변화의 역사, 화해의 역사가 일어나고 방황하는 현대지성인들에게 꿈과 비전을 주었다. 실로 그는 20세기의 위대한 복음전도자, 개혁주의 신학자, 위대한 설교가이자 사상가였다.

1973이라고 기억한다. 필자와 프란시스 쉐퍼와의 첫 만남은 화란의 엑엔 빌(Eck en Wil)에 있는 화란 라브리 공동체였다. 필자가 화란 뿌라야 대학교에 가서 공부를 시작했을 때 나의 룸메이트인 우간다 출신의 케파 셈팡기(Kefa Sempangi) 목사가 라브리 공동체를 아느냐고 물었다.

그리고 로끄마께 박사를 아는가? 프란시스 쉐퍼를 아는가?라고 했다. 세계의 신학과 흐름에 무식했던 나로서는 당연히 처음 듣는 말이라고 했다. 유학을 가기 전에 총신대학교에 강사를 하면서 농촌개척교회 목회를 3년 했고 군목으로 3년 근무한 것 밖에 없는데다 국제 관계에 대해서 정보가 별로 없던 총신의 분위기에 자란 나는 부끄럽기 그지 없었다. 후일 셈팡기 목사는 로끄마께 아래서 미술사를 공부하고 귀국했으나 우간다의 독재자 이디 아민의 박해를 받게 되어 미국으로 도피해서 웨스트민스터신학교에서 박사 학위를 받고, Kampala대학 교수와 교육부 장관을 역임했다.

그는 나에게 말하기를, 토요일 오후마다 로끄마께 박사가 직접 차를 운전해서 암스텔담부터 우트레흐트 근방인 화란 라브리 펠로쉽까지 가니까, 같이 가서 강의를 들을 마음이 있는가 라고 물었다. 나는 그렇지 않아도 주말에는 너무나 외롭고 힘들 때였기 때문에 기꺼이 라브리로 가기로 했다. 그 후 나는 칼빈주의적 미술사의 대가요, 프란시스 쉐퍼와 함께 라브리 공동체 운동의 지도자인 로끄마께 박사의 강의를 주말마다 들었다. 12시 반에 암스텔담에서 출발해서 화란 라브리 공동체에 도착하면 2시부터 밤9시까지 벽로 곁에서 앉아 쏟아내는 로끄마께의 강의는 지칠줄 몰랐다. 그러기를 1년이 지났을까? 1973년 하루는 라브리 공동체에 참석한 멤버들이 웅성웅성했다. 나는 영문도 모르고 무슨 특별한 이벤트가 있는 줄 알았다. 얼마 후에 엑 크 엔 빌 거리에 키가 짧달막하고 장발에다 등산할 때 착용하는 각반을 두른 프란시스 쉐퍼가 걸어 왔다. 쉐퍼를 좋아하고 따르는 수많은 청년들이 그를 에워싸고 쉐퍼!쉐퍼! 하고 환호했다. 그때 나는 흡사 오늘의 유명한 연예인이나 운동선수, 유명 정치인을 환호하는 느낌을 받았다. 가까운 근교의 작은 교회의 강단에서 쉐퍼 목사님의 설교가 시작했다. 그는 넥타이를 매지도 않았고 목까지 덮은 티 위에 겉옷을 입었고, 천상 젊은이들이 좋아하는 스타일이었다. 나는 속사포처럼 쏟아내는 그의 메시지를 듣게 되었다. 그러나 그때 영어 실력이 짧아 설교의 내용을 모두 알아들을 수는 없었다. 그럼에도 불구하고 내가 쉐퍼의 설교를 처음 들었을 때 많은 감동과 충격을 받았다. 그는 현대문명을 예민하게 비판하면서 역사적 개혁주의 신학과 신앙을 대안으로 제시하였다. 그리고 그는 철학적 배경 위에 선 현대주의 신학, 자유주의 신학의 문제를 예리하게 비판했다. 라브리 공동체 참여하는 사람은 교수, 교사, 엔지니어, 농부, 목사, 신학생, 음악가, 미술가, 조각가, 철학자 등 참으로 다양했다. 다양한 분야에서 활동하는 사람들이 현대에 고뇌하는 문제를 성경적으로 해결하려고 끊임없이 노력했다.

그날 오후에 나는 겁 없이 쉐퍼 박사와 만나자고 했다. 쉐퍼와 나는 독방에 들어가 함께 기도했다. 기도하면서 쉐퍼 박사는 가슴으로 나를 꼭 껴안았다. 그리고 우리 둘은 같이 껴안고 세계 교회와 한국 교회를 위해서 기도했다. 나는 쉐퍼 박사와 체온을 함께 나누었던 경험을 두고두고 잊을 수가 없다. 화란 라브리에서의 그와의 첫 만남은 내 생애에 신선한 충격을 주었고, 자유주의 신학과 맞서 철저한 개혁주의 신학과 신앙을 지키며 신학자 이전에 복음 전도자로서 살아가야 한다는 강한 인상을 받았다. 후일 스위스 라브리를 방문했을 때 그날 저녁에는 쉐퍼 박사의 부인 에디 쉐퍼와 함께 같은 테이블에 앉아 그리스도 안에서 많은 이야기를 나누었다. 부인 에디 쉐퍼도 경건한 기독교 가정의 건설자로 오늘을 살아가는 우리들에게 모본을 보였다. 1976년 화란 유학생활을 마치고 한국으로 돌아온 후 나와 쉐퍼는 서로 기도의 제목을 나누면서 서신 교환을 지속했다. 그는 언젠가 내게 편지를 보내어 자기가 혈액암에 걸렸으니 기도를 부탁한다고 했다. 스위스 알프스로 가는 중턱에 몇 개의 농가를 개조해서 라브리(Labri : 피난처)공동체를 세우고, 전 세계 등산가들 그리고 방황하는 현대인들에게 불꽃같은 메시지로 갈 길을 제시했던 쉐퍼와의 만남은 나에게 너무나 소중했다. 그는 내 삶의 방향을 잡아준 탁월한 멘토였다. 내가 화란 라브리에서 4년간 공부했으니 아마도 내가 한국 사람으로서는 라브리 공동체에서 첫 번으로 수강했던 사람이지 싶다.

프란시스 쉐퍼 박사는 1912년 펜실바니아의 독일인 마을에서 노동자의 아들로 태어났다. 1930년 성경을 6개월간 읽고 중생의 체험을 했다. 이듬해 헴든시드니 대학교를 우등으로 졸업하고 웨스트민스터신학교에서 코넬리우스 반 틸 박사 아래서 공부했다. 그러나 이후 북장로교회의 신학적 위기를 보다 못해서 페이스 신학교에 들어가 1938년에 졸업했다. 졸업하던 그해 성경 장로교회에 목사 안수를 받고 언약 장로교회에서 사역했다.

그런데 1947년 그의 생애에 전환점이 왔다. 그는 장로교 해외선교부 독립이사회 대표로 또는 미국 교회 협의회의 해외협력부 간사로서 3개월 동안 유럽 여행을 했다. 1951년 그는 여행중 유럽의 영적 위기를 직감하고 유럽이 바로 선교지임을 알고 1955년에 알프스 중턱에 피난처인 "Labri"공동체를 세우고 방황하는 전 세계 사람들에게 하나님의 말씀이 유일한 대답임을 선포했다. 그는 「존재하시는 하나님」(1968), 「그러면 어떻게 살것인가」(1971), 「위기에 처한 복음주의」(1984) 등 수많은 작품을 출간했다. 그는 도예베르트, 반 틸, 로끄마커 등의 영향을 받아 문화변증학이란 새로운 접근 방식을 택했다.

47. 폴 슈로텐부르

Paul G. Schrotenboer :
1922-1998

폴 슈로텐부르 박사는 '개혁주의 에큐메니칼 대회'의 총무로서 25년을 봉사했다. 그래서 우리는 그를 RES총무라고 부른다. 본래 RES는 1946년 세계 개혁주의 신학을 갖는 교회들이 한 목표를 위해서 서로 유대를 갖자는 취지로 만들어졌다. 이 조직은 1949년에 암스텔담에서 좀 크게 발전했다. 그런데 한국 장로교회는 이른바 W.C.C나 I.C.C.C, NAE, RES등 세계적 조직과 함께 하느냐 하지 않느냐로 교회가 삼분오열로 나누어졌고, 그 고통은 고스란히 신학교와 교회들이 안게 되었다.

특히 합동측 교회는 그동안 입은 상처로 말미암아 의도적으로 외국의 국제적 기구와 단절했다. 그럼에도 불구하고 W.C.C와 I.C.C.C 와의 싸움이 한국에서 재현되고 I.C.C.C와 RES와의 싸움이 한국에 재현되었다. 그렇게 서로가 싸울 때 서로가 미국의 학자 누구가 혹은 독일의 학자 누구가 누구를 이렇게 비판했다는 식이어서 한국 교회는 싸우는 전쟁터가 되었다. 한때 합동측 교회는 RES에 가담했으나, 국제회의에 참석했던 총회대표들이 세계의 흐름을 잘 모르고 영어를 잘 알아듣지 못하는데서 오는 문화충격으로 탈퇴하게 되었다. 거기다가 RES 소속교회들 가운데 W.C.C에 함께 가입함으로써 I.C.C.C 쪽에서 비판하기를 RES는 용공주의자 W.C.C와 결탁했다고 하면서 문제를 삼았다. 결국 안팎의 복잡한 사건들로 말미암아 국제 기구와의 관계는 단절되었다. 그러나 총신의 명신홍 박사나 김의환 박사가 여전히 직간접으로 간여했기 때문에 총신의 본관 건물을 지을 때 많은 건축비를 미국의 CRC 교단에서 보내 왔다. 그러므로 나는 총신대학교의 학장으로서 그랜드 래피드를 방문했을 때 최소한 교단 총무인 호프만 목사와 세계적 지도자인 슈로텐부르 박사를 찾아가 감사의 인사를 드려야 했다. 내 이전의 학장이었던 김희보 박사는 10년 동안 학장을 하면서도 단 한 번도 우리에게 은혜를 준 교단을 방문하는 일도 감사한 일도 없었다.

나는 1981년 그랜드 래피드를 방문하여 CRC교단 총무를 만났을 때 그간의 협력과 도움에 관해 감사했다. 그리고 슈로텐부르 박사를 만났다. 그도 나를 반갑게 맞이하면서 그동안의 교단의 어려움을 물어 보곤 했다. 그러나 그의 나이도 이미 70을 바라보는 노인이었다. 그 후로도 나는 가끔 그랜드 래피드를 방문할 때마다 그와 여러 가지 의견을 교환했다. 그는 RES 교단의 일부교회가 이중적으로 W.C.C에 가입된 것은 사실이나 그것은 그 교회의 자유에 속한 것이니 만큼 어쩔 도리가 없다고 했다. 그러나 RES의 모교단인 화란 개혁교회가 자유주의로 변질되어 갔기 때문에 RES가 변질된 것만은 분명하다. 이 세상의 모든 조직이 다 그러하듯이 작게 시작할 때는 정체성(Identity)을 지킬 수가 있었으나 커지고 많아지면 변질된다는 것을 알 수 있다. 어쨌거나 폴 슈로텐부르 박사는 RES의 4반세기 동안의 산 역사의 증인이기도 했다.

폴 슈로텐부르 박사는 칼빈대학교와 칼빈신학교를 졸업하고 웨스트민스터신학교에서 신학석사(Th.M) 학위를 받고 뜻한바 있어 화란으로 유학가서 1955년에 G. C 벨까우어 아래서 신학박사(Dr. Theol) 학위를 수득했다. 학위를 마치고 미국으로 귀국한 그는 약 9년 간 목회 일에만 전력을 다했다. 그러다가 1964년 RES 총무로 임명되어 1988년 은퇴할 때까지 재임했다. 그의 총무시절 「국제 개혁잡지」, 「개혁주의 에큐메니칼 대회의 신학광장」, 「개혁주의 에큐메니칼 선교잡지」 등의 편집책임자로 일했다. 저술가로서 슈로텐부르는 개혁주의 연합과 칼빈주의 사상에 관한 다수의 저서와 소책자와 논문을 발표했다. 즉 「새로운 변증학」(1955), 「신앙과 그 문제점」(1958), 「종교의 성격」(1964), 「에큐메니칼 운동」(1967), 「남아공의 갈등과 희망」(1968), 「학문에의 헌신」 등이 그 예이다. 그 외에도 칼빈신학교 이사, 웨스트민스터신학교 이사, 캐나다 토론토의 기독교 학문연구소 이사장을 역임하면서 왕성한 활동을 했다.

48. 하루나, 슈미토
春名純人 : 1935-

    1984년 나는 일본 고베신학교 교장이며 일본 칼빈학회(J.C.A) 회장인 하시모토 목사의 초청을 받아 고베개혁파신학교와 일본 셍가리 수양관에서 열린 일본 칼빈학회의 특별 강연을 했다. 당시 셍가리는 깊은 산골짜기에 만들어진 참으로 대단한 컨퍼런스 장소였다. 그곳은 끝없이 펼쳐지는 숲길을 구불구불 돌아서 참으로 한적하고 아름다운 장소에 지어진 정말 일본다운 수양관이었다. 거기서 나는 칼빈에 대한 특강을 마치고 하시모토 교장과 함께 차를 타고 오면서 진지하고 심각한 대화를 나누었다.

    하시모토 교장은 일본 칼빈학회 회장일을 그만두고 그 후임으로 관서학원대학교 철학 교수인 하루나 슈미토에게 넘겨주게 되었다고 했다. 그는 자기가 평생 섬기던 교회의 장로이면서 고베신학교에서 자기와 함께 사역하던 학자인데 앞으로 정 박사와 함께 한・일간의 칼빈주의 발전에 피차 협력했으면 좋겠다는 의견을 내어 놓았다. 나는 그의 뜻을 따라 양국의 학자들이 서로 협력하기로 했다. 하지만 사실 그때까지 한국 교회는 칼빈학회가 없었다. 한국 칼빈학회라는 간판은 이종성 박사가 갖고는 있었으나 그 흔한 세미나나 심포지움 한번 가진 일도 없었다. 한국 교회는 일본 교회보다 수십배 큰 교회를 갖고 있었지만 당시 칼빈과 칼빈주의 연구 활동이 전무하다시피 했다. 이에 반해서 일본 칼빈학회(JCA)는 개방적이어서 교수, 목사, 역사가, 의사, 변호사, 신학생 등 칼빈과 칼빈주의 세계관에 뜻있는 200여명의 회원을 거느리고 활동하고 있었다. 이것은 한국과 일본의 교회와 신학 활동을 비교해 볼 수 있는 좋은 사례라고 생각된다. 한국 칼빈학회는 1986년 가을에 나를 비롯한 한철하 박사와 뜻있는 학자들에 의해서 재건되기는 했지만, 회원은 주로 신학교 교수들로 한정된 것은 아쉬움으로 남는다. 하여간 나는 그 일이 있은 후에 하루나 교수와 적극적으로 교통했고, 직접 관서학원대학교의 그의 연구실과 그의 자택을 방문했다. 그때 하루나 교수는 일본화가가 그린 칼빈상 초상을 내게 선물로 주었다. 관서학원 신학부는 자유주의 신학의 경향을 띠고 있었지만, 하루나 교수 등을 비롯해서 몇몇 교수들은 철저한 개혁주의 신앙의 소유자들이었다. 1988년 10월에 나는 "아브라함 카이퍼 자료 전시회"를 종로 5가 100주년 기념관에서 개최했다. 그리고 그전에 1987년에는 양화진 선교 100주년 기념교회에서 "칼빈 자료 전시회"를 가진 바 있었다. 그때 하루나 교수는 장문의 편지를 써서 축하의 인사를 했다. 그 일부를 소개하면 다음과 같다.

> "본인은 한국에서 한국 교회와 후학들에게 하나님의 위대한 종인 요한 칼빈과 그의 후계 자들의 생애와 사상을 연구하도록 격려하기 위하여 한국 칼빈주의 연구원을 개원하신 정성구 박사님을 매우 존경합니다. 또한 작년에 칼빈 전시회가 대단히 성공적이었다는 소식을 듣고 매우 기뻤습니다. 본인은 이번 전시회 역시 아브라함 카이퍼의 생애와 사상과 다양한 활동들을 한국 교회와 후학들에게 소개하는 좋은 기회가 될 것을 바라며, 성공적인 기회가 되도록 충심으로 기원 드립니다. …"

하루나 교수는 일본에서 칼빈주의 철학의 대표이자 변증학의 대가이다. 나는 1990년 10월 27일에 종교개혁 473주년 기념식에 해외 석학 초청 강좌를 했는데 한분은 헝가리의 사로스파탁 신학 아카데미(Sarospatak Theological Academy)의 원장이자 역사 신학자인 리챠드 홀식(Richard Horsick) 박사이고, 또 한분은 하루나 수미토 교수였다. 하루나 수미토는 일본사람으로는 잘 생긴 학자풍의 교수였다. 그는 깔끔하고 섬세하면서도 칼빈주의 세계관에 철저한 일본학자였다. 참으로 칼빈주의 세계관을 가진 일본사람으로서 보기 드문 인물이다. 그때 한국 칼빈주의 연구원에 초대되어서 행한 그의 강의 내용은 역시 "아브라함 카이퍼의 칼빈주의적 세계관"이었다. 하루나 교수와 나는 국적은 달리해도 같은 신학, 같은 신앙, 같은 세계관을 가진 신앙의 동지다.

하루나 교수는 일본 개혁교회의 장로다. 말하자면 그는 평신도 신학자요 기독교 철학자인 셈이다. 그는 칼빈주의적 세계관과 철학을 학문적으로 정리하기 위해서 한 평생을 바쳤다. 그는 1935년 일본 고베(神戶)에서 출생했다. 오사까대학교에서 철학으로 학사, 석사, 박사 학위를 수득했다. 그 후 일본 고베개혁파신학교에서 일 년간 신학을 전공했다. 그리고 또다시 웨스트민스터신학교에 유학가서 기독교 변증학과 기독교 철학을 연구했다. 그 후 1979부터 1980년까지 그리고 1990년 두 번에 걸쳐서 암스텔담 뿌라야 대학교에서 기독교 철학을 연구했다.

그는 1973년에 일본 관서학원대학교의 철학교수로 임명되어 평생을 가르쳤다. 뿐만 아니라 그는 고베개혁파신학교에서 변증학, 현대신학, 기독교 철학을 강의했으며 1984년 이후로 일본 칼빈학회(JCA)의 회장을 지냈다. 철저한 칼빈주의자인 하루나는 칼빈주의 철학에 대한 많은 저서와 논문을 썼다. 예컨대, 「철학과 신학」(1984), 「칼빈과 칼빈주의」

(1987), 「종교와 과학 그리고 철학」(1992), 「이론적 사상의 종교적 전제」(1993), 「기독교 유신론의 세계관과 인생관」(1994) 등이 있고, 번역서로는 헬만 도예베르트 박사의 「서구사상의 황혼」(1979), 슈크르만의 저서를 번역한 「기술사회의 반사작용」 등이 있다.

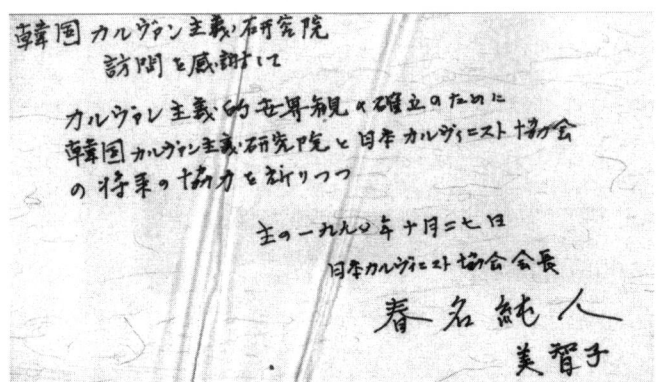

1990년 일본 칼빈주의 협회 회장 하루나 수미토 박사가
한국 칼빈주의 연구원을 방문하여 남긴 축하의 글

49. 알빈 스넬러

Alvin Roy Sneller : 1931-1993
한국명 : 신내리

알빈 스넬러 박사는 오히려 신내리 선교사 또는 신내리 목사님으로 부르는 것이 더 편하다. 그는 28세의 나이에 한국 선교사로 와서 33년 동안 한국의 농촌 선교를 위해서 몸 바쳤던 진실한 선교사이다. 그는 고신과 총신, 합신 등에서 교수를 역임하면서 철저한 개혁주의 신학자로서 우리에게 삶의 모범을 보여주신 분이다. 아이처럼 웃는 해맑은 미소를 지닌 그리고 늘 겸손하고 진실한 사랑을 보여준 그는 아마도 선교사로서 가장 좋은 롤 모델이었다고 생각한다.

내가 스넬러 목사를 만난 때는 1962년이었다. 그때 총신대학교의 우리 클라스에 영어 회화 과목이 있었는데 우리는 그의 지도를 받았다. 원래가 말이 다소 느린데다, 아직 한국에 선교사로 온지 3년이 채 안 된 초보 선교사였다. 우리가 그에게서 영어를 배우기보다는 그가 우리에게서 한국어를 배우는 듯한 인상도 받았다. 1962년 동산교회에서 박윤선 목사님을 모시고 일할 때, 스넬러 목사님은 그 누구보다 나를 좋아했다. 왜냐하면 그가 한국에 오게 된 동기가 당시에 한부선 선교사와 박윤선 박사와 한상동 목사의 초청으로 한국에 선교사로 왔기 때문이다.

그 당시 우리가 받은 인상은 참으로 그가 겸손하고 진실한 선교사라는 것이다.

내 생애에 그와 몇 번의 결정적인 만남이 있었다. 그중에서 1985년에 내가 한국 칼빈주의 연구원을 세우고 이듬해 "16세기 종교개혁자 요한 칼빈의 자료 전시회"를 한국 선교 100주년 기념교회 지하에서 개최했을 때 스넬러 박사는 열일을 제쳐 놓고 대전에서 올라와서 칭찬과 격려를 아끼지 않았다. 참으로 감사한 일이 아닐 수 없었다. 그리고 이듬해인 1988년 종로 5가 100주년 기념관을 빌려 "칼빈주의 신학자, 정치가, 언론인 아브라함 카이퍼" 전시회를 가질 때도 그는 거기 나타났다. 그는 원래 성경 장로교회의 선교사로서 신학은 철저히 칼빈주의적이면서 보수주의자였고 특히 프란시스 쉐퍼 박사의 노선을 힘 있게 붙잡았다. 내가 화란 유학시절에 라브리 펠라우쉽에서 공부한 것과 쉐퍼 박사와 교제하는 것을 알고 그는 항상 나를 후원하고 있었다. 한번은 그와 대화 하는 중에 대전에 있는 그의 선교본부인 그의 자택에는 미국과 한국에 귀중한 칼빈주의 학자들의 육성 강의와 설교의 테이프가 많다는 것을 알았다. 그래서 나는 두 번에 걸쳐 그의 자택을 방문하여 그 자료 중에 중요한 일부를 구입하기도 하고 복사해 달라고 요청하기도 했다. 그래서 지금 한국 칼빈주의 연구원에는 박형룡 박사의 교의학 강의 육성 녹음이 거의 다 보관되어 있다. 그리고 또 박윤선 박사의 강의와 설교들이 있다. 그 외에도 에드워드 영, 코넬리우스 반 틸, 헬만 리델보스, 프란시스 쉐퍼, 헨드릭슨, 더용, 크로밍가 등의 수천종의 카세트 테이프가 보관되어 있다. 물론 내가 미국과 유럽 등지에서 입수한 것도 많지만 많은 부분은 스넬러 박사의 협력으로 이루어졌다.

그리고 스넬러 박사가 내게 아주 큰 도움을 준 것은 내가 쓴 한국 교회 설교사를 영어로 번역할 때 상당부분의 교정을 보아주었을 뿐 아니라, 영어로 출판 될 때 추천서를 써주었다. 내 책 영어 타이틀은 「Korean Church and Reformed Faith」이었는데 그는 다음과 같이 추천서를 썼다.

"한국 교회는 세계에서 그 유래를 찾아 볼 수 없는 급성장한 교회입니다. 독자들은 이 책에서 저자가 한국 교회의 지도자들을 다루면서 그들이 가졌던 비밀 즉 하나님 중심, 성경 중심, 교회 중심을 잘 정리하고 있음을 알게 될 것입니다. 특히 일본의 침략과 공산주의 치하에서 굳건히 신앙을 지켜온 순교자들의 신앙을 그들의 설교를 통해서 밝혀내고 있습니다. 정성구 박사는 수년 전 칼빈주의 연구원을 개원했을 뿐 아니라 평생을 신학교의 교수로서 개혁주의 사상을 지켜온 분입니다. 제가 이 책을 추천하는 이유는 하나님께서 이 세상의 한 부분인 한국에서 행하신 위대한 사역을 이 책을 통해서 배우게 될 것이기 때문입니다.

Dr. Alvin R Sneller, Former Missionary of P.C.A for Korea.

스넬러 박사는 센트랄대학교와 페이스신학교를 졸업하고 칼빈신학교 대학원(Th. M)과 시카고의 트리니티 국제대학교에서 선교학으로 철학박사(Ph. D) 학위를 받으시고 그동안 고신대학교, 총신대학교, 합동신학교 등에서 가르쳤다. 그는 강원도에 교회가 없는 농촌지역을 돌면서 복음을 전했고 그리스도와 한국을 위해서 33년을 헌신했다.

그가 쓴 저서로는 「초대교회 100년 성장사」, 「신학사전: 개혁주의 신행협회편」, 「칼빈주의 신학과 선교」 등이 있다. 그리고 「신학지남」, 「합동정론」, 「고신 논문집」 등에 많은 논문들을 기고했다.

50. 로버트 B. 스트림플
Robert B. Strimple

　로버트 스트림플 박사는 평생 웨스트민스터신학교 교수로서 학장을 지낸 대표적인 학자 중에 한분이다. 안경넘어 번득이는 예민한 지성 그리고 평화스러움 그리고 리더십은 학자로서 뿐만 아니라 행정가로서 카리스마가 넘치는 분이었다. 내가 그를 만난 것은 1980년대 후반 캘리포니아의 웨스트민스터신학교를 방문했을 때였다. 그 당시는 한참 학교를 개발 중이었음으로 건물도 단조롭고 어수선했다. 주변에는 오렌지 밭이 있어서 오렌지가 탐스럽게 익어가고 있었다.

　사실 나는 그때 사전에 예약을 하지 못하고 학교에 갔었지만, 내가 총신대학교의 행정 책임자였기 때문에 깍듯이 예우해주었다. 스트림플 학장은 나를 행정동이며 도서관이며 강의실 등을 자세히 안내하며 투어를 시켜주었다. 내가 갔을 때는 마침 학기가 끝나고 D. Min 프로그램이 시작되고 있었다. 그 프로그램에는 당연히 한국 목사님들이 많이 왔다. 혹시 나를 그토록 극진히 예우하고 대접하는 것도 한국 목회자 모집을 염두에 둔 것이 아닌가 생각된다. 그는 나에게 전 필라델피아 웨스트민스터신학교 교장인 에드문드 클라우니 (Edmund Clouwney) 박사의 방을 안내했다. 물론 나는 그전부터 클라우니 박사와는 1980년부터 잘 아는 사이였다. 클라우니 박사는 한국 목사님들의 D.Min프로그램에는 반드시 내가 쓴 설교집 즉 구속사적인 강해설교를 읽히고 레포트를 쓰게 하겠다고 했다. 그리고 스트림플 박사는 나를 다시 제이 아담스(Jay Adams)박사실로 안내했다. 거기서 나는 기독교 상담학 분야 특히 지시적 방법의 대표적 학자인 그를 만나서 많은 이야기를 할 수 있는 기회를 얻었다.

그때 그는 나에게 앞으로 캘리포니아 웨스트민스터신학교가 필라델피아 웨스트민스터신학교 못지않게 크게 발전할 것이라고 말했다. 우선 당시의 교수진 상당수가 과거에 필라델피아 웨스트민스터신학교에서 교수로서 노하우를 쌓은 노교수들이 대거 서부로 합류했기에 학문적으로 오히려 더 훌륭한 교수들이 많다고 자랑했다. 그 뿐 아니라 캘리포니아주는 한국을 비롯한 제3세계 목회자 후보생이 많고 특히 이민 1.5세대나 2세대들이 많기 때문에 훨씬 더 발전할 수 있다고 힘주어 말했다.

스트림플 박사는 델아웨 대학교에서 B.A학위를 받은 후 웨스트민스터신학교에서 각각 B.D와 Th.M 학위를 받았다. 그는 신학교에 다닐 때 웨스트민스터신학교의 존 머리(John Murray) 교수 아래서 공부했다. 학위를 마친 후 그는 뉴저지 페터슨에 있는 이스턴대학교에서 가르칠 뿐 아니라 토론토 성경 대학교(지금은 Tyndale University College)에서도 가르쳤다. 그 후에는 모교인 웨스트민스터신학교로 와서 교수사역을 했다. 그는 1979년에 캘리포니아 웨스트민스터신학교 창설 멤버가 되어서 초대 학장으로 일했다. 스트림플 박사는 41년을 웨스트민스터신학교에서 교의학을 가르치면서, 명예교수, 명예학장을 역임하다가 2001년에 은퇴했다. 특히 2003년에는 웨스트민스터신학교 안에 스트림플 석좌교수 자리를 조직신학 분야에 만들기도 했다.

특히 스트림플 박사는 정통장로교회(O.P.C)의 신학연구 위원회의 회장을 지냈다. 또한 1986년에는 정통장로교회 50회 총회에서 총회장으로 피선되었다. 더욱이 그는 영국, 중국, 멕시코, 푸에토리코에서 교회지도자 양육에도 힘썼다. 그의 저서로는 「진정한 예수를 위를 현대적 연구」, 「천년설에 대한 세 가지 입장」, 「오늘의 신약 연구」, 「목회의 동기」, 「그리스도 예수」, 「로마가톨릭주의」, 「복음주의 위기」, 「웨스트민스터신학의 교의신학」, 「로버트 스트림플 박사의 기념 논총」 등이 있다. 스트림플 박사는 정통신학과 O.P.C교단의 지도자로 개혁주의 신학을 이끌어 온 분이다. 은퇴 이후에도 우리는 늘 서신 교환을 하면서 안부와 의견 교환을 나누었다.

51. 판 스페이커
W. Vant Spijker : 1926-

화란의 기독교 개혁파 교회(Christelijk Gereformeerd Kerk) 소속의 아펠돈신학대학교(Apeldoorn Theologische Universiteit)의 대표적 신학자를 소개하라고 한다면, 나는 당연히 벨레마 박사와 판 스페이커 박사를 들수 있다. 화란의 기독교 개혁파 교회는 아브라함 카이퍼나 스킬더가 교회개혁을 하기 전부터 화란 국교인 갱신교회(Hervormed Kerk)에서 분리해 나와서 16세기 요한 칼빈의 역사적 개혁주의 신학과 신앙을 바로 지키려는 사람들이 세운 교회이다. 그러므로 그 교단은 규모에 있어서도 매우 적고, 학교도 비교적 작았지만 신학적인 면에 있어서는 칼빈주의 신학과 신앙으로 무장된 진실한 교수들이 많았다.

사실 나도 1972년에 아펠돈신학대학교에서 박사과정을 공부할 뻔했다. 왜냐하면 유학 가기전 1968년에 아펠돈 신학 당국으로부터 입학허가에 대한 긍정적인 편지를 받은 적이 있고, 1972년에는 화란 뿌라야 대학교에서 다시 박사과정으로 올라갈 즈음에 아펠돈신학대학교에 관심을 갖고 벨레마 박사, 벨스테흐 박사, 판 스페이크 박사와 대담을 가진 일이 있었기 때문이다. 그로부터 4반세기가 지난 1986년에 내가 헝가리의 데브레첸 신학대학교에서 열린 국제 칼빈학회에 이종성, 한철하 박사

등과 함께 참석했을 때 판 스페이크 박사를 만났다. 물론 세월이 많이 지나서 그는 내가 누군지 알리가 없었고 그도 나도 이미 은발이 되었다. 나는 그가 아펠돈신학대학교의 교수로서 위대한 칼빈주의자며, 칼빈 연구가인 것이 반가웠다. 완전 은발의 머리이지만 얼굴은 참으로 맑고 밝은 분이었다. 그리고 누구에게나 친절하고 개방된 노학자였다. 우리는 국제 칼빈학회가 있을 때마다 만났고 서신도 교환했다.

판 스페이커 박사는 1926년 9월 21일 화란의 북쪽 쯔볼레(Zwolle)에서 태어났다. 그는 아펠돈신학대학교를 졸업한 후 1950년부터 1971년까지 화란 기독교 개혁 교회의 목사로서 20년 가까이 목회에 전념했다. 그러나 그는 바쁜 목양의 삶 가운데서도 끊임없이 종교개혁사를 연구했다. 그 결과 그는 드디어 1970년 "마틴부처의 직분론"(De Ambten bij Martin Bucer)이란 논문을 써서 암스텔담 뿌라야 대학교로부터 신학박사(Dr. Theol) 학위를 수득하였다. 그 이듬해에 그는 아펠돈신학대학교로부터 교수로 초빙 받아 한평생 교회사를 가르쳤다. 아울러 그는 "국제 칼빈 연구원"(Instituut voor Condeszoek Van de Reformatie)의 원장을 역임하기도 했다. 현재는 아펠돈신학대학교의 명예교수로서 전 세계의 신학대학교에 초청강사로 활약하고 있다. 2009년 칼빈 탄생 500주년을 맞이해서 고신대학교 개혁주의 학술원의 부름을 받아 "칼빈신학에 대한 지속적인 관심"이란 주제로 특별 강연을 했다. 그때 나도 "칼빈의 유산: 목회와 실천"이란 주제로 특강을 한 바 있다. 판 스페이커 박사는 그의 강연 말미에 다음의 내용을 강조했다.

"교회 공동체의 영적 자유는 경건에 기초되어 있어야 한다. 이것은 칼빈의 유산과 지속적으로 연관되는 본질적인 요소이다. 이러한 영성을 위한 기초는 그리스도와의 연합이다. 그리스도와의 연합이 없는 영성은 문화적 종교의 형식 외에 아무것도 제공하지 못하는 종교의 일반적인 형식에 불과하다. 그런 경우의 교회는 정부와 사회를 위한 메시지가 없다. 칼빈이 불러준 유언과 그가 죽기 몇 개월 전에 작성된 그의 고별사들은 그의 신학의 본질적인 것들 즉 변화되어서는 안 되는 것으로서 우리시대에도 말할 수 있는 본질적인 것들이 무엇인지 상기시켜 준다."

사실 이때 판 스페이커 박사는 칼빈의 유언을 통해서 오늘의 한국 교회에 던지는 메시지를 한 셈이다.

판 스페이커 박사의 저서로는「마틴부쳐의 직분론에 대한 실제성」(De Actualiteit van Martin Bucers Ambtsopvatting)(1971),「마틴부쳐의 신적 공의와 교회의 질서」(Goddelijk Recht en Kerkelijke arde bij Martin Bucer)(1972),「종교개혁과 역사」(Geetonmeende Van de Geschiedenis)(1983),「루터와 칼빈: 칼빈의 기독교 강요에 나타난 루터의 영향」(Lutter en Calvijn : De invloed Van Lutter op Calvijn blijkens de Institutie)(1985),「개혁주의와 세례」(Gereformeerden en Dopers)(1986),「성령과 말씀과 교회」(Geest, Woord en Kerk) 등이 있다.

52. 고든 스페이크만
Gordon J. Spykman : 1926-1993

　미국의 칼빈대학교에는 칼빈신학교보다 더욱 유명한 개혁주의 신학자와 칼빈주의 학자가 많다. 그중에 한명을 소개하려면 당연히 고든 스페이크만을 들수가 있다. 그는 한쪽 손과 한쪽 다리가 불편한 불구자였다. 내가 1980년에 그를 처음 만났을 때, 선천적인지 아니면 후일 나이가 들어서 그렇게 되었는지 물어보지는 않았지만, 어쨌던 그는 불편한 팔과 다리를 가지고 있었다. 그는 칼빈대학교 안에 신학과(대학에서는 성경과 종교학과)에 주임교수로 오랫동안 있었다. 나는 칼빈대학교를 방문할 때마다 그를 만났고, 그와 의견을 교환했다. 그리고 그러한 관계는 그의 임종직전까지 십수 년 동안 계속되었다. 내가 그에게 관심을 갖고 자주 만나거나 서신교환을 한 이유는, 우선 그가 암스텔담 뿌라야 대학교 출신이라는 것 외에도 개혁주의 신학에 철저하면서도, 틀에 메이지 않고 모든 장르를 넘나들면서 칼빈주의적 세계관 특히 칼빈주의 학문운동에 많은 글들을 쏟아냈기 때문이다. 그는 북미주는 말할 것도 없고 남아공화국과 유럽을 다니면서 강의했던 유명한 열정적인 신학자였다. 나는 1980년 총신대학교의 행정책임을 맡은 이후에 매년 성탄 때마다 내 나름대로 독특한 성탄 카드를 만들어 전 세계 200여 신학자들과 교회의 지도자들에게 발송했다. 주로 칼빈과 아브라함 카이퍼 그리고 한국 칼빈주의 연구원과 박물관에 소장된 자료와 내가 직접 그린 그림들을 찍어서 카드로 만들어서 보내곤 했다. 그런데 언젠가 나를 만나자 마자 스페이크만 박사는 매년 정 박사에게 오는 카드를 기다렸고 잘 보관하고 있다고 하면서 다음의 시리즈는 무엇인가라고 물었다. 사실 내가 운영하는 칼빈주의 연구원에서 나오는 영문 리포트인 「칼빈주의적 입장」(Calvinistic Viewpoint)를 비롯해서 칼빈의 자료집, 카이퍼의 자료집 등 영어로 된 자료들을 전 세계 학자들에게 부지런히 보낸 바 있다. 그래서 전 세계 개혁주의 신학을 하는 학자들은 거의 다 내 이름을 익히 알 뿐 아니라 내 활동을 알고 있었다. 그리고 늘 서신 교환을 했다. 그중에 한분이 바로 스페이크만 박사였다.

고든 스페이크만 박사는 1926년 미시간 주 홀란드에서 출생했다. 그는 1949년 칼빈대학교에서 B.A를 받고 1952년에는 칼빈신학교에서 M.Div학위를 받았다. 그 후는 암스텔담 뿌라야 대학교에서 G.C.벨까우어 박사 아래서 교의학을 공부하여 1955년에 "트렌트 종교회의에서 일어난 충돌과 뉘우침"이란 제목의 논문을 제출하여 신학박사(D.Theol)학위를 수득했다.

그는 C.R.C소속 목사로 안수 받은 후 온타리온주의 볼렌하임 기독교 개혁교회에서 목회를 시작하였다. 4년간 성공적인 목회 후 모교인 칼빈대학교에 와서 교수가 되었다. 스페이크만 박사는 칼빈대학교에서 종교학과 신학을 강의하면서 동시에 칼빈신학교에서도 강의를 맡았다. 스페이크만 박사는 설교와 각종 강의를 통해서 칼빈대학교의 캠퍼스에 얽매이지 않고 자유로이 초청하는 데로 강의를 했다. 예컨대, 아이오아주의 돌트대학교(Dordt College)와 남아공화국의 포체스프트롬대학교에서도 강의를 했다. 그는 교수생활 외에도 다양한 분야에 관여했다. 특히 "기독교 학문 연구소" 소장으로 일하는가 하면 "공의를 위한 협회" 회원으로 일했고 C.R.C 총회 연구위원이 되어 "우리의 세계는 하나님께 속했다"는 현대 신앙고백서 작성위원으로도 활동했다.

스페이크만 박사는 개혁주의자이고 보수적 신학을 가졌으나 교조주의에 빠지지는 않았다. 그는 많은 글들을 남겼다. 그의 저서 「개혁주의 신학: 교의학을 위한 새로운 패러다임」(1992)을 보면 스페이크만 자신의 독특한 개혁주의 신앙노선과 설교의 핵심을 볼 수 있다. 특히 「기독교 신앙의 초점」, 「개척자적인 설교」 등이 있고 공동저작으로는 「사회와 국가 그리고 학교」, 「나의 백성을 살게 하라」 등이 있다. 특히 그의 저작 「사회와 국가 그리고 학교」는 전형적 칼빈주의 사상에 대한 이해로 국가와 사회와 학교를 보는 폭넓은 시각을 열어주고 있다. 그러나 아쉽게도 스페이크만 박사는 칼빈대학교에서 은퇴한 후 2년만인 1993년에 주님의 부르심을 받았다. 불편한 몸을 가지고 개혁주의 신학을 위해 동분서주하던 그의 모습이 눈에 선하다.

53. 알. 씨. 스프롤
R.C. Sproul

2005년 6월 어느 날 나와 아내 그리고 트리니티기독대학교의 객원교수로 있는 딸 정신애 박사, 사위인 법학박사(J.D)인 최춘추 군과 함께 플로리다주의 올렌도에 휴양중이었다. 올렌도는 미키마우스로 유명한 디즈니월드가 있고, C.C.C 세계 본부와 볼거리, 먹거리로 넘쳐나는 미국 최대의 관광지다.

휴양지 올렌도에 머물면서도 내 관심은 리고니우스 연구소 소장인 알. 씨. 스프롤 박사를 만나는 것이었다. 한국에 있을 때 나는 몇 주일 전에 스프롤 박사와 이메일로 약속을 했고 기쁜 마음으로 만나자고 회신이 왔었다. 지도를 보고 겨우 찾아간 Rigonius Center는 겉보기는 미국의 건물이 모두 그러하듯이 흡사 사과 상자를 엎어 놓은 듯한 세련되지 못한 단순한 건물이었다. 그러나 건물 안에 들어가자 그 규모는 엄청났다. 내가 도착하니까, 설상가상으로 스프롤 박사는 심한 독감으로 기침이 나서 오늘은 방문객을 받을 수 없노라고 설명했다. 그러나 부소장이 나와 우리를 극진히 영접하면서 리고니우스 연구소에 대한 자세한 설명과 시설물에 대한 안내를 친절히 해주었다. 그날 스프롤 박사를 만나지 못해서 다소 섭섭했지만, 나는 그가 운영하는 기관에서 전 세계에 개혁주의 신학과 신앙을 전파하기 위한 그의 열정을 고스란히 읽을 수 있었다. 그는 거의 매일같이 리고니우스 연구소 안에 있는 스튜디오에서 개혁주의 신학과 신앙에 대하여 강의를 하고 있었다. 불과 20여명의 청중을 앉혀놓고 어려운 신학적인 과제를 평신도들이 쉽게 이해 할 수 있도록 대중화하고 있었다. 스프롤 박사는 미국에서 개혁주의 신학을 지켜가는 광야의 목소리였다. 그는 수많은 비디오, C.D, 카세트 테이프 등을 만들고 방송과 인터넷을 통해 역사적 개혁주의 신학과 신앙을 전파했다. 그래서 미국에서는 스프롤의 이름 약자인 알.씨(R.C)가 더 잘 알려져 있었다.

사실 나는 스프롤 박사와 직접적인 면담은 불발로 끝났지만 나와 스프롤 박사는 여러 해 동안 서로가 서신교환을 하면서 의견을 나누는 친밀한 사이다. 그런데 그보다 더 재미있는 것은 그의 학력과 내 학력이 상당부분 겹치고 있기 때문에 더욱 흥미가 있다. 스프롤 박사는 나보다는 3년 먼저 화란 뿌라야 대학교(Vrije Universteit)에서 Drs. Theol학위를 받았다. 그 후 나도 그곳에서 같은 학위를 수득했다. 그는 지. 씨. 벨까우어(G. C. Berkouwer) 아래서 공부했지만 나는 요하네스 벨까일(Johannes Verkuyl) 아래서 공부했다. 후일 스프롤은 나보다 몇 년 앞서 미국의 칼빈주의 대학교인 제네바 대학교(Geneva College)에서 문학 박사(D.Litt) 학위를 받았다. 나도 몇 년 후에 같은 문학박사 학위를 받았다. 그 후 그는 휫필드(Whitefield)신학교에서 철학박사(Ph.D) 학위를 받았고 몇 년 후에 필자도 같은 학위를 총장인 탈보트(Talbot)박사로부터 수여 받았다. 이런 이유로 스프롤과 나는 항상 개혁주의 신학 노선을 지키는데 괘를 같이 할 수밖에 없었다. 그래서 인지 나는 스프롤 박사의 설교와 강의를 가장 좋아하여 인터넷을 통해 즐겨 듣는다. 우선 그의 메시지는 쉽고 대중적이면서 발음이 정확하고 진리의 핵심을 요약하여 명쾌하게 전하는데 가히 천재적이다. 그는 항상 어려운 진리를 강요하기 보다는 설득하고 감동시키는 것을 잘하고 있다. 그는 저음의 바리톤으로 개혁주의 신학이론을 쉽고 친근감 있게 친절하게 설명하고 있다.

많은 신학자들은 그들이 갖고 있는 신학적 지식에 비해서 발표력이 부족하고 설득력과 감화력이 부족한 반면에 스프롤 박사는 이론과 실제, 학자적인 면과 설교자적인 면을 두루 갖추고 있는 미국의 개혁주의 신학의 대변자요 미국의 양심의 소리이다. 그는 현실적인 문제에 대해서도 광범위하게 접근하고 있다. 그는 오늘의 세속화된 미국 교회에 대한 문제제기를 하면서 개혁주의 입장에서 명쾌한 대답을 주고 있다. 스프롤은 신학교 교수, 각종 좌담 프로그램 강연, 저술 등으로 가장 바쁘게 생활하고 있다. 필자는 한동안 거의 매일 새벽, 스프롤 박사의 설교나 강의 한 편을 듣고 하루를 시작할 정도로 그의 팬이었다.

스프롤은 웨스트민스터 대학에서 B.A를, 피츠버그신학교에서 M.Div를, 그리고 암스텔담 뿌라야 대학교에서 교의학을 전공하고 Drs. Theol 학위를 받았다. 그 후 제네바 대학으로부터 문학 박사를 그리고 휫필드신학교로부터 Ph.D 학위를 수득했다. 그 후 그는 "리고니어 벨리연구센터"(Ligonier Valley Study Center)의 소장으로 일하면서 고든 콘웰신학교의 변증학 객원교수, 리폼드신학교, 존 녹스신학교 등에서 교수 활동을 하고 있다.

다작의 저술가인 스프롤은 「하나님의 거룩성」, 「하나님의 선택」, 「윤리학과 그리스도」, 「낙태: 감정적인 문제에 대한 이성적인 고찰」, 「성경을 아는 지식」, 「기독교 신앙에 대한 본질적 진리」(Essential Truths of Christian Faith) 등이 있다. 그밖에도 스프롤 박사는 존 H. 거스터너(John H. Gerstner)의 기념 논문집인 「오직 하나님께 영광을」과 개혁주의 신학에 대한 논문들(Soli Deo Gloria : Essays in Reformed Theology)을 편집했다. 라디오 방송 설교가인 스프롤은 개혁주의 신학의 대변자이다. 또한 그의 아들 R. C. 스프롤 2세도 같은 사역을 감당하고 있다.

54. 웨인 스피어
Wayne R. Spear : 1935-

나는 1980년대초 가끔 일본 고베신학교에 특강을 하러 간 일이 있었다. 그때 일본 목사로서 미와 노부오(三輪修男)씨가 한국에 가서 공부를 좀 더 하고 싶고 한국 교회를 배우고 싶다고 했다. 그런데 그가 식구들을 데리고 한국에 가려면 장학금과 생활비가 문제인데 도와달라는 부탁을 했다. 그러면서 자신은 하시모토 교장 아래서 개혁주의 신학을 배웠을 뿐 아니라, 미국의 피츠버그에 있는 피츠버그신학교를 졸업했는데 그 학교는 스코틀랜드 장로교회가 세운 교회로서 칼빈과 존 낙스의 신앙의 전통을 그대로 간직한 학교라고 했다.

그 교단 이름은 RPC로서 미국의 개혁 장로교회의 소속이라고 했다. 그리고 그 교단은 일찍이 그레샴 메천과 함께 자유주의 신학과 싸웠던 멕카트니(MaCatney)목사가 세운 교단이라고 했다. 그리고 그 교단의 대학은 종교개혁의 정신을 그대로 이어받은 제네바대학교(Geneva College)라고 했다. 나는 그 후로 제네바대학교와 피츠버그신학교를 자주 방문했고 당시 학장과 교의학 교수인 웨인 스피어(W. Spear) 박사를 만날 수 있었다. 스피어 박사는 목회자인 동시에 학자로서 철저한 칼빈주의적이고 복음적이며 경건한 신앙의 소유자였다. 그 학교는 스코틀랜드 장로교회와 마찬가지로 이른바 무악기파였다. 그 학교는 피아노나 올겐을 사용하지 않고 지휘자가 한 사람 앞에서 지휘를 하면 모두 합창하는 식이었다. 스피어 박사는 나와 함께 '기도의 신학'에 대해서 담화를 하는 중에 오늘 채플 설교를 좀 해달라고 부탁했다. 사실 사전준비도 없었고, 아직 영어로 설교 할 만한 지식이 없었지만 그냥 허락해 버렸다. 어찌 됐거나 그날 채플은 잘 끝났다. 학교는 참으로 작았지만 흑인 학생들과 야간 학생들도 있었다.

그 후 나는 그 교단의 지도자들과 가까이 교제했다. 그들은 나의 칼빈주의 운동에도 크게 관심을 가졌다. 나의 활동에 크게 관심을 가졌던 제네바대학교의 화이트 총장(J. White)은 이사회의 결의를 거쳐 1996년 9월 10일에 나에게 명예문학박사(D. Litt) 학위를 수여했다. 제네바대학교의 체육관을 가득 메운 자리에서 학위식이 거행되었고, 그날 밤 나는 대강당에서 교수와 학생들 앞에서 "교회와 세상과 하나님의 나라"라는 제목으로 칼빈주의 세계관에 대해 특별 강의를 했다. 그 결과 나는 수년 동안 스피어 박사와 그 교단과의 밀접한 관계를 유지할 수 있었다.

스피어 박사는 1935년 뉴욕의 쿠퍼스 타운(Coopers Town)에서 출생했다. 그는 교단이 세운 170년 전통의 비버폴(Beaver Falls)에 있는 제네바대학교를 졸업하고 B.A를 받았다. 그리고 교단신학교인 피츠버그개혁장로교신학교(Reformed Presbyterian Theological Seminary)를 졸업했다. 그는 목사가 된 후 센디에고에서 목회하면서 센디에고 주립대학에서 수학했으며 1967년에는 프린스턴신학교에 공부하다가 다시 필라델피아의 웨스트민스터신학교에서 공부하여 신학석사(Th. M) 학위를 받았다. 그 후에도 1968년부터 1976년까지 꾸준히 피츠버그신학교와 피츠버그대학교에서 공부하여 "종교에 있어서 계약적 통일성: 웨스트민스터 총회의 교회론에 대한 스코틀랜드 대표단의 영향"이란 논문으로 철학박사(Ph. D) 학위를 수득했다. 한편 그는 1970년에 피츠버그신학교 교의신학과 설교학 교수로 부름받아 가르쳤다.

그는 많은 책들을 출간했다. 「기도의 신학」이라는 대표적 저서를 비롯해서 「책중의 책 J. G. Vos의 기념 논문집」, 「웨스트민스터 총회와 성경해석」, 「성경무오와 교회」, 「어거스틴의 성경 무오성의 교리」 등이 있다. 그 학교의 잡지 「Reformed Theological Journal」에 기고한 "윌리암 휘터거와 웨스트민스터 성경에 관한 교리", "언약파의 증인", "웨스트민스터 총회 약사" 등이 있다. 스피어 박사는 칼빈주의적이고 청교도적인 장로교회의 신학과 신앙을 철저하게 고수하려고 했던 신학자이다.

55. 예지 T. 시기아이즈
Yeozy T. Siciaiz

　　예지 T. 시기아이즈 박사는 폴란드의 개혁주의 신학자이다. 폴란드 하면 떠오르는 인상은 가톨릭 국가에다 교황을 배출한 나라이기도 하다. 그리고 폴란드는 우리나라와는 국제적으로 관계가 친밀한 나라도 아닐 뿐더러, 공산주의 국가로서 동구권에 있다. 그런데 그런 나라에서 어떻게 훌륭한 개혁주의 신학자가 있는가라고 의아해 할 사람도 있을 것이다. 하기는 나도 그런 생각을 했을 정도였다. 그런데 1996년 여름, 총신대학교 신학대학원 동문회 수련회가 런던 성서대학(LBC)에서 개최되었다. 나는 그때 강사로 갔었고, 영국과 스코틀랜드와 웨일즈에 흩어져 있던 총신동문들이 함께 모여 며칠 동안 컨퍼런스를 가졌다. 그런데 마침 웨일즈 복음주의 신학교에서 공부하고 있던 폴란드 출신의 예지 T. 시기아이즈 목사를 만났다. 그는 총신 출신의 자매와 결혼해서 함께 공부하고 있었다. 나는 너무도 흥미 있는 만남이라 이야기를 나누다가 부부가 함께 한국에 오면 한국 칼빈주의 연구원의 게스트룸에 머물면서 연구를 할 수 있도록 하겠다고 하자 그는 즉시 한국에 가고 싶다고 했다. 그리고 그는 칼빈 연구의 자료를 찾으면서 얼마간 연구를 하고 싶다고 제의했다. 나는 그 제안을 받아드리고 연구원에 초청했다. 그 부부가 한국 칼빈주의 연구원을 방문 했을 때 부인되는 자매는 영어와 폴란드어를 통역하고 예지 목사는 강의도 했다. 그는 우리 칼빈 박물관에 소장되어 있는 아브라함 카이퍼(Abraham Kuyper)가 1862년에 쓴 학위 논문인 "요한 칼빈과 요한 라스코의 교회론 비교 연구"(Joannis Clavini et Joannis a Lasco de ecclesia Sententiarum inter se Compositio)를 복사해 달라고 졸랐다. 사실 150년 전의 희귀본 중의 희귀본을 복사하는 것은 쉽지 않았으나 나는 예지 목사의 연구를 위해서 한부를 만들어 주었다.

사실 존 라스코에 대한 연구는 종교개혁사를 전공하는 사람도 폴란드의 종교개혁자 정도로 알고 있을 뿐 존 라스코를 아는 사람은 거의 없다. 하기는 존 라스코가 박해 받아 추방당했음으로 그의 자료는 불타버리고 거의 전무하다시피 되었기에 그럴 수밖에 없었다. 아브라함 카이퍼 박사가 그의 나이 23세 때 존 라스코의 자료를 찾기위해서 화란의 모든 도서관을 다 찾았으나 허탕을 쳤다. 결국 어느 노인 목사님의 옛날 서가에서 라스코의 전집을 찾았고 그 연구로 금상을 탔다. 그런데 폴란드 학자인 예지 박사가 개혁자 존 라스코를 연구하게 되었으니 얼마나 다행인가! 그는 최근에 라스코 연구소를 만들고 이 일에 전력을 기우리고 있다. 존 라스코 또는 라스키(1499-1560)는 1499년 부유한 폴란드의 성직자 가정에서 태어났다. 가정이 부유해서 비엔나에 가서 법률을 공부했고 탁월한 학생이 되었다. 그래서 그는 일시적으로 외교관의 일을 했지만 그의 관심은 신학이었다. 업무상 바젤에 머무는 동안 어느 날 거기서 에라스무스(Desiderius Erasmus)를 만나게 된다. 에라스무스와 함께 머무는 동안 라스코는 에라스무스의 가르침에 정통하게 되고, 그리고 그는 에라스무스의 모든 장서를 사들였다. 또 에라스무스도 라스코와 교제를 기뻐했고 최고의 찬사를 보내기도 했다. 뿐만 아니라 존 라스코가 바젤에 머무는 동안 종교 개혁자 존 외코람파디우스(John Oecolampadius)를 만나면서 그에게서도 많은 영향을 받았다. 그 외에도 라스코는 쯔빙글리(Huldrych Zwingli)와 만나기도 했다. 뿐만 아니라 후에는 멜랑히톤(Phillip Melanchton)과 마틴 부쳐(Martin Bucer) 등도 만났다.

자비로운 마음을 소유한 라스코는 복음의 기본적 진리를 제시함으로써 사람들을 감화시켰다. 그러한 라스코의 개혁 작업은 성공적이었다. 특히 라스코는 개혁주의적 교회론 정립에 공헌을 했다. 라스코는 교회의 세 가지 표지를 제시했다. 즉 그것은 고전성(Antiquity), 믿음(Faith)과 신앙고백(Confession)이다. 첫째, 고전성이란 아담의 소명으로부터 시작해서 노아, 아브라함, 이삭, 야곱, 모세를 거쳐서 그리스도와 사도시대에 이르는 것으로 보고 이 고전성을 통해 그는 교황제나 재세례파나 모슬렘의 견해를 반박했다. 둘째, 믿음은 예수 그리스도의 이름을 존중하고 살아계신 하나님의 아들을 믿는 그리스도 중심의 믿음을 의미한다. 셋째, 신앙고백은 참된 교회가 하나님의 영광을 믿는 믿음을 고백하는 것을 말한다. 물론 개인적이고 사적인 신앙고백과 공적인 신앙고백을 구분한다.

라스코는 비록 완벽한 종교개혁자는 아니었으나 하나님과 인간에 대한 그의 꿈은 사랑과 관심 때문에 당대에 돋보이는 종교개혁자였다. 그는 무엇보다 성경의 중요성을 깊이 깨달은 신학자였다. 성경이 말씀하지 않는 것은 어떤 것이라도 교회 예배에 들어오지 못하게 할 정도로 철저히 성경에 의해서 신학을 전개한 학자다.

라스코의 후예인 예지. T. 시기아이즈 박사는 웨일즈 복음주의 신학대학에서 신학박사 학위를 받은 후 폴란드에서 개혁주의 신학운동을 일으키고 보급하는데 최전방에 서 있다. 나는 한국 칼빈주의 연구원에서 연구한 학자로서 그를 오랫동안 잊을 수 없다.

56. 도날드 신네마

Donald Sinnema W. : 1947-

    1980년에 나는 일리노이주의 팔로스 하이츠(Palos Heights)에 있는 트리니티기독대학교를 방문했다. 당시 학장이었던 반 흐로닝겐(Van Groningen) 박사를 만나 앞으로 총신과의 교류를 위한 의견 교환을 했다. 그로부터 25년이 흐른 후 2005년에 대신대학교 총장으로서 나는 아내와 그리고 딸과 함께 트리니티기독대학교를 방문하고 팀머만스(Timmermans) 총장을 만나 대신대학교와 협력을 의논했다. 그리고 학생교환과 교수교환 총장의 상호 방문을 하기로 약속했다. 6개월 후에 나는 다시 트리니티 대학교를 방문하고 총장의 공관에서 몇몇 교수들과 만찬을 나누었다. 그때 트리니티기독대학교의 신학부 교수인 신네마 박사를 만나 의견을 나누었다.

    그 후 나는 거의 일 년에 두 번씩 트리니티기독대학교를 방문하고 신네마 박사와 교류했다. 특히 박사 학위(Ph.D)를 받은 딸 신애가 그 학교에 겸임교수(Adjunct Professor)로 임명되었기에 그와는 더더욱 친밀하게 되었다. 한 차례 총장끼리 상호교환 방문이 있은 후에 한국의 대신대학교 학생들에게 가장 어필할 수 있는 신학교수를 추천해 달라는 나의 부탁에 팀머만스 총장은 주저 없이 도날드 신네마 박사를 추천했다. 사실 신네마 박사는 칼빈의 신학과 신앙을 문서화한 돌트신경과 돌트총회에 대한 연구의 최고의 전문가였다. 그리고 그는 한 때 미국 칼빈학회의 회장을 역임하기도 했다. 나는 대신대학교의 총장으로서 신네마 박사의 방문을 대대적으로 환영하고 이벤트를 만들었다. 그리고 포스터를 제작해서 전국 신학대학교에 뿌리고, 신문에 인터뷰를 하고 기사화했다. 숙소는 대구에서 최고로 좋은 오성급 호텔인 인터불고 호텔로 정했다. 대신대학교 심포니아 홀에서 진행된 그의 강의는 신대원 학생들은 물론 대학생들과 교수들의 적극 참여로 뜨거웠다. 그는 개혁주의 신학의 알맹이를 깊이 있게 강의했다. 그의 강의는 매우 인상적이었다. 이 일로 말미암아 대신대학교는 학문운동에 큰 자극을 받게 되었다. 신네마 박사는 큰 키에 깡 마른 편이었고 그 당시는 부인이 별세한 이후라 어려울 때지만 우리에게 돌트신경과 돌트총회의 과정을 설명함으로써 개혁주의 신학의 맥을 이어주었다. 대신대학교에서의 강의가 끝난 후에 한국 칼빈주의 연구원에서 회원들을 위한 특강을 했으며 한국 칼빈주의 연구원 게스트룸에서 몇 일을 묶는 동안 많은 교제를 했다. 그 후에도 내가 시카고를 방문할 때마다 자리를 같이 했고 나는 그에게서 돌트 총회에 대한 여러 가지 정보를 많이 얻을 수 있었다.

신네마 박사는 1947년 캐나다의 알베르타에 있는 렛츠브릿치에서 출생했다. 1969년에 아이오아주의 돌트대학교에서 B.A를 받고, 캐나다 토론토 기독교 학문연구소(The Institute for Christian Studies)에서 공부하면서 1975년에는 "돌트총회 이전의 라이덴 대학교에서의 신학의 본질과 신학적인 방법론에 대한 소고" 논문으로 철학석사(M. Phil) 학위를 받았다. 한편 신네마 박사는 1975년에 캐나다 토론토의 "커리큘럼 개발 센터"에서 성경 연구 프로젝트의 연구 저술가로 일하기도 했다. 그 후 그는 칼빈대학교의 강사, 캐나다 함일톤의 리딤머대학교의 라틴어 강사로 일했다. 또 모교인 돌트대학교에서 신학과 헬라어를 교수하기도 했다. 더욱이 그는 기독교 개혁파 칼빈교회에서 목회를 하면서도 계속 공부하여 토론토 대학교의 성미가엘대학교에서 "역사적인 관점에서 본 돌트총회(1618-1619)에서 제기된 유기문제"란 논문으로 철학 박사(Ph. D) 학위를 수득했다. 그는 뉴저지주의 뉴브른스위크대학교에서 교목으로 일한 후 트리니티기독대학교의 교수가 되었다. 신네마 박사는 명실공히 칼빈과 돌트신경에 관한 최고의 전문가로서 미국에서 잘 알려진 학자이다.

그의 저술에는 「땅의 개간」(1977)이 있고, 도날드 맥킴의 「개혁주의 신앙사전」에 많은 글을 썼다. 그리고 남아공화국의 반 더 발트(Van der Walt)가 편집한 「존 칼빈의 기독교 강요, 그 대표작」(1986)에 "개혁주의 스콜라주의와 돌트신경" 등의 글을 썼다. 그는 유창한 라틴어, 헬라어, 화란어, 불어를 구사하면서 역사적 개혁주의 신학을 지키는 역할을 충실히 감당하고 있다. 그가 비록 기독대학교의 신학부 교수로 있지만 세계 칼빈학회나 칼빈주의 운동에도 잘 알려진 뛰어난 석학이다.

57. 칼빈 G. 씨어벨트
Calvin Seerveld : 1930-

칼빈 씨어벨트 박사는 캐나다 토론토에 있는 "기독교학문 연구원"(The Institute of Christian Studies)의 미학(美學) 교수였다. 이 연구원은 일종의 대학원대학교로서 화란의 헬만 도예베르트 박사의 기독교 철학을 학문의 전 영역에 적용하기 위해서 만든 학교다. 주로 이 학교는 화란의 이민자들이 다시 모국으로 돌아가서 화란의 기독교 철학의 쌍벽인 헬만 도예베르트 박사와 볼렌호번 박사의 사상을 배워서 신대륙에 응용하고져 하는 뜻으로 세워졌다. 이 학교에서는 주로 철학석사(M. Phil)까지를 공부하고 박사는 화란에서 공부하는 것으로 되어 있다. 규모는 작지만 이 방면에 대단한 석학들이 교수로 있다. 예컨대, 아놀드 더 흐라프(Arnold H. De Graaff) 같은 교수는 교육과 심리학 분야에서 기독교적 세계관을 어떻게 가져야 할 것인가를 가르치고 있고, 또 헨드릭 하트(Hendrik Hart) 교수는 철학을 통해서 기독교적 세계관을 어떻게 확신시킬 것인가를 연구하면서 가르치고 있다. 그리고 세임스 올트하이스(James H. Althuis) 교수는 어떻게 기독교 세계관을 신학과 윤리학에 연결시킬 수 있는가를 깊이 생각하며 연구하고 있다. 또한 존 올트하이스(John A. Althuis) 같은 교수는 기독교 학문 발전에 기독교적 세계관을 어떻게 적용할 것인가를 다룬다. 그리고 버나드 질스트라(Bernard Zylstra)와 폴 마샬(Paul Marshal) 같은 교수는 정치이론을 갖고 기독교 세계관 이론을 정리하면서 가르치고 있다. 기독교 연구원(ICS) 중에서 미학(美學)을 통해서 기독교 세계관 구축의 이론을 세운 일인자는 바로 칼빈 씨어벨트 박사다.

내가 칼빈 씨어벨트를 만난 것은 두 번이다. 한번은 화란 라브리 펠우쉽(L'abri Fellowship)에서였다. 또 다른 한번은 도예베르트 철학회 모임에서였다. 그의 외모는 흡사 알버트 까뮈와 같다. 두 눈이 크고 약간 앞으로 나온듯한 인상을 지니고 있다. 아마 그는 미학(Aesthetics)분야에서 기독교 철학을 접목시킨 유일한 학자인것 같다. 나는 시편을 강해하는 그의 강의를 삼 일간 들었는데, 일반 설교자들이나 주석가들의 해석보다 더 심오하고 아름다웠다. 그는 신구약 성경을 관통하면서 음악과 시 문학을 전후좌우로 섭렵하면서 우리가 온 우주와 세상의 왕 되신 예수 그리스도와 창조주 하나님께 어떻게 구체적으로 영광을 돌릴 수 있을 것인가에 관하여 그 대안을 제시하고 있었다. 또한 씨어벨트 박사는 우리가 어떻게 하나님께 바른 예배를 드려야 하는지, 예배 순서에 대한 미학적인 접근도 했다. 그리고 공중기도에 대한 미학적인 해석도 했다. 결국 우리가 하나님께 영광을 돌리는 것은 모든 학문, 삶의 모든 분야에 걸쳐서 일어난다고 볼 수 있다는 것이다.

칼빈 씨어벨트의 강의를 들은 후에 여러 해 동안 편지를 교환하면서 주안에서 사귈 수 있었던 것은 참으로 행복한 순간들이었다. 미국에 있는 김상은 목사와 함께 칼빈 씨어벨트 박사를 한국에 모시고 싶은 계획이 있었으나 그 일은 성사되지 못했다. 대부분 ICS의 교수들은 평신도 신학자들이라고 할 수 있다. 일찍이 도예베르트 박사가 시편 119:105 "주의 말씀은 내 발에 등이요 내 길에 빛이니이다"라고 고백했던 것처럼 목사, 정치가, 물리학자, 화가, 음악가가 되건 하나님의 말씀이 표준이 되어야 한다는 메시지를 칼빈 씨어벨트에게서도 찾아본다.

칼빈 씨어벨트 박사는 1952년에 칼빈대학교에서 B.A학위를 받고 1953년에는 미시간 대학교로부터 영문학과 고전을 전공하여 M.A를 받았다. 그 후 암스텔담 뿌라야 대학교로 가서 볼렌호번 박사의 문화생이 되어 "크레스의 미학"이란 주제로 박사(Dr.Phil) 학위를 수득했다. 그 후 씨어벨트 교수는 시카고의 트리니티기독대학교에서 철학과 독일어를 가르치다가 토론토의 기독교 연구원에서 철학적 미학을 가르쳤다. 씨어벨트는 칼빈과 종교개혁 운동의 사상에 심취했다. 특히 그는 카이퍼, 도예베르트와 볼렌호번에 이르는 이른바 신 칼빈주의 운동의 기수들의 계보를 이어갔다. 그의 명저 「타락한 세상에서의 무지개」(Rainbows for a Fallen World)(1980)는 많은 기독교 예술가들에게 절대적인 영향을 끼쳤다. 그의 글에서 "미학적 순종은 주님이 예술가인가 아닌가에 의해서 결정된다"는 것이다. 그의 저서로는 「인간존재: 현대세계에 나타난 하나님의 형상화」(1998), 「여호와의 초장에서」(2000), 「시편에 나타난 하나님의 음성」(2005) 등이 있다. 그 외에도 많은 논문들이 있다.

58. 제이 아담스
Jay E. Adams : 1929-

1980년 나는 야심적인 책 한권을 내었다. 그것은 「實踐神學槪論」이다. 이 책은 지난 30년 동안 20판을 거듭하면서 신학교 교재로서는 최장수 베스트 셀러가 되었다. 이 책을 쓴 목적은 개혁주의 입장에서 실천신학의 방향과 정보를 제공하기 위함이었다. 왜냐하면 대부분의 목회자들은 신학교 시절에는 이론 신학과 칼빈주의적 보수적인 신학을 공부한 후에 목회일선에서는 슐라이엘마하식 또는 로버트 슐러식으로 목회하기 때문이다. 나는 이 책을 통해 신학을 개혁주의적으로 공부했다면 목양의 현장에서 목회의 방법과 설교의 방법도 개혁주의적인 신앙의 터위에 세워져야 할 것을 주장했다. 그 좋은 모델로 나는 제이 아담스(Jay E. Adams), 알.비. 카이퍼(R.B. Kuiper)와 에드문드 클라우니(Ed. Clouney)의 이론을 채용했다. 이들은 전에 웨스트민스터신학교 교수들로서, 하나같이 모두가 종교개혁자 요한 칼빈(John Calvin)을 비롯해서, 카이퍼(A. Kuyper), 바빙크(H. Bavinck), 핫지(C. Hodge) 등의 정통개혁주의 자들의 신학위에서 실천신학을 정립해 나갔다. 이들은 실천신학의 근거로서 그들의 성경관은 칼빈주의적 입장임을 분명히 말하고 있다. 그리고 실천신학의 장(場)인 교회관 역시 칼빈주의적인 입장을 취했다. 뿐만 아니라 프락시스(Praxis)의 주체인 인간 역시 칼빈주의적인 시각으로 보면서 하나님 앞에서(Coram Deo)의 인간을 제시했다. 이런 입장은 슐라이엘마하, 힐트너, 투루나이젠 같은 인간의 경험이나 정신분석학 또는 임상학적인 방법이 아니라, 인간의 본질과 목양의 원리도 성경에서 찾고자 했다. 특히 상담에 있어서도 임상심리학이나 칼 로져스의 비지시적 방법(Non-Directive Method)이 아니고 성경적인 인간관 위에 성령의 위로와 지도를 원칙으로 삼았다.

그래서 나는 제이 아담스 박사를 꼭 만나고 싶었다. 그러던 중 1995년 칼리포니아주 에스콘디도에 있는 웨스트민스터신학교를 방문하여 그의 연구실에서 마주 앉았다. 듣던 그대로 마치 그는 헤밍웨이를 연상하리 만큼 흰 머리에 흰 턱수염이 매력적이었고 매우 동안이었다. 대화의 내용은 내가 알고 있는 것과 다르지 않았다. 그는 성경적 상담 원리를 주장하지만 그 자신도 이미 여러 가지 임상경험을 가지고 있었다.

제이 E. 아담스 박사는 개혁주의 입장에서 성경적 상담 원리를 개발한 대표적 학자로서 1929년에 발티모어에서 출생했다. 15세가 되던 해에 그의 친구의 도움으로 신약성경을 읽는 중에 중생을 체험했다. 그 후 그는 주의 종으로 헌신하기로 하고 리폼드 에피스코팔신학교에 들어가 신학사(B.D) 학위를 받았다. 그 후 그는 존스합킨스대학교에서 문학사(B.A)를 받고, 그 후 템플대학교 신학부에서 신학사(M.S.T) 학위를 수득했다. 얼마 후 제이 아담스는 미주리 대학교에서 철학박사(Ph.D) 학위를 받았다. 본래 그는 설교학 이론으로 학위를 받았지만 점점 기독교 상담학으로 기울어졌다. 박사 학위를 받은 아담스는 펜실바니아와 뉴져지주에서 목회를 하면서 목회 상담학의 실제를 체험하게 된다. 뿐만 아니라 그는 교단의 행정 업무를 익히면서도 목회 상담의 실제적인 훈련을 계속 쌓았다. 그 후 그는 캘리포니아의 웨스트민스터신학교의 교수로 부름 받아 1999년 은퇴할 때까지 사역했다. 그러면서 그는 캘리포니아 웨스트민스터신학교 박사 과정 프로그램의 원장으로 또는 사우스 케롤라이나 개척교회 목사 교육 프로그램의 책임자로 일했다. 뿐만 아니라 그는 필라델피아 기독교 상담과 교육재단을 설립하여 헌신하면서 기타 여러 곳의 기독교 상담 또는 목회상담의 자문 및 책임자로 있었다. 은퇴 후에도 집필과 강의에 동분서주 하면서도 사우스 케롤라이나에서 교회를 개척해서 목회했다. 특히 2001년에 가을에는 리딤머 성경적 상담 훈련원(Redeemer Biblical Counseling Training Institute)(RBCTI)을 설립하여 열정적으로 활약하고 있다. 그의 저서로는「성경적 상담」,「목회적 상담」,「성경적 설교」등 약 100여개의 논문과 저서들이 있다. 그는 명실공히 개혁주의 입장에서 상담학을 연구하고 가르치는 대부라고 할 수 있다.

59. 빔 얀세
Wim Janse

빔 얀세 박사는 2008년부터 화란 뿌라야 대학교에서 교회사를 가르치는 교수이자 신학원 원장이다. 그리고 암스텔담 기독교 역사 연구센터 소장이기도 하다. 그는 스킬더 박사가 세운 자유개혁파(Vrijgemake Gereformeerd Kerk)에 소속된 목사로서 개혁주의 신학과 신앙에 가장 철저하며 아펠돈신학대학교에서 신학박사(Dr. Theol) 학위를 수득했다. 그는 아펠돈신학대학교의 간판적 교의신학자 벨레마(Welema) 박사의 사위다.

사실 나는 본래 화란 뿌라야 대학교를 지원하기 전에 아펠돈신학대학교에 관심이 많았고 벨레마 교수와 접촉을 한 경험이 있다. 그리고 그 학교로부터 긍정적인 편지를 받은 적이 있다. 그러나 그 당시 나는 군목으로 종군하게 되어 그 편지를 논산 훈련소까지 가져갔는데, 사물함을 통채로 도둑맞는 바람에 아펠돈신학대학교와의 관계가 끊어졌다. 그러나 내가 뿌라야 대학교에 유학가서 10개월간의 오리엔테이션 기간이 끝나자 아펠돈신학대학교에서 박사 과정을 하고 싶었다. 1973년 나는 교수 전원이 모인 앞에서 인터뷰를 했다. 당시는 벨레마 교수를 위시해서 그 학교의 신약학의 권위자인 벨스테호(Veersteg) 교수 등이 함께 모였다. 당시에 벨레마 교수는 뿌라야 대학교에서 박사 학위를 받았지만 아브라함 카이퍼의 노선에 대해서 상당히 비판적이었다. 그런데 그의 말년에는 카이퍼의 영역주권 사상과 모든 활동들을 "복음의 상황화"로 이해한다면서 수용했다. 나는 그 인터뷰에서 유익한 대화를 나누었으나 장학금 문제로 뜻을 이루지 못했다. 그러나 그날 벨스테흐 교수 집에서 후한 대접을 받았다.

여기서 나와 아펠돈신학대학교와 벨레마 교수와의 관계를 말하는 것은 벨레마 박사의 사위가 바로 빔 얀세 교수이기 때문이다. 빔 얀세 박사는 한국에도 여러 번 다녀갔고 국제 칼빈학회에서도 최근에 가장 떠오르는 별로서 인정받고 있다. 2008년 빔 얀세 박사가 예상을 깨고 뿌라야 대학교의 신학대학원 원장으로 부임한 것은 커다란 화제였다. 얼마간 라이덴 대학교의 신학부 교수로 있었던 그였지만 철저한 개혁주의 신학과 신앙 노선을 표방하는 빔 얀세 박사가 뿌라야 대학교로 돌아왔다. 사실 뿌라야 대학교는 이미 1980년대부터 자유주의 성향을 가진 학자들이 교수로 임용되면서 옛날의 뿌라야 대학교의 신학적 명성은 점점 쇠약해갔다. 개혁주의 신학의 본산이 오히려 흔들림으로써 다른 개혁주의 신학노선을 걷는 학교나 학자들로부터 도리어 비판과 평가의 대상이 되었다. 그 결과 학생수도 점점 줄어가고 있고, 미국과 캐나다에서 오는 유학생의 수도 줄었다. 이런 상황에서 빔 얀세 박사가 신대원 원장으로 발탁된 것은 한줄기의 빛이라고 볼 수 있다.

나는 2008년 그가 막 신학부의 교수로, 원장으로 취임된지 불과 얼마 되지 않아서 그를 만났다. 나는 영국 런던신학교 졸업식에 초청받아 설교를 하고, 스코틀랜드, 웨일즈를 거쳐서 화란으로 와서 무엇보다 빔 얀세 박사를 만났다. 우리는 이전부터 국제 행사나 한국에서 잘 알고 있기에 서로가 반가웠다. 나는 빔 얀세 박사에게 축하와 아울러 이제야 내 모교의 신학부에 서광이 비친다고 했다. 빔 얀세 박사는 정말 진지하게 기도해 달라고 했다. 사실 나는 수십 년 동안 모교에서 공부하면서 가끔씩 교수들을 만난 적은 있지만 기도해 달라는 말은 처음 들었다. 드디어 연구실에서 그는 나와 손을 잡고 뿌라야 대학교와 화란 개혁 교회가 정말로 하나님의 영광과 주권을 바로 세우고 역사적 개혁주의 신학과 신앙을 바로 파수해 달라고 함께 기도했다. 기도를 마친 후 우리는 여러 가지 현안 문제도 의논했다. 그는 나에게 앞으로 한국 학생 가운데 신학석사 학위에 관심이 있는 학생이 있으면 보내 달라는 말을 잊지 않았다. 역시 행정 책임자의 모습이었다. 그 후 빔 얀세 박사는 뿌라야 대학교의 기라성 같은 대학자들의 초상화가 걸려 있는 교수 회의실로 나를 안내했다. 그 방에는 카이퍼, 바빙크, 벨까우어, N.H. 리델보스 등의 초상화가 있었는데 그는 나와 함께 손을 잡고 기념 촬영을 하자고 했다. 빔은 상당히 동양적인 정이 넘쳤다. 싸늘한 학자가 아니고 인간미가 넘치었다. 2010년에는 내가 「아브라함 카이퍼의 사상과 삶」을 집필했을 때 그의 친구인 현 화란 수상인 발케넨데(Balkenende) 박사에게 나를 소개해 주었고 발케넨데 수상은 나에게 축하의 메시지를 보내 오기도 했다.

빔 얀세 교수의 작품은 「칼빈과 부처」, 「개혁주의 신학교육」, 「최근 유럽의 신 칼빈주의 운동」, 「루터와 칼빈의 성찬론」 등 많은 책들이 있다. 이 책들은 영어, 화란어, 독일어 등으로 출간되고 있다. 나는 빔 얀세 박사에게 뿌라야 대학교 신학부의 미래를 걸어 본다.

60. 야마모토 에이이치
山本榮一 : 1940-

야마모토 에이이치 박사는 일본의 관서학원 대학교 경제학 교수다. 경제학 교수이기는 하지만 일본의 칼빈학회 정회원으로 칼빈주의적 시각에서 경제정책 전반을 비판하고 대안을 제시하는 훌륭한 학자이다. 그의 하나님 중심의 세계관은 삶의 모든 영역에 그리스도의 왕권을 인정하고, 그 일터에서 하나님의 주권을 인정하는 것이다. 이는 마치 화란의 위대한 칼빈주의 경제학자인 밥 하우즈바르드(Bob Goudzwaard) 박사의 노선이나 오늘날 화란의 수상(首相)인 발케넨데(Balkenende) 박사의 입장과 다름이 없다.

나는 이런 경제학자들이 한국에는 없고, 그토록 연약한 교회인 일본 개혁교회의 장로인 야마모토 에이이치 박사가 있다는 것을 감사하게 생각한다. 그러면서도 이런 사상과 세계관을 제대로 가르치지 못한 한국 교회가 부끄럽다는 생각이 든다. 내가 그를 알게 된 것은 1980년대 후반 일본 고베개혁파신학교에 특강을 하면서 부터다. 그 후 나는 직접 관서학원 대학교에 가서 그를 만나기도 하고, 내가 야마자끼 준치 목사님이 섬기는 교회에 부흥회를 인도할 때도 그를 만났다. 그는 장로로서 그 교회를 섬기고 있었기 때문이다. 특히 일본 칼빈학회(Japan Calvin Associaty :J.C.A)가 나를 초청해서 일본 생가리의 컨퍼런스 홀에서 개최된 연례대회의 강연을 하면서 그와 가까이 지냈다. 일본 칼빈학회는 신학자와 목회자 뿐 아니라 교수나 법조인, 의사, 정치인, 경제학자 할 것 없이 칼빈과 칼빈주의 사상에 입각한 신앙을 가진 사람들이 다 함께 모인다. 한국과는 달리 200명의 회원들이 몇 일 동안 컨퍼런스를 하는데 나는 주강사로 초청을 받았다.

그 후 야마모토 에이이치 박사는 자신도 언젠가 한국에 꼭 가고 싶다고 했다. 그리고 한국에 가게 되면 한국 칼빈주의 연구원에서 자기도 특별 강연을 하고 싶다고 했다. 1992년 8월 28일 때마침 야마모토 에이이차 박사는 한국에서 경제 포럼이 있어서 참석했다. 그러나 경제 포럼보다는 칼빈주의 연구원에서 강의하는 것과 총신대학교 교회에서 강의하는 일에 더 관심이 있었다. 당시 나는 총신대학교 교수로 있으면서, 총신대학교 교회를 개척 시무 중이었다. 수요일이지만 야마모토 박사의 강의를 들으려고 했다. 당시 한국 칼빈주의 연구원은 서초동에 있었다. 회원이 25명 쯤 모인 곳에서 "칼빈주의적 경제론 - 일본의 강한 경제사회와 연약한 기독교"란 주제로 강의를 했다. 본래 자기가 예수를 믿게 된 것은 대학 때 심장병으로 죽음을 두려워하고 있을 때, 그 죽음의 공포와 두려움에서 놓임 받기 위해서 기독교인 되었고 세례를 받았으며 뜻밖에 웨스트민스터 신앙고백을 하는 개혁교회를 섬기게 되었다는 것이다. 그는 자연스럽게 경제학 특히 예산학과 조세학을 공부하기는 했지만 그 보다는 개혁주의 신학을 통해 칼빈주의적 시각에서 역사와 세상과 우주를 보고 경제를 보는 눈이 열렸다고 했다.

그러면서 일본의 경제는 근대 국가주의에 바탕을 둔 집단주의라고 했고, 천황을 살아있는 신으로 생각하는 일본인들은 꼬집었다. 일본은 집단주의 회사주의가 신앙을 자라지 못하게 하는 이유라고 설명했다. 그런데 이에 반해서 일본 그리스도인들의 특징은 개인주의적 신자상을 갖고 있다는 것이다. 그리고 일본 신자들은 두 개의 공동체에 사는 그리스도인이므로 신앙이 내면화되었다고 했다. 이것은 하나님의 나라 전체에 대한 소명을 저버리는 것이라고 할 수 있다. 이 세상은 영적 전쟁터이니만큼 신앙의 내면화에서 벗어나 일본의 집단주의와 국가주의와 싸울 수 있도록 한국 교회의 기도를 부탁했다. 우리는 야마모토 박사의 강의를 들으면서 어느 목회자의 설교를 듣는 것보다 훨씬 가슴에 다가왔다. 특히 그는 칼빈주의자들은 언제나 삶의 모든 영역에서 하나님의 영광을 들어내며 하나님의 주권을 들어내야 할 것이라고 말했다. 그리고 예수 그리스도 안에서 구속함을 받은 성도로서 세상속의 삶의 현장에서 주님의 이름을 높여야 한다고 했다.

야마모토 에이이치 박사는 1940년에 태어났다. 그는 관서학원대학교 경제학부를 졸업하고 동대학원 경제학 석사를 받고, 그 대학 경제학부 조교가 되었다. 그 후 경제학 박사가 되어 모교에서 교수가 되었다. 그리고 그는 미국 텍사스 주에 소재한 Southern Methodist University에서 유학했다. 저서로는 「조세 정책이론」, 「텍스트북 재정학」, 「기본 경제학」, 「일본형 세제개혁」, 「도시의 재정부담」 등이 있다.

그는 일본 노소타 개혁파 교회 장로와 일본 칼빈학회의 회원으로서 칼빈주의 운동의 최전방에 서 있다. 나는 야마모토 박사와 사귀면서 한국 교회를 다시 돌아보게 되었다. 우리는 큰 교회, 많은 성도가 있지만 삶 전체를 통해서 세상을 구체적으로 변화시키려는 사상도 조직도 프로그램도 없다는 것이 늘 부끄럽다.

61. 해이코 오버만
Heiko A. Oberman : 1930-

해이코 오버만 박사는 금세기의 최고의 교회사학자이다. 특히 그는 중세 이후와 종교개혁사의 권위자이며, 칼빈 연구의 대가이다. 그의 학문과 그의 인기를 견줄만한 학자는 별로 없다. 나는 1986년 헝가리의 데브레첸에서 열린 세계 칼빈대회에서 오버만 박사를 보았지만 슬쩍 스쳐간 학자였다. 그로부터 한참 세월이 지난 후인 1994년 9월이었다. 서울에 있는 오버만 교수의 며느리 된다는 분으로부터 편지 한통을 받았다. 시아버지인 해이코 오버만 박사가 한국을 방문하는데 그때 한국 칼빈주의 연구원에서 스케줄을 잡고 싶다는 것이었다. 나는 그렇지 않아도 10월에 종교개혁 474주년 기념강좌에 세계적인 대학자를 모시고 싶었던 차에 신속하게 그와 연락하고 한국에 오시면 한국 칼빈주의 연구원 주최로 특별강연을 개최하고 싶다고 했더니 기꺼이 허락을 해주었다. 오버만 교수의 아들이 특이하게도 동양음악을 좋아 하다가 한국 처녀와 결혼하게 되었고 그래서 아들 집에 오는 걸음에, 이미 세계 칼빈학회에 잘 알려진 한국 칼빈주의 연구원에서 강의를 하고 싶다는 것이다. 문제는 분당까지 특별강사를 불러서 손님들을 모시기에는 그리 만만치 않았다. 그래서 이태원에서도 가깝고 교통이 좋은 고신총회 회관을 빌렸다. 재정적인 후원은 내가 시무하던 총신대학교회의 박의철 장로님이 선뜻 후원했고, 조동진 박사를 비롯해서 여러 교수님들과 목회자들과 신학생들이 참여했다. 조동진 목사님은 축사를 통해서, 비록 한국 칼빈주의 연구원은 작은 기관이지만 세계적인 석학을 상대로 해서 이런 세미나를 갖게 된 것을 축하한다고 하면서 칭찬을 아끼지 않았다. 그날의 강연 제목은 "요한 칼빈 : 그의 충격의 신비(John Calvin : The Mystery of His Impact)"였고 통역은 홍치모 교수가 맡았다. 그러나 내가 들을 때도 통역이 녹녹치 않았다. 왜냐하면 오버만 교수는 오랫동안 미국에서 교수생활을 했지만 발음은 영락없이 화란식과 독일식이 한데 어우러진 그런 영어였다. 특히 그는 화란 태생에다 화란에서 교육을 받았고 박사 학위를 받았지만 18년간이나 독일 튜빙겐대학교 교수로 있었고, 그 후로는 하버드대학교의 교수로 있었기에, 그의 영어발음도 화란어, 독일어, 영어가 뒤섞여 있는 것은 자연스런 일이었을 것이다. 종교개혁에 있어서 칼빈의 의미와 위치에 대한 그날의 강연은 깊이와 내용에 있어서 역시 대가다운 면모를 보여주었다. 원고는 없었지만 메모지 한 장을 들고 나와서 통역을 합해서 한 시간 반 동안의 강연이 진행되었다. 결국 모든 참석들은 하버드대학교의 교수의 강의와 독일 튜빙겐대학교의 교수의 명강의를 들은 셈이었다.

그 일이 있은 후 여러 번의 서신교환이 있었다. 1998년 국제 칼빈대회가 서울에서 열렸을 때 오버만 교수는 일행들과 함께 다시 한국 칼빈주의 연구원을 찾았다. 그는 은퇴 이후에 신경통을 앓고 있는 부인의 건강을 위해서 건조한 지역인 아리조나대학교 교수로 남은 생을 보냈다.

헤이코 오버만은 1930년 화란의 우트레흐트(Utrecht)에서 출생했다. 그는 김나지움을 끝낸 후 명문 우트레흐트대학교에서 1957년에 종교개혁사를 연구하여 신학박사(D. Theol) 학위를 수득했다. 그리고 박사 학위를 받은 후 옥스퍼드대학교에서 계속 연구했다. 1963년부터 하바드

대학교 교수로 임용되면서 브렌다이스대학교의 초빙교수, 스위스 취리히 대학교의 객원교수로 사역했다. 1966년부터 독일의 튜빙겐대학교의 교수로 18년을 봉직했다. 동시에 미국의 스텐포드대학교의 객원교수로 일했다. 그러면서 "중세 말엽과 종교개혁시대 연구소"의 소장을 지냈고 1984년부터 아리조나대학교 역사학 교수로서 르네상스와 종교개혁사를 강의했다.

헤이코 오버만의 활동범위는 세계적이다. 그는 특히 기독교역사와 관련된 세계 모든 기관에 관여했다. 즉 "종교개혁 연구협회", "미국 중세학회", "미국 르네상스협회", "미국 교회사협회", "16세기 학문협회", "기독교 사상사 연구회", "중세와 종교개혁 사상에 대한 연구", "원전에 근거한 교회와 신학의 역사" 등에 간여하거나 학회지의 편집장을 맡기도 했다.

특히 오버만은 다작가로서 많은 책과 논문들 그리고 공저를 낸바 있다. 여기서 다 말할 수는 없지만 그의 대표적 저작으로 「토마스 브레드워딘 대주교, 14세기의 어거스틴 주의자, 역사적 맥락에서 본 그의 신학에 대한 연구」(1957), 「중세신학의 성과, 가브리엘 비엘과 중세 후기의 유명론」(1963), 「종교개혁의 선구자들, 중세후기 사상의 양상」(1966), 「중세후기와 르네상스의 종교에 있어서 거룩함의 추구」(1974), 「이테네리움 이탈리꿈」(1974) 등이 있다. 독일어로 된 작품 중에는 「종교개혁의 생성과 평가」, 「유대인 배척주의 뿌리, 인문주의와 종교개혁시대에 나타난 기독교적인 불안과 유대인 고난」(1981), 「하나님과 사탄 사이에 있는 인간」(1982), 「마틴 루터」(1983), 「비텐베르크로부터 제네바까지의 종교개혁」(1986), 「종교개혁의 여명」(1986), 「종교개혁의 영향: 문제점과 전망」(1987), 「이니티아 칼비니: 칼빈의 종교개혁의 모형」(1991) 등이 있다. 그 외에도 그는 많은 공저와 논문을 끊임없이 내어 놓은 금세기 가장 탁월한 종교개혁의 신학자가 되었다.

62. M. E. 오스터하번

Maurice Eugene Osterhaven :
1915-2004

2000년, 나는 그랜드 래피드 칼빈신학교를 방문했다. 딸 신애가 칼빈신학교에서 기독교 교육학 석사과정(M.C.E)을 공부하고 있었기 때문이다. 자주 방문하던 학교지만 특히 딸이 공부하는 모습을 보기 위해서 몇일간 머물렀다. 나는 미국 여행 중에도 항상 칼빈과 칼빈주의에 대한 문헌 자료 수집을 위해서 동분서주했다. 주로 그랜드 래피드에 있는 크레걸(Kregle)이란 헌책가게는 반드시 들리는 코스이다. 그리고 어드만(Eerdman)출판사와 베이커 북 하우스(Baker Book House)도 빼놓지 않는다. 그런데 그 해는 미시간 홀란도에 있는 호프대학(Hope College)과 웨스턴신학교(Western Theological Seminary)를 방문하고 싶었다. 왜냐하면 나와 자주 만나던 존 헤셀링크(I. John. Hesselink) 박사가 웨스턴신학교에서 교수로 있었기 때문이다. 미시간 홀란드는 시골이라고 할 수 있지만 가장 화란 스타일이 남아 있는 화란 이민자들이 사는 곳이다.

웨스턴신학교에 가서 헷셀링크 박사와 면담이 끝나자 그는 여러 교수들의 방을 찾아다니며 나를 소개해주었다. 거기서 나는 미국의 개혁주의 신학의 거장 오스트하번 박사를 만나게 되었다. 내가 그를 만났을 때는 이미 은퇴한지 여러 해 되었고 80을 전후한 노학자였다. 그러나 그는 외모만 노인이었을 뿐이고 그의 눈빛만은 살아 있었다. 그의 외모에서 미국 개혁 교회(Reformed Church of America : RCA)의 지도자이자 미국의 개혁주의 신학의 대부로서 살아왔던 그의 풍모를 느낄 수가 있었다. 사실 오스터하번 박사는 헤셀링크 박사의 스승이자 멘토이기도 했다. 그 후 나는 오스터하번 박사와 여러 차례 편지 교환을 하면서 지속적으로 교제했다.

오스터하번은(Maurice Eugene Osterhaven)은 1915년 12월 8일 미국 미시간 주 그랜드 래피드에서 존 오스터하번의 아들로 태어났다. 오스터하번은 1932-1935년에 그랜드 래피드 주니어 칼리지에서 공부하다가 호프대학교로 옮겨 1937년에 B.A 학위를, 1941년에는 웨스턴신학교에서 B.D 학위를 받았다. 그 후에 그는 프린스턴신학교에서 신학박사(Th.D) 학위를 수득했다. 그는 평생동안 학자, 행정가와 저술가로 살면서 많은 명예박사 학위를 받고 명예교수로 일하기도 했다. 그 하나는 헝가리의 싸로스파닥 개혁주의신학대학교(Sarospatak Reformed Theological Academy)의 명예교수로 있었다. 이 대학은 헝가리에서 가장 먼저 세워진 신학교이지만 헝가리의 공산화로 문이 닫혔다가 1980년대 다시 문을 열었다. 이 학교는 일찍이 종교 개혁자이자 대 교육학자인 코메니우스가 교수로 있던 곳이다. 이는 오스터하번 박사를 세계적 개혁주의 학자로 인정한 것이다. 또 그는 1962-1963년까지 화란의 우트레흐트대학교의 교수로 지내기도 했다. 또한 1984년에는 모교인 호프대학교로부터 명예인문학박사 학위를 수득했다. 그리고 1985년에는 미국에서 개혁주의 신앙 노선을 지키며 교육하는 노스웨스턴대학교(Northwestern

College)로부터 명예신학박사 학위를 받았다. 그리고 1990년에는 세계 최초의 개혁주의 신학대학이며 1538년에 세워진 헝가리 데브레첸 신학대학교(Debrecen Refromed Theological University)로부터 명예신학박사(Doctors Divinitus) 학위를 받았다. 필자도 2002년에 데브레첸신학대학교로부터 명예신학 박사 학위를 받았는데 이 학위는 학교 설립 427년 동안에 세계에서 불과 몇 분에게만 수여한 것이란 말을 들었다.

오스터하번 신학의 폭은 매우 넓어서 그는 한때 바젤대학교와 괴팅겐대학교에서 연구하기도 했다. 그는 1950에는 웨스턴신학교의 강사로, 1952년에는 그의 스승 반 랄터(O. Van Raalte) 교수를 계승해서 교의학 교수가 되었다. 뿐만 아니라 그는 한때 풀러신학교의 부교수로 또는 듀부크 신학교의 객원 교수로 일하기도 했다. 그는 교수 뿐 아니라 1956년부터 1961년까지 세계 개혁주의 연맹의 북미주 총무로 일했다. 또한 그는 이전에 「Church Herald」의 편집의원으로, 1966부터는 그 교단의 잡지인 「Reformed Review」의 편집장을 지내기도 했다.

그가 쓴 책들은 매우 다양하다. 대표적인 저술은 「세례의 의미」(1951), 「기독교적 세례란 무엇인가」(1956), 「우리들의 신앙고백」(1963), 「개혁주의 전통의 정신」(1970), 「교회의 신앙」(1982), 「하나님의 의복 : 자연신학」(1985) 등이다. 그 외에도 수많은 잡지에 다수의 논문을 기고했다.

63. 노부오 와타나베
Nobuo Watanabe 渡辺信夫 : 1923-

와타나베 박사는 일본의 대표적 칼빈학자다. 그는 일본 기독교단 동경 고백 교회의 담임 목사이기도 했다. 내가 와타나베 박사를 처음 만난 것은 1986년 헝가리의 데브레첸 국제 칼빈학회부터였다. 나는 그때 국제 대회에 처음 나갔지만 그는 이미 국제대회에서 잘 알려진 아시아를 대표하는 칼빈학자로 인정을 받고 있었다. 우리가 처음 만났을 때 아시아 사람이기에 서로 자연스럽게 가깝게 지낼 수밖에 없었다. 그러나 국제 대회에 나가면 일본인이나 한국인이나 공식석상에서 말을 하거나 의견을 제시하는 것은 쉽지 않았다. 그 이유는 우선 영어가 자유롭지 못하고 또 말한다고 해도 답답하기 그지없는 것이 현실이었기 때문이다. 그런데 1986년에 나는 셋째 날 경건회를 인도하면서 영어로 예배 인도도 하고 설교를 했다. 나는 그 일이 있은 후에 국제 대회에서 약간의 자신감을 얻었다. 그 기간에 와타나베 박사도 보고 시에 아시아를 대표해서 몇 분 동안 말했다. 그러나 대부분 일본인들이나 한국인들이 다 그러하듯이 힘들어 하는 모습을 볼 수 있었다. 그 후 그와 나는 아시아 칼빈학회나, 에딘버러 국제 칼빈대회, 그랜드 래피드 칼빈대학교에서 국제 칼빈대회, 서울 국제 칼빈대회, 프린스턴 국제 칼빈대회 등 십여 차례 이상 공식 비공식으로 만나면서 좋은 친구가 되었다. 와타나베 박사는 칼빈학자로서 진실하고 겸손한 학자였다. 1990년대초 나는 동경 성서교회의 오야마레이지 목사님의 초청을 두 번이나 받고 신학교에서 특강을 하고 그 교회에서 주일 오전과 밤 집회를 인도했다. 통역에는 당시 그 교회의 한국인 담당 목사였던 김은수 목사가 했다. 그러나 나는 그 기간에 김은수 목사에게 요청해서 동경에서 두 분을 꼭 만나고 싶다고 했다. 한 분은 웨스트민스터신학교에서 박사 학위를 받은, 내가 화란 뿌라야 대학교에 있을 때 만났던 복음주의 신학의 대변자인 우다 박사이고, 다른 한분은 바로 와타나베 박사였다.

내가 와타나베 박사 집에 도착했을 때 때마침 그의 거실에서 몇몇 성도들이 무슨 강연 모임을 가졌는지 일어서고 있었다. 내가 어떤 분이냐고 물었을 때 와타나베 박사의 대답이 매 주일 한 번씩 자기 집에 모여서 칼빈의 기독교 강요를 공부한다고 했다. 나는 매우 놀랐다. 일본은 교회의 수도 적고, 교인들의 수도 적지만 칼빈의 기독교 강요를 가지고 공부하는 차원 높은 교인이라는 것을 알고 부럽기도 하고 부끄럽기도 했다. 한국 교회는 항상 겉을 꾸미거나 숫자에 대한 관심, 외부적인 것에 관심을 두는데 반해서 일본 교회는 수는 적지만 한 두 사람이라도 철저한 칼빈의 신학과 신앙을 지닌 성도를 만들려고 했다. 하기는 일본에서 와타나베 박사는 최고의 지성인이요 최고의 칼빈 학자였음으로 그에게 배우고자 하는 사람이 많았다.

그때 나는 와타나베 박사의 집을 잠시 돌아보았다. 역시 학자의 집이니까 집안 전체가 책이고 계단 옆이 전부 책으로 가득차 있었다. 그리고 칼빈에 대한 귀중한 장서들도 적지 않았다. 내가 눈여겨 본 것은 17세기에 인쇄된 칼빈전집(Calvini Opera)이 눈에 들어왔다. 그 후에도 그는 우리 칼빈주의 연구원을 자주 방문했다.

그런데 한번은 이런 일이 있었다. 와타나베 박사로부터 장문의 편지가 왔다. 그 편지의 내용은, 자기는 이제 나이도 늙고 이미 아시아 지역의 칼빈학회 총무로서의 끝이 났다고 했다. 그러니 아무리 생각해봐도 한국의 정성구 박사가 이 일을 감당해 주었으면 좋겠다고 의견을 제시 했다. 그러나 이런 내용을 다른 분에게도 전달되었던 것 같았다. 그래서 나는 아시아 지역의 총무가 되지 못하고 다른 분이 되었다. 물론 큰 문제 될 것도 없었지만, 이런 문제도 결국 정치가 작용하는 것인가라고 생각했던 적이 있다. 그 후에 우리 둘은 만났지만 아무 일이 없었던 것처럼 그냥 지나가고 말았다.

와나타베 박사는 1923년 일본 그리스도 교회 장로의 아들로 태어났다. 1940년에 세례를 받고 2차대전에 해군으로 복무했다. 전쟁 후에는 경도대학교 철학부에서 공부했고, 1949년에 설교자 자격을 얻었고, 2년 후에 목사가 되어 동경과 오사카 등에서 목회에 전념했다. 그는 목회도 성공적이었지만 동경 여자대학교, 경도(京都)대학교, 관서학원대학교와 한국의 여러 신학교에 강의를 했고 대만신학교의 객원 교수로 일하기도 했다. 1970년에는 일본 그리스도교회 교수로 초빙 받아 23년간 교리사와 신경(信經)의 역사를 가르쳤다. 1975년에는 경도대학으로부터 철학박사(Ph.D) 학위를 수득했다. 뿐만 아니라 1958년부터 일본 칼빈 번역 위원이 되었고 「로마서 주석」, 「창세기 주석」을 일본어로 번역했다. 또한 그는 1987년부터 1993년까지 아시아 칼빈학회 총무로 지냈고 많은 업적을 남겼다. 그는 칼빈에 관한 책과 여러 책을 저술했다. 「교회론 입문」, 「칼빈의 교회론」, 「아시아 선교사」, 「전쟁의 죄책을 짊어지고」, 「종교개혁사」, 「칼빈」 등이 있다. 와타나베는 칼빈학자이면서도 그는 칼 바르트주의자였다.

64. D. 윌리스 왓킨스
David Willis-Watkins : 1932-

 1986년 헝가리의 부다페스트부터 데브레첸까지 가는 차중에서 유난히도 입심 좋고 좌중을 사로잡은 미국인이 있었다. 한국에서 간 일행인 나와 한철하 박사, 이종성 박사는 공산권에 처음으로 여행하기 때문에 낯설기도 했지만 다소 겁먹은 표정이었다. 그러나 한분만은 마치 자기 나라에 온 듯이 말하고 행동했으며 헝가리의 사정에 대해서 줄줄이 꿰고 있었다. 그분이 바로 프린스턴신학교의 조직신학 교수인 윌리스 왓킨스 박사였다. 그는 학자이지만 사교성이 뛰어나고 리더십이 보통이 아닌듯 했다. 나도 인사를 나누었는데, 그는 매우 친절한데다 이전부터 잘 아는 친구처럼 따뜻이 대해주었다. 그는 헝가리 데브레첸에서 열리는 세계 칼빈학회에 미국 측 대표단으로 왔다. 그때 미국에서 온 분은 나의 가까운 친구인 칼빈신학교 학장인 제임스 더 용 박사, 그리고 교회사 교수인 리챠드 겜블, 웨스턴신학교의 학장이었던 존 헷셀링크 박사 등이었다. 우리는 그를 그냥 윌리스라고 불렀고 그도 그것을 무척 좋아하는 소탈한 학자였다.
 윌리스-왓킨스 박사는 그 후에도 세계 칼빈학회에서도 여러 번 만나서 이야기 할 수 있는 기회가 있었다. 그는 학생들과 교수들과도 서스럼없

이 어울리는 활달한 성격이어서 캠퍼스 안에서는 반바지 차림으로 다닐 정도로 파격적이었다. 그러나 그는 프린스턴신학교에서 몇 안 되는 칼빈 연구의 전문가이기도 했다.

윌리스 왓킨스 박사는 1932년 미국 콜로라도주의 롱몽트에서 출생했다. 1954년에 노스웨스턴대학교에서 B. A 학위를, 1957년에는 프린스턴 신학교를 졸업하고 M. Div 학위를 그리고 1963년에는 하바드대학교에서 신학으로 박사(Ph. D) 학위를 수득했다. 학위를 취득한 후 그 해에 프린스턴신학교의 강사로서 조직신학을 가르쳤다. 1966년부터는 샌프란시스코신학교와 버클리연합신학원(The Graduate Theological Union in Berkeley)에서 교수로 일했다. 그 후 윌리스 왓킨스는 1978년에 다시 프린스턴신학교로 돌아와서 찰스 핫지(Charles Hodge)의 뒤를 이은 조직신학 교수로 일했다. 한때 윌리스-왓킨스는 펜실베니아, 콜로라도, 뉴잉글랜드와 스위스에서 목회를 했다. 그래서 그는 신학교수로서 먼저 목회의 경험을 쌓았다.

그는 교수로서의 활동 외에도 다방면의 활동가였는데 한때 미국의 "칼빈 연구협회"(The Calvin Study Society)의 회장을 지내면서 종횡무진 활약했다. 뿐만 아니라 그는 헝가리의 "데브레첸 신학자 협의회"회원으로서 활동하기도 했다. 데브레첸 신학대학교는 칼빈이 기독교 강요를 출판한지 2년 후에 세워진 세계 최초의 개혁주의 대학이며, 제네바 아카데미 보다 20년이나 빠르게 세워졌다. 그러므로 데브레첸 신학대학교는 걸출한 대학자들이 많이 배출되었다. 그런데 윌리스 왓킨스 박사는 데브레첸 신학자 협의회의 회원으로 활동한 바 있다. 사실 나도 헝가리의 데브레첸 신학대학교와 관련이 많다. 나는 평생 신학교육과 칼빈과 칼빈주의 사상 연구의 공로를 인정받아 2002년에 데브레첸 개혁주의 신학대학교로부터 명예신학박사 학위를 수득했다.

윌리스 왓킨스 박사는 1970년부터 1977년까지 개최된 로마 교황청과 "세계 개혁주의 교회 연맹"(WARC)간의 회담의 첫 회기에 공동의장으로 활약했다. 저술가로서의 윌리스 왓킨스는 「태평양 신학평론」(Pacific Theological Review)를 창설하여 편집장으로 일했고, 「개혁주의 신학과 역사연구」(Studies in Reformed Theology and History)의 편집부원으로 활동했으며, 「기독교 사상사연구」(Studies in the History of Christian Thought)의 편집에도 적극 가담했다.

그는 요한 칼빈에 대한 연구와 개혁주의 신학의 고백적인 운동을 전문적으로 연구한 학자로서, 많은 저서를 출간했다. 즉 「칼빈의 보편적 기독론」(Calvinis Universal Christ)(1966), 「세례: 그 결정과 성장」(1972), 「대담한 기도」(Daring Prayer)(1977), 「하나님께 속하는 것」(1992) 등이 그 예이다. 이 외에도 그는 수년 동안 다수의 저서와 신학 정기 간행물에 많은 논문을 기고했는데, 그중에 가장 기억될만한 논문으로 "칼빈의 신학에 나타난 수사학과 책임성", "개혁주의 전통의 이해", "지구의 안전을 위한 해방을 선포함" 등이다.

65. 마키다 요시카즈
牧田吉和

일본은 한국에 비해서 기독교인의 수가 매우 적어 그 영향력도 무척 약하다. 더욱이 일본 교회는 일찍부터 자유주의 사상에 물들어 있다. 그러나 1946년에 바른 복음적이고 개혁주의 신학과 신앙을 지키기 위해서 설립된 "일본 기독교 개혁파 교회"는 하나님의 말씀과 역사적 개혁주의 신앙고백과 신경(信経)을 그대로 믿는 교파이다. 비록 규모는 작다 할지라도 진리를 사수하는 좋은 교단이다. 그 교단의 신학교가 바로 고베개혁파신학교다. 1987년에 나와 가까이 지내던 고베개혁파신학교의 류조 하시모토(矯本龍三) 교장의 뒤를 이어서 새로운 마키다 요시카즈 교장이 대를 이었다. 하시모토 교장은 대인 관계가 원만하고 국제 감각이 뛰어나고 포용적이어서 나와는 형제처럼 지냈다. 그러나 하시모토 교장은 새로운 교장에 대해서 여러 가지 염려가 많았다. 하시모토 교장은 마키다는 전형적인 일본의 국수주의적 생각을 갖고 있기에 한국에 대해서 열린 마음을 소유하고 있지 않다고 했다. 그러면서도 고베개혁파신학교와 나와의 관계는 계속되어야 할 것이라고 귀띔해주었다. 그러나 이제는 하시모토 교장의 시대는 가고, 마키다 시대가 온 것이므로 전임자는 어쩔 수 없이 뒤로 물러나 앉을 수밖에 없었다. 흔히 한국 교회가 원로 목사와 담임목사와의 관계가 불편하듯 일본도 아주 비슷했다.

　인간이 교통할 수 있고 가까워 지낼 수 있는 것은 서로 자주 만나 대화하는 수밖에 없는 것 같다. 그래서 물러나는 하시모토 교장은 나와 고베 개혁파 교회와의 끊임없는 관계 회복을 위해 노력하도록 요청을 했던 것 같다. 그래서 인가 마키다 교장은 나를 고베개혁파신학교의 특별 강사로 초청했다. 당시 나는 "한국 교회의 설교사"를 주로 강의했다. 그 특강에는 일본 개혁파 교회의 목사들까지 함께 참석했다. 전교 학생들이 15명 내외였고 내빈들과 합해서 겨우 30명 안쪽이었다. 그러나 일본의 입장에서 보면 아주 성황리에 이루어졌다고 본다. 며칠 동안 강의를 한 후 나는 그 기간에 일본 루터교신학교에서 또 다시 특강을 했다. 일본 루터신학교 교장은 미국 필라델피아 웨스트민스터신학교를 졸업한 분이어서, 나는 그 학교에 벌써 두 번째 특강을 했다. 마키다 교장은 전형적인 일본인으로서 원칙주의자였다. 그러나 그는 독일과 화란에 오래 살면서 공부한 교의학자로서 화란의 캄펜(Kampen)신학대학교에서 박사과정을 공부한 분이어서 나와도 잘 맞는 친구였다. 1989년 나는 마키다 교장을 초청하여 한국 칼빈주의 연구원에서 강의하도록 했다. 당시 한국 칼빈주의 연구원은 서초동 서울 고등학교 앞에 있었는데 30여명의 목회자와 신학자들이 모였다. 굉장히 성황을 이루었다. 그리고 당시 나는 서울 종암동의 성복중앙교회의 설교목사로 있었다. 이천석 목사가 갑자기 설교 중에 쓰러졌기에 내가 교회의 초빙을 받아 10개월가량 설교를 하게 되었다. 그래서 나는 마키다 목사를 성복중앙교회에 초청하고 교회당 건물도 구경시켰다. 그 당시 성복중앙교회는 매우 우람하고 현대식으로 잘 지어진 교회당이었다. 그는 성복교회당을 부러워하면서 일본에도 이런 교회에서 목회해 보고 싶은 것이 소원이라고 했다. 사실 한국 교회와 일본 교회는 적어도 겉모양으로는 비교가 될 수가 없다. 그러나 일본의 학자들 중에는 우수하고 학문이 뛰어난 분이 많다.

마키다 목사는 고베개혁파신학교를 졸업하고 그 후 독일의 부페탈신학교(Kirchliche Hochschule in Wuppertal Unicersitaet in Bonn)를 졸업한 후에 화란 캄펜신학교(Theologische Universiteit in Kanpen)에서 Drs. Theol학위를 받았다. 그 후 그는 1987년부터 고베개혁파신학교의 교수 겸 교장으로 오랫동안 지냈다. 그 어간에 6년 동안 그는 일본 東山台교회를 그리고 독일의 본에 있는 일본인 교회를 5년 동안 목회했다. 그리고 귀국해서는 1981-1987에 나고야 교회를 담임했다. 1999년에는 그의 명저 「개혁파 신앙이란 무엇인가」라는 책을 출판했다. 그리고 이 책은 이종전 목사에 의해서 한국어로 출판되었다.

마끼다 교장과 함께

66. 헹크 더 용
Henk de Jong

헹크 더 용은 개혁주의 구약학자인 동시에 암스텔담 중앙교회의 담임목사다. 그는 화란의 캄펜신학대학교를 졸업하고 동대학원에서 Drs. Theol학위를 받았다. 그는 스킬더의 신학입장을 고수하는 철저한 칼빈주의적 신학을 가졌다. 주로 코넬리우스 베인호프나, 얀 메이스터 목사와 입장을 같이 하면서 자유개혁파 우파(Vrijgekmaaked Gerefermeerd Kerk, Buiten Verland)를 이끄는 강력한 지도자였다. 화란 사람이지만 영어에 능통하고 그 교회의 시무장로로 있는 화란 라브리 운동의 대부인 한스 로끄마꺼(Hans Rookmaaker) 박사와 함께 라브리 운동에도 적극 동참했다. 그래서인가 캐나다와 미국에서 온 유학생들은 모두 그 교회로 몰려왔다. 왜냐하면 주일 오전예배에 그는 화란어로 설교를 한 다음, 마지막 5분정도는 영어로 설교의 요점을 설명해 주었기에 유학생들에게는 더 없이 좋았다. 그는 우선 설교가 명쾌하고 논리가 정연한데다 현대인들에게 문제제기를 한 후 성경적이고 개혁주의적인 답을 명쾌히 내어 놓았다.

나는 뿌라야 대학교에 재학하고 있었으나 교단 소속은 31조파 우파 즉 자유개혁파 교회에 소속되어 있었기에 헹크 더 용 목사가 시무하는 암스텔담 중앙교회에 출석하게 되었다. 나는 그 교회에서 훗날 미국과 캐나다에서 활동할 신학자와 기독교 철학자들을 많이 사귈수 있는 기회를 가졌다. 또 이들은 주중에는 뿌라야 대학교의 기독교 철학 교수였던 헹크 헤르츠마 박사가 인도하는 성경공부 모임에 참석했는데 나도 그들 중 가운데 한 멤버가 되었다. 이 교회는 교회당이 없고 기독교 고등학교 강당을 빌려서 예배를 하고 있었다. 요즈음 한국에도 이와 비슷한 경우가 있는데 나는 화란에서 벌써 40년 전에 교회 자체 건물이 없으면서 교회를 유지하는 것을 보았다. 위대한 칼빈주의적 변증 신학자였던 끄라스 스킬더(Klaas Schilder) 박사는 2차 세계대전 전후해서 아브라함 카이퍼의 신앙노선에 수정을 요구했다. 그래서 좀 더 개혁주의적인 입장을 지키려고 캄펜신학대학교에서 분리해서 같은 이름의 또 다른 캄펜신학대학교를 세웠다. 그들은 보다 철저하게 칼빈과 칼빈주의 신학을 사수하는데 열정을 보였지만 숫자적으로 많지 않았다. 그런데 이들도 처음 화란 개혁교회에서 더 잘 믿으려고 교회를 만들었으나, 오직 자신들의 교회만이 거룩한 교회로 보고 기왕에 있었던 이른바 총회파교회(Synodale Kerk)를 정죄하고 다른 모든 교회와 단절하고 고립화되었다. 마치 그들은 옛날 한국의 재건파와 비슷한 성격을 가졌다. 그들은 신앙의 독선이 많았고, 자신들의 교회 외에는 다른 교회를 전혀 인정을 하지 않았다. 그러니 내부적으로 또다시 분열이 일어났다. 그 새로운 그룹에 속한 사람들 중에는 스킬더 박사의 가장 가까운 친구였던 코넬리우스 베인호프(Cornelius Veenhof) 교수와 얀 메이스터 목사와 행크 더 용 목사 등이 주축이 되어서, 철저한 개혁주의 신학과 신앙노선을 지키면서도 이웃교회와 선린 우호관계나 국제관계를 가지려는 열린 마음으로 교회를 이끌어야 세계 선교에 공헌할 수 있다고 생각했다. 이들의 교회는 약 100여 개 교회에 불과 했지만 힘차게 성장하고 있었다.

그런데 이렇게 서로 갈라진 교회는 신학교를 세울 수가 없었다. 왜냐하면 교수가 부족했기 때문이다. 이는 한국 교회의 사고 방식과는 많이 달랐다. 자격이 있는 교수가 없으면 신학교를 세울 수가 없으니, 교단 소속의 신학생들을 뿌라야 대학교, 아펠돈신학대학교, 우트레흐트신학대학교, 캄펜신학대학교 등에서 자유롭게 공부하도록 하되, 두달에 한번씩 우트레흐트로 불러모아 두 사람씩 설교를 시켜보고 논평을 받고, 지도 목사는 최근의 신학적 동향을 면밀히 분석 비판했다. 이 모임을 "개혁주의 신학연구원"이라고 하여 앞서 말한 헹크 더 용 목사가 지도했다. 그리고 함께 도우는 분은 스미스(Smith) 목사였다.

헹크 더 용 목사는 차디차다고 하리만큼 냉철하고 논리적이며 학문적이었다. 헹크 더 용 목사의 비판을 피해갈 수 있는 학생은 아무도 없었다. 나도 그러했다. 내가 설교할 때 로마서 1:17을 중심으로 "의인은 믿음으로 산다"는 설교를 했다. 나는 화란어가 부족했기에 옛날 한국에서 선교하던 W.E.C소속의 그라스(Glass)목사의 도움을 받았다. 그는 굉장히 오순절적인 생각을 갖고 있었는데, 내 원고 중간 중간에 개혁주의적인 말보다, 오순절주의자들이 쓰는 용어가 많이 들어 있었다. 헹크 더 용 목사는 용어까지도 용케 잡아내고 개혁주의 신학을 지키라고 했다.

그는 평소에 나와 우리 가족에 대한 한없는 애정을 갖고 도와주는 분이었으나 학문의 세계는 면도날처럼 날카로웠다. 그 후에 내가 암스텔담을 갈때면 헹크 더 용 목사의 가정에서 침식을 했다. 그는 6명의 아이들을 키우면서 목사로서 신학자로서 사명을 충실히 다했다. 그의 글들은 주로 「Opbouw」라는 잡지를 통해 개혁주의 신학과 신앙을 독려하고 방향을 제시했다.

67. 루더 위트락
Luder G. Whitlock : 1938-

루더 위트락은 전 미국 리폼드신학교(Reformed Theological Seminary) 총장이었고 선교학과 전도학 교수로서 대학 교육 행정에 가장 뛰어난 학자였다. 미국의 복음주의 기관 또는 개혁주의 기관 치고 거의 전부가 루더 위트락 박사와 관여하지 않는 곳이 없었다. 회장, 이사장, 고문 등의 직함을 갖고 활동하는 그의 역동적인 행보는 가히 상상을 초월할 정도였다. 그는 37세의 나이로 개혁신학교 총장의 자리에 올라 23년간 최장수 총장을 하면서 잭슨, 미시시피의 작은 도시의 조그마한 학교를 미국에 5,6개의 캠퍼스를 갖는 미국 최대의 신학교로 발전시킨 CEO형 총장이다. 그래서 많은 미국의 신학교들은 그를 벤치마킹하려고 애썼다. 그는 지금도 북미주, 유럽, 아시아 등지의 수천 명의 지도자들을 관리하면서 그 꿈을 계속 펼쳐 나가고 있다.

1981년쯤으로 기억된다. 나는 총신대학교의 행정의 책임을 지고 있었음으로 미국 여행길에 반드시 루더 위트락을 만나보고 싶었다. 사실 그 당시 여행자들에게 있어서 잭슨이라는 시골로 가기가 쉽지 않았다. 그러나 당시 나는 애틀란타의 서삼정 목사님이 시무하는 교회에 부흥회를 인도하기 위해서 갔다. 애틀란타에서 잭슨까지는 상당한 거리가 되지만 미국의 자동차 여행으로는 가능한 것이었다. 나는 총장실에서 그와 첫 대면을 했다. 그는 미국 사람 치고도 덩치가 엄청나게 컸다. 내가 그 앞에 서니 더욱 작아 보였다. 우리는 같은 개혁주의 입장에서 신학교의 책임을 맡은 자로서 서로의 애로사항과 소망사항을 주제로 대화를 이어갔다. 그는 점심시간에 나를 초대해 주었고 정중하게 대해 주었다. 그런데 식사를 끝마치고 함께 드라이브를 하면서 아이들이 몇이며 몇 살이냐고 물었다. 그 당시 우리 아이들은 모두가 초등학교 학생이었다. 그래서 나는 큰 아이는 아들이고 둘째는 딸이라고 대답해 주었다. 한참 후에 그는 나를 데리고 백화점으로 갔다. 그리고는 아내와 아들과 딸의 선물을 골고루 적절히 사서 선물로 주었다. 지금 생각해 보아도 지난 30여 년 동안 나는 수많은 학자들과 총장들을 만나보았지만 그렇게 섬세했던 사람은 처음이었다. 그는 덩치에 어울리지 않게 상대방을 읽어내는 예민한 감성과 아이디어를 가졌구나라고 생각했다. 그래서인가, 그는 리폼드신학교의 총장을 23년동안 하면서 엄청나게 학교를 발전시켰다. 그 결과 미국의 거의 모든 기독대학교와 신학교에 리더로서 모범적 인물로 인정받고 있다.

그 후 2년 후에 나는 다시 잭슨의 리폼드신학교(RTS)를 방문했다. 그는 나를 더욱 친절히 안내해주고 그의 꿈을 들려주었다. 그는 꿈꾸는 사람이었고 그 꿈을 반드시 이루어가는 저돌성도 있었다.

나는 그 학교의 게스트 하우스에 머물렀다. 게스트 하우스의 이름은 그 학교에서는 백악관(Whitehause)이라고 한다. 왜냐하면 흰 색깔의 집이었기 때문이다.

루더 위트락은 1938년에 출생했다. 그는 플로리다 대학에서 B.A학위를 웨스트민스터신학교에서 M.Div를 그리고 밴더빌트대학교에서 D.Min 학위를 수득했다. 그는 아카데믹한 것보다 실천적이고 실제적인 사람이었다. 2001년 리폼드신학교(RTS)의 총장 자리에서 물러난 후에도 트리니티 포럼(The Trinity Forum)을 조직하고 각종 세미나, 토론회, 강연회 등을 주도하면서 이사장으로 활동하고 있다.

그는 웨스트민스터신학교를 졸업한 후에 플로리다 주와 테네시 주에서 목회를 했다. 그 어간에도 미국과 전 세계를 순방하면서 각종 컨퍼런스의 강의와 설교를 했고 많은 지지자들을 몰고 다니는 특이한 사람이었다. 그는 1975년에 리폼드신학교 총장으로 37세에 취임해서 23년간을 일하면서 은퇴할 때까지 작은 시골 학교를 미국에서 가장 캠퍼스가 많은 굴지의 학교로 성장시킨 CEO였다. 그동안에 북 미주 신학 협의회 회장을 비롯해서 복음주의 신학연맹, 신학 국제회의의 의장, 이사장, 고문 등은 모두 그의 몫이었다. 그 외에도 개혁주의 성경연구의 정신을 따라서 영어 표준성경의 고문 제네바 연구 성경의 이사장으로 일할 뿐 아니라 바르나 연구소(Barna Institute)의 회원으로, 실로 그의 활동무대는 종횡무진했다.

그의 저서로는 「영적질문」을 비롯해서 지금도 15개의 잡지에 그의 글을 기고하고 있다.

68. 폴 웰즈
Paul Wells

2009년은 칼빈 탄생 500주년이 되는 해였다. 유럽과 미국 등 각국에서는 각종 세미나, 포럼, 컨퍼런스 등을 통해서 요한 칼빈 탄생을 기념하여 칼빈의 사상과 삶을 조명해 보았다. 나도 2009년에 칼빈 탄생 500주년을 기해서 세계 각국의 강연회와 세미나에 참석하여 논문을 발표했다. 우선 미국 3개 도시를 돌면서 칼빈 탄생 500주년 특강을 했다.

먼저 시애틀(Seattle)에서 한인 신학교를 중심으로 교역자들과 평신도들을 위한 특강을 했다. 그리고 시카고에는 처음으로 모든 교회와 교역자들이 연합으로 칼빈 탄생을 기념해서 특별 집회와 연합예배를 드렸는데 내가 기념 설교를 했다. 그리고 다시 조지아주 애틀란타로 와서 RTS 재학생들과 애틀란타 지역의 목회자를 중심으로 특강을 했다. 그리고 불란서 파리에서는 "예수마을"을 중심으로 두 번의 특강을 했다. 그리고 파리에서는 한인 목회자를 중심으로 열린 세미나에 참석하여 발제했다. 필리핀의 장로회신학교에서는 미국의 헷셀링크(Hesselink)박사와 함께 세미나를 인도했다. 마지막으로는 몽고의 울란바토르에서 몽고신학교 학생들을 위한 특강을 했다.

그러나 가장 큰 행사는 이종윤 목사가 주축이 되어 한국 칼빈학회, 장로고신학회, 개혁주의 신학회가 합동으로 대대적으로 대회가 열렸다. 아마 한국의 모든 신학자들은 거의 참석한 듯했다. 칼빈탄생 500주년 기념예배가 있었고 한국 위대한 칼빈 학자들로 한철하 박사, 신복윤 박사, 이종성 박사, 이수영 박사, 이종윤 박사와 함께 필자가 선정되어 수상을 했다. 그런데 그날의 핵심이라고 할 수 있는 스피커는 폴 웰즈(Paul Wells) 박사였다. "존 칼빈 사상에 나타난 중보자 그리스도"를 주제로 강연한 폴 웰즈 박사(프랑스 개혁신학교)는 "칼빈이 구별한 선지자와 제사장, 왕이라는 그리스도의 세 가지 직임은 궁극적으로 중보자의 인격 안에 화육된 하나의 구원하는 직임이라고 말할 수 있다"며 "이 직임을 완수하심으로써 그리스도는 구원이라는 한 사역을 성취하셨다"고 주장했다.

칼빈의 기독론이 두 가지 측면에서 여전히 중요하다고 밝힌 웰즈 박사는 "먼저 중보자이신 그리스도 교리는 요즘처럼 모든 종교에서 숨겨진 '예수'를 발견해 내는 시대에 다원주의적 종교들을 거부 할 수 있는 기독교의 대안이자 그리스도 중심적이고 복음적인 대안이며, 현대 기독교가 반드시 보완해야 할 관점"이라며 "다종교적이고 다민족적인 것을 선호하는 분위기가 공기처럼 여겨지는 상황이지만, 교회와 신자들 마저 나사렛 예수를 여러 성자들 중 한 분에 불과하다고 생각하는 상대주의의 늪에 빠져서는 안 된다."고 강조했다.

나는 이전에 그를 만난 적도 없고 서신 교환도 전혀 없었다. 그런데 사회자가 그를 불란서 학자라고 소개했다. 그러나 그의 이름은 불란서 이름도 화란 이름도 아니고 영국이름이었다. 또 불란서 출신이면 차라리 불어로 강의하지 왜 영어로 강의하는지 의아하게 생각했다. 어쨌던 그날 강의를 마치고 점심시간에 수상했던 사람들이 한 마디씩 인사를 하고 난 후에 같이 점심을 했다. 그런데 옆자리에 마침 폴 웰즈 교수가 앉았기에 영어로 대화를 하는 중에 그는 나와 함께 뿌라야 대학교 출신인 것을 알고 화란어로 대화를 이어 갔다. 그는 영국의 리버풀 출신으로서 개혁주의 신학을 공부하기 위해 미국 웨스트민스터신학교에서 공부했다. 그 후 화란 뿌라야 대학교에서 공부하여 신학 박사가 되었다. 그리고 현재는 불란서의 엑상프로방스의 개혁신학교 교수로 있다는 것이다. 1974년에 세워진 이 학교는 자유개혁신학부(Faculte Libre de Theologie Reformee)라고 부른다. 그리고 또 복음적 개신교 신학원 칼빈학부(Faculte Jean Calvin)라고도 한다. 신학부장을 맡은 폴 웰즈 박사는 영어로 된 팜플렛을 만들어 후원자 및 모금 운동에 박차를 가하고 있었다. 나는 그와 대화하는 도중에 같은 학교의 동문임을 알고부터 적극적으로 대화에 임했다. 그리고 나는 그에게 한국 칼빈주의 연구원과 칼빈 박물관에 대해서 소개했다. 그는 큰 관심을 보였다. 그래서 나는 몇일 후에 그를 칼빈 박물관에 초대했다. 자기는 칼빈의 조국 불란서에서 일하고 있지만 막상 칼빈 박물관은 한국에 있음을 알고 부터는 놀라움을 금치 못했다. 그는 칼빈 박물관에 소장되어 있는 16세기 칼빈의 작품과 교부들의 원전, 19세기의 카이퍼와 바빙크의 자료를 보고 난 후에야 한국 교회의 성장과 부흥이 그저 된 것이 아니고 이런 연구원이 있었기 때문이라고 나를 격려했다.

 그날 우리 집에서 만찬을 하고 난 후에 오랫동안 대화를 나누었다. 자기는 영국 출신으로 미국에서 그리고 화란에서 공부를 했지만 막상 일은 불란서에서 하게 됐다면서 그는 불란서 사람은 아니지만 불어를 잘했는데 마침 엑상프로방스의 개혁신학교에 교수 모집이 있다고 해서 지원했는데 채용되어 여태껏 교수로 일한다는 것이다. 말하자면 그는 영국, 미국, 화란, 불란서 등의 개혁주의 신학과 신앙의 흐름을 꿰뚫어 보는 대표적 학자였다. 이야기 도중에 내가 칼빈 자료수집에 대한 이야기를 하자 그는 아직도 자기 학교에는 불란서가 낳은 위대한 학자인 에밀 두메르그(Emil Doumergue)의 칼빈 연구자료가 정리되지 않은 채로 많이 남아 있다고 했다. 나는 자연히 군침이 돌 수밖에 없었다. 물론 한국 칼빈주의 연구원에는 두메르그의 칼빈연구 전집이 고스란히 보관되어 있다. 그래서 나는 그에게 말하기를 다음 기회에 개혁신학교에 가면 에밀두메르그의 유작 노트 하나를 얻고 싶다고 했다. 그리고 나는 그 학교의 창설자 중 한 분인 삐에르 마르셀(Pierre Marcel) 박사를 1972년에 교제한 적이 있다고 말했다.

폴 웰즈 박사가 속한 자유 개혁파신학교 장 깔벵 학부 광고 전단지

69. 이상현
Sang Hyun Lee

 이상현 박사는 프린스턴신학교의 교수로서 조나단 에드웨드(Jonathan Edwards)연구의 세계적 석학이다. 그는 한경직 기금으로 된 석좌교수로서 조직신학을 강의하고 있고 프린스턴에 온 한국을 비롯한 아세아 학생들에게 어버이 같은 따뜻한 마음으로 지도하고 있다.
 나는 합동측 목사요 평생을 총신대학교에서 일했기 때문에 이상현 박사를 알지 못했고, 프린스턴신학교에 대한 정보도 거의 없었다. 그런데 1997년 유럽 한인 목회자 세미나가 예루살렘에서 개최되었는데 특별강사로 한국에는 손봉호 박사와 내가 선정되었고 미국에는 프린스턴신학교의 이상현 박사가 초청되었다. 이 모임은 유럽 여러 나라에서 목회자로 또는 선교사로 그리고 유학중에 있는 목회자들이 모여 컨퍼런스를 연 것이다. 당시 이것을 주관하고 계획한 분은 오랫동안 이스라엘 선교사로 일하다가 영국에서 선교하고 있는 김주경 목사였다. 나는 그때 목회자와 실제로 관계되는 "설교사"와 "구속사적 설교" 등으로 강의를 했고 손봉호 박사는 오늘의 문제에 대한 철학적 고찰을, 그리고 이상현 박사는 그의 전공대로 조나단 에드워드의 삶과 신앙에 대한 특강을 했다.
 나는 틈이 있는 대로 이상현 박사 내외와 더불어 여러 가지 이야기를 나누었다. 사모님도 역시 프린스턴신학교에서 상담학을 강의하고 있었다. 이상현 박사는 선친 목사님의 신앙을 따라 아주 보수적이고 복음적인 학자였을 뿐 아니라 조나단 에드워드의 칼빈주의적인 신학과 신앙의 체계를 정리한 신학자였다. 그럼에도 불구하고 그는 솔직하고 열려있는 분이었다. 그는 거침없는 달변에다 좌중을 이끌어가는 특별한 분이었다. 그러면서 농담반 진담반으로 내게 섭섭한 것이 있다고 했다. 자기는 조나단 에드워드의 연구가로서 신학도 신앙도 보수적이고 복음적이며 개혁주의자인데 한국의 모든 신학대학은 모두 자기를 초청해서 강좌를 열어주었는데, 유독 총신대학교만 자기를 초청해 주지 않아서 섭섭하다는 것이다. 그 이유는 자기가 프린스턴신학교의 교수 때문인가라고 물었다. 나는 그냥 미소만 지을 따름이었다. 그러면서 그는 말하기를 한국에는 프린스턴신학교에 세분의 거장이 나왔는데, 한분은 박형룡 박사요 다른 한분은 한경직 박사이고 또 다른 한분은 김재준 박사라고 했다. 그런데 이 세분을 기념해서 총장실에 세분의 이름을 동판으로 떠서 제막식을 하고 후손 모두를 초청했는데 유독 박아론 박사만 오지 않았다고 그 섭섭함을 여과 없이 토로했다. 그는 한국계 미국 교수로서 한국의 프린스턴 출신의 위대한 인물의 이름을 동판으로 만드는 일을 했다. 그러나 너무나 이 정성을 몰라주더라는 것이다. 그 말을 듣고도 나는 아무 말을 하지 않았다.

2001년 아들 모세가 서울대학교에서 원자핵 공학과 석사를 마치고 프린스턴대학교에 핵물리학에 박사 학위과정에 서류를 제출하였다. 그런데 문제가 발생했다. 서류 접수 대금을 내지 않고 서류만 보냈기에 보류된 상태에 있다는 연락이 왔고, 그 기간이 불과 몇 일이 남지 않았다는 것이다. 그래서 나는 부랴부랴 이상현 박사에게 국제 전화를 걸어서 사정을 이야기 했더니, 그는 두 말하지 않고 자신이 직접 프린스턴의 입학처로 가서 문제 해결을 하겠노라고 시원시원하게 대답했다.

아들이 프린스턴에 입학된 후 나는 프린스턴으로 가서 이상현 박사를 만났다. 고마움의 표시로 저녁을 살려고 초대했는데 도리어 자신이 밥값을 내어버려 매우 죄송했다. 프린스턴대학교에서 아들이 박사 학위를 받기까지 7년의 세월이 걸렸는데 자주 이상현 박사를 만나게 된 것을 기쁨으로 생각한다.

이상현 박사는 하버드대학에서 신학사(S.T.B) 학위를 받고 또 하버드대학에서 철학박사(Ph.D) 학위를 수득했다. 그는 장로교 목사로서 안수를 받고 미국 장로교회에서 목회를 했다. 한경직 목사 기금으로 교의학을 가르치면서 아시안 아메리칸 신학과 목회연구소 소장, 아시아 아메리카의 신학과 종교 연구소 소장을 지냈다. 그는 조나단 에드워드 연구의 권위자로 평생을 보낸 석학이다.

그의 저서는 「The Princeton Companion to Jonathan Edwards」, 「Work of Jonathan Edwards, Vol. 23」, 「The Philosophical Theology of Jonathan Edwards」 등이 있다. 그리고 「프린스턴 신학교 잡지」에 수많은 논문을 썼다.

70. 넬슨 제닝스
Nelson Jennings

넬슨 제닝스 박사는 현재 미국 세인트 루이스의 카버난트신학교의 선교학 교수이다. P.C.A소속의 대표적 선교신학자로서 오랫동안 일본에서 선교했고 동양을 잘 아는 학자이다.

내가 넬슨 박사를 잘 알게 된 계기는 다음과 같은 이유 때문이다. 1997년 7월에 그는 당시 동경 기독대학교의 선교학 교수로 있었다. 그런데 어느 날 한국 칼빈주의 연구원에서 1주일동안 연구교수로 머물 수 있는지를 타진해 왔다. 물론 이는 당시에 일본 선교사로 활동 중이던 김은수 목사를 통해서이다. 나는 넬슨 박사를 환영했고 한주일 동안 칼빈주의 연구원의 자료를 자유롭게 열람하고 연구할 수 있도록 편리를 보아주었다. 그리고 연구원의 멤버들을 소집하고 제닝스 박사 초청 특강을 갖게 되었다. 그날 강의는 영어가 아니었고 일본어였다. 그는 막 스코틀랜드의 에딘버러대학교 뉴 칼리지에서 선교학으로 철학박사(Ph.D) 학위를 받고 돌아온 후였다. 그는 영어 못지않게 일본어가 더 편하다고 하면서 자기의 논문을 개요하면서 강의했다. 그는 한 주간을 머물면서도 끊임없이 집필을 하면서 학자로서의 면모를 보여주었다. 깨끗한 매너에다 일본식의 예절까지 곁들인 신사였다. 그로부터 3년 후인 1999년에 넬슨 제닝스 박사는 카버난트신학교의 부름을 받고 선교학 교수가 되었다. 그는 주로 신학과 전승과 선교라는 과목아래 세계 선교에 대한 주제로 다양하게 가르치고 있다.

일찍이 넬슨 제닝스는 밴더빌트대학교에서 철학과 수학을 공부하고 B.A학위를 받았다. 그 후 그는 카버난트신학교에서 신학을 공부하고 M.Div학위를, 그리고 선교지 일본에서의 연구실적을 가지고 스코틀랜드 에딘버러대학교에서 선교학으로 철학 박사(Ph.D) 학위를 수득했다. 동경 기독대학교와 카버난트신학교에서는 주로 하나님의 세계 선교, 세계의 종교들, 문화와 상황화, 모슬렘과 기독교의 관계, 언약의 신학 등을 가르치고 있다. 뿐만 아니라 제닝스 박사는 선교사로서 또는 교수로서 다양한 경험을 가지고 많은 활동을 하고 있다. 우선 기독교 선교의 주제들에 대해서 교수, 연구, 집필을 하면서 역동적으로 사역하고 있다. 그런가 하면 교수들과 학생들을 데리고 세계 여러 선교 현지를 방문하는 단기 선교 여행의 지도자로서 활약하면서 각종 선교 기구와 출판 사역에 그의 행정의 리더십을 발휘하고 있다. 그뿐 아니라 성서 헬라어, 성서 히브리어, 신학 독일어, 일본어 독서 클럽을 만들어 학생들을 깨우고 있다. 그는 날렵한 몸매로 종횡무진 간여하지 않는 곳이 없는 만능의 지도자이다. 그뿐 아니라 스포츠맨으로 특히 농구는 선수에 가까울 정도이다. 넬슨 제닝스 박사가 연구하고 있는 프로젝트로는 "이슬람에 대한 미국인의 입장", "기독론의 중심인 예수가 온 세상의 주와 왕이 되게 하는 것"이 있고, 그 외에도 여러 주제에 대해서도 관심을 가지고 있다.

특히 넬슨 제닝스 박사는 P.C.A교단에 있는 장로교 국제 선교회(Presbyterian Mission International, P.M.I) 총재의 일을 하고 있다. 이 선교회는 미국에 본부를 두고 아시아 지역, 태평양 지역, 남미, 유럽, 아프리카에 파송된 모든 선교사들을 관리하고 지원하는 선교단체이다. 제닝스 박사는 일본 선교의 경험과 선교학자로서 경험을 살려 이 일에 매달리고 있다. 뿐만 아니라 그는 「국제 선교학 잡지 : Missiology and International Review)」의 편집책임자인 동시에 "국제 파트너쉽 위원회"의 의장이기도 하다. 그의 중요한 논문들은 주로 카버난트 신학교 잡지와 선교잡지에 많이 게제되고 있다.

한국 칼빈주의 연구원 및 칼빈 박물관 전경

71. 야마구찌 준치
山崎順治

　야마구찌 준치 목사는 일본의 고베개혁파신학교의 실천신학 교수이다. 그는 학자 일뿐 아니라 진실한 목회자이다. 내가 야마구찌 준치 목사님과 교제한 것은 1983년 이후 부터다. 하시모토 교장의 초청으로 고베개혁파신학교에 강의를 갔을 때 유난히도 인상이 좋으며 덕스러운 야마구찌 준치 목사님을 만났다. 그는 당시에 목회와 교수 외에도 일본 개혁파 교단의 전도 국장이었다. 그러므로 그의 소원 사항은 항상 한국 교회의 성장을 본 받아서 일본 교회를 성장시켜 보려는 꿈을 가지고 있었다. 뿐만 아니라 그는 하시모토 교장과 마찬가지로 일제가 신사참배를 강요해서 한국 교회를 박해하고 순교자를 내게 한 것 그리고 일본 제국주의가 한국 민족에 준 상처에 늘 가슴아파하는 분이었다. 그래서 언제나 한국 사람을 만날 때마다 사죄하고, 한국 교회를 배우려고 애썼다. 당시 고배개혁파신학교는 내가 추천해 보낸 김은수 군(지금은 RTS에서 박사 학위를 받고 선교학 교수로 있음)을 특히 사랑했고 한국에 올 때마다 김은수 전도사를 대동했고, 그는 한국에 올 때마다 나를 만났고 칼빈주의 연구원을 방문했다. 야마구찌 준치 목사가 당시 김은수 군을 얼마나 사랑했는지 그의 결혼식에 축사를 하기 위해서 일본에서 서울까지 왔었다. 물론 그때 주례는 내가 맡았다. 그는 축사에서 김은수 군이야 말로 한국과 일본과의 가교 역할을 할 수 있는 훌륭한 지도자가 될 것이라고 말하고 결혼을 축하했다. 사실 앞서 말한 대로 김은수 군은 일본 고베개혁신학교에서 최초로 완전한 공부를 하고 졸업한 첫 번째 인물이다. 그는 일본어에 능통하고 가슴에 열정이 있었다. 후일 그는 동경 성서교회의 오야마 레이지 목사와 사역하다가 미국의 브라이우드 교회의 일본인들을 위한 설교를 하는 중 미국 미시시피주의 잭슨의 리폼드신학교(RTS)에서 박사(Ph.D) 학위를 받고 지금은 모교에서 교수로서 크게 일하고 있다. 그는 지금까지 내가 추천해서 성공한 대표적 사례이다. 물론 그의 배후에는 야마구찌 준치 목사의 격려와 도움이 있었음은 두말할 필요가 없다.

　　야마구찌 준치 목사님은 내게 자주 편지를 보냈다. 그리고 1987년에 그가 섬기는 교회에 나를 부흥회 강사로 초청했다. 일본에서 한국 교회 목사를 불러서 부흥회란 이름으로 집회를 갖기는 처음이라고 했다. 그가 섬기는 교회는 이른바 갑자원(甲子園)교회였다. 일본교회는 다 그러하지만 약하기가 그지 없었다. 그러나 내가 처음 그 교회에 초대 되었을 때 교회당 앞에는 큰 입간판으로 한국의 총신대학교 총장 정성구 박사의 특별집회라고 써있었고 환영하는 글귀도 있었다. 두 번 집회를 했다. 오전집회는 일반적으로 은혜로운 메시지를 했고, 오후에는 한국 교회의 성장의 비결과 방법들을 제시했다. 오전의 성가대는 언제 연습을 했는지 한국어로 된 찬양을 불렀다. 매우 감동적이었다. 비록 두 민족 사이에 지울수 없는 아픈 과거와 상처를 갖고 있기는 했지만 예수 그리스도 안에서 우리는 모두 하나라는 것을 깨달았다. 비록 일일 부흥회였지만, 아마 이런 형식을 야마구찌 준치 목사님이 한국에서 배워간 것이라고 생각한다. 그는 지한파 인데다 한국 교회를 사랑하고 배우려는 마음이 늘 한결 같았다. 그의 저서는 「요리문답 강해」를 비롯해서 여러 저서가 있고 고베 개혁신학교 잡지에 많은 논문을 발표했다. 그는 철저한 칼빈주의 신학과 신앙의 소유자로서 신학과 삶을 연결시키려고 노력하고 있다.

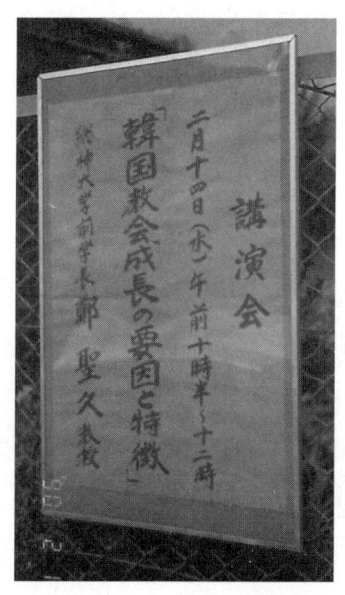

필자가 야마구치 준치 목사의 초청으로
집회를 인도했다.

72. 버나드 질스트라
Bernard Zylstra : 1934-1986

내가 1972년 처음 화란 유학을 갔을 때는 참으로 마음을 걷잡을 수 없었다. 우선 말을 알아들을 수 없었고, 친구가 하나도 없었다. 화란은 미국식 교육과는 체제가 달라서 클라스의 공부는 그냥 참고하는 수준이고, 주로 교수가 주는 책을 읽고 독파해서 어느 정도 확신이 서면 학생이 시험을 위해 날짜를 제안하는 식이었다. 그리고 교수는 그것을 받아 날짜를 확정하고 시간과 장소를 정했다. 그런데 일대일로 1시간동안 읽은 과제물에 대한 내용을 가지고 구두시험(Mondeling Tentamen)을 치면 현장에서 점수가 나온다. 6점에서 10점까지는 합격이고 그 이하는 낙제가 된다. 낙제가 되면 3개월 이내는 재시를 칠수가 없다. 이런 빡빡한 일정 때문에 친구를 사귈 수도 없고, 유학초기에는 말이 잘 안되어 한동안 방황했다. 그래서 그때 나는 몇몇 성경연구 모임에 참석해서 말도 배우고 친구도 사귀고 학문적 정보를 얻으면 좋겠다고 생각했다. 그때 화란어로 성경을 공부하는 그룹에 참여했다. 이른바 익스투스(Ichtus) 그룹이었다. 여기에 리더는 고등학교 수학선생이면서 진실한 기독교인이요 오랫동안 복음적 성경 연구의 지도자인 요스트(Joost)선생이었다. 그리고 그의 부인은 체코 출신의 나타샤(Natasha)였다. 나는 거기서 많은 감동을 받고 그들의 삶을 이해하고 부족한 말을 사용해서 교제를 시도했다.

그리고 또 다른 성경연구 그룹에 참여했다. 그곳은 기독교 철학 즉 칼빈주의 세계관 운동을 좋아하는 학생들이 모인 성경연구 그룹이었다. 이 연구 그룹은 주로 15명 내외의 미국과 캐나다에서 유학온 학생들이 주축을 이루었다. 지도자는 당시 뿌라야 대학교의 철학과 전임교수였던 헹크 헤이츠마(Henk Geertzma) 박사였다. 그는 화란식 영어지만 정확한 문법으로 모든 유학생들을 이끌어갔다. 아시아에서 온 사람은 유독 내 한 사람이었음으로 사랑을 많이 받았다. 그는 신학과 철학을 동시에 공부한 철저한 칼빈주의자로 독신이었다.

헤이츠마 박사 집에는 매주 하루 저녁 그의 아파트를 개방했기 때문에 많은 유학생들이 몰려왔다. 가끔은 미국이나 캐나다의 개혁주의 학자들이 암스텔담을 방문하게 될 경우 특별 손님으로 초대되어 강의도 하곤 했다.

어느 날 캐나다의 토론토에 있는 "기독교 학문 연구소" 교수인 버나드 질스트라 박사가 왔다. 모두들 그를 교수니, 박사니 하는 말보다 그냥 베니라고 불렀다. 그만큼 그들은 친분이 두터운 사이인 듯했다. 그리고 그는 본래가 화란 태생인데다 뿌라야 대학교에서 박사 학위를 받았기에 결국 고향에 온것이나 마찬가지였다. 내 기억으로 그날 파티도 벌어졌다. 그 사람들의 파티라는 것은 그냥 커피나 음료수를 마시면서 밤이 깊도록 자유롭게 토론하는 것이었다. 나는 그날 저녁에 만난 질스트라 박사가 그렇게 큰 학자인줄은 몰랐다. 그가 비록 52세의 젊은 나이에 암으로 세상을 떠났지만 그에 대한 아름다운 추모의 글과 그의 업적들을 기리는 글들이 잡지와 신문에 나오는 것을 보고서야 그의 학문과 인격을 자세히 알게 되었다.

질스트라 박사(Bernard Zylstra)는 1934년에 화란에서 출생했다. 그리고 1948년에 미국으로 이민가서 칼빈대학교에서 B.A를 그리고 칼빈신학교에서 M.Div 학위를 받았다. 그러나 그는 목회자가 되지 않고 미시간대학교에 들어가서 법을 공부하여 법학사, 법학석사 학위를 받고 후에 뿌라야 대학교의 도예베르트 박사 아래서 법학 박사(S.J.D) 학위를 수득했다.

그의 학위 논문은 "헤롤드 라스키의 정치이론"(The Political Theory of Harald Laski)이었다. 그는 한때 칼빈대학교의 헬라어 문법 강사로 일했고, 1966-1968년에는 뿌라야 대학교 철학연구소장을 지냈다. 그러다가 1968년 토론토의 기독교 학문연구소(ICS)의 교수가 되었고, 1978년부터 학장이 되었다. 그는 1979년에 헬만 도예베르트의「서구 문화의 뿌리」(Roots of Western Culture 1979)를 편집했고 칼스베이크(Kalsbeek)의「기독교 철학 입문」을 편집했다. 그 외에도 그는「개혁주의 철학」(Philosophia Reformata)의 편집위원이었으며, 기독교 학문 운동의 회장을 역임했다. 그는 캐나다의 칼빈주의 사상 운동의 대부로 떠오르는 중에 주의 부르심을 받고 세상을 떠났다. 나는 아직도 그의 뜨거운 열정과 거침없는 언변, 탁월한 개혁주의자로서의 리더십을 결코 잊을 수가 없다.

73. 조나단 차오

Jonathan Chao, 趙天恩 : 1938-2004

  1980년대초 나는 가끔 칼빈대학교의 기독교 철학 교수인 에반 라너 박사를 찾아가 대화하곤 했다. 그런데 에반 라너 박사는 대뜸 내게 말하기를 "자유중국에서 온 조나단 차오 박사를 아는가"라고 말했다. 나는 그의 이름을 처음 들었다. 그런데 에반 라너 박사는 부연 설명하기를 조나단 차오 박사는 미국의 웨스트민스터신학교를 졸업한 중국을 대표하는 개혁주의 신학자일 뿐 아니라 자유중국과 중국대륙을 위해서 힘쓰는 위대한 대지도자라고 했다. 그 후부터 나는 언제 대만에 갈일이 있으면 꼭 한번 조나단 차오를 만나고 싶었다. 때마침 1990년초부터 대만에서 선교하는 이진희 목사님께서 대만에 있는 改革宗神學校(Reformed Theological Seminary)에 특별 강사로 초청해 주었다. 그런 중에 내 책 「한국 교회 설교사」가 일본어를 대역으로 하여 대만어(한문)와 중국어(간자체)로 번역 출판되었다. 江金竜이란 분이 번역했는데 책 제목을 忠心管家라고 했다. 마침 이 책 출판 기념을 위해서 대만 개혁종신학교에 또 다시 특강을 갔다. 그때 나는 꼭 조나단 차오 박사를 만나고 싶었다. 약속을 하고 그의 꿈의 산실인 중국선교 연구소(CMI)를 찾았다. 나도 개인적으로 한국 칼빈주의 연구원을 운영하고 있지만 조나단 차오 박사가 주관하는 중국 선교 연구소는 규모에 있어서나, 조직에 있어서 우리보다 훨씬 더 탁월했다. 우선 그는 10여명의 엘리트 연구위원들과 함께 방마다 진을 치고 산더미처럼 쌓인 자료들과 씨름하고 있었다. 조나단 차오 박사는 약간은 뚱뚱한 편이나 세련된 매너에 정확한 영어로 내가 지금까지 만나본 대만 사람이나 중국 사람들과는 달랐다. 그는 대만 타이페이시에서 중국 선교연구소를 두고 있었지만 그의 눈은 중국 대륙 전체를 보고 있었다. 어떻게 하면 중국의 14억 인구를 복음으로 변화시켜 마지막 때 세계 선교에 쓰임 받을 수 있을가를 꿈꾸고 있었다. 그것은 그냥 꿈이 아니고 구체적으로 그리고 체계적으로 지도자를 훈련하는 프로그램을 만들고, 어떻게 하면 논리는 논리로 사상은 사상으로 대결할 수 있는지를 연구하고 있었다. 그의 선친인 조중휘(趙中輝) 박사가 그러했던 것처럼 그의 우선적인 과제는 개혁주의 신학자들의 명저를 중국어로 번역 출판하는 일이었다. 예컨대, 칼빈과 칼빈주의에 관한 서책들, 로레인 부트너(L. Boettner)의 개혁주의 예정론 등 많은 개혁주의 신학서들을 번역 출판하고 있었다. 그런데 때마침 나의 저서가 대만어와 중국어로 번역되어 중국인들에게 읽혀지게 된 계기로 인해 우리 두 사람은 매우 가까운 사이가 되었다.

나는 그의 중국 선교 연구소에서 대화하면서 중국 대륙선교에 있어서 대만과 한국이 피차 협력해야 할 것이 무엇인지를 의논했다. 조나단 차오 박사는 개혁주의 신학자이므로 일반적으로 단순히 선교 열정을 가진 선교사와는 차원이 달랐다. 그는 중국의 언어와 문화 그리고 사회를 학문적으로 체계적으로 연구한 학자로서 중국의 복음화를 위한 씽크탱크를 모집하고 중국의 민주화와 자유화를 구상하고 있었다. 중국 선교에 자국 민족의 개혁주의 신학자가 중심이 되어 있는 것 차체가 나에게는 큰 희망을 안겨다 주었다.

세계적인 중국 선교의 전문가이면서 개혁주의 신학자인 조나단 차오는 1938년 중국의 요령성에서 출생했다. 그의 부친 조중휘 박사는 대만 개혁주의 신학계의 거목이었으므로 그는 가문적으로 신학의 명문가에서 자란 사람이었다. 조나단 차오의 고등교육은 모두 미국에서 수학했다. 대학은 가장 칼빈주의적이며 복음적인 신앙을 가진 펜실바니아의 비버폴에 있는 제네바대학교(Geneva College)에서 B.A학위를 받았다. 그 후 그는 필라델피아 웨스트민스터신학교에서 M.Div를 받았고 이어서 펜실바니아대학교에서 중국 교회사로 철학 박사(Ph.D) 학위를 수득했다. 이어서 그는 「중국 공산당의 기독교 정책」, 「중국 선교 핸드북」, 「당대 중국 기독교 발전사」 등의 저서를 출판하면서 중국 선교를 위한 국제 선교네트워크 구축에 최전선에 서서 활약했다. 그는 여러 차례 한국 교회를 방문하고 중국 선교가 얼마나 중요하고, 중국 선교가 얼마나 시급한지를 한국 교회에 일깨워주었다. 그는 한국 교회가 인적 물적 자원을 총 동원해서 지도자 훈련, 신학서적 보급 등을 통해서 중국 교회가 완전히 자립할 수 있도록 도와야 한다고 호소했다. 왜 한국 교회는 조선족 중심으로만 선교하는가라고 아쉬움을 표하면서, 중국이야 말로 인류 역사이래 영적 추수를 위한 가장 넓은 밭이며, 장차는 중국이 세계 선교의 주역이 될 것이라고 예측하기도 했다. 조나단 차오는 80년대 후반부터 백 여명 단기 사역팀과 더불어 중국을 방문하고 처소 교회를 훈련시켜 건강한 신학을 훈련시키는데 앞장섰다. 조나단 차오는 홍콩 중국 신학연구원, 중국 선도신학원, 대만 중국 복음신학원, 도생신학원 등을 설립하는 일을 했다. 그는 또한 1978-1986년에 홍콩 교회 연구센터, 대만 기독교 중국 문화 센터를 설립하고 해외에 기독교 사역자를 발굴하고 중국의 지도자들과 협력하게 만들었다. 그래서 차오는 명실 공히 중화권 선교 사역의 대부역할을 했다. 그뿐 아니라 그의 유창한 영어 실력으로 달라스신학교, 휘튼대학교, 풀러신학교, 리젠드대학교 등에서 객원교수로 일하면서 전 세계를 다니면서 중국의 복음화, 중국 교회의 하나님 나라화를 위하여 힘 있게 외쳤다.

그러나 2004년 임파선 암을 앓고 있던 조나단 차오 박사는 66세를 일기로 주의 부르심을 받았다. 참된 행동하는 개혁주의 신학자요 선교 전략가인 조나단 차오를 잃은 것은 모두에게 큰 손실이다. 나는 여러 해 동안 조나단 차오 박사와 그리스도 안에서 교제를 오랫동안 누린 영광을 잊을 수가 없다.

필자의 중국어로 번역된 책, 「한국교회 설교사」
란 제목이 「忠心管家」으로 번역되었다.

74. 하비 콘

Harvie M. Conn, 간하배 : 1933-1998

하비콘, 한국 이름으로 간하배 박사는 내일생에 있어서 학문의 멘토였다. 1962년 처음 내가 총신대학교에 들어왔을 때 신용산 교회에서 개강 수련회 강사로 말씀하시는 그의 설교를 들었다. 벌써 반세기가 지났지만 나는 그의 도전적 메시지를 아직도 잊을 수가 없다. 당시 그는 아직 한국말이 신통치 않았고, 가끔 말의 내용과 제스처도 맞지도 않고, 단어가 적절치도 않았다. 그는 한참 말을 배우는 중이었다. 그런데 그는 그날 도전적인 설교를 했다. "여러분! 좋은 목사가 되려고 애쓰지 마세요!"라고 했다. 나는 어리둥절했다. 우리 모두가 총신에서 큰 꿈과 비전을 가지고 하나님께서 쓰시는 큰 그릇으로 쓰임 받기를 원하던 차에 그 첫 마디는 우리로 하여금 잠시 의아하게 만들었다. 좋은 목사가 우리의 목표가 아니라면 뭐란 말인가? 그때 간하배 선교사는 말하기를 "좋은 목사가 되기를 목적으로 하지 말고, 좋은 신학생이 되기위해 힘쓰십시오"라고 했다. 그 말을 듣는 순간 바로 그것이구나 하고 속으로 감탄했다. 당시 대부분 신학생들이 소명감이나 열정을 앞세우고 꿈이니 비전이니를 들먹이며 훌륭한 목사가 되기만을 목적으로 하면서도 정작 신학교에서 열심히 공부하지 않고 기숙사 생활만을 적당히 하면서 허황된 꿈을 꾸고 있었다. 나는 간하배 교수의 그 말을 50년이 된 지금에도 또렷이 기억하고 있다. 그리고 그 교훈이 참되다고 생각하고 있다.

총신대학교에서 공부하는 동안 나는 간하배 교수의 특별한 사랑을 받았다. 간하배 교수가 나를 눈여겨 본 것은 몇 가지 이유가 있었다. 첫째, 나는 그 당시 박윤선 목사님을 모시고 동산교회를 개척하는데 전도사로 시무했기 때문이다. 간하배 선교사는 박윤선 목사님을 끔찍이 존경하고 따랐기에 내게 대한 관심도 자연스럽게 많았다. 또한 그즈음에 1964년에 나는 「칼빈주의 5대 교리강해」라는 조그마한 프린트로 된 책을 내었는데 간하배 선교사는 그것을 굉장히 크게 생각했다. 왜냐하면 그 당시는 칼빈주의 사상체계나, 칼빈주의 교리에 대해서 별로 관심이 없던 때에 나의 작은 책이 그의 눈에 띄었기 때문이다. 나는 가끔 간 목사님 댁에 찾아가 화란어 문법책을 빌려보곤 했다. 이를 계기로 1967년 화란어 문법책을 출판했다. 나는 1966년 신학교를 졸업한 후 대학원 석사과정(Th.M)에서 간하배 교수의 지도하에 공부했다. 간하배 교수는 1학기 중 작은 논문을 쓰라고 했다. 나는 당시에 "사도행전 2장에 나타난 방언 문제에 대한 해석학적 접근"이란 제목의 논문을 썼다. 그때 간 교수는 나에게 최고점수인 Excellent Mark를 주었고 그것이 동기가 되어 자기의 헬라어 수업 시간을 나에게 맡기고 강의하라고 했다. 나는 얼떨결에 허락은 했지만 간 교수는 한 달 동안 강의실 맨 앞쪽에 앉아서 내 강의를 들은 후, 눈물이 쏟아질 만큼 호되게 비판했다. 4주가 끝난 날, 교수 방법에서 발음까지 정확히 평가하기를 이제는 할 수 있으니 독립하시오(Now you are independent!)라고 했다. 그의 추천으로 총신에 가르치기 시작한 것이 계기가 되어 평생 교수로 일하게 된 것이다. 그는 내 일생에 학문의 스승이며, 나를 교수가 되도록 만들어준 장본인이다. 그는 그것을 두고 늘 자랑으로 생각했고 사람 하나를 잘 뽑았다고 말했다.

물론 나는 논문도 박윤선 박사와 간하배 교수의 지도하에 "바울신학에 나타난 하나님의(義) 개념, 롬 3:21-24의 해석학적 접근"을 써서 석사(Th.M) 학위를 받았다. 필자가 경기도 양주군 주내면 신북리 샘내교회를 개척 시무할 때도 그를 특별 강사로 모시고 한 주간 같이 지냈다. 후일 나는 화란 유학을 떠나고 그는 모교인 웨스트민스터신학교에 선교학과 변증학 교수로 갔다.

그러나 우리 둘은 끊임없이 서신 교환을 하면서 친밀한 교제를 지속했다. 그리고 그의 조언이 필요하면 언제든지 자문을 구하기도 했다. 한번은 필자가 웨스트민스터신학교에 간하배 교수 연구실에 들렸을 때, 필자와 G.C 벨까우어 교수와 나란히 찍은 사진을 아주 자랑스럽게 책상 한 가운데 놓고 있었다. 그는 한국 교회를 사랑할 뿐 아니라, 한국 학자들보다 더 한국 교회의 흐름을 예민하게 읽는 예지를 지닌 분이었다.

간하배 박사는 웨스트민스터신학교에서 가장 인기 있는 교수였을 뿐 아니라 가장 바쁘게 미국과 한국과 세계를 위해 크게 일하는 신학자요 전도자였다. 무엇보다 간하배 박사는 한국에서 정통장로교의 선교사로 1960년부터 1972년까지 일하였는데, 그의 사역 중 대부분의 시간(1962-1972)은 총신대학교 신학대학원의 교수로 봉직하셨다. 필자와의 만남은 앞서 말한대로 1962년부터 스승과 제자사이로 만났다. 그로부터 필자는 간하배 박사에게서 대학과 신학대학원 그리고 대학원에 이르기까지 7년 동안 그의 가르침을 받았다. 뿐만 아니라 필자는 그의 연구 조교가 되어 그를 섬겼다. 그리고 간 박사는 석사학위 논문의 지도교수로서 나를 학자의 길로 갈 수 있도록 이끌어 주셨다. 무엇보다 1967년 대학원에 겨우 석사학위 후보자인 필자를 총신의 강사로 발탁하여 자기의 과목을 내게 맡겨 주신 일은 결코 잊을 수 없다.

필자는 그것이 출발이 되어 거의 평생동안 총신대학교에서 교수 사역을 했다. 그리고 오늘의 필자가 있게 되었다. 말하자면 그는 필자에게 학문과 신앙을 전수해 준 평생 잊을 수 없는 스승이셨다.

간하배 박사! 그 소탈한 너털 웃음, 그리고 그는 지독한 근시안이지만 돋보기안경 넘어 빛나는 예리한 지성의 눈, 너무나 한국적인, 선교사로서의 헌신적인 삶, 복음에 대한 뜨거운 열정과 칼빈주의자로서 분명한 신학과 자유주의와 이단에 대한 명석한 비판 등은 그를 아는 사람은 언제나 기억에 남는 추억일 것이다.

간하배 박사는 1933년 4월 7일 캐나다의 레기나에서 태어났다. 그리고 후일 1957년에 그는 미국의 시민권자가 되었다. 1954년 그랜드 래피드의 칼빈대학교를 졸업하고 1957년 웨스트민스터신학교를 졸업한 후 이듬해인 1958년 Th.M 학위를 받았다. 그는 칼빈주의적 신학연구의 업적을 인정받아 1976년에는 제네바대학교로부터 문학박사(D. Litt) 학위를 받았다.

간하배 박사의 경력을 살펴보면, 1957년부터 1960년까지 뉴저지에서 미국 정통장로 교회의 국내 선교사로 일했다. 그 후 1960년에 약관 27세의 나이로 한국의 선교사로 와서 12년을 일하면서 1962년부터 10년간 총신대학교 신약학 교수로 명성을 날렸다. 그 후 간하배 박사는 1972년 모교인 웨스트민스터신학교의 교수로 초청을 받아 1998년 5월 30일 은퇴하기까지 25년 동안 힘 있게 일하다가 주님의 부름을 받았다. 간하배 박사는 한국 교회와 미국의 개혁교회에 너무나 엄청난 영향을 끼친 영적 거인이다. 그의 족적을 추억하면서 세 가지 측면 곧 첫째, 한 인간으로서의 간하배, 둘째, 선교사와 목사로서의 간하배, 셋째, 학자와 저술가로서의 간하배를 생각고자 한다.

첫째, 한 인간으로서의 간하배를 살펴보자. 간하배 박사는 미국사람으로서도 거구의 체격에 가식이 없고 겸손하고, 있는 그대로 자신을 표현할 줄 아는 소탈한 사람이었다. 앞서도 말했지만 그의 백만불 짜리 너털웃음, 그리고 예리한 지성과 적절한 유머가 어우러져서 누구에게나 마음을 개방하는 멋진 신사였다. 그리고 1960년대 한국이 다 힘들 때였지만 그는 길가에 떨어진 헌나무를 주어서 벽로에 불을 지피는 알뜰한 사람이었다. 그리고 내가 언젠가 한국 식당에 그를 모시고 갔더니 한국 김치가 맛이 있다고 세 번이나 김치를 추가로 주문하는 것을 보고 참으로 한국과 한국음식을 너무나 좋아하는구나 생각했다. 그리고 만년에는 돌이킬 수 없는 지병인 눈병으로 거의 시력을 잃었지만 언제나 뜨거운 열정으로 일했던 초인적인 사람이었다.

둘째, 선교사와 목사로서 간하배를 살펴보자. 그는 일찍이 주님의 부름을 받고 헌신된 사람이었다. 한국에 선교사로 파송되어 1960년대 어려운 한국 상황일 때 선교사로서 위대한 족적을 남겼다. 간하배 박사는 사람을 사랑할 줄 아는 진실한 목사였다. 그는 총신대학교의 교수로 있으면서 산촌과 농촌과 그 어느 곳이던 초청하는 곳이면 마다하지 않고 자신의 몸을 돌보지 않고 유창한 한국말로 설교하였다. 한번은 이런 일도 있었다. 간하배 선교사가 동두천의 창녀촌에 전도를 갔을 때 일이다. 여자 몇이 둘러 앉아서 꿍보리밥에 된장에 김치 몇 조각을 놓고 쌈을 싸서 점심을 먹는 중이었다. 여자들이 들어와서 점심을 같이 먹자고 농담삼아 한 말이었는데, 간하배 선교사는 그 큰 신발을 벗고 그들과 함께 꿍보리밥에 된장에 김치를 곁들여서 점심을 먹고 간단히 전도하고 나왔다. 그런데 세월이 10여년이 흐른 후 간하배 선교사가 어느 교회에 부흥회를 인도하고 나오자 잘 차려 입은 정숙한 여인이 간 목사를 뵙자고 청하였다. 그는 목사님에게 말하기를 10여년 전에 목사님의 그 진술하고 아름다운 삶의 모습에 감화를 받고 어두운 생활을 청산하고 좋은 가정을 이루어 그 교회의 집사로서 신앙생활을 잘하고 있다는 이야기를 들었다. 간하배 목사는 선교사로서 목사로서 한 영혼을 사랑할 줄 아는 참으로 진실한 목자였다.

그뿐 아니라 웨스트민스터신학교 교수로 있으면서 이른바 도시 선교의 중요성을 인식하고 흑인들의 슬럼가로 집을 옮기고, 고통 받고 소외된 미국 사회를 복음화 하기 위해서 도시선교를 몸으로 실천한 행동하는 진실한 선교사였다.

셋째, 학자와 저술가로서의 간하배 박사를 생각해 보겠다. 그는 총신대학교의 교수로 시작하면서 바로 저술활동을 시작했다. 빌립보서 연구인「그리스도인의 삶의 기쁨」을 비롯해서,「다니엘서의 메시야적 예언」특히「현대 신학해설」은 명저로서 지금도 베스트셀러이다.「신약신학 서설」은 필자에 의해서 재편집되어 지금도 많이 읽혀지고 있다. 그 후 웨스트민스터신학교 교수 시절에는「영원한 말씀과 변하는 세상」,「행동하는 정의와 설교의 은혜」,「신학과 선교와 인간학」등은 명저이고「자유주의 신학자들」,「한국 교회의 신학연구」란 책은 역작이다. 특히 이 책은 이미 그가 총신대학교 교수로 있을 때 신문지상에 발표해서 한국 교회의 신학계에 주목을 받았다.

간하배 박사가 칼빈대학교에 있을 때 이미 그는 철저한 칼빈주의 철학 훈련을 받았다. 그래서 그는 개혁주의 사상을 확고히 붙들고 있었다. 카이퍼, 바빙크, 스킬더, 도예베르트, 볼렌호번 등 정통 칼빈주의자들을 두루 섭렵했다. 그래서 웨스트민스터신학교 시절에는 반 틸 박사의 주목을 받게 되었고, 결국 그의 후원을 얻어 교수가 되었다. 그는 개혁주의 신학의 큰 틀을 바로 깨달았을 뿐 아니라 그것이 단순히 논리적이고 사색적인 학문으로 머물러 있어서는 안 되며 삶의 현장에서 선교적인 불꽃으로 되살아나야 한다고 했다. 그래서 그는 실천적 변증가요 선교적인 변증가의 삶을 살았다. 말하자면 간하배 박사는 영성과 지성을 더불어 갖춘 보기 드문 학자였다.

1972년 필자가 화란 뿌라야 대학교 유학시절에 보내준 G. C. 벌까우어 교수와 함께 나란히 찍은 사진을 간하배 박사는 25년 동안이나 그의 연구실 책상 바로 앞에 소중히 걸어둔 것은 결코 잊을 수 없다. 한국에 올 때 마다 한국 칼빈주의 연구원을 방문하시고 격려하시며 한국 교회를 염려하시면서 늘 너털웃음을 잊지 않았던 진실한 개혁주의 신학자요 가슴이 뜨거운 선교사를 이제 더 이상 만날 수 없다는 생각을 하니 오늘이 왠지 허전하다. 비록 그는 주님의 부름을 받았지만 그의 가르침과 교훈은 주님 오시는 날까지 후학들에게 길이길이 기억될 것이다.

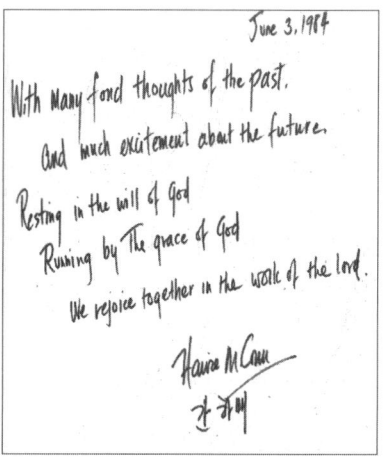

간하배 교수가 필자에게 남긴글

75. 에드문드 클라우니
Edmund P. Clowney : 1917-2005

　1972년에 나는 암스텔담의 칼빈주의 성경연구 모임에 참석하여 웨스트민스터신학교 학장의 아들인 폴 클라우니(Paul Clowney)군과 함께 성경공부를 했다. 이 모임은 주로 캐나다와 미국에서 암스텔담으로 유학 온 개혁주의 신앙을 선호하는 학생들이 주축을 이루었으며, 리더는 뿌라야 대학교 철학부 교수인 헹크 헤이츠마(Henk Geertzma) 박사였다. 이 그룹은 주로 영어로 의사 소통을 했지만 대부분 화란 2세들도 많았다.

　특히 폴은 아버지가 웨스트민스터신학교의 학장이기는 해도 신학을 하지 않고 미술사를 전공했다. 한번은 그의 집에 초대되어 갔는데 깜짝 놀란 것은 어디서 주워 모았는지 모든 헌 목각 조각이나 무늬 나무들을 모아서 벽 하나를 가지런히 장식했다. 그의 수집벽에 놀라지 않을 수 없었다.

　1976년 나는 총신대학교로 돌아와서 교목실장, 실천장 등을 역임한 후 1980년 8월 15일에 학장으로 임명되었다. 나는 그때까지만 해도 미국을 여행한 일이 없었음으로 첫 번 여행을 미국 전역의 개혁주의 대학과 신학교를 방문하여 학자들과 교제하고, 그곳의 시스템을 벤치마킹하고 싶었다. L.A를 들렸다가 그랜드 래피드의 칼빈신학교와 칼빈대학교를 거쳐서 드디어 필라델피아의 웨스트민스터신학교를 방문했다. 우선 학장인 에드문드 클라우니 박사와 면담이 이루어졌고, 자연스럽게 내가 화란 유학시절에 만난 아들 폴과의 관계를 이야기하자 가까워졌다. 에드문드 클라우니 박사는 원래 오랫 동안 목회를 했기 때문에 참으로 부드럽고 온화했다. 웨스트민스터신학교는 그때까지만 해도 박윤선 박사, 간하배 박사 등을 통해서 총신대학교에 대해서 익히 알고 있었을 뿐 아니라 내가 암스텔담 뿌라야 대학교 출신으로 학장이 되어 자기를 방문한 것이 무척 반갑다고 했다.

그 후 나는 필라델피아를 방문할 때마다 그를 만났고 서신교환도 자주 했다. 또한 그가 필라델피아 웨스트민스터신학교에서 물러나와 미국 서부에 있는 에스콘디도에 있는 웨스트민스터신학교로 옮겨 왔을 때도 나는 두번이나 서부 웨스트민스터신학교에서 그를 만났다. 1980년에 내가 쓴 「실천신학개론」(총신대학교 출판부)이란 책에는 클라우니 박사의 이론이 소개되어 있다. 그의 연구실에서 이런 저런 이야기 끝에 내가 쓴 구속사적 강해설교의 시리즈를 설명하자 너무나 반가워하면서 자기와 신학적 입장이 같다고 매우 기뻐했다. 후일에 들은 이야기인데, 에드문드 클라우니 박사는 서부 웨스트민스터신학교에서 목회학 박사(D.Min)과정에 있는 한국 목사들에게 필독서로 나의 책을 과제로 주어 읽혔다고 한다. 참으로 고마운 일이다.

클라우니 박사는 미국의 대표적 실천신학자였다. 항상 모든 신학의 출발과 귀결을 성경에다 초점을 맞추었고, 특히 그는 성경신학적인 입장에서 목회와 설교 이론을 엮어가는 독특한 방식을 사용했다. 그는 1939년 휘튼대학교(Wheaton College)에서 B.A학위를 받고 웨스트민스터

신학교에서 M.Div를, 1966년 모교인 휘턴대학교에서 명예신학박사(D.D) 학위를 수득했다. 그는 코네티컷과 뉴져지주에서 10년간의 목회 경력을 쌓은 후에 1952년 웨스트민스터신학교의 실천신학 교수가 되었고, 1984년 은퇴할 때까지 미국 정통장로교회(OPC)와 웨스트민스터신학교를 위해 크게 일했다. 클라우니 박사는 많은 논문과 저술을 했는데 대표적인 저술로는 한국어로도 번역 된 바 있는 「설교와 성경신학」이 있다. 이는 설교를 구속사적인 안목에서 성경신학적으로 접근한 우수한 작품이다. 그 외에도 「목회로의 부름」, 「교회론」, 「크리스챤의 묵상」, 「베드로전서의 메시지」, 「들어난 미스테리」, 「구약에서 그리스도를 발견하기」 등이 있다. 뿐만 아니라 「형성 중에 있는 예언」, 「창조적 긴장상태에 있는 사명들」, 「현대 구약연구」, 「지구에 그의 음성을 듣게 하라」, 「꿈과 비전 그리고 신학」, 「국제적 경제 질서에 있어서 정의」, 「요한 칼빈: 서구세계에 대한 그의 영향」 등 다양한 글을 남겼다. 클라우니는 웨스트민스터의 전통을 따라서 성경 신학적인 접근을 한 학자이다. 무엇보다 계시의 점진 과정으로서의 예수 그리스도를 증거하는 구속사(救贖史: Redemptive History)를 예민하게 관찰하여 가르쳤다. 클라우니 박사가 그런 메시지를 시도함에 있어서 모델로 삼은 것은 사도행전에 나타난 사도들의 설교였다. 크라우니 박사의 주장은, 사도들의 설교에서 그들이 예수님은 우리의 구주이시며 하나님이신 것을 증명하고, 하나님의 주권과 영광을 나타내고져 했듯이 오늘의 목회자의 설교도 항상 예수 그리스도의 죽으심과 부활을 힘 있게 증거해야 될 것을 주문했다.

76. 고든 클라크
Gorden Haddm Clark : 1902-1985

칼 헨리(Carl F. Henry) 박사는 고든 클라크 박사를 가리켜 "우리시대의 가장 심오한 복음주의적인 개신교 철학자들 가운데 한 사람이다"라고 했다. 그리고 로날드 내쉬(Ronald Nash)는 클라크 박사를 가리켜 "우리 세기에서 가장 위대한 기독교 사상가들 중의 한 사람"이라고 평가했다.

1980년 나는 미국의 P.C.A 소속대학인 카버난트대학교를 꼭 한번 가고 싶었다. 물론 세인트루이스에 있는 카버난트신학교는 가보았지만, 내 관심은 교단 직영의 기독대학을 방문하고 벤치마킹하는 것이 참으로 소중하다고 생각했다. 그런데 미국이란 나라가 한없이 넓고 넓은 대다가, 한국과는 달리 대부분의 대학이 시골 오지에 있었기 때문에 여간한 정성이 아니면 찾아 갈수가 없었다.

카버난트대학교는 P.C.A 소속의 개혁주의 신앙을 학문의 전 영역에 적용시키는 4년제 대학이면서 엄격한 경건훈련으로 유명했다. 학교의 위치는 조지아주 룩아우트 마운틴(Lookout Mountain) 즉 산 꼭대기에 있는 학교였다. 1955년에 세인트루이스에서 시작한 학교가 발전하여 1965년에 산위의 호텔 건물을 매입해서 크게 발전했다. 특히 이 학교의 채플을 3번 이상 빠지면 산 아래로 내려 보내서 다시 산꼭대기로 올라오도록 했다. 이것은 엄청난 벌이었다. 그래서 철저하게 학문과 경건 훈련에 힘쓰는 기독교 명문 학교가 된 것이다. 구불구불한 산길을 돌아 산 정상에 있는 카버난트대학교를 둘러보았다. 총장실을 방문하고, 나는 총장에게 이 학교에서 가장 명성이 있고 미국에서 가장 잘 알려진 교수님이 누구냐고 했더니, 그는 고든 클락크 교수를 소개해 주었다. 사실 클락크 교수는 그의 책으로 이미 한국에서도 잘 알려져 있었다. 그는 오랜 세월동안 버틀러 대학교 교수로서 평생을 보냈다. 아마 그 당시 클락크는 이미 은퇴했음에도 불구하고 카버난트대학교에서 석좌교수로 모시고 그의 학문과 명성을 통해서 학교를 업그레이드 하고자 한 것 같다.

나는 클라크 박사님을 만나 대화를 했다. 연로했지만 기독교 사상가로서 카리스마와 예민성을 엿볼 수 있었다. 그는 신학과 철학을 넘나들면서 많은 글을 쏟아냈다. 그의 글들은 특히 장로교회의 젊은 지성인들에게 어필했다. 나는 클라크 박사와의 단 한 번의 만남을 가졌지만 그 후에도 한 두 번씩 연락을 하곤 했다. 하지만 그가 작고함으로써 더 이상 교제할 수 없어 아쉽다.

클라크 박사는 1902년 필라델피아에서 출생했다. 그는 1927년에 펜실바니아대학교에서 철학박사(Ph.D) 학위를 받고, 그 후 휘튼대학교(Wheaton College)와 개혁주의 감독파 신학교와 버틀러대학교에서 공부한 후에 교수로 일했다. 특히 그는 버틀러대학교에서 만 28년간 교수로 봉사했다. 그 후 그는 카버난트대학교로 왔다. 그의 교수 방법은 소크라테스적인 방법을 선호했다. 특히 다른 철학자들의 사상을 평가할 때, 그는 그들의 진리체계나 윤리학의 방법 그리고 학문하는 방법에 근본적 모순을 지적하고 그런 철학의 출발점을 인정하지 않았다. 그는 철학과 신학을 동시에 공부했음으로 그 근거를 명확히 하려고 애썼다. 그래서 그는 철학적이고 신학적인 지식을 풀어 밝히는 것을 자신의 사명으로 알았다. 그는 현대의 언어 철학자들과는 달리 그의 분석은 기독교의 성경 계시의 권위와 충족성을 전제했다. 그는 이런 변증적인 출발점에 대해서 개혁주의적인 방법으로 성경의 통일성과 실용성을 설명하는데 온 힘을 쏟았다.

　클라크는 30권도 넘는 책을 출판했다. 철학 분야에 가장 우수한 작품으로는 「탈레스에서 듀이까지」, 「인간과 사물에 대한 기독교적인 견해」, 「현대 사상가 듀이」 등이 있다. 그는 기독교 철학자이지만 많은 신학 작품도 썼다. 한국어로 번역 된 바 있는 「장로교인들은 무엇을 믿는가」를 비롯해서 「종교와 이성 그리고 계시」, 「칼 바르트의 신학적 방법」, 「성경적 예정」, 「삼위일체」, 「속죄론」 등이 있다. 그 중에서도 자신이 가장 아끼는 저서는 「요한복음의 로고스」(1963)라고 했다. 이 책에서 클라크는 하나님에 대한 참된 신지식은 가능하다고 힘주어 말했다. 그는 항상 신학과 신앙의 표준이 살아계신 하나님의 말씀과 예수 그리스도에게 있다는 확신에서 출발했다. 나는 그의 마지막 임지였던 카버난트대학교에서 만나본 영적 거장과의 대화를 오랫동안 잊지 않고 있다.

77. 야곱 클랍베이크
Jacob Klapwijk : 1933-

야곱 클랍 베이크 박사는 뿌라야 대학교의 기독교 철학 교수였다. 그는 기독교 철학을 하고 다시 신학을 했기 때문에 다른 교수들보다 훨씬 더 경건하고 이해심이 깊은 교수였다. 나는 뿌라야 대학교에서 신학을 공부했지만 실제로는 기독교 철학의 교수들이나 학생들을 더 가까이 했다. 왜 그런지 잘은 모르지만 신학생들은 신학논리에도 밝고 성경 원어를 해석하는 기술도 대단했지만, 하나님의 영광과 주권을 위해서 산다는 의식이 기독교 철학을 하는 사람보다 오히려 떨어지는 느낌을 받았기 때문이다. 우선 뿌라야 대학교의 건물구조를 보면 인문 사회 과학 빌딩의 15층은 위에서부터 신학, 철학, 역사 순서로 내려오는데 15층과 14층은 신학과 교수실과 강의실 그리고 도서관과 연결되어 있고 13층은 철학과가 있다. 그런데 커피숍은 13층에 있는데 쉬는 시간에는 신학 교수들과 기독교 철학 교수들이 함께 어우러져 학생들과 함께 교제했다. 그런데 1972년에 나에게 말을 걸어오거나 커피를 마시자고 하는 교수나 학생 중에는 신학부보다 철학부가 더 많았다. 그도 그럴 것이 나는 매주 한 번씩 칼빈주의 성경 연구반에 나갔는데 그때 기독교 철학부의 친구들이 더 많았다. 철학부의 교수 중에는 클랍 베이크 박사가 나에게 관심을 많이 가져 주었다. 대화도 자주해주고 가끔은 자기 집에 나를 초대해서 저녁식사를 대접해주곤 했다. 그는 철저한 칼빈주의자라서 그런지 그와의 대화의 주제는 항상 성경과 신앙에 대한 이야기 뿐이었다. 내가 그를 만나고 있을 때 그는 연로한 그의 부친이 아직 살아 있었고 가끔 몇 마디씩 말을 걸어 주기도 했다.

그런데 나는 어느 학자의 집을 가든지 그 학자가 가지고 있는 자료에 대해서 관심이 많았다. 나는 당시에도 칼빈과 역사적 개혁주의 신학과 신앙에 대한 자료를 늘 구하고 있었다. 그것을 알고 있는 클랍 베이크 박사는 그날 저녁 두 개의 선물을 내게 주었다. 하나는 연필화로 그린 요한 칼빈의 초상였다. 누가 그렸는지 나는 물어보지는 못했지만 지금도 그것을 소중하게 간직하고 있다. 또 다른 하나는 클랍 베이크 보다는 윗세대인 기독교 철학자인 동시에 자기처럼 신학자였던 쯔이드마(S. U. Zuidma) 박사가 목회초기에 사용했던 설교노트 한권을 싸인해서 주었다. 아직도 나는 그 노트를 소중하게 간직하고 있다. 쯔이드마 박사는 A. A. 반룰러와 오버디프로부터 간트 철학을 배웠으나 뿌라야 대학교 시절에는 아브라함 카이퍼의 후계자인 헤프(V. Hepp) 박사로부터 교의학을 배우고 도예베르트와 볼렌호번으로부터 기독교 철학을 배웠다. 그 후 그는 인도네시아에서 선교사로 활동하다가 우트레흐트대학교와 뿌라야 대학교에서 칼빈주의 철학을 강의하면서 현대철학을 비판했다.

그러니 쯔이드마 박사는 클랍 베이크 박사의 스승인 셈이다. 스승의 노트를 내게 주었으니 그것은 또한 의미가 크다고 보았다. 클랍 베이크 박사는 내가 한국으로 와서도 오랫동안 자주 서신 왕래를 했다. 나는 평생 이런 좋은 학자들과 사귐이 참으로 소중함을 자주 느끼곤 한다.

클랍 베이크 박사는 1933년 화란의 프리스렌드의 드론레이프(Dronrijp)에서 출생했다. 그는 경건한 칼빈주의자의 가정에서 태어나서 초등학교 시절부터 칼빈주의적 신앙의 교육을 받았다. 그는 1940-1945까지 드론레이트 초등학교를, 그리고 1945-1946에는 프라너커에서 중등학교를, 1946-1952년은 흐로닝겐의 빌렘 로더베이크 김나지움에서 고전어학을 배웠다. 1956년에는 뿌라야 대학교에서 볼렌호번 박사 아래서 철학을 공부하고 최우등으로 졸업했다. 1960년에는 다시 신학을 전공하고 학위를 받았다. 1962년에는 볼렌호번과 쯔이드마 박사 아래서 박사 시험을 마치고 수료한 후 1970년 6월 26일에 쯔이드마 박사 아래서 "역사주의와 상대주의 사이 : 에른스트 트뢸취의 역사적 철학적 발전의 역동성"(Tussen Historisme en Relativisme :Een studie over de Dynamick Van het Historisme en de Wijsgerige Ontwinkkelingsgang Van Ernst Troeltsch)이란 제목의 논문을 써서 철학박사(Ph.D) 학위를 수득했다. 그 후 그는 1986년에 쯔이드마 박사의 바톤을 이어 기독교 철학 교수가 되었다. 그는 「개혁주의 철학」(Philosophia Reformata), 「개혁주의 신학잡지」(Gereformeerd Theologische Tijdsorift)등을 통해 철학과 신학분야에서 많은 논문을 썼다.

78. 피터 더 클럭
Peter de Klerk : 1927-

　피터 더 클럭은 목회자도 아니고 신학 대학의 교수도 아니다. 그러나 그는 전 세계 모든 개혁주의 학자들 특히 칼빈과 칼빈주의 연구 학자들에게 자료제공을 위해서 평생을 다 바친 훌륭한 학자이며 사서이다. 그는 평생을 홀로 살면서 전 세계에 있는 모든 칼빈과 칼빈주의 서책과 논문들을 정리해서 1972년부터 그의 임종 때까지 매월 「Calvin Theological Journal」에다 칼빈 목록을 게제했다. 그래서 결국 그는 칼빈 목록을 완성했다. 그는 은퇴한 후에도 칼빈신학교와 칼빈대학교의 명예사서라는 명칭을 갖고 쉼 없이 연구한 학구파였다.
　내가 그와 사귄 것은 1986년 안식년 때 미국의 칼빈신학교의 헨리미터 센터에서 연구할 때부터였다. 그러나 본격적으로 깊이 사귀게 된 것은 헝가리 데브레첸의 국제 칼빈학회 대회 때였다. 먼저 부다페스트에 도착한 우리 일행들은 몇 사람이 어울려 한조가 되어서 시내를 구경하고 있었다. 한철하 박사와 이종성 박사와 나 이 세 사람 가운데 한분이 더 있었는데 그분이 바로 피터 더 클럭이었다. 검은 뿔테 돋보기 안경을 쓰고 구레네 수염을 하고 있었던 그는 우리와 같이 동행했지만 무척 과묵해서 말이 별로 없었다. 부다페스트는 작은 파리라고 할만큼 참으로 아름다운 곳이었다. 특히 영웅의 광장 곧 과거 애국지사와 영웅들의 동상을 반원으로 세워진 광장을 부다페스트를 찾는 사람들은 필수 코스라고 말했다. 우리는 피터 더 클럭과 함께 했던 추억을 갖고 있지만, 나와 피터 더 클럭은 그의 임종 때까지 가장 많이 만난 학자이다. 우선 그는 국제 칼빈대회는 어김없이 참석했다. 그런데 그의 본직은 칼빈대학교와 칼빈신학교의 도서관에 위치한 칼빈연구를 위한 헨리미터센터(H. Henry Meeter Center for Calvin Studies)의 사서 과장이었고 나중에는 명예사서로 임종 때까지 일했다. 1986년에 칼빈대학교와 신학교에 초빙교수로 가 있을 때 내 연구 장소는 헨리미터센터였다. 그때 피터 더 클럭은 나에게 모든 편리를 돌보아 주었을 뿐 아니라 적극 협력해 주었다. 더구나 헨리미터센터와 한국 칼빈주의 연구원이 1990년에 정식으로 자매기관으로 발전함으로써 피터 더 클럭과는 가장 가깝게 지냈다. 우선 당시 화란계 개혁신학자들이나 목회자들은 은퇴하거나 세상을 떠날 때 자기의 책을 도서관에 전부 기증했다. 그러면 칼빈과 칼빈주의 또는 화란 개혁주의 신학의 자료들이 모두 피터 더 클럭의 손을 거치게 된다. 그중에 남아돌아가는 자료들은 제3세계 필요한 기관이나 신학교로 다시 보내도록 되어 있었다. 나는 이것을 알고 칼빈주의 연구원에서 필요한 것이 있으면 협조해 달라고 했다. 그랬더니 몇 차례에 걸쳐서 자료들을 건네주었다. 그리고 미터센터에는 많은 아티클(Article)이 있었다. 그중에서 3천여 자료를 안식년 연구기간 때 복사할 수 있었다. 그리고 피터 더 클럭 뿐 아니라 그와 함께 사역하는 사서가 한분 있었는데 나이 많은 할머니였다. 그 분이 바로 미국 최고의 칼빈학자요 기독교 강요를 영어로 번역한 바 있는 포드 루이스 베틀레스(Ford Lewis Battles) 박사의 부인이다. 그는 평생 남편을 뒷바라지 하면서 비서처럼 일했기에 비록 나이가 들었지만 피터 더 클럭과 함께 이 사역을 기쁘게 하고 있었다. 한번은 내가 헨리미터센터에서 연구하고 있을 때 베틀레스 부인은 자기가 내게 줄 선물이 있다고 했다. 즉 자기 남편이 못다이룬 연구 프로젝트 기초자료가 되는 자료를 내게 주겠다고 했다. 그것은 요한 칼빈의 기도에 대한 라틴어와 불어 원자료를 비교 연구한 자료들이었다. 나는 그 선물을 받고 마음에 한없는 기쁨을 가졌다. 후일 세계 칼빈학회의 사무총장을 역임하신 노이져 박사께서도 유독 그 자료를 복사해 달라고 해서 복사 해준 적이 있다. 피터 더 클럭과 베틀레스 부인은 나의 학문하는 길에 큰 도움을 주신 분이다.

피터 더 클럭은 1927년 화란의 암스텔담에서 출생했다. 1951년에 캐나다로 이미 갔다가 1964년에 미국으로 다시 이민을 왔다. 그분은 미국으로 이민 오기 전에 1948년에 레익스테인 바우 고등학교를 졸업하고, 1956년에 미국의 칼빈대학교에서 B.A를 받은 후에 1959년에 칼빈신학교에서 B.D학위를 받았다. 그리고 다시 웨스트민스터 신학에서 M.Div 학위를 받은 후 에모리대학교에서 도서관학으로 석사 학위를 받았다. 그는 목회나 신학교의 교수보다는 신학 전문사서 특히 칼빈의 자료를 모으고 정리하는 특별한 사서로 일생을 바치기로 결심했다. 그는 에모리대학교 도서관의 사서로 있을 때부터 도서 목록작성을 했다. 그러나 그가 본격적으로 신학 전문 사서가 되기로 한 것은 1969년 칼빈신학교 도서관의 신학 전문 사서로 일하면서부터이다. 이곳에서 그의 목표는 더욱 뚜렷해졌다. 피터 더 클럭은 많은 교수 정년 논문집이나, 명예교수 논문집에 목록을 만드는가 하면 칼빈과 칼빈주의에 대한 서책과 논문들을 체계적으로 정리해서 1972년부터 「Calvin Theological Journal」에 매달 게제했다. 그 외에도 여러 책들을 편집했는데 「르네쌍스와 종교개혁」(1976), 「신학적 사서 에세이모음」(1980), 「칼빈신학교의 교수들의 생애와 작품」(1980) 등이 있다.

79. 프레드 클로스터
Fred H. Klooster : 1922-2003

나는 직책상 해외서 손님이 오는 경우 가까이 모실 수 있는 기회가 많았다. 1980년에 총신대학교의 행정의 총책임을 지고 난 후부터 해외서 초청되는 강사는 주로 내가 모실 수밖에 없었다. 당시는 교수들이 자동차를 가진 사람도 거의 없었기에, 학교의 책임자가 손님을 픽업하고 식사를 돌보고 잠자리를 살펴야 했다. 그 당시 미국 개혁주의 입장에서 가장 권위 있는 교의학자는 칼빈신학교 교수로 있는 클로스터 박사였다. 그는 부인과 함께 총신대학교에 왔다. 그는 우리 집을 방문하고 오랜 시간 대화를 나누었다. 클로스터 박사는 교의학자면서도 특히 칼빈 학자였다. 그는 칼빈에 관한 여러 저서들과 논문들을 썼고, 세계 칼빈학회에 중요한 멤버였다. 우리 둘은 모두가 화란 암스텔담 뿌라야 대학교 동문인데다, 전공분야는 달라도 칼빈 연구에 공통분모를 가지고 있었다.

1980년 이후 나는 거의 일 년에 한두 번씩 미국 그랜드 래피드의 칼빈대학교와 칼빈신학교를 방문하곤 했다. 내가 칼빈캠퍼스를 방문하여 주로 영빈관인 메너하우스에 머물 때마다 클로스터 박사를 만났다. 그때마다 그는 나를 집으로 초대해 주었고 밤늦게까지 대화를 나누곤 했다.

클로스터 박사를 가까이 사귀고 있을 때 그는 이미 정년이 가까워 오고 있었다. 그렇지만 학문에 대한 그의 열정은 대단했다. 클로스터 박사는 미국사람으로서 중간키에 약간 뚱뚱한 편이었다. 그리고 얼굴은 항상 붉고 가까이 할 수 있는 푸근함이 있었다. 특히 1986년에 클로스터 박사의 대표작인 「칼빈의 예정론」(Calvin's Doctrine of Predestination)(성광문화사)이 신복윤 박사에 의해서 우리말로 번역되었다. 이 책은 미국뿐 아니라 한국에도 애독되는 칼빈의 예정론 연구의 지름길이 되는 책이다. 당시 칼빈신학교 총장이던 존 크로밍가(J. H. Kromminga) 박사는 다음과 같이 서언을 써주었다.

"최근 종교개혁에 관한 연구가 부활하므로 말미암아 존 칼빈(John Calvin)의 신학이 괄목할 만한 주목을 받고 있다. 지금까지 주의 깊은 연구를 받아온 그의 신학적 과제들 가운데, 그의 예정 교리 만큼 중요한 것은 없다. 그것은 이 교리가 전 기독교 역사의 논쟁이 핵심이 되었기에 그리 놀랄 일은 아니다. 이 책에서 클로스터(F. H. Klooster) 박사는 이 교리를 새롭게 취급하고 있다. 그는 지금까지 제기되어온 문제점들과 칼빈의 예정 교리에 관한 최근의 신학적 연구에서 제시된 모든 학설들을 예리하게 취급하고 있다. 하지만 그가 주로 참고한 책은 바로 칼빈 자신의 저술이며, 특히 존 칼빈의 그 위대한 조직적인 저작인 「기독교 강요」이다. 클로스터 박사의 이 명석한 저서는 분명히 예정론에 관한 교회의 여러 문제에 관한 칼빈의 대합과 함께, 칼빈이 성경에 기초하여 일부러 해결하지 않은 채 남겨둔 문제들을 독자의 가슴에 전하여 줄 것이다."

이는 크로밍가 박사 자신이 교회사학자이자 칼빈연구가로서 클로스터 박사의 저서를 아낌없이 칭송한 좋은 예가 된다.

클로스터 박사는 그 후 내가 운영하는 한국 칼빈주의 연구원과 박물관도 방문했다. 그리고 결정적 일이 있을 때마다 서로 서신을 교환했다.

칼빈 연구가이자 조직신학자인 클로스터 박사는 1922년 인디아나주에서 출생했다. 1944년에 칼빈대학교에서 M.A를 받고 곧 이어서 칼빈신학교에서 공부하여 1947년에 M.Div학위를 받았다. 그 후에 화란 암스텔담 뿌라야 대학교에서 지.시. 벨까우어 박사의 지도하에 공부하여 1951년에 "하나님의 불가해성에 대한 정통장로교회의 갈등"(The Incomprehensibility of God in the Orthodox Presbyterian Conflict)이라는 논문으로 Dr.Theol 학위를 받았다.

클로스터는 1952년 목사 안수를 받은 후 일리노이주 우르바나 기독교 개혁교회(CRC)에서 선교사겸 목사로 일했다. 1954년부터 2년 동안 칼빈대학교에서 성경학 교수를 하다가 1956년부터 칼빈신학교에서 조직신학 교수로서 후학들을 가르쳤다. 그는 교수 생활 중에도, 바젤대학교, 하이델베르그대학교에서도 연구했다. 특히 그는 칼빈과 아브라함 카이퍼 연구에 독보적인 존재라고 할 수 있다. 그의 조직신학은 칼빈과 카이퍼는 말할 것도 없고, 성경의 권위, 그리고 창조, 타락, 구속의 칼빈주의 세계관과 역사적 개혁주의 신앙고백인 「하이델베르크 교리문답」, 「벨직 신앙고백서」, 「돌트신경」 등을 기초로 해서 형성되었다.

그의 저술은 「바르트 신학의 의의」, 「칼빈의 예정론」, 「역사적 예수 탐구」, 「하이델베르크 교리문답, 그 기원과 역사」 등이 있다. 물론 그는 「칼빈신학 잡지」(Calvin Theological Jaunal)의 편집인을 지내면서 수많은 논문을 썼다. 클로스터 박사는 영미계에서 가장 개혁주의적인 교의학자이면서 칼빈 연구가로 자리매김했다.

80. 넬슨 클로스텔만
Nelson D. Kloosterman

나는 이전부터 피터 더 용(P. Y. De Jong) 박사가 세운 중미 개혁신학교(Mid-America Reformed Seminary)를 늘 마음에 두고 있었다. 왜냐하면 전 칼빈신학교 학장을 지낸 제임스 더 용 박사의 아버지가 보다 더 보수적이면서 철저한 개혁주의 신학과 신앙을 표방하고 세운 학교였기 때문이다. 나는 1985년에 그 학교를 방문하고 설립자인 피터 더 용 박사를 만난 일이 있다. 그런데 들리는 소문에 의하면 학교의 캠퍼스가 아이오아주에서 시카고 가까운 인디아나주 초입으로 이사했다는 소식을 들었다. 2002년부터 대신대학교의 총장으로 일하고 있을 때, 나는 다시 그 학교를 방문하고 싶었다. 그래서 시카고의 딸집에 머물러 있는 동안 제자중의 한분 목사에게 부탁해서 중미 개혁신학교로 안내해 달라고 했다. 물론 사전에 총장 벨레마 박사에게 이메일을 보내둔 상태였다. 세 시간을 프리웨이를 달려 근근이 새로운 캠퍼스에 도착했다. 그런데 때마침 학장 벨레마 박사는 출타했고 교수부장인 클로스텔만 박사와 다른 교수 일행 셋이서 나를 기다리고 있었다. 이미 서서히 어둠이 깔리기 시작했다. 복도에는 온통 역사적 칼빈주의 신학과 신앙의 선배들 예컨대, 칼빈과 카이퍼, 바빙크, 스킬더, 워필드, 핫지, 메이첸 등의 사진과 그림들이 홀 전체를 압도하고 있었다. 이 그림들을 보면 사진은 학교의 성격을 한 마디로 요약할 수 있을 것 같았다. 교수들과 함께 이야기 하면서 앞으로 우리 대신대학교와 서로 교수 교환 방문, 그리고 학생교환을 제시했다. 그리고 나의 신학적 입장과 칼빈주의 연구원과 박물관에 대한 소개도 잊지 않았다. 특히 모든 교수들이 개혁주의 신학노선을 견지하고 있음으로 서로가 대화를 하는데 불편함이 없었다. 그중에서도 교수부장인 클로스텔만 박사는 화란 이른바 자유개혁파(31조파) 소속의 캄펜신학대학교의 다우마(J. Dauma)로부터 신학박사 학위를 받았다고 했다. 나는 그 자리에서 그를 대신대학교 특별 강사로 초청하기로 했다. 그 일은 잘 성사가 되어 2007년 11월 5일에 대신대학교에 클로스텔만 박사를 모시고 추계 학술세미나 및 특별강연을 시작했다.

그때 강의는 주로 세 번의 강의가 있었는데 첫째 강의는 "기독교 윤리와 자연법", 둘째 강의는 "기독교 윤리에 있어서 성경의 사용" 마지막 강의는 "생명윤리와 인간의 존엄성" 등이었다. 미리 교재를 만들어 영어와 우리말을 대조해서 만들었음으로 통역없이 직접 영어로 강의를 했다. 대신대학교로서는 파격적이었다. 이는 신학생들이나 학부학생들의 자존심을 한껏 높여주는 것이었다. 클로스텔만이 대신대학교에 머무는 동안 총장의 승용차로 모셨기에 주로 나와 많은 대화를 했다. 모든 강의를 마치고 서울로 올라와서 한국 칼빈주의 연구원과 박물관을 방문하면서부터 한국 교회에 대한 그의 생각은 점점 바뀌었다. 한국의 부흥은 그냥 된 것이 아니고 이처럼 철저히 개혁주의 신학과 신앙의 자료 센터가 있음을 알았던 것이다. 그의 학문과 교회의 배경을 살펴보아도 철두철미한 개혁주의자이며 보수주의자가 되지 않을 수 없었다. 그럼에도 불구하고 그의 강의 내용은 오늘날의 가장 첨예화한 논쟁 거리인 생명윤리 문제까지 다루는 사고의 유연성을 지니고 있었다.

　넬슨 D. 클로스텔만 박사는 1972년에 칼빈대학교를, 1975년 칼빈신학교를 졸업(M.Div)했다. 목사로 안수 받은 후에 그는 베델 기독교 개혁파교회, 아이오아주의 셀돈에 있는 임마누엘 개혁교회 등을 목회했다. 1984년부터 중미 개혁신학교에 교수가 되어 신약주해, 설교학, 윤리학 등을 가르쳤다. 그런 중에서도 끊임없이 연구를 해서 1991년에 앞서 말한대로 캄펜에 있는 개혁교회 신학대학교(Theological University of Reformed Church)에서 신학박사(Dr. Theol) 학위를 수득했다.

　클로스텔만 박사는 "복음주의 신학협회"의 회원과 "생명윤리와 인간의 존엄을 위한 센터"의 회원으로 일하면서 그 학교의 「Mid-America Journal of Theology」편집장으로 활동하고 있다. 그는 그의 스승 다우마 박사의 화란어 작품인 「십계명」을 영어로 번역했고, 「기독교 부흥」이란 정기 간행물에 계속 글을 발표하고 있다.

81. 시몬 키스트마커
Simon Kiestmaker

    1984년 미국 정통 장로교 선교부에 소속된 손영준 선교사가 미국의 저명한 신약학 교수가 오셨는데, 그분을 총신대학교에 특별 강연을 하도록 하면 어떻겠는가라고 제안했다. 학교의 행정 책임을 맡은 나로서는 반가운 일인데다, 그분 역시 화란 뿌라야 대학교의 신약학으로 박사 학위를 받은 분이라고 하니 기꺼이 환영했다. 그리고 몇 일 동안 우리 집에서 숙소를 정하고 함께 그리스도안에 있는 교제를 나누게 되었다. 그는 잔잔한 미소로 사람을 대하는 천상 학자였다. 매사에 신중하면서도 깊은 학문을 하는 교수로서 한 점 흐트럼이 없는 신사였다. 그는 신약을 전공한 학자이지만 또한 칼빈 연구가이기도 했다. 하기는 신학을 함에 있어서 교의학자던, 교회사학자던, 실천신학자던, 성경해석학자던 간에 칼빈을 좋아하지 않으면 신학을 논할 수가 없었다. 그가 한국을 방문했을 때는 미국의 잭슨, 미시시피에 있는 리폼드신학교(Reformed Theological Seminary, RTS)의 신약 교수로 봉직하고 있었다. 그래서 나는 미국에 갈일이 있으면 RTS에 들리곤 했다. 왜냐하면 당시 리폼드신학교 총장 위트락 박사는 나와 1980년부터 서로 가까이 지내던 사이였음으로 갈 때마다 게스트 하우스(거기에는 이 집을 화이트 하우스 곧 백악관으로 통하고 있다)에 여장을 풀곤 했다. 몇 차례 RTS를 방문할 때마다 나는 그의 영접과 사랑을 받았다.

그런데 그의 집이 바로 미국 복음주의 신학회 사무실이었다. 키스트마커 박사는 신약학자임에도 불구하고 미국 전역의 복음주의 신학자들과 교류하면서 그들을 하나로 묶고 관리하는 회장직을 맡고 있었다. 그리고 키스트마커 부인은 미국 사람으로서도 참으로 왜소해 보였지만 아주 당차고 똑똑했다. 부인은 서기일을 보고 있었다.

한번은 그의 집을 방문했더니, 나를 보고 미국복음주의 신학협회에 가입하라고 했다. 그래서 나는 졸지에 미국 복음주의 협회에 연결되게 되었다. 사실 나는 한국에서는 전혀 복음주의 협회에 회원이 된 적도 없었지만, 순전히 키스트마커 박사의 권유로 멤버가 된 셈이다. 그로 말미암아 복음주의 운동에 관해 미국과 국제적인 흐름에 대해서 많은 정보를 얻을 수 있게 되었다.

세월이 많이 지나 한동안 우리 둘은 소식이 뜸하던 차에 2005년에 미국 플로리다주의 올렌도에 있는 리폼드신학교를 다시 방문하여 시몬 키스트마커 박사를 반갑게 만났다. 너무 좋아 둘이 얼싸 안았다. 그러나 그는 이미 노인이 되어 있었다. 그럼에도 불구하고 그는 RTS에서 명예교수로서 여전히 강의를 하고 책을 집필하면서 노익장을 과시하고 있었다.

키스트마커는 본래 화란 태생의 캐나다 이민자였다. 그는 칼빈대학교(B.A)와 칼빈신학교(M. Div)를 졸업하고 화란 암스텔담 뿌라야 대학교에서 박사(Dr. Theol) 학위를 수득했다. 한편 1961년에 기독교 개혁파 교회(CRC)의 목사로 안수를 받은 후 캐나다의 브리티쉬 콜롬비아에 있는 베르논에서 목회를 시작했다.

1963년에는 아이오아주의 숙스센터(Sioux Center)의 돌트대학교

(Dordt College)의 교수로 초빙되어 8년간 성경을 가르쳤다. 그 후 1971년부터는 잭슨의 리폼드신학교의 교수가 되어 은퇴할 때까지 철저한 칼빈주의적 입장에서 신약학을 강의했다. 그는 북미주 뿐 아니라 오스트리아, 영국, 브라질, 인도네시아, 일본, 한국, 멕시코, 대만에서도 명강의를 했다. 1975년 미국 복음주의 신학회 회장으로 1976년부터 1992년까지는 총무일을 보았다.

키스트마커 박사는 신약학자로 많은 저술을 했는데 그중에 신약주석들이 대부분이다. 즉 「사도행전 주석」, 「히브리서 주석」, 「야고보서 주석」, 「베드로 전후서 주석」, 「요한 1,2,3서 유다서 주석」 등이 있고 그의 가장 명저로는 「예수의 비유」, 「칼빈주의」 등이 있다. 이러한 책들은 여러 나라 말로 번역되어 출간되었다.

82. 토마스 F. 토렌스
Thomas Forstyh Torrance : 1913-

　1986년 이후 내가 가장 자주 만난 스코틀랜드의 학자는 토마스 토렌스 박사였다. 헝가리의 데브레첸 국제 칼빈대회로부터 4년마다 거의 20년 가까이 그를 만났다. 나는 중후하면서 열린 그의 모습을 볼 때마다 큰 학자이면서도 강한 리더십이 있는 지도자임을 알게 되었다. 그는 반백의 뒤로 빗어 넘긴 머리를 지닌, 약간 중후한 그의 몸이 늘 국제 칼빈회 의장의 중심을 잡아주곤 했다. 토렌스 박사는 스코틀랜드를 대표하는 학자로서 칼빈연구의 대가였다. 토렌스 박사의 선친은 일찍이 중국의 선교사였음으로 중국에서 출생했다. 그는 에딘버러대학교에서 철학을 공부하고, 신학대학원인 뉴 칼리지에서 유명한 맥킨토시(H. R. Mckintosh) 교수 아래서 신학을 공부했다. 그 후 그는 바젤대학교에서 칼 바르트(K. Barth) 아래서 공부를 계속했다. 신학을 졸업한 후 10년간 목회 경력을 쌓은 후에 뉴 칼리지의 교수로 부름을 받고 처음에는 2년 동안 교회사를 가르치다가 기독교 교의학으로 전공을 바꾸어 27년간 강의했다. 1976년에는 스코틀랜드 장로교회의 총회장이 되었고 1978년에는 템플턴상(Templeton Prize)을 수상하기도 했다. 아울러서 토렌스 박사는 에딘버러 왕립학회, 영국 아카데미의 연구원으로 일했고「스코틀랜드 신학저

널」을 창간해서 편집장으로 일했다.

토렌스는 「존 칼빈의 신약주석총서」의 공동 편집인을 역임했다. 그는 다작가로서 다음과 같은 많은 책을 저술했다. 「왕국과 교회」(1956), 「그리스도의 초림과 재림」(1957), 「신앙의 학교」(1959), 「칼 바르트의 초기 신학입문」(1962), 「신학과 재구성」(1965), 「신학적인 과학」(1969), 「공간과 시간 그리고 부활」(1977), 「땅과 신학의 문법」(1980), 「그리스도의 중재」(1983), 「지식의 구조에 나타난 변형과 수렴현상」(1984), 「존 칼빈의 해석학」(1988), 「니케아 신학: 삼위일체의 신앙」(1988) 등이다. 이런 토렌스의 작품 등은 그가 직접 내게 보내준 이력서에 기초한 것이다. 왜냐하면 나는 그에게 개혁주의 인명사전에 그의 이름을 올리려고 한다고 하자 그는 친절하게도 그의 모든 것을 보내어 왔기 때문이다.

토렌스의 사상의 중요한 주제는 기독교 사상이 적극적인 과학이라는 것이다. 그리고 그는 이것은 아다나시우스, 칼빈, 바르트 등에 의해서 실행되었던 것처럼 스코틀랜드의 물리학자 제임스 맥스웰(James Clerk Maxwell)이나 아인슈타인(Abert Einstein) 이래로 사용된 현대 물리학의 과학적 방법과 비슷하다고 보았다. 그런 까닭에 토렌스의 입장에서는 신앙과 이성을 대조적으로 보는 것은 극히 어리석은 것이었다. 왜냐하면 그러한 신앙은 모든 지식에 대해서 없어서는 안 될 필수적인 것일 뿐 아니라 논박할 수도 없고 입증될 수도 없는 것이기 때문이라고 했다. 그러므로 진정한 객관적 타당성은 실제로부터 분리되는 것이 아니라 주권적 실체와 계약을 맺는 것이라고 했다. 또한 토렌스는 그리스도의 성육신에 대해서 말하기를, 성육신 하신 아들 예수 그리스도는 바로 우리가 이해하고 알고 있는 하나님 자신이라고 했다.

그리고 신학자들 가운데는 토렌스 라는 이름이 많이 나오는데 그 관계를 좀 더 해명해야 될 것 같다. 토마스 F. 토렌스의 아들인 아이안 토렌스(Iain Torrence)는 현재 미국 뉴저지 주의 프린스턴신학교 총장으로서 아버지보다 더욱 위대한 신학자가 되었다. 그리고 토마스 F. 토렌스의 조카 알란 토렌스(Alan Torrence)는 성 엔드류대학교의 교의학 교수이다. 그리고 토마스 F. 토렌스의 동생 제임스 B. 토렌스(James B. Torrence)는 아버딘(Aberdeen)대학교의 교의 신학교수로 있다. 그러므로 토마스 F. 토렌스의 가족은 모두가 교의학 교수로서 신학의 명문가를 이루고 있다.

83. 피터 통
Peter P. C. Tong : 당숭평

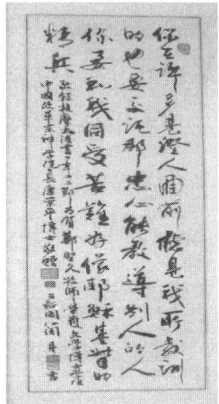

    1995년을 전후해서 나의 책 「한국 교회 설교사」가 7개 국어로 번역 출판되었다. 처음 영어로 출판된 후 일본어로 번역되더니 이후에는 러시아어, 중국어, 대만어, 포르투갈어 등으로 번역됐다. 사실 한국의 신학이란 것은 벨까일(Johannes Verkuyl) 박사의 지적대로, 번역신학, 화분신학과 같다고 할 수 있다. 그래서 그런지 모든 신학은 서양 신학을 그대로 복사해서 한국어로 전달하는 수준이 되었고, 한국인 특유의 목소리나 주장은 신학의 어느 곳에도 나타낸 예는 거의 없었다. 과거에 어떤 사람들이 서양의 이른바 해방신학이나 흑인신학을 흉내 내어 토착화 신학이니 황인신학이니를 부르짖었으나 몇 년 후에 슬그머니 자취를 감추고 말았다.

    그런데 내가 쓴 한국 교회 설교사는 한국 교회 100년 역사동안 이 땅에서 외쳐졌던 위대한 설교자들의 사상과 삶 그들의 메시지를 시대별로 구별해서 엮은 것이다. 그런데 이것이 영어와 일본어로 번역 출판되자 엄청난 반응을 일으켰다. 전 세계 사람들은 한국 교회의 부흥과 성장을 경이의 눈으로 바라보고 침이 마르도록 칭찬하면서 한국 교회의 기적적 부흥과 성장을 노래하고 있었다. 그러나 정작 한국에서는 그 해답을 항상 종교 현상학적 입장에서 다루는 논문들이 대부분이었다. 그래서 한국 교회가 성장한 이유에 관해 다음과 같은 말이 지배적이었다. 한국인의 심성에는 샤머니즘의 배경이 있었기 때문에 그리고 6.25전쟁이 있었기 때문에, 또한 한국 교회는 성경공부를 좋아하고 기도를 많이 하고 전도를 많이 하기 때문에 성장하게 되었다는 수준이었다.

그러나 나는 한국 교회 100년 동안 위대한 설교자들 예컨대, 길선주, 김익두, 김화식, 주기철, 손양원, 한상동, 박형룡, 박윤선, 한경직 같은 걸출한 대설교가들이 있었는데 그들의 설교에는 항상 '오직 성경'(Sola Scriptura), '오직 믿음'(Sola Fide), '오직 은혜'(Sola Gratia), '오직 하나님의 영광을 위해'(Sola D대 Gloria) 등이 전파되었다고 기술했다. 이는 종교 개혁자들의 사상과 궤를 같이 한다고 주장했다. 그렇기 때문에 그들은 한국인의 잠자는 영혼들을 깨우고 민족의 갈 길을 제시할 수 있었다. 또한 오늘의 한국 교회의 부흥도 나라의 기적적인 발전도 이런 복음적 설교자의 메시지에 기인한다는 것이 나의 주된 메시지이다. 이것이야말로 여러 나라의 신학자들이나 교회지도자들에게 내가 들려주는 유일한 대답이었다. 그래서 나는 여러 나라를 다니면서 그 사실을 강조하면서 특별강연을 했다.

특히 나는 1996년에 몇 차례 걸쳐서 대만의 이진희 선교사의 주선으로 대만의 「改革宗神學校」(Reformed Theological Seminary)에 특강을 했다. 당시 통역관은 이진희 선교사와 유안준 선교사였다. 그 당시 개혁신학교의 교장이 바로 피터 통 박사였다. 나는 그와 사귀면서 대만 교회의 부흥도 개혁주의 신학과 신앙으로 가르쳐야만 대만교회를 부흥케 한다는데 공감했다. 1997년 마침 내 책이 중국어와 대만어로 번역되었고, 7개 국어 출판기념회를 소공동 롯데호텔에서 하게 되었다. 당시 롯데 호텔의 큰 홀에 교단의 어른들과 지인들이 200여명이나 모였다. 멀리서는 대구, 전주, 인천 등에서도 왔고, 전 교육부장관이었던 건국대학교 총장 윤형섭 박사가 참석했다. 그런데 뜻밖에 가장 멀리서 온 손님이 있었는데 그분이 바로 피터 통 박사였다. 그는 이 행사에 참여하기 위해서 대만에서 비행기로 서울까지 왔다. 물론 통역한 이진희 선교사와 더불어였다. 그는 축하하는 뜻으로 한문으로 쓴 명필의 축서를 액자에 만들어 가지고 왔다.

그 행사에는 내가 미국의 비버폴에 있는 제네바대학교에서 명예문학박사 학위를 수득한 것을 축하하는 자리이기도 했음으로, 대만 개혁종신학교 당숭평 박사의 이름으로 축하와 축복을 담은 것이었다. 그는 인사 말을 통해서 "정성구 박사의 이 책은 우리 대만과 중국 사람들에게 한국 교회는 개혁주의 사상을 가진 설교자들의 메시지 위에 서 있다는 것을 배우게" 되는 계기가 되었다고 칭찬했다.

피터 통(Peter C. P. Tong) 박사는 미국의 기독교 개혁파 교회(C.R.C)에서 대만으로 파송한 선교사요 목사요 신학자였다. 그는 대만에서 선교사로 와서 「改革宗神學校」를 세우고 학장과 교수로 취임했다. 그리고 일꾼을 양성했다. 그는 미국 그랜드 래피드의 칼빈대학교에서 B.A를, 칼빈신학교에서 M.Div를 받았으며 캘리포니아 신학대학원에서 변증학 분야에서 철학박사(Ph.D) 학위를 수득했다. 통 박사는 16권의 영적이고 신학적인 저술을 남겼다. 그중에 일부는 대만어로 번역되어 성경학교나 신학교에 교제로 쓰이기도 했다. 그 책 중에는 「기독교의 근본적 신앙」, 「설교의 근본적 원리」, 「오직 그리스도」, 「기독교 신학사전」 등이 있다. 그는 이런 책들을 통해서 미국과 대만에 큰 영향을 끼쳤다. 통 박사는 중국계 미국 시민권자로서 철저한 칼빈주의적 세계관과 인생관을 가졌으며, 중국 뿐 아니라 아시아 여러 나라에도 지대한 영향을 끼쳤다.

지금은 일선에서 은퇴한 후에 미국 캘리포니아주에 머물면서 여러 신학교와 대학과 교회에 초청을 받아 대만에서의 선교경험을 나누며, 복음의 세계화를 위해서 힘 있게 일하고 있다.

84. 코넬리우스 반 틸
Cornelius Van Til : 1895-1987

먼발치에서 반 틸 박사를 본 것은 고등학교 시절인 1960년쯤으로 기억된다. 그때 반 틸 박사는 부산 고려신학교의 특별 강사로 초청받아 부산 남교회에서 강의하고 있었다. 나는 신학적 지식이 없어서 그때는 그의 말을 알아들 수 없었지만 50년이 지난 지금도 뚜렷이 내 머리에 남아 있는 것은 흑판에다가 커다란 원을 그리고 또한 원과 맞닿아 있는 일직선을 그린 그림이었다. 그것이 반 틸 박사의 강의의 요점인 이른바 접촉점(Point of Contact)에 대한 설명인 것을 그 후에 알았다. 신학교에 입학한 후에는 간하배 교수로부터 반 틸 박사의 「신앙의 변증」(Defence of Faith)을 읽고 레포트를 제출하라는 지시를 받았지만 이해하기 어려웠다. 그러다가 화란 뿌라야 대학교에 유학가서, 거기서 나의 은인이었던 반 틸 박사의 절친한 친구인 메이스터(Jan Meester) 목사님을 만나게 됨으로써 재정적 도움을 많이 받았다. 뿌라야 대학교에서 받은 장학금이 끝나가고 박사과정으로 들어가려는데 재정적 후원자가 없었다. 재정 후원이 없으면 귀국할 수밖에 없었다. 그때 하나님의 은혜로 뿌라야 대학교의 졸업반이던 얀 바우마(Jan Bouma)를 만나게 되었다. 지금 그는 화란의 캄펜에 있는 개혁교회에 목사로 있지만 그때는 처음 보는 청년이었다. 나의 딱한 사정을 다 들은 그는, 나를 화란 자유개혁파(31조파) 교회 지도자인 메이스터 목사님께 인도했다. 나는 목사님께 내 형편을 있는 그대로 설명하면서, 나의 은사는 박윤선 박사님이고, 박윤선 박사는 코넬리우스 반 틸 박사에게 사사했다고 했다. 내 말을 잠잠코 듣고 있던 메이스터 목사님은 웃으면서 말씀하시기를 "반 틸 박사의 제자의 제자라면 틀림없다. 나는 어린 시절부터 반 틸과는 죽마고우"라고 했다. 그러면서 박사과정을 마칠 때까지 모든 재정적 후원을 아끼지 않겠다고 약속했다. 정말 하나님의 도움이요, 하나님의 놀라운 은혜였다. 인생의 갈림길에서 가장 힘들고 어려운 처지에 있을 때 반 틸 박사와 어릴 때부터 친구인 메이스터 목사님을 만나게 하시고 재정후원의 약속을 쉽게 받을 수 있게 되었다.

후일 나는 1980년 총신대학교의 학장이 되어 필라델피아에 가서 반 틸 박사를 만났다. 그때 나는 변증학과 기독교 철학교수인 로버트 눗슨(Robert Knudsen) 박사와 함께 그를 만났다. 당시 김인환 박사 가족과 더불어 필라델피아 근교에 있는 공원에 가서 바비큐 파티를 하면서 즐거운 시간을 보냈다. 그때 반 틸 박사는 나이가 많이 들었고 손을 떠는 수전증에 걸려서 젓가락으로 고기를 집어 먹는 것도 대단히 어려웠다. 그때 눗슨 교수는 반틸 박사에게 "선생님 오늘은 Point of Contact가 되지 않군요"라고 뼈있는 유모어를 했다.

왜냐하면 눗슨은 참으로 실력 있는 학자였지만 반 틸 이라는 거목에 가리워서 한 번도 크게 대접을 못 받은 터였다(눗슨 박사가 한번은 우리 집에 와서 그의 속내를 털어놓은 적이 있다). 20세기 기독교 변증의 위대한 신학자이자, 개혁주의 신학의 보루였던 반 틸 박사는 그것이 내가 본 마지막이었다.

반 틸 박사는 미국 필라델피아 웨스트민스터신학교에 변증학 교수로만 43년간(1929-1972)을 봉직했다. 1972년 현역에서 물러나서 명예교수가 된 후 그의 생애를 마감하기까지 사실 그의 생애의 전부를 통해서 웨스트민스터신학교 캠퍼스 부근에서 살았으며 지난 1987년 4월 29일 그가 40년간 출석했던 갈보리 정통장로교회에서 추모예배가 행해졌다. 그후 5월 27일 웨스트민스터신학교에서는 그의 추모 기념강연회를 가졌다.

반 틸 박사는 1895년 5월 3일 화란의 흐로트하스트(Grootegast)에서 출생했다. 그는 아버지인 이때 반 틸(Ite Van Til)과 어머니 클라징가 사이에 여섯째 아들로 태어나서 어릴때는 케이스(Kees)란 이름으로 불리워지면서 귀여움을 독차지 했다. 그는 10세 때 아버지를 따라서 미국으로 이민온 후 그의 가족은 인디아나주에 있는 하이랜드에서 농사일을 하면서 살았다. 그의 초창기의 이민생활은 매우 어려웠기 때문에 초·중·고 시절을 힘들게 공부하며 지냈다. 그는 1925년 함께 화란에서 이민왔던 루나 크로스터(Rena Klooster)와 결혼했고 한 아들을 두었으나 1983년에 죽었다. 반 틸 박사의 마지막 생애는 손주딸의 도움으로 근근히 살아가며 무척 고독한 생애를 보냈다.

반 틸 박사는 1922년에 칼빈대학교(Calvin College, A.B)를 졸업한 후 프린스턴신학교와 프린스턴대학원을 졸업하고 1927년에 박사(Ph.D) 학위를 수득했다. 그는 프린스턴대학교에서 철학박사 학위를 받은 후, 미쉬간주에 있는 스프링레이크에 기독교 개혁교회 목사로서 목회를 하면서 프린스턴신학교의 전임강사로서 교수직을 맡았다. 그러나 그로부터 일 년 후인 1929년에 그레샴 메첸(G.C. Machen)과 더불어 웨스트민스터신학교를 설립하고 변증학 교수가 되었다. 그 후 43년간을 교수로 그리고 돌아가시기까지 15년간을 명예교수로서 후학들을 가르쳤다. 그는 무려 58년 동안 웨스트민스터신학교를 지키며 진정한 기독교 신앙을 수호하는데 앞장섰다. 1983년에는 헝가리의 데브레첸(Debrecen)신학교의 명예교수가 되었고, 또 남아공화국의 포체스트롬(Potchefstroom)대학교에서 명예신학박사 학위와, 필라델피아의 개혁파 에피스코팔신학교에서도 명예신학박사 학위를 수득했다.

반 틸 박사는 1936년 이후로 죽기까지 미국 정통장로교회 목사로 활약했다. 그리고 필라델피아 몽고메리 기독교 아카데미를 창설하고 이사장으로 있었으며, 1942년 이후 약 700명의 학생들을 배출시켰다.

반 틸 박사는 「The New Modernism(1946)」, 「The Defense of the Faith」(1955), 「Christianity and Barthism」(1962) 등 많은 저작과 논문을 남겼다. 특히 그는 화란의 헬만 도예베르트(Dr. Herman Dooyeweerd)와 볼렌호번(Dr. Th. D. H. Vollenhoven) 그리고 남아공화국의 스토커(Hendrik G. Stoker)와 더불어 칼빈주의 철학운동에 동참하고 「개혁주의 철학(Philosophia Reformata)」의 공동편집의 책임을 맡았다. 특히 그의 75회 생일을 기념하기 위한 미국과 유럽의 학자들이 기고한 기념논문집인 「예루살렘과 아덴」은 코넬리우스 반 틸 박사의 사상을 긍정적 또는 비판적인 안목으로 볼 수 있도록 도움을 주는 중요한 자료이다. 반 틸 박사는 정통 칼빈주의 신학과 신앙을 옹호하는 일에 일생을 바친 금세기의 최대의 신학자이다.

반 틸 박사는 칼 바르트(Karl Barth)와 불트만(R. Bultmann)등 현대 신학자들을 해부대 위에 올려 놓고 철저히 비판했다. 뿐만 아니라 칼빈주의적인 서클 안에 있는 사람들까지도 그는 거침없이 비판해서 반 틸 박사와 헬만 도예베르트 박사 사이에 아직도 논쟁의 여지를 남긴채 임종했다. 반 틸 박사의 변증학의 방법은 기독교와 비기독교 세계관 사이의 안

티데제 즉, 신자와 불신자 사이의 접촉점(The Point of Contact)을 전제하는데 초점을 맞추고 있다.

이제 개혁파 신학의 큰 별이 갔다. 앞으로 개혁교회의 방향은 어디로 갈 것인가? 아직도 반 틸 박사를 이끌만한 인물은 없다.

왼쪽: C. 반 틸 박사
중간: R. 늇슨 박사내외 그리고 필자

85. 스티븐 팀머만스
Stiven Timmermans

　1981년 초겨울 나는 시카고에 거주하는 고응보 목사님과 함께 미국의 시카고를 여행하고 있었다. 고응보 목사님과 나는 1960년대초 동산교회의 박윤선 목사님을 모시고 함께 사역하던 동역자이다. 나 보다는 여러 해 선배여서 고 목사님은 부목사로 나는 교육전도사로 박 목사님을 보필하고 있었다. 내가 시카고를 방문하자 마자 그에게 트리니티기독대학교(Trinity Christian College)를 보여 달라고 졸랐다. 그는 시카고에는 정말 볼거리가 많고 갈 곳이 많은데 왜 하필 트리니티기독대학교에 관심이 많으냐고 했다. 고 목사님은 그런 학교가 어디에 있는지도 잘 모른다고 하면서 지도를 찾아 약 한 시간 동안 프리웨이를 따라서 겨우 찾아냈다. 그리고 당시의 총장이요 구약학자인 제라드 반 흐로닝겐(Gerard Van Groningen) 박사를 만났다. 그는 나에게 1년 전 자기의 총장 취임연설문을 내게 넘겨주면서 트리니티의 꿈과 청사진을 내게 보여주었다.

　사실 미국에는 Trinity란 이름을 가진 기독대학교나 신학교가 13곳이나 된다. 그런데 내가 이 학교에 특히 관심을 가진 것은 이 학교의 목적이 어떤 학문을 하던지 삶의 전 영역에 하나님의 주권과 그의 영광을 위한 것이라는 칼빈주의적 세계관을 교육하는 학교였기 때문이다. 그때 나는 정보를 통해 미국의 기독교 개혁파교회(C.R.C)에 소속된 대학은 칼빈대학교, 돌트대학교, 트리니티대학교, 리딤버대학교, 킹스유니버시티대학교 등이며 이들 다섯 개의 대학 모두는 칼빈주의적 신학과 신앙의 이상을 실현하기 위한 대학임을 알고 있었다.

그 후 나는 총신대학교의 행정 책임에서 물러나 더 이상 트리니티와의 관련을 갖지 못했다. 그런데 2002년에 나는 대구의 대신대학교 총장으로 부임하면서 다시 한 번 대신대학교의 학문적 중흥과 더불어 학교를 글로벌 대학으로 키우고 싶은 마음이 있었기 때문에 미국 여러 대학을 방문하게 되었다. 때마침 2004년부터 딸 신애가 시카고의 게렛 복음주의 신학교에서 기독교 교육학으로 박사(Ph.D)과정에서 공부하고 있었다. 그래서 나는 딸과 더불어 오랜만에 트리니티기독대학교를 방문했다. 4반세기 만에 다시 방문한 셈이다. 거기서 새로 부임한 스티븐 팀머만스 총장을 만났다. 처음 만났지만 나와 팀머만스 총장은 이전부터 잘 아는 친구처럼 금방 가까워졌다. 그도 그럴 것이 바로 직전의 총장인 안토니 디크마 전 칼빈대학교 총장은 나와 아주 막역한 사이였고 칼빈신학교 제임스 더 용 박사도 나와 가장 가까운 친구였기 때문이다. 그들은 모두 서로 친구였는데 다 화란계의 개혁주의 신앙을 가진 사람이었다. 우리는 서로 내왕하면서 자매 관계를 갖고 서로 협력하기로 했다.

나는 대신대학교에 돌아오자마자 팀머만스 총장을 초청해서 큰 세미나를 갖기로 했다. 우리는 항공료 일체와 특급 호텔비와 모든 경비를 부담하기로 했다. 대신대학교가 생긴 이래 이런 대대적인 행사는 처음이었다. 포스터를 만들고, 교안을 미리 번역해서 책자를 만들고 통역 없이 바로 영어로 특강을 하도록 했다. 이것은 대신대학교 학생들과 교수들에게는 커다란 충격이었다. 학생들은 말할 것도 없고 목회자들도 대거 참석했다. 그리고 서울로 와서 한국 칼빈주의 연구원과 칼빈 박물관을 관람하고 극진히 예를 표했다. 그 후 나는 아이들이 시카고에 살고 있었기 때문에 시카고를 방문할 때마다, 트리니티대학교를 찾아 팀머만스 총장과 사귈 수 있었다. 그 후 드디어 팀머만스 총장도 나를 그 학교에 특강 강사로 공식 초대했다. 그도 내가 했던 것처럼 왕복여비와 특급호텔 경비를 댔다. 나는 트리니티대학교에서 채플을 인도했다. 그리고 특별강좌 시간에 "칼빈주의 세계관"에 대해서 말했다. 나는 일찍이 화란에서 아브라함 카이퍼의 사상과 삶을 연구했을 뿐 아니라, 헬만 도예베르트 박사와 볼렌호번 박사 등 기라성 같은 학자들을 통해 학문을 했기 때문에 화란 유학경험을 곁들여서 교수들과 학생들에게 강의했다. 내 영어가 부족하기는 했지만 나는 직접 화란 뿌라야 대학교에서 칼빈주의 사상을 공부했기에 전혀 주눅들 필요가 없었다.

그 후에 나는 일 년에 두 번 정도는 꼭 팀머만스 총장을 만났다. 우리는 서로 만나면 그냥 이름을 부른다. 나는 그를 스티븐이라 하고 그는 나를 셈(Sam)이라고 부른다. 그 후 나는 그 학교의 신학과 과장인 돈 신네마(Don Sinnema) 박사를 대신대학교에 초청했다. 그는 칼빈과 돌트 총회 전문가로서 우리에게 큰 유익을 주었다. 트리니티대학교는 신학과를 비롯해서 약 25개 학과가 있는데 모든 교수들은 한결같이 칼빈주의 세계관을 가르치고 있다. 그 후에 딸 정신애 박사가 트리니티기독대학의 겸임교수(Adjunct Professor)로 일하게 되었다.

나는 2008년에 대신대학교에서 완전 은퇴하고 다시 칼빈대학교의 석좌교수로 일하게 되었다. 나는 다시 길자연 총장에게 건의해서 트리니티대학과 관계를 맺자고 했다. 그래서 2010년 여름 길 총장과 함께 트리니티대학을 공식 방문하고 양교의 자매결연식을 맺고 우의를 다졌다.

팀머만스 총장은 칼빈대학교를 졸업하고 미시간대학교에서 교육학과 심리학으로 철학박사(Ph. D) 학위를 수득했다. 그는 칼빈대학교 등에서 교수 일을 하다가 2003년 트리니티기독대학교의 총장으로 임명되어 학교를 발전시키는데 헌신하고 있다. 그는 철저한 칼빈주의 신앙을 가진 학자이지만 대학 행정의 달인이다. 부인도 같은 학교의 교수 일을 하고 있다. 특히 팀머만스 총장은 장애자 교육에 대한 개혁주의적인 대안을 제시한 분으로 유명하다. 왜냐하면 그의 딸 중에 하나가 지적 장애자이므로 그 고통을 누구보다 잘 알고 있었기 때문이다.

팀머만 총장과 정신애 박사

86. T.H. 루이스 파커

T.H.Louis. Parker 1916-

파커는 영국이 낳은 금세기의 최고의 칼빈학자이다. 그는 일생동안 칼빈의 본래 모습을 그려내는데 전 생애를 바친 분이다. 중요한 저서로는 「칼빈의 전기」(John Calvin a Biography), 「칼빈의 초상」(Portrait of Calvin), 「영국의 개혁자들」(English Reformer) 등이 있다.

내가 파커에 대한 정보를 알기 시작한 것은 1980년대부터이다. 그때 어느 출판사의 요청으로 파커의 전기를 편역하여 앞뒤로 각종 칼빈에 대한 자료 150페이지를 첨가해서 책을 출간하는 계기로 인해 그에 대하여 관심을 갖기 시작했다. 지금 생각하니 책도 조잡했거니와 교정도 불충분하여 파커가 정확히 누군지는 잘 몰랐어도 마음이 늘 무거웠다. 나는 파커 박사에게는 늘 미안했지만 그 후에 어느 분이 다시 완역해서 출판했기 때문에 다행이라 생각한다.

파커 박사는 영국을 대표하는 칼빈학자로서 국제 칼빈대회(International Calvin Congress) 중앙위원이었다. 나는 1986년에 헝가리 데브레첸 대회부터 국제회의에 참가했으나 개인적으로 그와 접촉을 못했다. 다만 멀리서 보았을 뿐이었다. 그러나 우리는 서신으로 늘 교제를 했다. 한번은 내가 편지를 보내면서 교수(Professor)라는 명칭을 썼다. 나는 그런 대학자가 두말할 필요가 없이 교수일 것이라고 생각하고 최고의 경어로서 그에게 편지를 썼다. 그러나 그는 내게 답신하기를 "나는 교수가 아닙니다. 그냥 대학교에서 강사로 가르친 것이 전부입니다. 그러니 나더러 교수로 부르지 말아 주십시요"라고 편지가 왔다. 그 후로 나는 교수로 부르지 않고 그냥 박사로 불렀다.

나는 파커가 쓴 책 가운데 「요한 칼빈의 설교 서론: 하나님의 계시」(The Oracles of God, an Introduction to the Preaching of John Calvin)를 가장 좋아한다. 나는 이 책을 Herold Dekker 박사의 칼빈의 설교와 더불어 나의 책 「改革主義 說敎學」에 자주 인용한다. 파커의 요점은 칼빈은 너무나 교의신학자로서 또는 주석가로서 강조되었기 때문에 정작 목회자와 설교자로서 칼빈은 매우 소홀히 취급되었다고 지적했다. 물론 칼빈은 교회의 개혁자로서 또는 교리를 수호하는 개혁자였지만, 그의 교회개혁의 방법은 항상 강단에서 하나님의 말씀을 증거하는 것이었다. 사실 종교개혁이란 바로 강단의 개혁이며 설교의 개혁이었다. 종교개혁은 잃어버렸던 강단을 회복하고 하나님의 말씀을 바로 깨닫고 말씀의 권위를 그 어떤 전승보다 귀히 여겼을 뿐 아니라, 하나님의 말씀이 우리의 신앙과 생활의 유일한 표준인 것을 잘 선포했다. 특히 파커는 과거의 어느 학자들이 발견하지 못했던 칼빈의 설교를 잘 분석해냈다. 실은 나도 칼빈연구 또는 칼빈주의 연구를 오랫동안 했지만 내 관심은 항상 칼빈의 설교에 관한 것이었다. 물론 칼빈 연구가들 중에는 관심분야와 전공분야가 모두 다르다. 어떤 이는 칼빈의 주석을 전문으로 연구하는 사람도 있고 또 어떤분은 칼빈의 편지, 그리고 칼빈의 기독교 강요 등등 실로 다양한 방면으로 접근한다. 그러나 파커와 나는 같은 관심사, 같은 분야의 일을 하고 있다.

그런 이유에서 인지 잘 모르지만 아마 칼빈연구에 대한 책으로 한국에서 파커가 제일 먼저 알려졌을 것이다. 1960년에 그의 책 「Portrait of Calvin」이 「칼빈의 모습」이란 말로 김재준 목사에 의해 번역되었다. 파커는 이 책에서 불란서의 대 칼빈 연구가 에밀스 두메르그(Emils Doumergue)가 쓴 7권의 완벽한 저서가 사진이라고 비유한다면 자기의 작품은 작가의 눈으로 마치 스케치를 하고 초상화를 것이라고 했다.

파커 박사는 1916년 9월 28일 영국에서 태어났다. 그는 캠브리지 대학교에서 B.A학위를 그리고 1942년에는 같은 대학에서 M.A학위를 받았다. 또한 1950년에는 M.Div를 1961년에 목회학 박사(D.Min) 학위를 수득했다. 그리고 그는 약 30년동안 목회에 주력했으며 10년간 더럼(Durham)대학교에서 신학 강사로 일하다가 1981년에 원로 강사로 임명되었다.

요한 칼빈에 대한 세계적 권위자인 파커는 칼빈에 대해 다음과 같은 많은 저서를 남겼다. 즉 「하나님의 계시」(1947), 「신지식에 대한 칼빈의 교리」(1952), 「칼빈의 초상화」(1954), 「요한 칼빈의 전기」(1975), 「칼빈의 신약주석들」(1971), 「칼빈의 구약주석들」(1986), 「칼빈의 로마서 주석들 1532-1542」(1986), 「칼빈의 설교」(1992) 등이 있다.

나는 이런 위대한 대 칼빈학자와의 교제를 늘 감사하게 생각한다.

87. 게리트 푸칭거
1921-2001

푸칭거 박사는 화란의 교회역사 학자이다. 그는 일평생 독신으로 살면서 오직 1800년 이후 화란 근대의 개혁교회의 역사 그리고 칼빈주의적 세계관이 교회와 정치, 경제, 사회, 문화, 교육 등에 미친 영향을 대중들이 이해하고 공감할 수 있도록 책과 논문들과 잡문들을 통해 수도 없이 쏟아내었다. 그러다 보니 그는 유명한 자료수집가이기도 했다. 나는 1972년부터 그의 명성과 그의 학문을 익히 알았지만 접촉할 수 있는 기회가 없었다. 왜냐하면 그는 가르치는 교수가 아니라, 일종의 연구교수로서 평생을 학문 연구에 매달린 전형적인 학자였기 때문이다. 그렇다고 그는 학문을 위한 학문을 한 것은 아니었다. 그의 사명은 대중들을 깨우고 이해시켜 우리시대에 다시 재건하는 것이었다.

1997년 내가 운영하는 한국 칼빈주의 연구원의 연례 종교개혁 특별 강좌의 강사로 푸칭거 박사의 후계자인 얀 더브라인(Jan De Bruijn) 박사를 한국으로 초청했다. 그때 당시 그는 "아브라함 카이퍼의 기독교 정치"란 주제로 특강을 해서 많은 도전을 주었다. 이를 계기로 나는 암스텔담으로 갈 때마다 더브라인 박사의 안내로 푸칭거 박사를 만나서 인터뷰를 할 수 있었다. 푸칭거 박사는 평생 역사 자료 수집을 위해서 많은 사람들을 인터뷰 했으나, 지금은 내가 푸칭거 박사를 인터뷰 하는 격이 되었다. 그는 이미 은퇴했고 명예원장직을 맡고 있었기 때문에 가끔씩 연구실에 나와서 연구하는 중이었다. 내가 모교 뿌라야 대학교에 들릴 때 꼭 이곳을 들리는 이유는 이곳에는 내가 평소에 관심 있게 연구하는 칼빈과 카이퍼 등 개혁주의 신학과 역사자료를 실컷 볼 수 있고 감상할 수 있기 때문이다. 그러다가 나는 좋은 책도 싸인해서 받곤 했다.

내가 푸칭거 박사에게 여러 가지 질문을 하는 중에 다음과 같은 질문을 했다. 지난 세기에 아브라함 카이퍼의 노력으로 1880년 뿌라야 대학교가 세워졌고 칼빈주의 신학과 신앙을 부흥시켜 정치, 경제, 사회, 교육, 문화 등에 칼빈주의적 세계관이 뿌리내렸는데, 이제는 카이퍼에 대한 관심도 떨어지고, 삶의 모든 분야에서 세속주의와 인본주의가 들어왔는데, 이런 현상에 대해 선생님의 견해는 어떠냐고 물었다.

푸칭거 박사의 대답은 단호히 그렇지 않다고 했다. 앞으로 카이퍼의 사상이 부흥될 날이 멀지 않았다고 했다. 지금 카이퍼의 영향력이 떨어진 것처럼 보이는 것도 과거의 영향력이 너무 컸고 엄청났기 때문에 지금 다소 느슨하게 보인다고 했다. 그는 역사를 정확히 꾀뚫어보고 역사를 해석하는 역사학자였다. 그래서 나는 그의 말에 공감을 했다.

1921년 화란에서 출생한 게리트 푸칭거 박사는 암스텔담 뿌라야 대학교에서 화란 근대사 곧 교회사를 공부하고 박사(Ph. D) 학위를 수득했다. 그 후 그는 1971년부터 1986년까지 뿌라야 대학교 내에 "화란 푸로테스탄트 역사 자료 연구소"(The Historical Documentati-on Center for Dutch Protestantism)를 설립하고 초대 소장으로 일했다. 그는 평생을 개혁주의 신학과 신앙에 관한 역사적 문헌들과 씨름했다. 1986년에 은퇴한 후 화란 여왕으로부터 최고의 훈장을 받았고, 1996년에는 "화란 왕립 예술과학 아카데미"로부터 아카데미상을 수상했다. 뿐만 아니라 1998년에는 미국 뉴저지 프린스턴신학교에서 개최된 카이퍼 탄생 100주년 기념대회에서 "제1회 아브라함 카이퍼 상"(Abraham Kuyper Prize)을 수상하는 영예를 안았다. 그가 이 상을 받게 된 이유는 일생동안 칼빈주의 신학과 세계관을 널리 보급하는데 크게 공헌함은 물론이고 카이퍼에 대한 여러 저술들과 논문을 썼기 때문이다.

카이퍼 상을 수상하던 날 그의 연설문은 32페이지짜리 소책자로 출간되었다. 그것은 화란에서 영어로 번역되었는데 「아브라함 카이퍼, 그의 젊은 날의 신앙의 여정」(Abraham Kuyper, His Early Journey of Faith)이었다. 그런데 이 소책자 출판을 재정 후원한 분은 전 미국 J.P몰간 체이스의 부행장과 카이퍼 재단 이사장인 림머 더브리(Rimmer De Vries) 박사와 미국의 칼빈신학교와 그리고 내가 그 일에 후원자가 되었다. 물론 푸칭거의 일에 한국인 한분이 도움을 주면 좋겠다는 더 브라인 박사의 권면이 있었기 때문이다.

푸칭거 박사는 수많은 저술을 남겼다. 그의 저술 대부분은 화란의 개혁주의 신학자들의 삶과 사상을 조명하는 것이다. 그는 1937년부터 임종까지 흐룬 반 프린스터(Groen Van Prinsterer), 아브라함 카이퍼(Abraham Kuyper), 콜라인(H. Colijn), 끄라스 스킬더(Klaas Schilder) 등의 신학자들을 비롯해서 무려 1300여편에 달하는 논문과 잡문 그리고 인터뷰 기사 등을 출간했다. 그는 화란의 칼빈주의 사상을 체계적으로 연구하는데 상당한 공헌을 했다. 또한 그는 역사, 신학, 철학, 문학, 정치, 경제 등 다양한 분야에 대해서도 수백편의 글을 썼다.

한 가지 특이한 것은 그가 소장했던 수만 종의 자료일체는 미국의 프린스턴신학교로 넘어갔다. 그래서 이제는 푸칭거 박사가 추구했던 사상 연구를 하려면 프린스턴으로 가야 한다.

88. 코넬리우스 플렌팅가 Jr

Cornelius Plantinga Jr : 1946-

　나는 직책상 또는 연구 때문에 1980년 이후로 일 년에 한두 번씩은 꼭 그랜드 래피드의 칼빈대학교와 칼빈신학교를 방문하곤 했다. 그것은 우선 다른 어느 신학교나 대학보다, 신학적으로나 신앙적으로나 정서적으로 총신대학교와 공통점이 많았기 때문이었다. 칼빈대학교와 칼빈신학교는 1860년대 이후 화란 개혁교회(Gereformeerde Kerk) 특히 카이퍼가 1880년에 뿌라야 대학교를 세울 때 선포한 이른바 영역주권 (Souvereiniteit in eigen Kring) 사상을 미국 대륙에 그대로 옮겨와서 개혁주의 신학과 신앙의 센터로 만들기 위해서 세운 학교이다. 그러니 화란 뿌라야 대학교에서 칼빈주의 사상을 연구한 나로서는 그랜드 래피드의 칼빈신학교는 마치 고향처럼 느껴졌다. 더구나 교수들 중에는 상당수의 동문들이 많았기에 서로가 말이 통했다. 그리고 내가 화란어를 조금 구사할 줄 알기 때문에 화란계 2세, 3세 들에게는 접근하기가 쉬웠다. 내가 나를 생각해도 화란어가 부족한데도 불구하고 화란 이민자 2세, 3세들인 그들이 나를 부러운 눈으로 바라보았다. 그리고 그들은 나에게 모국어의 말을 잊어 버렸으니 부끄럽기 짝이 없다는 말까지 했다.

내가 칼빈신학교를 방문할 때도 주로 총장 선에서 면담을 했기 때문에 일반 교수들은 그저 인사나 하고 악수하는 정도였다. 그중에 조직신학자 플렌팅가(C.Plantinga Jr) 교수도 그랬다. 그의 형 알빈 플렌팅가(Alvin Plantinga)는 미국에서 기독교 철학자로서 저명한 학자이다. 특히 코넬리우스 플렌팅가 박사를 아주 가까이서 그리고 깊은 대화를 나눈 것은 극히 최근이다.

모 신학대학교에서 미국의 대표적 칼빈주의 신학자요 칼빈신학교 총장인 플렌팅가 박사의 특강이 있다는 기사를 신문을 통해 보았다. 나는 당장 플렌팅가 총장의 비서실로 메일을 보냈다. 한국에 오시는 것을 환영하고 한국에 오시면 반드시 나를 만나고 가라고 했다. 그 이유는 내가 세운 한국 칼빈주의 연구원(The Institute for Calvinistic Studies in Korea)과 칼빈신학교와 칼빈대학교의 부설인 헨리미터센터(H. Henry Meeter Center for Calvin Studies)와는 1988년에 이미 자매관계를 맺고 있고 모든 신학교나 대학교수들이 한국을 방문할 때 필수적으로 들리는 곳이라고 했다. 그러나 회신이 없었다. 그런데, 얼마 후 특강을 마친 후 통역으로 동행한 내 제자이기도 한 디트로이트 한인교회를 시무하는 오영종 목사님이 전화를 했다. 그는 말하기를 총신을 비롯해서 다른 곳은 일체 스케줄을 잡지 않고, 오직 한국 칼빈주의 연구원과 칼빈 박물관을 방문하기로 했다는 것이다. 이 말을 듣고 나는 자동차를 가지고 남대문에서 픽업해서 분당까지 왔다. 그는 자매기관인 칼빈주의 연구원과 칼빈 박물관을 구석구석 살펴보았다. 그는 한국에 이런 철저한 개혁주의 신학과 신앙을 연구하는 연구센터가 있음을 확인하고 매우 놀랍다고 했다. 우리 집에서 저녁 만찬을 하면서 밤이 맞도록 오래도록 미국과 세계 그리고 한국 교회의 개혁주의 신앙을 주제로 대화를 이어갔다. 그도 나도 오랜만에 신앙의 동지를 만나 실컷 이야기 했다. 플렌팅가는 전임자인 제임스 더용(James de Jong) 박사의 뒤를 이어 총장의 자리에 올랐다. 전임자처럼 행정가로서 역동성은 다소 떨어졌지만 그는 천상 미국 개혁주의 신학을 대표하는 교의신학자였다. 내가 그를 이토록 극진히 대접하는 이유가 있다. 그것은 내가 오랫동안 관계했던 신학교이기도 하지만, 칼빈신학교는 내 딸 정신애 박사가 기독교 교육학 석사(Master of Christian Education) 학위를 받은 인연도 있었기 때문이다.

플렌팅가 박사는 1946년 노스 다코스타의 제임스타운에서 출생했다. 1965년 예일대학교에서 공부하다가 칼빈대학교에 와서 B.A학위를 받았다. 그 후 다시 칼빈신학교에서 1971년에 M.Div학위를 받고 목사 안수를 받은 후 뉴욕의 웹스터 기독교 개혁파 교회를 목회했다. 4년 가까이 목회경험을 쌓은 후 1975년 프린스턴신학교에 박사과정에 입학해서 1979년에 수료했다. 그리고 모교인 칼빈신학교 교수로 초빙되어 조직신학을 가르쳤다. 그리고 1982년 프린스턴신학교에서 박사(Ph.D) 학위를 수득했다.

플렝팅가의 입장은, 조직신학이란 삼위일체 하나님과 피조물 그리고 그들의 관계에 대한 정밀한 사유의 열매라고 했다. 그리고 그는 조직신학의 원재료를 성경과 신경(信經, Creed) 그리고 교회의 신앙고백서에서 찾았다. 그렇기 때문에 조직신학자로서 그는 학생들에게 하나님과 인간과의 관계 그리고 구원의 문제에 대한 기독교 신앙의 중요한 주제들에 관해서 성경과 신경이 일치하고 있다는 것을 가르치려고 했다. 뿐만 아니라 이러한 역사적 신앙의 유산을 지혜롭게 사용하도록 돕고자 했다. 그래서 그는 교의학자들이 지나치게 철학적이고, 합리적 사고를 통한 논증을 일삼는 스콜라스틱한 방법을 지양하고 성경과 역사적 개혁주의 신경을 근거로 조직적이고 조화로운 교의학 개발에 주력했다.

저술가로서 플렌팅가 박사는 「칼빈신학잡지」에 다년간 편집장을 지내면서 많은 논문을 썼고 「펄스펙티브」(Perspective)의 편집장으로도 일했다. 그의 주요 저서로는 「Not the way It's supposed to be」(1995)을 비롯해서 「견지해야 할 입장: 에큐메니칼 신경과 개혁주의 신앙고백에 관한 연구」(1979), 「의심을 넘어서: 신앙의 문제에 대한 경건한 답변」(1980), 「핫그손-웰치 논쟁과 삼위일체의 사회적인 유비」(1982), 「마음의 보증: 그리스도인들의 질문들에 대한 헌신을 세우는 신앙」(1993) 등 많은 저서를 남겼다.

89. 류조 하시모토

矯本龍三 Ryuzo Hashimoto

내가 화란서 공부할 때 나의 학문의 길에 정성을 다해서 재정후원을 아끼지 않았던 얀 메이스터(Jan Meester) 목사님은 화란 개혁교회의 위대한 지도자였다. 또한 그는 국제맨인 동시에 또 주간지「교회소식」(Kerkbode)의 편집장이었다. 1976년 내가 유학을 마치고 귀국하자 그는 그 신문에다 다음과 같은 글을 썼다.

"나는 국제적으로 세 분의 친구를 갖고 있다. 미국에는 코넬리우스 반 틸이고, 일본에는 류조 하시모토라면 한국에는 정성구이다."

메이스터 목사님과 전 웨스트민스터신학교의 대표적 변증신학자였던 코넬리우스 반틸 박사는 죽마고우였다. 그리고 나는 메이스터 목사님의 사랑과 기도와 후원으로 공부를 할 수 있었다. 그런데 하시모토는 누굴까? 라고 궁금하게 생각했으나 만날 길이 없었다. 그러던 중 1978년 마침 대한신학교 특강으로 왔던 하시모토 교장을 총신대학교 총장실에 만났다. 통성명을 하고나니 하시모토 교장도 나처럼 메이스터 목사님의 후원과 사랑을 받으면서 뿌라야 대학교에서 공부했다는 것이다. 즉 우리 둘은 같은 목사님의 사랑으로 길리움을 받은 제자로서 뿌라야 대학교의 동문이었다. 그때부터 나와 일본 고베신학교 교장인 하시모토 목사는 일본 사람과 한국 사람의 정서를 뛰어넘어 그리스도안에서 진정한 사랑을 나누었다. 나와 하시모토 교장과의 관계는 친형제보다 더 가까웠다. 서로 나라가 다르고 배경이 달라도 예수 그리스도 안에서 하나이고, 칼빈주의적 신앙의 동지요, 같은 학교 동문이고, 같은 후원자 아래서 공부를 했기에 둘은 더 가까울 수밖에 없었다. 우리 둘은 서로 초청장을 보내고 주거니 받거니 하면서 우의를 다졌다.

우선 내가 일본 고베신학교로 초청받은 것은 세 번이다. 그리고 하시모토 목사가 회장으로 있는 일본 칼빈학회(Japan Calvin Society)가 주최한 생가리에서도 특강을 했다. 나의 세 번에 걸친 고베개혁파신학교 특강은 "실천신학개론"이었다. 일본은 교리와 변증학 방면에 특별한 강조점을 두었지만 실천신학에 대한 것은 매우 부족했다. 나는 이미 1980년에 「실천신학개론」이란 책을 출간했기 때문에 그것을 가지고 강의했다. 통역에는 대한신학교 출신의 헬라어와 신약교수로 있는 신종국(辛鐘國) 목사였다. 강의 내용을 일본어로 번역하고 철저히 준비했다. 반응은 뜨겁고 좋았다. 사실은 고베개혁파신학교는 일본에 칼빈주의적 신학과 신앙을 지키는 신학교다. 그러나 그 규모는 한국의 신학교들에 비해 매우 작다. 그 당시 학생의 총수는 15명 수준이었다. 어떤 교수는 한 사람을 놓고 강의하는데 일본의 북쪽 홋카이도에서 비행기를 타고 온다고 했다. 사실 나는 그때까지만 해도 일본 교회나 신학은 커녕 일본에 대한 지식도 없었지만 이런 기회를 통해서 많이 배우게 되었다. 두 번째 초청을 받았을 때는 한국 교회 순교자들의 설교를 강의했다. 내 기억으로 일본 학생들은 교수가 강의할 때 대부분 꼼짝하지 않고 무표정하게 강의를 듣는 것이 보통이었다. 그러나 내가 주기철, 손양원 목사님의 사상과 삶, 그리고 그의 설교들을 힘 있게 증거했을 때 몇몇 학생들이 저들의 과거를 참회하는 듯 눈물을 흘렸다. 하시모토 교장은 지한파 인데다 일본인들이 한국인을 향해서 언제나 죄책감을 갖고, 사과해야 한다고 가르치기도 하고 자기도 늘 그러했다. 한번은 하시모토 교장을 총신에 초대해서 강의를 하도록 했다. 이때 그는 "일본 교회는 벼룩처럼 작다면 한국 교회는 코끼리처럼 큰 교회입니다."라고 했다. 그때 뒤에 앉아 있던 조동진 목사님이 답하기를 "한국 교회가 장두칼이라면 일본 교회는 면도칼입니다."라고 응수한 것을 오랫동안 기억한다.

또한 내가 하시모토 교장을 모시고 제암리 감리교회를 보여주고 당시에 일본헌병이 무자비하게 불을 질러 거기 모인 성도들을 불태워 죽인 사실을 들려 주었다. 하시모토 교장은 몸을 가누지 못한 채 부들부들 떨고 있었다. 그리고 헌금함 앞에서 말하기를 "우리 같은 더러운 죄인의 헌금도 받을 수 있습니까?" 하면서 여비를 제외하고는 모든 돈을 연보괘에 넣던 것을 오랫동안 기억한다. 우리는 여러 해 동안 현해탄을 넘어서 개혁주의 신학과 신앙 건설을 발맞추어 함께 일했다. 그래서 나는 아끼던 제자중 김은수 군을 하시모토 교장에게 추천해서 4년간 공부를 하도록 했다. 그는 한국인으로서는 최초로 일본에서 공부하여 온전한 졸업자가 되었다. 그는 후일 미국의 RTS의 선교학 교수가 되었다. 그의 성공은 나와 하시모토 교장과의 우정의 가교로 맺어진 결실이다. 고베 지진 후에 그가 머리를 다치고 병약해졌다는 소식을 듣고 있다.

일본의 철저한 칼빈주의적 교의학자이며, 일본 개혁교회의 대표적 목회자인 하시모토는 1929년 4월 1일에 출생했다. 그는 오사카대학교에서 공부했고 1953년에 고베개혁파신학교를 졸업했다. 3년 후에 그는 나다 교회를 맡아 40년을 목회했다. 그가 목회 하던 중 1960년에 화란 암스텔담의 뿌라야 대학교에 유학가서 요한 칼빈과 칼빈주의 사상을 연구했다. 1975년에 학자로서의 재능과 더불어 지도력을 인정받아 모교인 고베신학교 교장에 취임했다. 그는 국제맨으로서 세계 여러 나라의 칼빈주의 신학자들과 교분을 나누었고 특히 한국 교회에 가장 많이 초청을 받아 강의와 설교를 했다. 그는 1985년 대한 예수교 합동총회의 선교 100주년 기념대회에 일본 대표로 참가했다. 같은 해 미국 장로교회의 일본 측 대표로도 참가했다. 그 외에도 대신측, 고려측과도 교류가 많았다. 특히 하시모토 교장은 칼빈주의 시각에서 신학을 정립하는 일에 주력했다. 그의 저서와 논문들로는 「아브라함 카이퍼의 일반은총론」, 「이교론책(異敎論責)에 대한 고찰」, 「종교의 신학은 가능한가」, 「복음 선교와 천황제 문제」, 「21세기를 향한 개혁교회」 등이 있다.

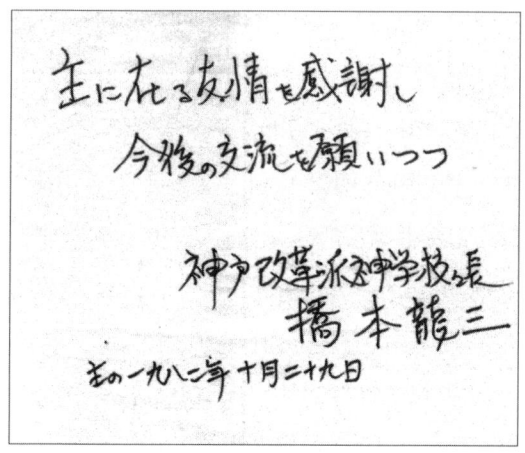

1982년 필자에게 보낸 하시모토 교장의 인사

90. 데이비드 한슨
David Hansen

　데이비드 한슨 박사는 영국 옥스퍼드대학교를 졸업한 이비인후과 의사이다. 그러나 그는 그냥 의사가 아니고 하나님 나라와 복음을 위해 헌신한 개혁주의자이며 평신도 신학자이다. 그는 국제 개혁주의 신행협회(IARFA)의 창설자인 불란서의 위대한 칼빈주의 신학자인 삐에르 마르셀(Pierre Marcel) 박사 그리고 화란의 칼빈주의 철학자인 얀 뎅그링크(Jan D. Dengerink) 박사와 함께 사역을 했다. 그리고 그는 뎅그링크 박사의 뒤를 이어 국제 개혁주의 신행협회 회장이 되었다. 1950년대초 이 기구를 박윤선 박사가 한국에 도입했다.

　나는 1972년부터 그와 아주 밀접한 관계를 맺으며 개혁주의 신행협회의 칸퍼런스마다 부지런히 따라 다니며 함께 기도하며 칼빈주의 사상을 구체적인 삶속에 어떻게 적용해야 할지를 고민하였다. 나는 이 모임을 통해서 당대의 훌륭한 칼빈주의자들을 많이 만났다. 특히 칼빈주의 신약학의 대가인 헬만 리델보스(Herman Ridderbos)를 비롯해서 앞서 말한 삐에르 마르셀 같은 대학자들을 만날 수 있었다.

　데이비드 한슨 박사에 대한 나의 인상은 40년이 지났는데도 언제나 머리와 가슴에 남아 있다. 우선 그는 정통 옥스퍼드 출신답게 아름다운 영어로 명쾌하고 유려한 메시지를 전했다. 잘생긴 미남에다 저음의 바리톤으로 쏟아놓는 그의 메시지는 세월이 흘러도 잊혀지지 않는다. 나는 그에게 한 번도 어떻게 의사이면서 그토록 칼빈을 좋아하며 그토록 성경과 순수한 복음을 위해서 살게 됐는지 물어보지는 못했다.

하지만 언젠가 영국과 스코틀랜드 중간 지역에 있는 리즈(Leeds)란 도시에 사는 그의 집에 초청을 받았다. 그의 집은 16세기의 집이라고 소개했다. 한국으로 치면 조선시대 고가라고 해야 할 듯하다. 완전히 그의 집은 16세기의 건축 양식에 가구며 서재며 할 것 없이 그 자체가 엔틱(골동)이라고 할 수 있었다. 그날 밤 나는 그와 함께 여러 가지 경험담을 나누었다. 그는 내게 오늘 저녁에 성경연구 모임이 있으니 함께 가자고 했다. 그러면서 보자기에 책 20여권을 주섬주섬 싸서 들고 갔다. 그리고 그 성경연구 모임에 가서 그것을 펼쳐 놓고 구경도 시키고, 관심이 있는 분은 사라고 했다. 책은 대부분 IVF에서 나온 책들이 많았다. 나중에 안 일이지만 영국에서는 이런 일이 낯 설지 않는 일상이라고 했다. 이것은 옛날 한국에서도 권서인이라고 하여 책을 짊어지고 관심이 있는 자들에게 책을 권면하여 팔고 그 책을 통해서 믿음이 자라게 한 적이 있었다. 나는 처음에 명색이 의사가 밤에 책이나 팔러 다니는 것이 이해가 되지 않았으나 영국과 스코틀랜드의 전통을 듣고는 수긍이 갔다. 그는 어느 경우이든 복음이 땅 끝까지 가는 일을 위해서 헌신하는 것이 그리스도인의 임무라고 했다. 그는 비록 목사도 신학자도 교수도 아니었지만 의사로서 삶의 모든 영역에 하나님의 영광과 주권을 드러내며 주의 복음을 위해 일하는 모습을 보고 나는 감동을 받지 않을 수 없었다. 나는 그를 통해 개혁주의 신앙과 삶의 모습이 무엇인지를 발견했다. 16세기의 도시 16세기의 고택에서 하룻밤을 지내면서 나는 많은 반성을 하게 됐다.

그 이튿날 나는 그와 함께 스코틀랜드의 에딘버러로 갔다. 나는 그에게 에딘버러 성서공회에 존 로스(John Ross)목사가 펴낸 최초의 한글 성경이 있을 터인데, 꼭 한번 보고 싶다고 졸랐다. 그랬더니 그는 즉시 가장 가까운 친구가 스코틀랜드 성서공회의 관장이라면서 추천장을 써주었다. 나는 드디어 스코틀랜드 성서 공회에 들려서 위클립, 틴달, 제네바, 흠정역 등 수많은 성경을 구경할 수 있는 특권을 얻었다. 그곳은 바로 보물창고였다. 구경하던 중 드디어 1882년 로스목사가 번역 출간한 「누가복음」을 발견했다. 그것은 미농지에 허름하게 보였다. 나는 관장에게 "나는 데이비드 한슨 박사의 친구인데 이것을 원본과 꼭 같이 촬영이 가능한가"라고 물었다. 그는 잠시 머뭇거리다가 이내 내 청을 들어주었다. 그리고 그것을 한국에 가져와서 여러 권의 복사판을 만들어서 지인들에게 나누어 주었다.

데이비드 한슨 박사가 보낸 편지

91. 반 할세마

Dick L. Van Halsema : 1922-2005

반 할세마 박사는 그랜드 래피드에 있는 리폼드성경대학교(Reformed Bible College: RBC)의 선교신학 교수이자 총장이다. 지금은 이 대학의 교명을 카이퍼대학교(Kuyper College)로 바꾸었다. 칼빈대학교가 기독교 인문학에 초점을 맞춘 것이라면, 이 대학은 선교사, 사회봉사자, 주일학교 교육에 헌신된 젊은이들을 교육시키는 보다 실천적이고 복음적인 대학이다. 그 학교에서 오랫동안 총장의 일을 보아 왔던 반 할세마 박사는 CRC소속의 목회자로서 일찍이 멕시코 선교사로 오랫동안 봉사했던 분이다. 그는 프린스턴신학교에서 선교학으로 신학박사(Ph.D) 학위를 받고 개혁주의 선교학에 이론과 실제를 겸한 학자이기도 했다.

1982년 정통장로교회 선교사였던 손영준 목사의 주선으로 할세마 박사는 총신대학교에 특강차 방문했다. 그때 그는 사당동 우리 집에서 여장을 풀고 숙식을 했다. 워낙 성격이 쾌활하고 활달한 데다 유모어가 풍부해서 우리는 금방 정이 들었다. 선교사 기질이 있어서 누구에게나 쉽게 접근하고, 누구에게나 말을 걸었다. 설교할 때는 두 주먹을 불끈 쥐고 큰 소리로 열변을 토해 내는 것이 꼭 한국교회 목사를 닮은 듯했다. 그 당시 나는 학장의 차로 이동하면서 그와 함께 서울 남산이며 민속촌을 두루 돌아보면서 이곳저곳을 구경을 했다. 할세마 총장은 모든 순서를 다 마치고 학교에 돌아와서 나를 보고 하는 말이 운전기사인 권춘식 집사에게 오늘 당신에게 D.D학위를 수여하겠다고 했다. 나는 깜짝 놀랐다. 미국의 기독대학교의 총장이 나에게 D.D 학위를 주었으면 주었지, 운전기사에게 D.D를 준다니, 참으로 이해하기 어렵다는 듯이 가만히 있었다. 곧 이어 그는 너털웃음을 지으면서 내가 오늘 미스터 권에게 Doctor of Driver 학위를 준다고 해서 크게 웃은 바 있다.

그 후 나는 그랜드 래피드를 방문할 때마다 그의 초청을 자주 받았고, 내가 전화를 하면 열일을 제쳐두고 수십 마일을 달려와서 점심이나 저녁을 사곤 했다. 한번은 그가 나를 집에 초대하여 만찬을 베풀었다. 그의 부인되는 떼아 B. 반 할세마는 남편 딕 반 할세마 못지않는 여걸이었다. 그녀는 CRC 전국 여전도회 회장이었을 뿐 아니라 칼빈과 역사적 개혁주의 신학의 연구가 이기도 했다. 그래서 그녀는 「This Was John Calvin」과 「Three men Came to Heidelberg and Glorious Heretic: The Story of Guido de Bres」를 썼다. 그만큼 그녀는 학문과 논리에 밝은데다 대화가 너무 고급스럽고 설득력이 있었다.

이런 분위기에서 저녁을 먹고 있는데 서울에 있는 총신대학교 총장실 비서인 남영란양으로부터 전화가 왔다. 남양은 안부를 묻고는 그 후 일정을 점검했다. 나는 그때까지 누구에게도 미국에 행선지를 말한 일이 없었는데 남양은 기가 막히게 반 할세마 박사 댁에 내가 머물고 있음을 추적했다. 남양은 지금까지 내가 데리고 있던 비서 가운데는 최고의 비서였다. 실무영어가 유창할 뿐 아니라 국제전화의 오퍼레이터와 자유자재로 말하면서 미국에 있는 나를 찾을 정도의 실력을 갖춘 뛰어난 비서였다. 한편 반 할세마 총장 역시 감탄했다. 그는 우수한 비서를 내 옆에 두고 있음을 부러워한다고 했다. 그날 밤 나는 뜻밖의 제안을 받았다. 내일 채플시간에 내게 시간을 줄터이니 설교를 하라는 것이었다. 좋은 기회였지만 노(No)라고 대답할 수밖에 없었다.

다음날 나는 총신대학교를 소개하고 한국 교회를 소개하는 것으로 스피치를 끝마쳤다. 반 할세마와 나는 오랫동안 친밀한 교제를 나누었다. 특히 그는 자신이 주필로 있는「월간 선교」(Missionary Monthly)를 그 후로 한 달도 빠짐없이 보내주었다. 이 잡지는 한 세기 전 1896년에 창간된 잡지로서 본래 이름은「이방인의 세계」(Heidenwereld)였고, 후일 월간 선교로 개명했는데 미국의 선교잡지로서는 가장 오래된 듯하다. 그는 이 선교잡지를 통해서 선교현지의 정보를 알리고, 선교학자들을 발굴하고 지원하는 역할을 해왔다. 그는 대학의 총장과 교수로서 뿐만 아니라 항상 이방인을 위한 선교의 사명으로 가슴이 뛰던 사람이었다.

반 할세마 박사는 목사의 아들로 태어나서 칼빈대학교와 칼빈신학교를 졸업하고 미국 유니온신학교에서 철학박사(Ph. D) 학위를 수득했다. 제2차 세계대전에 종군하여 군목 대령으로 예편했다. 그 후 CRC교단의 부름을 받고 선교사역에 매진했다.

그는 선교사로서 일하던 멕시코의 복음화를 위해서 일생동안 열정적으로 일했다. 특히 그는 일 년에 한두 번씩 항상 단기 선교 팀을 이끌고 멕시코 오지를 돌면서 열정적으로 일했다. 그뿐 아니라 그는 "국제 제자훈련과 전도 연합회"(International Discipleship and Evangeligation Associaties : I. D. E. A)를 창설하고 회장에 취임했다. 이 기관을 통해서 그는 라틴아메리카, 중동선교, 멕시코 선교를 위해 박차를 가했다. 그의 글들은 대게「월간선교」에 보고서 형식으로 게제했지만 그의 부인과 공동저작인 「가는 것과 성장하는 것」(Going and Growing) 등이 있다. 그토록 씩씩하게 일하던 그는 2005년 파킨스병을 앓다가 주님의 부름을 받았다.

반 할세마 박사가 주필로 있었던
Missionary Monthly

92. 존 해가이
John Haggai

존 해가이 박사는 지난 반세기 동안 기독교인 지도자 훈련 프로그램을 통해서 세상을 변화시킨 위대한 지도자이다. 그는 신학자는 아니지만 무디 성서대학 출신으로 매우 복음적 신앙을 가진 우리시대의 탁월한 지도자이다.

1976년 나는 화란의 뿌라야 대학교의 유학을 마치고 귀국하자, 곧 이어서 총신대학교의 이사회로부터 조교수 겸 교목실장으로 발령을 받았다. 이때 어느 날 강사실에서 이원설 박사를 만났다. 당시 그는 경희대학교 부총장으로 있으면서 총신대학교에 한 시간 강의를 하고 있었다. 이 박사는 나를 보자마자, 나의 귀국과 교수로 다시 임용 된 것을 축하한 다음, 이번에 한국에 자기를 중심으로 해가이 지도자 프로그램을 시작하려는데 동참했으면 좋겠다고 권고했다. 사실 나는 이원설 박사의 제자였기에 선뜻 허락을 했다. 내가 총신대학교 학부 2학년이었을 때 그는 막 미국의 케이즈 리절브 유니버시티에서 박사 학위를 끝내고 귀국해서 사회학을 가르치고 있었다. 그때 그는 학생들에게 리포트를 내어 주었다. 그런데 나의 리포트가 최고 점수를 받았다. 때마침 당시 기독공보의 주필인 채기은 목사님이 이원설 박사에게 작은 신문글을 부탁했는데, 이 박사는 자기가 논문을 쓰는 것보다 우리 클라스에 아주 확실히 잘 쓴 논문이 있으니 그것을 게제하라고 했다. 그래서 1964년 부활절 특집에 나는 서울대학교 장병림 교수와 나란히 내 논문이 실리게 되었다. 나는 하루아침에 유명하게 되었다. 그로부터 나는 거의 반세기 동안 이런 저런 신문과 잡지에 글을 계속 써오고 있다. 나는 이원설 박사의 배려와 사랑을 잊을 수가 없다. 그래서 나는 해가이 운동에 적극 참여하기로 했다. 그때 모인 분들은 대부분 교수들이었는데, 이석우, 최종수 등의 교수를 비롯해서 신진교수들이 대거 참가했는데, 그들은 모든 학문을 기독교적, 성경적으로 접근하려는 자세를 갖고 있었다. 내가 하는 칼빈주의 운동도 따지고 보면 우리의 삶의 모든 영역에 하나님의 영광과 주권을 최우선으로 세우면서 모든 학문에 성경적인 접근을 시도하려는 것이다. 우리는 한 달에 한번 꼴로 한국은행 본점 앞 당시 무역회사 건물 꼭대기 층을 빌려 모임을 갖곤 했다.

1980년에 나는 총신대학교의 학장이 된 후 미국 여행이 잦아졌다. 1982년 나는 미국을 여행할 때마다 주로 그랜드 래피드의 칼빈대학교와 칼빈신학교에 머물렀다. 그런데 그때 마침 이원설 박사와 전화연락이 닿았다. 이 박사는 전화통에 대고 열일을 제쳐놓고 비행기 티켓을 조정해서 아틀란타, 죠지아로 급히 오라는 것이었다. 거기에 일 년에 한차례 모이는 해가이 컨퍼런스가 열리는데 반드시 오라는 것이었다. 전혀 예기치 못한 일정이 잡혔다. 아틀란타 공항에 내리니 누구하나 마중 나온 사람도 없고 막막했다. 어렵게 공중전화로 그와 연결했는데 대답은 리무진 버스를 타고 마리오(Mariott) 호텔로 오라고 했다. 겨우 마리오 호텔에 찾아가 이원설 박사를 반가이 만나자 마자 나를 해가이 박사에게 소개해 주었다. 서로 인사를 나누었다. 그는 눈에 벌써 카리스마가 넘치고 세계적 지도자답게 사람을 끄는 마력이 있었다. 그런데 문제가 발생했다. 해가이 박사는 이원설 박사에게 내게 부탁하여 오늘 밤 집회에 5분간 스피치를 해달라는 것이었다. 아무런 준비가 없다는 핑계로 사양을 했더니 이원설 박사는 말하기를 세계적인 모임이고 해가이 박사 앞에서 5분간의 스피치를 하는 것도 좋은 기회라고 했다. 당시 이원설 박사는 국제무대에 자주 참가하여 자유자재로 영어를 구사하면서 연설과 강연을 많이 했기 때문에 문제가 없었지만 나는 그런 경험이 전혀 없었다. 그러나 무식하면 용감하다고 했던가? 그래도 나는 총신대학교 학장으로 소개되었으니 자존심도 있고 해서 물러설 수가 없었다.

나는 단상에 올라가서 내 자신을 소개하고, 총신대학교를 소개하고 이번 세계대회가 하나님의 은혜 가운데 성공적으로 이루어지기를 소원한다는 정도로 말했다. 5분간의 즉석연설을 끝마치고 내려오는데 해가이 박사께서 손을 덥석 잡으면서 하는 말이 어쩌면 영어가 미국 사람보다 더 정확하고 발음이 좋으냐고 칭찬해 주었다. 나는 그가 내게 립 서비스인줄은 알지만 평생 잊지 못할 칭찬에 자신감을 갖게 되었다. 그리고 사람을 진정으로 칭찬하고 격려하는 것이 지도력이라는 것도 알게 되었다. 해가이 박사는 내가 만난 서양 사람들 가운데 오래 기억되는 인물이다.

존 해가이는 미국 조지아주 애틀란타에 거주하면서 국제적으로 수백만 명의 사람들에게 영향을 끼치고 있다. 해가이 박사가 섬기는 사역들은 전 세계다. 그는 전 세계를 90번 이상 순회하면서 그리스도인으로서 살아가는 방법을 일깨우고 최고 지성인들을 훈련시키는 사역을 충실히 감당했다. 무엇보다 그는 미국과 아시아 동료들과 함께 제3세계를 복음화하고 상대적 문화적 복음전도 방법으로 제3세계 기독교 지도자를 양육하고 훈련하는 프로그램을 만들어 복음전도에 헌신했다. 존 에드문더

해가이(John Edmund Haggai)는 반세기가 훨씬 넘는 동안 주님의 교회를 섬기면서 전 세계 158개국의 37,000개가 넘는 그룹들을 상대로 고급지도자 프로그램을 지도해 왔다. 그는 실로 6개 대륙을 종횡무진으로 다니면서 기독교 지도자들에게 꿈과 희망을 불어 넣어 주었다. 해가이 박사는 켄터키주의 루이스빌에서 시리아의 이민자와 17세기의 청교도 후예 사이에서 태어났다. 무디 성경대학과 퓨르만 대학교를 졸업했고 명예박사 학위를 넷이나 받았다. 그는 수많은 대학과 연구단체, 정당, 정치단체에 강연을 하고 헤아릴 수 없는 많은 상을 받았다. 비록 그는 자신의 아들이 뇌성마비로 고난과 고통을 받기도 했지만 절망하지 않고 수많은 저서들을 써냈다. 즉 「미래는 진정한 리더를 요구한다」, 「걱정을 이기는 14가지 방법」 등 다양하다.

나는 세계적 대지도자 해가이 박사와의 만남과 사귐을 통해서 많은 것을 배우고 깨달았다.

93. 존 화이트
John H. White

 존 화이트 박사는 제네바대학의 총장으로 또는 복음주의 운동의 기수로 그리고 웨스트민스터신학교 이사장으로 국제적인 명성을 날린 미국 개혁 장로교회(Reformed Presbyterian Church)의 위대한 지도자이다.
 나는 1986년부터 미국의 펜실바니아 주 피츠버그에서 자동차로 1시간 정도 가야하는 시골인 비버폴(Beaver Fall)에 있는 제네바대학교(Geneva College)를 자주 방문했다. 왜냐하면 그 대학은 1850년에 스코틀랜드 장로교회가 세운 학교로서 철저한 칼빈주의적 세계관을 가르치는 우수한 기독대학이었기 때문이다. 또한 이 학교에는 내가 가장 좋아하는 미국의 대설교가이며 매년 11월 말이면 「겨울이 오기 전에 너는 어서오라」는 제목의 설교를 30년이나 했던 메카트니(Mecathaney) 목사의 박물관이 있고, 유명한 칼빈주의 구약학자 겔할더스보스(Gerhardus Vos) 박사의 아들 보스 박사가 교수로 있었기 때문이다. 그 대학은 신학과와 더불어 15개정도의 학과가 있었다.
 나는 이 학교를 출입하면서 아직도 순수한 개혁주의적이며 퓨리탄적인 신앙을 가진 학교가 시골에 위치하고 있지만 전국에서 많은 학생들이 몰려오고 있음을 알았다. 내가 제네바대학교를 출입했을 때는 맥 팔렌트 총장이 있었다. 그런데 그 후임에 존 화이트 총장이 1992년에 부임한 후부터 2004년까지 12년 동안 학교를 크게 성장시켰다. 그는 내가 한국에서의 교수 생활, 저술활동, 특히 한국 칼빈주의 연구원과 박물관을 세워서 칼빈주의 운동에 박차를 가한다는 사실을 알고, 그 학교 이사회에서는 나에게 명예문학박사(D.Litt) 학위를 수여하기로 결정했다. 드디어 1995년 5월 학위수여식에 우리 내외가 참석했다. 넓은 체육관에서 실시한 학위 수여식에 그 학교 교목이 「아담아 네가 어디 있느냐」라는 제목으로 열정적인 설교를 했다. 그 후에 화이트 총장은 명예문학박사 학위를 받는 당사자인 나의 공적 사항을 읽어갔다. 핵심은 한국에 칼빈주의 운동에 공헌했으므로 본교의 뜻을 같이 한다는 의미에서 문학박사 학위를 수여한다고 했다. 이 학위는 웨스트민스터신학교 교수를 지낸 하비 콘 박사도 받았다. 그날 저녁은 환영만찬이 있었고 대강당에서 나는 특별강연을 했다. 강당에는 교수들과 학생들로 가득했다. 한 여학생의 특별 찬양이 있었고 나는 「교회와 세상과 하나님 나라」란 주제로 강연을 했다. 영어 연설과 강의가 어려웠지만 무사히 마쳤다.

그때 나는 1536년 요한 칼빈의 「기독교 강요」 초판본의 사본을 그 학교에 기증했다. 이는 내가 해외에 기증한 유일한 것이다.

존 화이트 박사는 1958년에 제네바대학교를 졸업하고, 그 교단 신학교인 개혁장로교회 신학교를 1961년에 마쳤다. 그리고 1977년에 피츠버그신학교에서 목회학 박사(D.Min) 학위를 수득했다. 화이트 박사는 대학의 총장일뿐 아니라 다양한 분야에 종사했다. 특히 1975년 이후로 미국 복음주의 협의회 이사로 일했고, 1988년에는 2년 동안 미국 복음주의 협의회(NAE)의 회장으로 일했다. NAE는 미국의 54개 교단, 200여개의 기독대학, 신학교, 그리고 1500만 명이 가입되어 있는 기관이다. 그는 1991년부터 1996년까지 NAE에 소속된 기독교 대학협의회 회장을 역임하기도 했다. 그 외에도 지금까지 그는 웨스트민스터신학교 이사장, 하나님의 세계출판사 부사장을 지내고 있다. 또한 화이트 박사는 NAE산하 각종 기관에 관여하면서, 조정역할, 고문역할을 하고 있다.

그는 학자요 교정가 대학행정가 일뿐 아니라 목회자와 설교자로서도 정평이 나있다. 그가 쓴 저서로는 「책들 중의 책」(1978), 「노예로 섬기는 자들」(1987), 「오직 하나님의 영광을 위하여」(1976), (공동저작)「위험한 사회」(1989), 「성만찬 묵상」(1998) 등이 있다. 그 외에도 「Christianity Today」를 비롯해서 6개의 잡지에 꾸준히 글을 쓰고 있다.

한국 칼빈주의 연구원의 칼빈 박물관을 방문한
화이트 박사와 필자

94. 부르스 헌트

Bruce F Hunt : 1903-1992
한국명 韓富善

부르스 헌트는 한국 이름으로 한부선이다. 그는 신학자라기보다는 평생 한국땅에 나서 한국 사람으로서 한국인들의 영혼을 구원하기 위해 헌신한 선교사요 전도자로 살았던 분이다. 유창한 부산 사투리를 쓰면서 친근하게 한국 사람들에게 다가갔던 선교사였다. 그리고 그는 평생을 고려신학교의 교수로서의 삶을 살았다.

내가 부르스 헌트 곧 한부선 목사를 만난 것은 고등학교 2학년 때부터다. 나는 당시 고신측 교회에서 자라났기 때문에 겨울에 있었던 전국 S.F.C동기 대회에 늘 참석하면서 산 순교자, 한상동 목사와 한부선 목사님들의 설교를 통한 은혜의 체험과 커다란 꿈을 간직할 수 있었다. 특히 한부선 목사님은 미국 사람치고 코가 뭉툭하게 생겨 겉보기에도 의지가 굳은 분이라는 것을 금방 알 수가 있었다. 한번은 진주 봉래동교회 (지금 진주교회)에서 전국 학생신앙운동 겨울수련회가 있었다. 그때 나는 무전여행으로 포항서 진주까지 갔었다. 걷기도 하고 무임승차도 하면서 진주에 이르렀다. 회비를 낼수가 없어서 보리쌀을 내었다. 그때 당시 S.F.C 회보에는 무전여행으로 포항에서 진주까지 걸어온 나를 주요 기사로 다루었다. S.F.C집회 때 한상동 목사님의 설교와 전영찬 거창고 등학교 교장의 메시지가 오래오래 남는다. 그리고 한부선 선교사의 말씀은 아직도 귀에 쟁쟁하다. 셋째 날이던가 오후에 한 20여명이 한부선 목사님을 모시고 진주 촉석루 앞으로 노방전도를 나갔다. 출발에 앞서서 한목사님은 하늘을 우러러 기도하기를 "하나님! 지금 우리가 영혼들을 구원하기 위한 전도를 떠납니다. 함께하여 주옵소서 예수님 이름으로 빕니다."라고 했다.

세월에 반세기가 더 흘렀지만 한부선 목사님의 그 늠름하고 확신에 찬 기도는 오랫동안 가슴에 남아 있다. 그리고 나는 몇 차례 만주에서 평양에서 신사참배 반대 운동을 하시고 옥고를 치른 이야기를 들었다.

부산 사투리를 유창하게 구사하는 한부선 선교사의 메시지는 쉽고도 거부감이 없었다. 나는 그의 집회가 있을 때마다 자주 참석했다. 그러나 그 후 그는 한국에서 완전히 은퇴하고 미국으로 돌아갔다. 그 후에도 필라델피아에 살면서 많은 한인 교회를 순방하면서 집회를 인도했다.

오랜 세월이 흐른 후 1980년, 나는 총신대학교의 행정 책임자로서 필라델피아의 웨스트민스터신학교를 방문했을 때 나를 안내해 준 목사님께 다른 스케줄은 줄여도 좋으니, 꼭 한부선 목사님을 만나 뵙자고 했다. 드디어 나는 오랜만에 한부선 목사님을 뵈었다. 그때는 이미 노쇠했고 건강이 좋지 않아 휠체어를 타고 나를 맞이했다. 한부선 목사님은 나의 멘토인 박윤선 목사님과 단짝이었고, 내가 동산교회에 박윤선 목사님을 모시고 전도사로 있을 때 자주 오셨다. 이런 저런 이야기를 나누는 중에 내 가슴을 뭉클하게 만든 말씀이 하나 있었다. 그는 "만약 남북한이 통일이 된다면 휠체어를 타고서라도 내 고향 황해도 재령으로 꼭 가고 싶다"고 했다. 그 꿈은 비록 이루어지지는 못했지만 그는 한국 사람보다 한국을 더 사랑하고, 한국 사람보다 남북통일을 진심으로 원했던 분이다.

헌트는 1903년 당시 평양에서 미국 선교사로 활동을 하던 한위렴(William B. Hunt)의 아들로 태어났다. 그는 16세까지 평양 외국인 학교에서 공부하다가 휘튼대학교와 뉴 저지주의 럿거스대학교를 졸업했다. 그 후 그는 1928년에 프린스턴신학교에서 M.Div 학위를 받았다.

그 후 북장로교회 선교사가 되어 2년 동안 언어공부를 마치고 주로 농어촌 복음화 운동에 매진했다. 그는 축호전도, 노방전도를 했으며 가는 곳곳마다 교회를 세우고 크게 부흥시켰다. 그런데 헌트가 안식년에 귀국했을 때 북장로교는 신학문제로 엄청난 소용돌이에 빠졌다. 그는 항상 소신 있게 정통신앙의 쪽에 섰다. 결국 그는 정통장로교회 선교사로서 임명을 받았다. 그는 또다시 만주의 하얼빈에서 새롭게 선교 사역을 시작했으나 1938년 개최된 제27회 대한 예수교장로회 총회가 신사참배를 가결하자, 그 결정에 반대하다가 강제로 퇴장 당했다. 그는 항상 하나님 중심, 성경중심, 교회중심의 철저한 칼빈주의 신앙을 가지고 신사참배 반대운동의 선봉장이 되었다. 그리하여 헌트는 1941년에 체포되어 하얼빈 경찰서에 투옥되었으며 또한 안동 감옥에서도 옥고를 치루었다. 그 후에도 그는 전쟁포로로 잡혀서 하얼빈 포로수용소에 수용되기도 했다. 1942년 포로교환으로 미국으로 이송되었고 캘리포니아에서 전도활동을 했다. 한국이 해방과 독립을 얻고 자유의 세계가 되자 그는 또다시 정통장로교회 선교사가 되어 고려파 운동의 중심에 섰을 뿐 아니라 1975년까지 고려신학교(지금은 고신대학교)교수로서 한국 교회를 위해 헌신했다.

그의 대표작 「증거가 되리라」를 위시해서 많은 논문들을 주로 「파숫군」지에 기고했다. 그의 논문은 "내가 본 에큐메니칼 운동"(1960.6) "기독교 한국 전래에 대한 소고"(1690.10) "한국 선교에 대한 전망"(1961.11) 등이 있다. 그는 선교사이자 전도자이자 신학자였다. 그리고 그는 미국인이었지만 한국인을 한국보다 더 사랑했던 분이다.

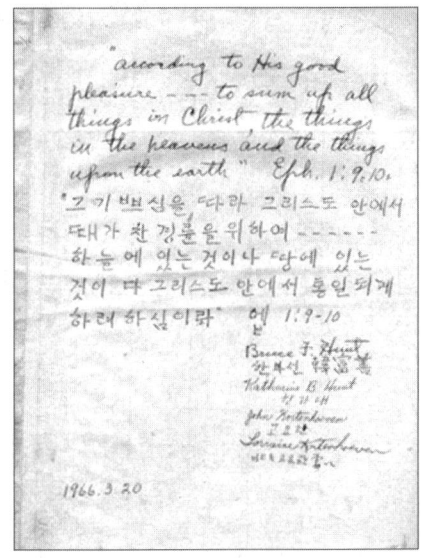

1966년 한부선 목사님의 육필

95. 헹크 헤르츠마
Hendrik G. Geertsema : 1940-

나는 그를 화란 뿌라야 대학교 유학시절에 만났다. 그는 나의 절친한 친구이다. 그래서 그를 교수니 박사니 그렇게 부르지 않고 그냥 헹크라고 부른다. 1972년 내가 처음 그를 만났을 때 그는 내게 대해서 너무나 친절했다. 그 당시는 세계적으로 히피가 많았고 특히 암스텔담은 전 세계 히피들이 다 모여 들었다. 그래서 그때는 히피가 아니더라도 장발이 유행이었다. 헹크는 장발에다 구레네 수염에 턱수염까지 길러서 엄청 나이가 들어 보였으나 나와는 한살차이였다. 우리는 일주일에 한 번씩 그의 집에 초대되어 영어로 성경을 묵상하고 토론하면서 그 하나님의 말씀이 구체적인 삶속에 어떻게 적용되어야 하는지 서로 의견을 교환했다. 거기 모이는 멤버들은 뿌라야 대학교에 다니는 신학부, 철학부 학생들도 몇 명 있었지만 대부분 미국과 캐나다에서 온 유학생들이었다. 거기는 영어가 공용어였다. 나는 이 모임을 통해서, 미국과 캐나다, 화란의 신학과 교계소식을 귀동냥을 하게 되었을 뿐 아니라 장차 세계에 일하게 될 각 분야의 귀한 학자들과의 사귐을 가질 수 있게 되었다. 이것은 나에게 크나큰 축복이 아닐 수 없다.

나는 공부가 끝날 때까지 그 모임에서 결석 하는 일이 없었다. 헹크는 특이한 화란식 영어였으나 정확하고 문법에 맞는 영어를 구사했기에 듣기가 쉬웠다. 나는 헹크네 집까지 처음에는 자전거로 나중에는 오토바이로 왕래했다. 그는 한번은 내가 오토바이를 타는 것을 보고 헌 헬멧을 하나 주었고 아주 오래된 파카 옷을 주었다. 지금 생각하면 너무나 형편없는 것이었지만 화란 날씨는 유별나게 쌀쌀하고 비가 자주 내리는 날씨이기에 두툼한 파카가 그만이었다. 참으로 고마웠다. 그런데 한번은 오토바이 사고가 났다. 나는 의식을 잃고 뿌라야 대학교 부속병원 응급실로 이송되었다. 다행히 헹크가 준 헬멧 덕분에 잠시 의식으로 잃었을 뿐 다시 회생해서 집으로 갈수 있게 되었다. 헹크가 내게 대해서 친절했던 이유는 그가 손봉호 박사와 가장 가까운 친구이기도 하지만, 그의 여동생이 한국으로 오고 싶어 해서 몇 번 나와 상담을 했지만 일이 성사되지는 않았다.

우리 멤버 중에는 또한 한스 로끄마꺼(Hans Rookmaaker) 박사를 따르는 제자들이 많았다. 그래서 거의 주일마다 암스텔담 중앙교회 더용 목사의 설교를 듣기 위해서 모였다. 나도 그 교회에 출석을 했다. 우리 멤버중에 쥬디 페터슨이란 아주머니가 있었다. 미국에서 왔으며 스위스 라브리(Lábri)에서 쉐퍼 박사를 만나고 다시 로끄마꺼 박사를 만나서 암스텔담에 머물고 있었다. 그분은 나중에 우리 가정을 지극 정성으로 돌보았으며 결국 아내의 영어 지도 교사가 되었다.

헹크 헤이츠마(Hendrik G. Geertsema)는 먼저 신학을 공부했고 후에 철학을 다시 공부했다. 그래서 그의 연구는 항상 신학적인 과제와 기독교 철학의 과제를 연결하면서 개혁주의 입장에서 평가하곤 했다. 1980년에 그는 "위르겐 몰트만의 역사에 대한 신학적 사고에 대한 철학적 배경과 문제점"이란 제목으로 철학박사(Dr. Phil) 학위를 수득했다. 그는 헬만 도예베르트의 기독교 철학을 전공했으나, 그의 관심분야는 다양했다. 즉 신학과 철학의 해석학, 사회와 정치철학에 있어서 신앙과 학문의 관계를 연구하기도 했다. 또한 분석 철학자 리챠드 로티(Richard Rorty)와 힐러리 풋남(Hilary Putnam)을 통해서 현상학의 하이데거나 가다머(Gadamer)같은 사상가들을 비판하고 개혁주의 철학을 지켜왔다.

그는 1970년부터 뿌라야 대학교에서 가르쳐 왔고 1974년부터 1984년까지 화란 라브리 공동체와 연결하여 사역했다. 헹크 헤이츠마는 흐로닝겐대학교와 우트레흐트대학교 그리고 뿌라야 대학교에서 1986년부터 2005년까지 교수를 지냈다. 그는 현재도 학문과 사회에 대한 기독교의 대안에 대한 프로그램에 한 부분을 맡아 열심히 일하고 있다. 그는 교수가 된 이후로 매년 무게 있는 논문을 두 편 이상 발표하였고 유럽은 물론이고 미국과 캐나다 아시아 등에서도 특별 강연을 했다.

그는 1988년에 한국에서 특강을 했고 한국 칼빈주의 연구원도 방문했다. 아마 내 평생에 잊을수 없는 진실한 개혁주의 학자를 말하라면 단연 헹크를 빼놓을 수 없다.

96. 존 헷셀링크

John. I. Hesselink : 1928-

내가 북미주의 최고의 칼빈학자인 존 헷셀링크 박사를 만난 것은 1986년 헝가리 데브레첸 국제 칼빈대회였다. 그는 장신에다 완전한 대머리, 그리고 도수 높은 안경을 썼지만 매우 친절한 학자였다. 특히 그는 일본에서 20년간 선교사로 있었기 때문에 유창한 일본어와 동양 사람에 대한 이해가 깊었다. 그는 매우 신중하면서도 언제나 잔잔한 미소를 잃지 않는 천상 젠틀맨이었다. 그로부터 4반세기 동안 그는 외국 학자로서는 나와 가장 자주 만나는 학자였다. 그와 나는 평균 2년 만에 꼭 한 번씩 만나서 의논하고 조언을 구하기도 했다. 세계 칼빈대회는 4년마다 한 번씩 모이고, 아시아 칼빈학회는 일본과 한국에 주로 모였기에 그는 각종 컨퍼런스나 특강에 참여하였다.

나는 헷셀링크 박사를 국제회의에서 자주 만났다. 그리고 그를 총신대학교에 초빙하기도 하고 한국 칼빈주의 연구원에도 두 번을 초청했다. 그리고 내가 미국의 미시간 주 홀렌드에 있는 웨스턴신학교를 방문할 때도 그를 만났다. 그는 참으로 진실한 학자이지만 검소하기 이를 때 없었다. 한번은 웨스턴신학교를 방문했을 때 나를 자기 차에 태우고 가면서 "이 자동차는 십 수 년이 됐는데 잘 굴러가고 있다"고 자랑했다. 내가 볼

때는 너무너무 오래된 구형이고 자동차 박물관에나 가야할 차인듯 싶은 데, 새로운 차를 바꾸지 않고 끝까지 타고 있었다. 나는 그의 검소한 생활을 보고 많은 도전을 받았다. 2009년은 칼빈탄생 500주년 되는 해였다. 나는 그해에 참으로 분주했다. 미국의 시애틀, 시카고, 애틀란타 등지에서 칼빈 특강과 집회를 인도하고 파리로 가서 두 곳의 집회를 인도하고 칼빈 특강을 했다. 그리고 다시 몽골의 울란바토르에 가서 선교사들이 세운 몽골신학교에서 한 주간 강의를 하고 한인 교회 집회를 인도했다. 그리고 연이어 필리핀 까삐테에 있는 필리핀 장로회신학대학교(P.T.S)에서 개최된 칼빈탄생 500주년 기념 신학포럼에 강사로 참석했다다. 그때 나는 혼자 강의하는줄 알았는데, 한국의 학자로는 나를 불렀고, 미국의 학자로는 존 헷셀링크 박사를 모셨다. 그리고 필리핀 학자 한 분을 초청했다. 나는 오랜만에 헷셀링크 박사를 다시 만났다. 몇 일 동안 함께 컨퍼런스를 인도하고 함께 식사를 나누고 대화 할 수 있는 유익한 시간을 가졌다. 그는 이미 82세가 되었음에도 불구하고 아직도 정정하게 강의와 토론에 임했다. 왜 필리핀 장로회 신학대학교는 나와 존 헷셀링크 박사를 초청했는지를 생각해보았다. 아마 나를 초청한 사람은 PTS의 교무처창인 로렌스 가타와(Lawrens Gatawa) 교수인 것 같다. 그는 여러 해 전에 내가 세운 한국 칼빈주의 연구원을 졸업했고 나와는 오랜 친구이다. 그리고 헷셀링크 박사를 초청한 것은 차영배 박사의 아들 차교수였다. 차교수는 일찍기 헷셀링크 박사 아래서 교의학을 공부했기에 그의 스승을 초대한 것이다.

미국 개혁교회(R.C.A) 목사이자 선교사이며 웨스턴신학교(Western Theological Seminary)의 조직신학 교수와 총장을 역임한 헷셀링크는 그랜드 래피드에서 출행했다. 부친이 목사였음으로 어릴 때부터 개혁교회의 신앙의 분위기와 문화 속에서 성장했다. 그가 속한 R.C.A교단은 C.R.C(기독교개혁교회)와는 달리 본래부터 화란 개혁교회(Hervormd Kerk)에서 미국 이민온 사람들이 세운교회라면 C.R.C는 재개혁된 교회 곧 화란 개혁교회(Gereformeerd kerk)가 미국에 이민와서 세운 교회였다. 같은 화란 계열이지만 서로 달랐다. 그러나 최근에는 두 교단이 서로 밀접하게 협력하고 있다. 헷셀링크는 고등학교 1학년 때 그의 모친이 사망하는 아픔을 겪였다. 1950년에 아이오아주의 센트럴대학에서 M.A까지 공부하고 뉴저지주의 뉴 브룬스윅(New Brunswick)신학교에서 1년간 공부하다가 1953년에 웨스턴신학교를 졸업했다. 그리고 그는 미국 개혁교회 목사가 되어 일본 선교사로 파송되어 일본 복음화를 위해 헌신했다. 특히 그는 일본에서 선교활동을 하는 동안 일본의 복음화를 위해서 일본 기독학생들을 도왔다. 헷셀링크는 1953년에 동경의 국제 기독대학교에서 2년간 공부하는 중에 그 대학의 교환 교수로 와있던 에밀 부르너(Emil Brunner)의 지도하에 다시 공부할 수 있는 기회를 가졌다. 그 후 1961년에 스위스 바젤대학교에서 "칼빈의 율법의 개념과 용도"라는 논문으로 신학박사(D.Theol) 학위를 수득하고 일본 유니온신학교 교수로 12년동안 역사신학과 라틴어를 교수했다. 그 외에도 일본의 여러 신학교에서 강사로 학생들을 가르쳤다.

일본에서 선교사로 20년간 있으면서, 그는 자유주의자들과 보수 개혁주의자들을 고르게 접촉할 수 있는 기회를 가졌고, 또 루터를 좀 더 연구하면서 정통 칼빈신학만이 일본과 세계의 문제에 대한 대안을 제시할 수 있다는 사실을 깨닫기 시작했다. 1960년대 일본은 좌파 학생들의 과격한 데모와 이념적 대결이 치열했다. 이를 목도하고서부터 생각이 바뀌어 역사적 개혁주의 신앙의 전통을 지키는 것이 그의 사명임을 인식하기 시작했다.

20년간의 일본 선교사를 끝내고 귀국했을 때 그의 모교인 웨스턴신학교의 총장으로 초빙되어 12년간 봉사했다. 그의 취임연설을 보면 그의 신학적 향방을 알아보는 키워드가 된다. 그는 "나는 웨스턴신학교를 보편적이고, 복음적이며, 개혁주의적인 신학교를 만들도록 노력 하겠다"고 선포했다. 총장 은퇴 후에도 조직신학 교수로 있으면서 동경 유니온신학교 객원교수, 풀러신학교 부교수, 칼빈신학교의 부교수로도 일했다. 헤셀링크의 활동범위는 매우 컸다. "북미 칼빈연구학회", "북미 칼 바르트 학회"의 회장일도 보았고, "16세기 연구학회", "미국 종교개혁 연구학회", "국제 칼빈대회", "미국 신학학회"회원 등으로 참으로 분주하게 일했다. 그리고 1995년부터 1996년까지 미국 개혁교회(R.C.A)의 총회장을 역임했다. 그의 저술들은 너무 많아서 여기서 다 말할 수 없지만 주로 칼빈과 칼빈주의에 대한 글들을 많이 썼다.

헷셀링크 박사의 신학적 작업은 학문적인 연구보다는 오히려 평신도와 교회의 실제적 사역에 대한 대안제시에 많은 공을 들였다. 다시 말하면 그는 위대한 역사적 기독교 교리들을 우리의 구체적 삶속에서 살아있는 교리로 어떻게 만들 것인지 깊이 고민했다. 그러므로 헷셀링크 박사의 신학 작품들은 신학자를 위한 것이라기 보다는 평신도들을 위한 작품이다. 헷셀링크의 학문적 작품들이나 그의 글들은 매우 조화롭고 균형 잡힌 판단과 풍부한 학식 그리고 명확한 해설로 돋보인다. 그의 신학 작품들은 개혁주의적 전통과 칼빈의 신학에 중심을 둔 세 가지 주제였다. 즉 성경 말씀과 성령, 하나님의 섭리와 주권, 율법 그것이다. 성령은 말씀 안에서, 그리고 말씀을 통해서 활동하시고, 그 말씀은 성령에 의해서 확신된다는 견해를 취했다.

97. 제리 호르트
Jerry Gort

제리 호르트 박사와 나는 가장 가까우면서 가장 껄끄럽게 지내던 사이였다. 그는 미국에서 공부하고 다시 화란으로 와서 공부한 후에 영어권 연구를 위해서 특채된 점임 강사였다. 나는 그의 권유로 벨까일 박사 아래서 박사 공부를 하게 되었다. 그는 일찍이 미국 칼빈대학교와 칼빈신학교에서 공부하고 화란 뿌라야 대학교에서 박사 과정을 마치고 Drs 학위를 받았다. Drs학위는 독일의 Dr 나 같은 수준이다. 왜냐하면 독일의 Dr는 그것으로 교수가 될 수 없고 교수 자격 학위인 Halbilitation논문을 통과해야 교수가 될 수 있기 때문이다. 그러나 구제도하에서 Drs는 교수를 할 수 있었다. 그리고 화란에서도 푸로모치(Promotie)과정을 거치고 변증을 해야 공인된 Dr가 될 수 있다.

어쨌거나 그는 이중 언어 즉 화란어와 영어를 꼭 같이 쓰는 미국 출신의 교수였다. 평소에 그와 나는 아주 가깝게 지냈고, 서로 집을 방문하기도 하면서 인간적인 관계가 끈끈했다. 한번은 호르트가 나에게 자기가 돈을 낼 터이니 시장을 봐서 한국 요리를 할 수 있겠느냐라고 물었다. 그러나 나는 평생 한국의 음식을 만들어 본 일도 없고 요리에 대한 관심도 없었을 뿐 아니라 가난한 목사의 가정을 꾸려 가다가 유학을 왔고, 시골 목회 중에는 봉급 5000원에 쌀 한말을 받던 형편이었고, 군목으로 있을 때는 박봉으로 여기저기 다니느라 김치와 된장만 먹는 수준이었다. 그나마 식사는 전부 아내의 몫이었다. 그랬던 내가 무슨 뱃장으로 한국요리를 할 수 있다고 했는지 지금 생각해도 등골에 식은땀이 날 정도였다. 시장에 가서 장을 본 후 그 집 부엌에서 준비를 했다. 서양식 부엌을 처음 써본데다 밥은 완전히 이중적이었고 국도 엉망진창이었다. 실패라기보다 생전 처음 해보는 것이어서 그분들에게 엄청나게 실망을 주었을 것이다. 아마도 그 가족은 나를 참으로 희안한 사람으로 보았을 것이다. 그러나 다행히도 그것으로 말미암아 매우 친한 사이가 되었다. 그나마 아내가 아직도 화란으로 오기 전이었음으로 이런 낭패를, 아직도 아내에게 그 이야기를 못했다.

그런데 세월이 가서 내가 그에게 시험 한 과목을 치게 되었다. 즉 초대교회사였다. 초대교회사라고 했지만 아시아 여러 나라의 교회성장과정과 에큐메닉스에 대한 것이었다. 그러나 친하고 가까운 사이라는 것이 인간적으로 그렇다는 것이고 시험과는 아무런 상관이 없었다. 나는 아주 그에게 곤욕을 치렀다. 그 후에 박사과정 마지막 논문을 쓸 때의 일이다. 솔직히 말하면 영어도 부족하고 어디서 조언을 받을 때도 별로 없었다. 미국에서 유학하는 사람들은 논문을 전문적으로 다듬어주고 수정 보완해 준다. 그리고 그것을 알바로 하는 이들도 많다. 그러나 화란의 경우는 미국 사람이 거의 없었기 때문에 나 혼자서 많은 책과 논문을 읽고 글을 써야 했다. 내 글은 당연히 문제투성이었다. 문장의 연결도 잘 안되고 어느 문장은 매끄럽고 어느 문장은 말이 안 되는 식이었다. 나는 내심 아침저녁으로 보는 분이고 자기도 미국에서 온 사람이니까, 이 논문을 읽고 고칠 것은 고치고 뺄 것은 빼고 하면서 잘 다듬어 줄줄 알았다. 그러나 그것은 나의 착각이었다. 내 모든 논문들은 여기저기 붉은 잉크로 사정없이 난도질을 당하고 있었다. 나는 기가 막히고 억장이 무너졌다. 그래서 그에게 대들었다. 나는 한국서 왔다. 나는 서양문화에서 자란 것도 아니고 영어도 화란어도 모국어가 아니다. 그런데 좀 친절하게 지도하지 않고 그냥 북북 지워버리는 것은 무엇이냐고 하면서 큰 소리를 쳤다. 사실 남의 나라에서 공부한다는 것이 만만치 않지만 죽을 맛이었다. 그도 내가 버럭 화를 낼 때, 나보고 "너는 참 지쳐있구나"하면서 위로인지 빈정되는지는 몰라도 그렇게 말했다. 그때 내가 느낀 것은 친한 것 하고 평가는 전혀 다르다는 것이었다. 우리는 정(情)의 문화에서 성장했지만 그들은 논리와 합리적 문화라서 그런지 봐주는 것이라고는 한치도 없었다. 참으로 나는 섭섭한 마음을 가졌지만 나도 서양학문을 하려고 유럽까지 왔으니 어쩔수 없이 꾹 참아야겠다고 생각하고 사과를 했다.

나는 몇 차례에 걸쳐서 그와 논쟁을 했고 드디어 구두시험에 합격하게 되었다. 그때는 아픔이었지만, 제리 호르트 교수의 그 깐깐하고 면도날처럼 날카로운 지적과 비판이 내 학문의 성숙을 위한 밑거름이 된 것은 사실이다. 나는 귀국 후에도 암스텔담으로 자주 갔었고 갈 때마다 그를 만나 옛 이야기를 하면서 서로 웃었다.

98. 존 B. 훌스트
John B. Hulst : 1929-

　존 훌스트 박사는 1982년부터 1996년까지 14년 동안 미국의 개혁주의 대학 중에 하나인 돌트대학교(Dordt College)의 총장을 역임했다. 그는 1981년 "사회영역에 대한 개혁주의적인 원리에 따른, 대학 캠퍼스 목회의 정체성 연구"란 논문을 써서 일리프신학대학교에서 신학박사(Th. D) 학위를 수득했다. 그러므로 그는 돌트대학교가 칼빈주의적 세계관에 입각해서 삶의 전 영역에 하나님의 영광과 주권을 소리 높이기를 원했다. 그는 총장에 취임하기 전에 3년 동안 부총장으로 그리고 그전에 학생처장으로 8년을 섬겼다. 그에 앞서 그는 돌트대학교에서 성경신학을 교수하면서도 대학의 교목 일도 했다.

　그래서인가 그는 개혁주의 입장에서 "국제 기독교 대학 연맹"의 회장으로서 또는 실무자로 종횡무진 오대양 육대주를 누비며 활동하는 국제맨이기도 했다. 그가 총장으로 선임되던 그 시점에 나도 1980년에 이미 총신대학교 학장이 되었다. 나는 칼빈주의 대학운영의 롤 모델을 미국 칼빈대학교와 돌트대학교에서 찾고자 했다. 1983년 나는 돌트대학교의 훌스트 총장의 초청으로 공식 방문했다. 시카고에서 서쪽을 향해 비행기로 한 시간 정도 가서 시골 비행장에 내렸다. 그러나 거기가 돌트대학교가 있는 곳은 아니었다. 마중 나온 기독교 철학 교수 닉 반 틸(Nick Van Til) 박사의 영접을 받으며 가도 가도 끝없는 옥수수 밭을 약 한 시간 이상 달려 드디어 숙스 센터(Sioux Center)라는 조그마한 도시에 이르렀다. 이 도시는 거의 전부가 화란 개혁주의 성도들이 이민와서 일구어 놓은 도시였다. 화란에서 살았던 나는 건물이나 거리 그리고 상점 모두가 낯익은 도시처럼 느껴졌다. 그 당시 돌트대학교는 1,200여명 정도의 학생들이 있었다. 학교 투어를 한 후에 나는 곧바로 홀스트 총장과 신학과 과장이며 역시 국제기독대학 연맹(International Association for Promotion High Education, IAPCHE)의 실무 담당자인 존 반델스텔트(John Vander Stelt) 박사와 마주 앉았다. 존 반델스텔트 교수도 나와 함께 화란 뿌라야 대학교 출신으로서 A. 카이퍼와 H 바빙크, 그레샴 메첸 등 역사적 개혁주의 신학을 엮어가는 실력 있는 신학자였다. 내 생각에는 이 분이 더 크고 잘 알려진 개혁주의 신학교의 교수였으면 했으나 그도 존 홀스트 총장과 더불어 개혁주의 사상운동은 기독대학에서 어떤 세계관을 가지고 가르치느냐가 더 중요하다고 했다. 그들은 어떤 학문을 하던지 성경이 중심이 되어야 하고 그 학문을 통해서 하나님의 영광과 주권이 드러나야 한다는 확신을 갖고 있었다.

그날 홀스트 총장과 그리고 존 반델스텔트 박사와의 대화는 주로, 한국에서 총신대학교가 해야 할 역할과 총신이 역사적 개혁주의 신학과 신앙을 계속 견지해야한다면 구체적인 프로그램 즉 커리큘럼은 어떻게 짜야 할 것인지 논의되었다. 사실 내가 학교의 책임을 맡기 전에는 총신은 주로 신학생을 길러서 목회자를 양성하는 것이 교육의 핵심목표였다. 그러므로 당시 기독대학으로서 또는 칼빈주의적 대학으로서 비전과 꿈을 알아들을 수 있는 이사가 거의 없었다. 다만 당시 부이사장이었던 이영수 목사만이 그 동안 미국을 종횡무진 다니면서 개혁주의 대학의 흐름을 많이 듣고 정보를 가지고 있었다. 그리고 당시 교수들 가운데도 칼빈주의적 대학 건설의 꿈을 지닌 분은 거의 없었다. 그때 신학을 공부한 신학자들은 자신의 신학만을 가르칠 뿐이고 일반학을 공부한 평신도 교수 가운데서도 자신의 학문만을 가르치는 정도였기 때문에 칼빈주의적 대학 교육을 이해하는 분이 전무했다. 그래서 나는 칼빈대학교와 돌트대학교, 트리니티기독대학교, 그리고 리딤머대학교를 돌면서 여러 총장들과 의견을 나누며 벤치마킹을 하고 있었다.

돌트대학교는 약 15개 학과가 있었는데, 그 학교를 돌아보고 느낀 것은 수학과 교수나 물리학 교수를 만나도 신학부 교수를 만나는 것과 꼭 같았다.

즉 수학과 영문학, 그리고 생물학을 가르치지만 그들은 한결같이 칼빈주의적 세계관을 가지고 세상과 교회를 변화시켜 하나님의 나라를 확장시키는 것이 그들의 목표였다. 내가 화란 유학을 하면서 배운 개혁주의 사상은 바로 이런 것이었다. 그러나 이런 비전은 총신의 행정 책임자로 6년 동안 전 세계를 누비면서 기초 작업을 했지만 그 중간에 정치적인 변동으로 그 꿈을 온전히 이루지는 못했다.

그 후 존 홀스트 총장은 존 반델스텔트 박사와 함께 한국에 와서 고신대학교와 총신대학교의 특강도 했지만, 나와의 조용한 만남은 역시 한국칼빈주의 연구원과 박물관에서 이루어졌다. 그들은 한결같이 나의 사역에 아낌없는 칭찬과 박수와 격려를 보냈다. 세계에서 셋 밖에 없는 칼빈주의 연구원에다 칼빈 박물관까지 갖추어 하나님의 나라 건설과 교회를 세우기 위해 헌신하는 나를 목격하고 그들은 칼빈주의 운동에 함께 하려고 했다. 그 후 홀스트 박사와 반델스텔트 박사는 최근까지 끊임없이 나와 서신연락을 하고 있다.

전 돌트대학교 총장인 홀스트 박사는 1944-1947에 그랜드 래피드 기독교 고등학교를, 1947-1951에 칼빈대학교에서 B.A학위를, 1954년에 칼빈신학교에서 M.Div를 그리고 1973년에는 칼빈신학교에서 Th.M 학위를 받았다. 그리고 1981년에는 일리프 신학대학으로부터 Th.D(신학박사) 학위를 수득했다. 그는 국제적인 활동은 말할 것도 없고 미국 내의 각종 칼빈주의적인 단체 20여 곳에 이사, 회장, 협회장, 의장, 이사장 등을 지냈다. 그가 쓴 책과 논문은 너무 많아 모두 기록할 수 없다. 그리고 각종 수련회, 컨퍼런스, 세미나 강사로서 미국, 캐나다, 남미, 아시아, 아프리카에 개혁주의 교회와 학교 건설에 개척자와 선구자로 왕성하게 일했다.

칼빈주의 연구원이 IAPCHE 정회원이 된 후
훌스트 총장과 더불어

99. 프란시스 M. 히그만
Francis Montgomery Higman : 1935-

히그만 박사는 스위스 제네바대학교의 칼빈 연구의 일인자이다. 내가 히그만 박사를 만나기 시작한 것은 1986년 헝가리 데브레첸 국제 칼빈 대회 때부터다. 은발의 신사에다 굉장히 친절하고 열린 분이어서 가까이 다가갈 수 있는 분이었다. 나는 그분을 볼 때마다 한 가지 소원이 있었다. 그것은 다름 아니라 칼빈의 기독교 강요 초판본(1536)을 영인했으면 하는 마음이 있었다. 그래서 언젠가 제네바대학교를 방문할 기회가 있으면 그분에게 꼭 부탁하리라 마음먹었다. 사실 나는 1972년 이후부터 유럽을 여행할 때마다 거의 빼놓지 않고 제네바를 방문 하곤 했다. 1989년에 때마침 제네바를 방문할 기회가 생겨서 히그만 박사를 만나기로 했다. 그 당시 히그만 박사는 제네바대학교의 교수 겸 "종교 개혁사 연구원"(The Institute for the History of the Reformation)의 원장으로 있었다. 그의 연구실 8평 정도에는 서책으로 가득차 있었다. 나는 그에게 칼빈의 기독교 강요 초판본을 영인해 달라고 조르고 영인비와 송료는 내가 부담하겠다고 선을 그었다. 그는 쉽게 대답을 했다. 그로부터 6개월이 지난 1990년에 기독교 강요를 일일이 흑백 필름에 찍어서 롤 채로 보내왔고 보내준 돈은 되돌려 주면서 이것은 제네바대학교 부설 종교 개혁사 연구원에서 한국 칼빈주의 연구원을 위해서 그냥 선물로 준다고 편지가 왔다. 얼마나 고마웠던지 당장 감사 편지를 쓴 후에 그것을 참 좋이로 인쇄해서 몇 부를 만들고 양 가죽으로 커버를 만들었다. 거의 원본 못지않게 만들었다. 그것은 한국 칼빈주의 연구원, 칼빈 박물관에 보관되어 있고 필름도 보관되어 있다. 그중의 한부는 1996년에 내가 미국의 제네바대학교로부터 명예문학박사(D.Litt) 학위를 받을 때, 그 학교에 선물로 기증했다. 천국은 힘쓰는 자가 뺏는다는 말이 있듯이 제네바까지 달려가서 칼빈의 기독교 강요 초판 영인본을 요구했더니 히그만 박사도 감동을 받은 듯하다.

히그만 박사는 본래 영국령의 기아나의 죠지타운에서 출생했다. 그 후 그는 영국의 킹스우드에서 교육을 받았으며, 옥스퍼드 대학교의 성 요한 대학에서 현대어를 공부해서 1959년에 M.A학위를 얻었다. 그 후 그는 오랫동안 브리스톨대학교, 더블린대학교, 노팅엄대학교에서 불어와 불문학을 가르쳤다. 1988년 이후부터 제네바대학교의 교수가 되어 종교개혁사 연구원 장으로 있었다. 저술가인 히그만은 존 칼빈과 종교개혁 사상에 대한 많은 저서와 논문, 소책자를 남겼다. 그의 대표적 저서로는 「존 칼빈의 불어로 쓰여진 논쟁적인 논문들에 나타난 그의 스타일(The Style of John Calvin in His French Polemical Treatises 1967), 「검열과 소르본느 1520-1551」(Censorship and the Sarbonne, 1520-1551) 등이 있다.

뿐만 아니라 히그만은 칼빈의 저서 중 「세편의 불어 논문 연구」(Three French Treatises(1970)와 파렐이 쓴 「주기도문과 프란체스코 신조」등을 편집하기도 했다.

뿐만 아니라 히그만은 「프랑스의 종교개혁의 사건-열쇠: 기욤 파렐의 개요와 성경대전」,「프랑스의 신학: 반동 종교개혁의 소책자들」,「칼빈의 작품으로 복원된 소책자」,「칼빈에서 데카르트까지: 고전어의 창조」 (1982),「로잔의 논쟁, 프랑스 종교개혁의 토론광장」(1988) 등 많은 논문들을 잡지에 기고하기도 했다.

칼빈은 27년간 제네바에서 종교개혁자로 살았다. 그리고 그는 개혁주의 신학을 조직하고 교회를 개혁하고 오늘의 개혁교회 장로교회의 틀을 만들어 놓았다. 그러나 정작 지금 스위스에는 신정통주의 또는 자유주의 신학이 성행해서 개혁자 칼빈이 일하던 도시가 영적으로 붕괴되어 가고 있다. 그럼에도 불구하고 히그만 같은 국제적 학자가 칼빈의 사상을 이어가고 있다. 그러나 그의 사상의 바통을 누가 이을지 궁금하다.

100. W. H. 히스펜
Willem Hendrik Gisen : 1900-1986

내가 화란에서 유학하는 동안 박윤선 박사께서 미국 L.A에 머무시면서 구약주석 작업에 혼신의 힘을 쏟고 있었다. 그러나 미국 특히 L.A 지역에서는 박 목사님이 만족할만한 개혁주의 참고서를 구하기는 어려웠다. 그 당시 박 목사님께서는 구약의 역사서를 집필하고 계셨다. 그런데 박윤선 목사님은 화란의 자료를 계속 찾고 있었다. 박 목사님은 내게 편지를 보내어 개혁주의적이면서도 경건미가 있어야 하고 또 복음적인 참고서가 필요하다고 늘 힘주어서 말씀했다. 국제전화도 없고 컴퓨터도 없던 시절이라 편지로 주고받는 일은 매우 답답했다. 그래서 나는 부지런히 학교 도서관에 물어보기도 하고 여러 신학교 서점을 뒤져 보기는 했지만 늘 만족할만한 자료를 보내지 못했다. 설령 내보기에는 좋은 자료가 된다고 해도 박 목사님이 보시기에 별로 참고할 만한 것이 없다고 하셨다. 나로서도 맥이 빠지는 일이었다.

그런데 1973년에 새로 이사 간 동네가 암스텔벤(Amstelveen)의 미스터 뜨룰스트라란이라는 거리였다. 나는 서양 사람들이 싫어하는 13번지에 방이 안 나가는 곳에서 도리어 행운을 잡았다. 알고 보니 그 거리에는 화란의 최고의 석학들이 사는 거리였다. 3번지에는 카이텔트 교수, 5번지에는 히스펜 교수, 그리고 7번지에는 볼렌호번 교수가 살고 있었다. 그 중 한분 카이텔트 교수는 현역이지만, 두 분 히스펜 박사와 볼렌호번 박사는 이미 은퇴한 원로 교수였다. 그런데 히스펜 교수는 구약학의 대가요 더구나 구약 중에서도 역사서 해석의 최고봉이었다. 이 사실을 나는 급히 박윤선 목사님께 알렸더니, 박 목사님께서는 즉각 답이 왔다. 빨리 히스펜 교수를 만나서 그가 추천하는 참고서를 구해서 보내라고 했다. 나는 급히 히스펜 교수를 찾아뵙고 전후좌우를 설명한 후에 도움을 요청했다.

히스펜 박사께서는 당시 이미 73세의 나이였지만 활발하게 저술 활동을 하시는 중이었다. 고맙게도 역사서 연구의 참고서와 주석들을 친필로써 내게 주었다. 나는 히스펜 박사의 육필을 그대로 잘 보관하고 있다. 그리고 그의 추천 도서들을 할 수 있는 데까지 찾아서 보내드리고 다시 회수하기로 했다. 그때까지 나는 박윤선 목사님을 모신지가 벌써 10년이 넘었다. 전에는 동산교회의 전도사로, 그리고 후에는 박 목사님의 조수로서 심부름을 했음으로 나는 그 바쁜 유학생활 중에도 기쁨으로 봉사했다. 사실은 책을 찾는 것도 내게는 학문하는 방법을 배우는 것이나 다름이 없었다.

이런 연유로 나는 당대의 최고의 개혁주의 구약학의 거장 히스펜 박사와 교제할 수 있었다. 아직도 학교 안에는 N. H. 리델보스 박사가 가르치고 있었지만, 어쩐지 히스펜 박사가 나는 더 마음에 들었다. 자그마한 키에 아주 다부지게 생긴데다 천상 구약해석학자의 모습 그대로였다. 이런 세기적 학자와 교제할 수 있게 된 것은 나에게 큰 축복이라 아니 할 수 없다.

W. H. 히스펜(Willem Hendrik Gispen, 1900-1986) 박사는 1900년

암스텔벤에서 출생해서 1986년에 암스텔벤에서 세상을 떴다. 그는 화란 개혁교회의 목사였다. 그는 암스텔담 뿌라야 대학교에서 신학을 공부했고 그 후에는 라이덴대학교(Leiden Universiteit)에서 셈어를 연구하고 박사 시험을 통과했다. 그 후 그는 다시 뿌라야 대학교로 와서 알더스 박사(G. CH. Alders) 아래서 신학박사(Dr. Theol) 학위를 수득했다. 그는 1925년 하젤우드의 개혁교회 목사가 된 후 델프트에서도 목회를 했다. 1945년에 그는 뿌라야 대학교로부터 정교수로 부름 받고 1970년까지 25년을 교수로 일했다. 교수로 일하는 동안 주로 셈어 구약해석학 특히 역사서를 가르치는 일에 주력했다. 그리고 성경의 소강해서(Korte Verklaring Van de Heilige Schrift) 편집위원으로 역사서를 주로 집필했다. 그는 셈어의 권위자로서 성경의 역사적 비평주의와 양식사 학파를 비판하고 성경의 역사성(De Historiciteit Van de Bijbel)을 확고히 붙잡았다. 특히 히스펜은 1943년에 화란 성서공회주관으로 이루어진 구약의 새로운 번역에 책임을 지고 번역일에 참여했다. 그는 또한 성경번역이나 주석사역 외에도 총회의 중요한 책임을 맡아 일하기도 했다.

후기

아직도 못다한 말

처음부터 나는 「내가 만났던 100명의 개혁주의 학자들」을 쓰려고 마음먹었다. 그러나 100명을 다 채우고 나니 꼭 쓰고 싶었던 분들이 아직도 많이 남아 있다. 특히 스코틀랜드 에딘버러대학교 뉴 칼리지에서 전통적 개혁기독교 교수로 평생동안 일하면서 세계 칼빈학회 사무총장을 지냈던 Prof. Dr. David Wright를 넣지 못했다. 그리고 세계 칼빈학회 회장이며 Apeldoorn 신학대학교 교수인 Prof. Dr. Herman Selderhuis, 그리고 독일의 개혁주의 신학자이며 게팅겐대학교 교수와 뮨스터대학교 교수를 지낸 Prof. Dr. Hans Helmud Esser, 미국 애틀란타 조지아 주립대학교 역사학 교수였으며 세계 칼빈학회 사무총장이었던 Prof. Dr. Brian G. Amstrong, 런던 성서대학교의 교회사 교수이며 탁월한 칼빈 연구가인 Prof. Dr. Tonny Lane, 미국의 얼스킨대학교의 교수이자 칼빈연구가인 Prof. Dr. Benjamin Farley, 특히 스코틀랜드 장로교회의 목사로서 30년을 목회하면서 「칼빈의 말씀과 성례의 교리」, 「기독교적 삶의 원리」, 「성경강해」 등을 쓴 Prof. Dr. Ronald Wallace, 또한 아프리카 자이레 공화국 출신으로 미국 프린스턴신학교 교수와 미국 칼빈학회 회장을 지내고 칼빈에 대한 많은 저서와 논문을 썼던 Prof. Dr. Elsie Anne Mckee 등 많은 분들의 이름이 빠졌다. 나는 이분들과 만나기도 하고 자주 서신 교환을 나누기도 했다.

애초에 100명의 신학자를 한정해서 서술하다보니 수 십 명의 이름이 빠졌고, 100명을 다 쓰고 나니 힘이 떨어져 더 이상 쓸수가 없었다. 이분들은 후일 다른 저서에서 다루어 보고 싶다. 나는 지난 40년 동안 수많은 세계적인 개혁주의신학자들 또는 칼빈연구가들 그리고 칼빈주의 사상가들과의 만남과 교제 그 자체가 내게 새로운 눈을 뜨게 해주었고 자극이 되었다. 처음부터 이 글을 쓰게 된 동기는 내 뒤에 오는 후학들에게 내가 만났던 개혁주의 신학자들을 간접적으로 만나게 함으로써 학문하는데 큰 도움을 주고자 했다. 이 글을 쓸 때 나는 회고록 형식, 에세이식 글을 씀으로써 독자들이 아무 부담없이 재미있게 읽을 수 있게 되기를 바라면서 썼다. 독자 여러분에게 하나님의 넘치는 은혜가 함께 하시기를 기원하는 바이다.

세계칼빈학회장 Prof. Dr. H. Selderhuis와 함께